Controlling für die öffentliche Verwaltung

Von
Professor
Dr. André Tauberger
Zentrum für Betriebswirtschaft
an der Fachhochschule für Rechtspflege NRW

Oldenbourg Verlag München Wien

Information der Deutschen Nationalbibliothek

Die Deutsche Nationalbibliothek verzeichnet diese Publikation in der Deutschen
Nationalbibliografie; detaillierte bibliografische Daten sind im Internet über
<http://dnb.d-nb.de> abrufbar.

© 2008 Oldenbourg Wissenschaftsverlag GmbH
Rosenheimer Straße 145, D-81671 München
Telefon: (089) 4 50 51-0
oldenbourg.de

Lektorat: Wirtschafts- und Sozialwissenschaften, wiso@oldenbourg.de
Herstellung: Anna Grosser
Coverentwurf: Kochan & Partner, München
Cover-Illustration: Hyde & Hyde, München
Gedruckt auf säure- und chlorfreiem Papier
Gesamtherstellung: Druckhaus „Thomas Müntzer" GmbH, Bad Langensalza

ISBN 978-3-486-58636-7

Inhaltsverzeichnis

Verzeichnis der Abbildungen		**XI**
1.	**Einführung**	**1**
1.1	Controllingdefinition	2
1.2	Bezugsrahmen des Verwaltungscontrolling	4
1.2.1	Betrachtungsebene „Effektivität"	8
1.2.2	Betrachtungsebene „Effizienz"	9
1.2.3	Betrachtungsebene „Wirtschaftlichkeit"	10
2.	**Das Controllingkonzept**	**13**
2.1	Der Controllingregelkreis	13
2.2	Ursprung des Controlling und Controllingentwicklung	14
2.2.1	Das buchhaltungsorientierte Controlling	15
2.2.2	Das aktionsorientierte Controlling:	15
2.2.3	Das führungsorientierte Controlling	15
2.3	Das Controllerleitbild	16
2.4	Controllingphilosophie	17
2.4.1	Planorientiertes Handeln und zielorientierte Führung	18
2.4.2	Personifizierte Verantwortung und Produktorientierung	19
2.4.3	Dezentrale Ressourcenverantwortung	21
2.4.4	Maßnahmen bei Abweichungen	22
2.5	Controllingfunktionen	22
2.5.1	Planung als Controlling-Grundfunktion	22
2.5.2	Kontrolle als Controlling-Grundfunktion	25
2.5.3	Information als Controlling-Grundfunktion	26
2.5.4	Steuerung als Controlling-Grundfunktion	27
3.	**Der Controllingprozess**	**31**
3.1	Das Planungssystem	32
3.1.1	Ziel und Zielsystem	33
3.1.2	Strategische Planung	35
3.1.2.1	Strategiebegriff	35
3.1.2.2	Warum benötigt die öffentliche Verwaltung eine strategische Planung?	36
3.1.2.3	Phasen der Strategischen Planung	37

3.1.2.3.1   Leitbildformulierung:.. 37
3.1.2.3.2   Strategische Analyse:... 38
3.1.2.3.3   Strategieentwicklung... 41
3.1.3   Mittelfristplanung (Taktische Planung) 41
3.1.3.1   Grundlagen... 41
3.1.3.2   Investitionsplan 43
3.1.3.3   Finanzplan... 43
3.1.3.4   Personalplan 44
3.1.4   Jahresplanung (Operative Planung) 44
3.1.5   Budget und Budgetierung 45
3.1.5.1   Grundlagen... 45
3.1.5.2   Funktionen der Budgetierung... 47
3.1.5.3   Methoden der Budgetierung... 47
3.1.5.4   Kritik an der Budgetierung (Beyond Budgeting)........................... 53

3.2   Das Kontrollsystem.. 56
3.2.1   Grundlagen... 56
3.2.1.1   Ergebniskontrolle (Soll-Ist-Vergleich) 57
3.2.1.2   Prämissenkontrolle (Wird-Ist-Vergleich) 58
3.2.1.3   Planfortschrittskontrolle (Soll-Wird-Vergleich)............................ 59
3.2.1.4   Prognosekontrolle (Wird-Wird-Vergleich).................................... 59
3.2.1.5   Zielkontrolle (Soll-Soll-Vergleich)... 59
3.2.2   Strategische Kontrolle.. 59
3.2.2.1   Durchführungskontrolle:.. 60
3.2.2.2   Prämissenkontrolle 61
3.2.2.3   Strategische Überwachung... 61
3.2.3   Operative Kontrolle.. 63
3.2.3.1   Zeitvergleich 64
3.2.3.2   Betriebsvergleich 64
3.2.3.3   Soll-Ist-Vergleich.. 65
3.2.3.4   Abweichungsanalyse.. 65
3.2.3.4.1   Abweichungsursachen 65
3.2.3.4.2   Darstellung der Abweichungen... 66
3.2.3.4.3   Systematik der Abweichungen.. 66

3.3   Das Informationssystem... 72
3.3.1   Kosten- und Leistungsrechnung... 72
3.3.1.1   Grundlagen... 72
3.3.1.2.1   Zeitlicher Bezug der Kostenrechnung 80
3.3.1.2.2   Umfang der Kostenrechnung.. 82
3.3.2   Finanzbuchhaltung... 84
3.3.2.1   Grundlagen... 84
3.3.2.2   Kameralistik... 85
3.3.2.3   Vermögensrechnung (Bilanzierung)... 86
3.3.2.4   Ergebnisrechnung (Gewinn- und Verlustrechnung) 89
3.3.2.5   Finanzrechnung (Kapitalflussrechnung).. 92
3.3.4   Planungsrechnungen 95
3.3.4.1   Statische Investitionsrechnungsverfahren...................................... 95

3.3.4.1.1   Kostenvergleichsrechnung 95
3.3.4.1.2   Gewinnvergleichsrechnung 101
3.3.4.1.3   Rentabilitätsrechnung 103
3.3.4.1.4   Amortisationsrechnung 106
3.3.4.2   Dynamische Investitionsrechnungsverfahren 108
3.3.4.2.1   Finanzmathematische Grundlagen 109
3.3.4.2.2   Kapitalwertmethode 110
3.3.4.2.3   Interne Zinsfußmethode 113
3.3.4.2.4   Annuitätenmethode 114

3.4   Das Steuerungssystem 115
3.4.1   Kontraktmanagement 116
3.4.2   Kennzahlen 118
3.4.2.1   Ausgestaltung und Einsatz von Kennzahlen 118
3.4.2.2   Kennzahlenarten 120
3.4.2.3   Kennzahlen der Wirtschaftlichkeit 124
3.4.2.3.1 Kennzahlen der Kostenwirtschaftlichkeit 125
3.4.2.3.2 Kennzahlen der Sparsamkeit 126
3.4.2.3.3 Kennzahlen der Produktivität 126
3.4.2.3.4 Kennzahlen der Rentabilität 127
3.4.2.3.5 Kennzahlen der Effizienz 128
3.4.2.3.6 Kennzahlen der Effektivität 129
3.4.2.3.7 Kennzahlen der Liquidität 129
3.4.2.4   Beispiele für controllingorientierte Kennzahlen 129
3.4.2.4.1 Kostenartenkennzahlen 129
3.4.2.4.2 Kostenstellenkennzahlen 130
3.4.2.4.3 Kostenträgerkennzahlen (Produktkennzahlen) 130
3.4.2.4.4 Kennzahlen im Zeitvergleich 130
3.4.2.4.5 Qualitätskennzahlen 130
3.4.3   Berichtswesen 131
3.4.3.1   Allgemeines 131
3.4.3.2   Definition des Berichtswesens 131
3.4.3.3   Ziele und Anforderungen an das Berichtswesen 132
3.4.3.4   Aufbau eines Berichtswesens 136
3.4.3.5   Berichtsarten 137
3.4.3.6   Berichtsadressaten und -hierarchie 141
3.4.3.7   Berichtsgestaltung 144

4.   Controllinginstrumente   151
4.1   Prozesskostenrechnung (PKR) 151
4.1.1   Einführung 151
4.1.2   Entwicklung der PKR 153
4.1.3   Wesentliche Begriffe der PKR 153
4.1.3.1   Prozess 153
4.1.3.2   Tätigkeit 154
4.1.3.3   Teilprozess 154
4.1.3.4   Hauptprozess 155

4.1.3.5   Teilprozessgröße 155
4.1.3.6   Kostentreiber (Cost-Driver) 155
4.1.4   Merkmale der PKR 155
4.1.5   Ziele und Anwendungsbereiche der PKR 158
4.1.5.1   Transparenzziele 159
4.1.5.2   Effizienzziele 159
4.1.5.3   Kalkulationsziele 160
4.1.5.4   Anwendungsbereich der PKR: 161
4.1.6   Vorgehensweise und Aufbau der PKR 162
4.1.6.1   Formulierung von Hauptprozesshypothesen und ihrer Kostentreiber ... 163
4.1.6.2   Tätigkeitsanalyse 164
4.1.6.3   Teilprozessgenerierung 166
4.1.6.4   Teilprozesskosten 168
4.1.6.5   Hauptprozessgenerierung 170
4.1.6.6   Hauptprozesskosten 172
4.1.7   Zur Leistungsfähigkeit der PKR in der öffentlichen Verwaltung 174
4.1.8   Anwendungsbeispiel PKR „Abschluss befristeter Arbeitsverträge in der
          Justizverwaltung" 175

4.2   ABC-Analyse 179
4.2.1   Allgemeines 179
4.2.2   Anwendung und Durchführung 179
4.2.3   Beispiel zur ABC-Analyse 180

4.3   Nutzwertanalyse (NWA) 182
4.3.1   Allgemeines 182
4.3.2   Ablauf der NWA 182
4.3.3   Fallbeispiele zur NWA 183

4.4   Wertanalyse (WA) 184
4.4.1   Allgemeines 184
4.4.2   Ablauf der WA 185
4.4.2.1   WA – Projekt vorbereiten 186
4.4.2.2   WA-Objekt analysieren 187
4.4.2.3   Soll-Zustand beschreiben 188
4.4.2.4   Ideen entwickeln 188
4.4.2.5   Lösungen festlegen 189
4.4.2.6   Lösungen umsetzen 189

4.5   Gemeinkosten-Wertanalyse (GWA) 189
4.5.1   Überblick 189
4.5.2   Zielsetzung 189
4.5.3   Ergebnisse der GWA 191
4.5.4   Vorgehensweise 192
4.5.4.1   Vorbereitungsphase 192
4.5.4.2   Analysephase 192
4.5.4.2.1 Ermittlung der Ist-Kosten 193
4.5.4.2.2 Entwicklung von Einsparmaßnahmen 194
4.5.4.2.3 Bewertung und Auswahl geeigneter Maßnahmen 195

4.5.4.2.4   Entscheidung über die umzusetzenden Maßnahmen 195
4.5.4.3   Realisierungsphase 195

4.6   Balanced Scorecard 196
4.6.1   Einleitung 196
4.6.2   Motive für den Balanced Scorecard Einsatz 197
4.6.3   Balanced Scorecard nach Kaplan und Norton 198
4.6.3.1   Lern- und Entwicklungsperspektive 199
4.6.3.2   Interne Prozessperspektive 199
4.6.3.3   Kundenperspektive 200
4.6.3.4   Finanzwirtschaftliche Perspektive 200
4.6.4   Mission, Vision und Strategie 201
4.6.5   Übertragbarkeit der Balanced Scorecard auf die öffentliche Verwaltung 203
4.6.6   Einführung einer Balanced Scorecard 209
4.6.6.1   Schaffung des organisatorischen Rahmens für die Implementierung 210
4.6.6.2   Klärung der strategischen Grundlagen 211
4.6.6.3   Entwicklung der Balanced Scorecard 213
4.6.6.3.1   Ableitung der strategischen Ziele 213
4.6.6.3.2   Aufbau der Ursache-Wirkungszusammenhänge 215
4.6.6.3.3   Auswahl geeigneter Messgrößen 218
4.6.6.3.4   Festlegung der Zielwerte 220
4.6.6.3.5   Formulierung der strategischen Aktionen 221
4.6.6.4   Organisationsweite Einführung der Balanced Scorecard (Roll-out) 222
4.6.6.5   Sicherstellung des kontinuierlichen Einsatzes der Balanced Scorecard 224

4.7   Benchmarking 224
4.7.1   Ausgangslage und Definition des Benchmarking 224
4.7.2   Funktionen des Benchmarking 228
4.7.3   Dimensionen des Benchmarking 229
4.7.3.1   Benchmarking-Ziele 230
4.7.3.2   Benchmarking-Objekte 232
4.7.3.3   Benchmarking-Partner und -Formen 233
4.7.3.3.1   Internes Benchmarking 233
4.7.3.3.2   Wettbewerbsorientiertes Benchmarking 235
4.7.3.3.3   Externes vertikales Benchmarking 236
4.7.3.3.4   Generisches Benchmarking 237
4.7.3.3.5   Weitere Benchmarkingformen 237
4.7.3.4   Benchmarking-Kriterien 238
4.7.3.5   Durchführung des Benchmarking und Vorgehensweise 239
4.7.3.5.1   Konzeptionierungs- und Planungsphase 240
4.7.3.5.2   Erhebungsphase 241
4.7.3.5.3   Analyse-Phase 241
4.7.3.5.4   Umsetzungs-Phase 241

LITERATURVERZEICHNIS   243

Verzeichnis der Abbildungen

Abbildung 1.1 Controlling vs. Kontrolle 3

Abbildung 1.2: Haushaltsaufstellung, -vollzug und Verwaltungscontrolling............ 4

Abbildung 1.3: Verwaltungscontrolling als Klammer 4

Abbildung 1.5: Das 3-E-Konzept als Bezugsrahmen für das Verwaltungscontrolling 6

Abbildung 1.6: Sachzieldominanz der öffentlichen Verwaltung............................. 7

Abbildung 1.7: Effektivität im 3-E-Konzept... 8

Abbildung 1.8: Effizienz im 3-E-Konzept 9

Abbildung 1.9: Wirtschaftlichkeit im 3-E-Konzept.. 10

Abbildung 2.1: Controlling als kybernetischer Kreislauf 13

Abbildung 2.2: Zusammenarbeit zwischen Führung und Controlling.................... 17

Abbildung 2.3: Controllingphilosophie.. 18

Abbildung 2.4: Das Produkt im System der outputorientierten Steuerung............. 19

Abbildung 2.5: Produkthierarchie... 20

Abbildung 2.6: Der ungeduldige Fahrgast 23

Abbildung 2.7: Hierarchie der Planungsebenen... 24

Abbildung 2.8: Steuerungsfunktion im Controlling.. 28

Abbildung 2.9: Steuerungsphase.. 29

Abbildung 3.1: Der Controllingprozess 31

Abbildung 3.2: Zusammenhang der Planungsebenen 33

Abbildung 3.3: Kategorien der SWOT-Analyse 39

Abbildung 3.4: Stärken-Schwächen-Profil der Entwicklung der Führungsfunktion 40

Abbildung 3.5: Stärken-Schwächen-Profil des Vergleichs der Führungsfunktion mit einer
anderen Organisation 40

Abbildung 3.6: Raster zur Strategiebewertung 41

Abbildung 3.7: Rollierende Planung... 42

Abbildung 3.8: Blockplanung 42

Abbildung 3.9: Investitionsplan 43

Abbildung 3.10: Finanzplan... 43

Abbildung 3.11: Personalplanung 44

Abbildung 3.12: Stellung der Budgetierung im Planungssystem 45

Abbildung 3.13: Top-down-Budgetierung 48

Abbildung 3.14: Bottom-up-Budgetierung 49

Abbildung 3.15: Steuerung mit Produkten nach dem Bottom-up-Ansatz 50

Abbildung 3.16: Budgetierung nach dem Gegenstromverfahren 51

Abbildung 3.17: Beyond Budgeting Modell nach Bunce, Fraser, Hope 54

Abbildung 3.18: Feedback- und Feedforward-Kontrolle 58

Abbildung 3.19: Strategische Kontrolle als begleitender Prozess 60

Abbildung 3.20: Prozess der Prämissenerstellung und -kontrolle 61

Abbildung 3.21: Strategische Kontrollkonzeption 63

Abbildung 3.22: Operative Kontrolle im Controllingprozess 64

Abbildung 3.23: Systematik der Kostenabweichungen 68

Abbildung 3.24: Bestandteile der Gesamtabweichung 68

Abbildung 3.25: Abweichungen höheren Grades 71

Abbildung 3.26: Bestandteile des Informationssystems 72

Abbildung 3.27: System der Teilrechnungen 75

Abbildung 3.28: Kostenartenrechnung 76

Abbildung 3.29: Beispiel eines Betriebsabrechnungsbogens 77

Abbildung 3.30: Formaler Aufbau des BAB 78

Abbildung 3.31: Zuschlagskalkulation als Kostenträgerstückrechnung 79

Abbildung 3.32: Kostenrechnungssysteme 80

Abbildung 3.33: Aufteilung der Kosten 83

Abbildung 3.34: Verfahren der Teilkostenrechnung 83

Abbildung 3.35: Finanzbuchhaltung als Verbundrechnung 85

Abbildung 3.36: Mindestgliederung der Bilanz 86

Abbildung 3.37: Basisdaten 96

Abbildung 3.38: Kostenvergleich bei Auslastung 100.000 97

Abbildung 3.39: Kostenvergleich bei Auslastung 200.000 97

Abbildung 3.40: Kostenvergleich kritische Menge 98

Abbildung 3.41: Ersatzentscheidung 99

Abbildung 3.42: Ersatzentscheidung mit kritischer Menge 100

Abbildung 3.43: Kostendeckungsvergleichsrechnung 102

Abbildung 3.50: Fehlentscheidung durch Gewinnvergleich 103

Abbildung 3.51: Gesamtkapitalrentabilität 104

Abbildung 3.52: Negative Kostenersparnisrentabilität 105

Abbildung 3.53: positive Kostenersparnisrentabilität 106

Abbildung 3.54: Amortisationsrechnung 107

Abbildung 3.55: Aufzinsen 109

Abbildung 3.56: Abzinsen 110

Abbildung 3.57: Kapitalwert ohne Liquidationserlös 111

Abbildung 3.58: Kapitalwert mit Liquidationserlös 112

Abbildung 3.59: Interne Zinsfußmethode 113

Abbildung 3.60: Annuität der Investitionsauszahlung 115

Abbildung 3.61: Annuität der Einzahlungsüberschüsse 115

Abbildung 3.62: Grundzahlen und allgemeine Verhältniszahlen 120

Abbildung 3.63: Grundzahlen 121

Abbildung 3.64: Gliederungszahlen 122

Abbildung 3.65: Beziehungszahlen 123

Abbildung 3.66: Indexzahlen 124

Abbildung 3.67: Maximal- und Minimalprinzip 125

Abbildung 3.68: Ziele des internen und externen Berichtswesens 132

Abbildung 3.69: Grundlegender Aufbau eines Data Warehouse 134

Abbildung 3.70: Data-Warehouse auf SAP-Basis 135

Abbildung 3.71: Phasenschema zum Aufbau eines Berichtswesens 136

Abbildung 3.72: Berichtsarten nach dem KLR-Handbuch des Bundes 138

Abbildung 3.73: Beispiel für eine Standardbericht in der öffentlichen Verwaltung 139

Abbildung 3.75: Hierarchische Gliederung der Berichtsempfänger 142

Abbildung 3.77: Berichtshierarchie 143

Abbildung 3.78: Empfängerorientiertes Berichtswesen in der öffentlichen Verwaltung 144

Abbildung 3.79: Gestaltungsdimensionen von Controllingberichten 145

Abbildung 4.1.1: Ziele, Aufgaben und Zwecke der Kostenrechnung 151

Abbildung 4.1.2: Prozessorientiertes Verwaltungscontrolling 152

Abbildung 4.1.3: Strukturierung von Prozessen 154

Abbildung 4.1.4: Die PKR als Vollkostenrechnung 156

Abbildung 4.1.5: Gemeinkostenverteilung über Prozesse 156

Abbildung 4.1.6: Merkmale der PKR 157

Abbildung 4.1.7: Einsatzrahmen der PKR.. 161

Abbildung 4.1.8: Anwendungsbereich der PKR... 162

Abbildung 4.1.9: Prinzip der Hauptprozessverdichtung....................................... 162

Abbildung 4.1.10: Vorgehensweise der PKR 163

Abbildung 4.1.11: Tätigkeitsanalyse der Kostenstelle „Beschaffung".................. 165

Abbildung 4.1.12: Generierung von Teilprozessen 166

Abbildung 4.1.13: Ermittlung der Teilprozesskosten und Teilprozesskostensätze 170

Abbildung 4.1.14: Beispiel für die Hauptprozessgenerierung.............................. 171

Abbildung 4.3.1: Beispiel zur ABC-Analyse.. 181

Abbildung 4.5.1: Arbeitsplan Wertanalyse... 186

Abbildung 4.5.2: Hierarchie der Funktionen 187

Abbildung 4.5.1: Vorgehensweise der Gemeinkosten-Wertanalyse 192

Abbildung 4.5.2: Erfassungsbogen für die Selbstaufschreibung von Tätigkeitsstruktur
                 und -dauer 193

Abbildung 4.6.1: Balanced Scorecard als mehrdimensionales Mess- und
                 Bewertungsinstrument 199

Abbildung 4.6.2: Mission, Vision und Strategie... 203

Abbildung 4.6.3: Perspektiven-Modell für die öffentliche Verwaltung 205

Abbildung 4.6.4: Einführungsmodell für die Balanced Scorecard 210

Abbildung 4.6.5: Balanced Scorecard Entwicklung 213

Abbildung 4.6.6: Zieldokumentationsblatt 214

Abbildung 4.6.7: Ursache-Wirkungs-Zusammenhänge.. 216

Abbildung 4.6.8: Beispiel einer Strategy Map 1... 217

Abbildung 4.6.9: Beispiel einer Strategy Map 2... 218

Abbildung 4.6.10: Zielwertverläufe.. 221

Abbildung 4.6.11: Matrix zur Priorisierung strategischer Aktionen 222

Abbildung 4.6.12: Methoden zum Herunterbrechen der Balanced Scorecard 223

Abbildung 4.7.1: Das Benchmarking-Menü nach Spendiolini............................. 225

Abbildung 4.7.2: Lernen vom Klassenbesten 226

Abbildung 4.7.3: Kontinuierlicher Verbesserungsprozess 227

Abbildung 4.7.4: Dimensionen des Benchmarking... 230

Abbildung 4.7.5: Hierarchie der Vergleichsmaßstäbe 231

Abbildung 4.7.6: Abhängigkeit des Benchmarking-Objektes vom Benchmarking-Ziel...... 231

Abbildung 4.7.7: Prozess- und produktorientierte Benchmarking-Objekte...........................233

Abbildung 4.7.8: Internes Benchmarking 234

Abbildung 4.7.9: Externes horizontales Benchmarking...235

Abbildung 4.7.10: Externes vertikales Benchmarking...236

Abbildung 4.7.11: Externes intersektorales Benchmarking...237

Abbildung 4.7.13: Übertragung des PDSA-Ansatzes auf das Benchmarking.........................239

Abbildung 4.7.14: Vorgehensmodell nach DIN PAS 1014 240

1   Einführung

Zwischen dem Aufgaben- und dem Leistungsvolumen der öffentlichen Verwaltung kommt es zu stetig wachsenden Diskrepanzen, die symptomatisch sind für die Dysfunktionalitäten der öffentlichen Leistungserstellung. Budäus differenziert diese Diskrepanzen in Ressourcen- und Managementlücken. Die Ressourcenlücken sind weitgehend exogener Natur und können durch Akquisition neuer Ressourcen (z.B. neue Steuerarten, neue Abgaben etc.) oder durch Modifikation der Sachziele der öffentlichen Verwaltung mit der Folge der Verringerung oder der Privatisierung von Aufgaben der öffentlichen Hand geschlossen bzw. reduziert werden.[1] Viel weitreiche Konsequenzen auf den Leistungsprozess hat die Managementlücke. Sie wird als wesentliche Ursache für Dysfunktionalitäten der öffentlichen Verwaltung angesehen, die vor allem Organisationsstrukturen, Mitarbeiter und Verfahren zur Dokumentation und Steuerung der Leistungserstellung betreffen.[2] Der Abbau der Managementlücke führt zu einer allgemeinen Verbesserung der Reaktionsfähigkeit der öffentlichen Verwaltung auf gesellschaftliche Veränderungen und andere exogene Veränderungsimpulse. Indirekt führt die Verbesserung der Managementleistung in der öffentlichen Verwaltung zu einem reduzierten Ressourcenbedarf. Da sich die Reduzierung der Ressourcenlücke durch Beschaffung neuer Ressourcen nicht beliebig betreiben lässt, ist die Verringerung der Managementlücke die einzige Möglichkeit der Diskrepanz zwischen Aufgaben- und Leistungsvolumen entgegenzuwirken.

Die öffentliche Verwaltung beschäftigen sich seit einigen Jahren mit der Reform ihrer bürokratisch organisierten Strukturen. Mit der Umstellung der Buchhaltung von der Kameralistik zur doppelten Buchführung, der Einführung der Kosten- und Leistungsrechnung, des produktorientierten Haushaltes und der dezentralen Ressourcenverantwortung ziehen zunehmend moderne Managementmethoden und betriebswirtschaftliches Denken in die öffentliche Verwaltung ein. Die Denk- und Verhaltenweise wandelt sich von der Mittelmaximierung und Inputorientierung hin zur Ergebnis- und Leistungsorientierung. Die Gründe hierfür sind der Zwang zu Einsparungen durch schrumpfende Mittelbudgets, das Hinterfragen der Wirtschaftlichkeit durch den Bürger und die Forderung nach mehr Bürgerfreundlichkeit und Bürgernähe. Vielerorts sind Teamarbeit, Dezentralisierung, flache Hierarchien und die Führung durch Zielvereinbarungen anstelle der Bürokratie-Prinzipien Arbeitsteilung, Amtshierarchie oder Aktenmäßigkeit bislang jedoch nur sehr anfänglich verwirklicht. Auch dort, wo das „New Publik Management" bzw. das „Neue Steuerungsmodell" (NSM) bereits Fuß gefasst haben, fehlt es an geeigneten Instrumenten der Steuerung, Mitarbeiterorientierung, Organisationsveränderung und an moderner Unternehmensführung.[3] Die Steuerung von Organisationen der öffentlichen Verwaltung hat sich in den vergangenen Jahren zu einem

---

[1]   Budäus, D.: Public Management: Konzepte und Verfahren zur Modernisierung der öffentlichen Verwaltung, 4. Aufl., Berlin, 1998, S. 7 f.

[2]   ebenda, S. 22

[3]   Scherer, G.: INFO 1694 des Bundesverwaltungsamtes, Juli 2002, S. 2

zentralen Thema entwickelt. Neben den Führungsverantwortlichen (Manager) kommt den Controllern und ihren Unterstützungsleistungen bei der Planung, Informationsbeschaffung, Kommunikation und Kontrolle in der öffentlichen Verwaltung eine stetig wachsende Bedeutung zu.

1.1   Controllingdefinition

Controlling bedeutet in einem entscheidungsorientierten Verständnis die Bereitstellung entscheidungsrelevanter Informationen zur Unterstützung der Führungsverantwortlichen. Die Entscheidungsrelevanz der Informationen hängt dabei im wesentlichen von der Ziel- und Produktstruktur der öffentlichen Verwaltung ab. Das Controlling übernimmt eine Servicefunktion für die Verwaltungsführung. Das bedeutet, dass die Entscheidungsfindung und -durchsetzung weiterhin bei den Führungsverantwortlichen verbleibt und nicht vom Controller übernommen wird. Controlling soll hier als Steuerung des arbeitsteiligen Führungsprozesses (Planung, Organisation, Personaleinsatz, Mitarbeiterführung und Kontrolle) verstanden werden. Der Führungsprozess dient zur Steuerung des in der öffentlichen Verwaltung stark arbeitsteiligen Leistungserstellungsprozesses.

Die für den Erfolg des Verwaltungshandelns relevanten Informationen werden allen am jeweiligen Verwaltungshandeln beteiligten Ebenen der Verwaltung (Bottom up: Sachbearbeiter, Dezernats-, Referats-, Abteilungs-, Behördenleiter, Staatssekretär, Minister, Ministerpräsident, Landesregierung) verfügbar gemacht. Aus der daraus entstehenden Transparenz resultiert der Nutzen des Controlling.

Controlling definiert sich folglich als Stabsstelle der Führungsfunktion. Diese Funktion lässt sich am besten mit der eines Lotsen vergleichen. Der Lotse liefert Informationen und der Kapitän entscheidet. Die wesentlichen Ziele eines solchen Controllingverständnisses in der öffentlichen Verwaltung sind die Unterstützung der Planungsfunktion, die Koordination einzelner Teilbereiche sowie die Kontrolle der Ergebnisse.[4]

Lenkt man die Betrachtung verstärkt auf die Planungs- und Koordinationsfunktion, so ist Controlling ein Subsystem der Führung, das Planung und Kontrolle sowie Informationsversorgung systembildend und systemkoppelnd koordiniert und so die Adaption und Koordination der Organisation unterstützt.[5]

Die Organisation lässt sich damit ergebniszielorientiert an veränderte Handlungsbedingungen anpassen. Systembildende Koordination bedeutet die Entwicklung und Einführung von Planungs-, Kontroll- und Informationssystemen (insbesondere einer Kosten- und Leistungsrechnung, Kennzahlen- und Reportingsysteme, IT-Unterstützung). Systemkoppelnde Koordination führt zu einer kontinuierlichen Abstimmung zwischen den Planungs-, Kontroll- und Informationssystemen und damit zu einer zielführenden Informationsversorgung. Bei unzureichender Abstimmung zwischen den Teilsystemen ist eine sinnvolle Unterstützung der Entscheidungsträger gefährdet.

Zusammenfassend lassen sich zur Definition des Controllingbegriffs drei Aspekte herausarbeiten:

---

[4] vgl.: Reichmann, Th.: Controlling mit Kennzahlen und Managementberichten, 1995, S. 3
[5] vgl.: Horváth, Peter: Controlling, 7. Aufl. 1998, S. 147

a) Das Controlling ist eine Servicestelle der Führungsverantwortlichen;
b) Hauptaufgabe des Controlling ist die Entwicklung, der Einsatz und die Pflege von Instrumenten zur Planung, Kontrolle und Informationsversorgung;
c) Permanente Aufgabe des Controlling ist die Koordination der Teilfunktionen Planung, Kontrolle und Informationsversorgung.

Controlling bedeutet dementsprechend die Unterstützung der Steuerung der öffentlichen Verwaltung zur Realisierung der Verwaltungsziele. Aufgrund der großen Bandbreite an unterschiedlichen Zielformulierungen, Zielsystemen und -hierarchien muss das Controlling für jede Verwaltungseinheit spezifisch ausgestaltet werden. Ein individuell gestaltetes Controlling hilft dann z.B. bei der Beantwortung folgender Fragen:

❑ Was sind die grundsätzlichen Ziele und Aufgaben unserer Tätigkeit; sind sie realistisch formuliert?
❑ Erbringen wir die richtigen Leistungen?
❑ Wer sind die Abnehmer unserer Leistungen?
❑ Ist die Qualität und Quantität unserer Leistungen zu hoch, ausreichend, oder sogar nicht ausreichend?
❑ Wie hoch sind die Gesamtkosten der Leistungserstellung?
❑ Ist der Leistungsprozess zuverlässig und wirtschaftlich?
❑ Werden die Fähigkeiten und die Verantwortungsbereitschaft der Mitarbeiterinnen und Mitarbeiter ausreichend genutzt und gefördert?

Zur Abgrenzung des Controllingbegriffs zum reinen Kontrollbegriff lassen sich eine Reihe von Kriterien heranziehen, die in der folgenden Abbildung dargestellt sind:

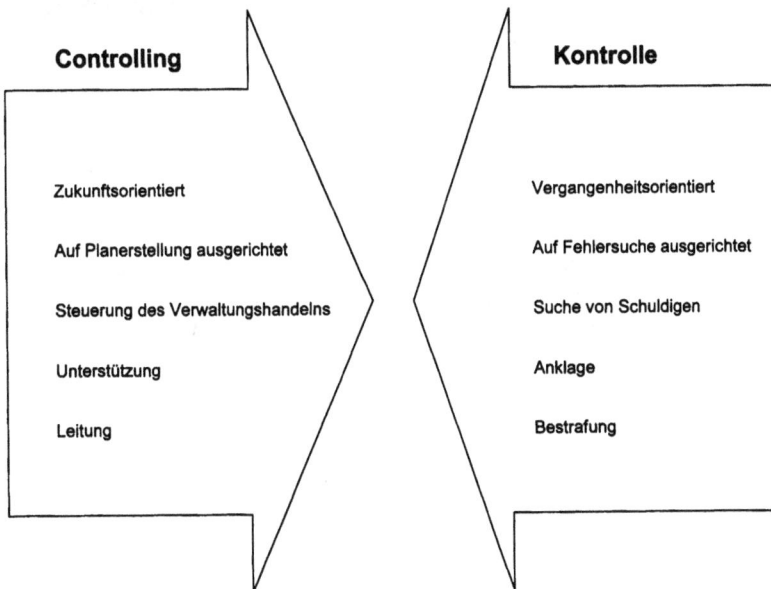

Controlling	**Kontrolle**
Zukunftsorientiert	Vergangenheitsorientiert
Auf Planerstellung ausgerichtet	Auf Fehlersuche ausgerichtet
Steuerung des Verwaltungshandelns	Suche von Schuldigen
Unterstützung	Anklage
Leitung	Bestrafung

Abb. 1.1: Controlling vs. Kontrolle

1.2   Bezugsrahmen des Verwaltungscontrolling

Das Verwaltungscontrolling ist funktional in den Dreiklang von Haushaltsaufstellung, Haus-
haltsvollzug und Haushaltskontrolle einzuordnen.[6]

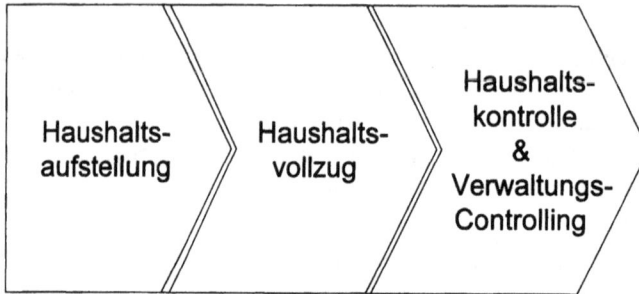

Abb. 1.2:   Haushaltsaufstellung, -vollzug und Verwaltungscontrolling

Verwaltungscontrolling als spezielle Form des Controlling dient als integratives Element, um
die verschiedensten Ansätze einer Reform der öffentlichen Verwaltung zielgerecht zu verbinden. Ohne die integrierende Funktion des Verwaltungscontrolling würden die einzelnen
Reformelemente unabgestimmte Insellösungen darstellen, die in ihrer Gesamtheit nicht kon-
form auf die Reformziele ausgerichtet wären.

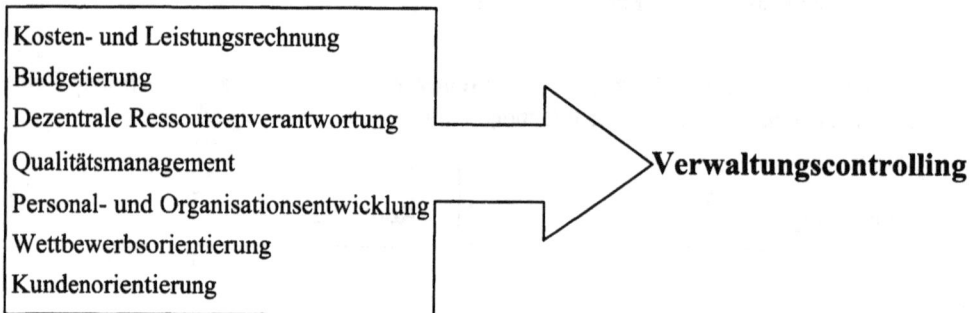

Abb. 1.3: Verwaltungscontrolling als Klammer

Einzelne Reformelemente der öffentlichen Verwaltung wie die Konzeptionierung und Ein-
führung von Kosten- und Leistungsrechnungen, die Umstellung auf eine outputorientierte
Budgetierung und die damit einhergehende dezentrale Ressourcenverantwortung, die um
Qualitätsmanagement- und Personalmanagementsysteme angereichert werden und zu ver-
stärkter Wettbewerbs- und Kundenorientierung führen sollen, benötigen ein Konzept zur
Bündelung der Einzelaspekte. Das Verwaltungscontrolling soll diese Aufgabe erfüllen.

---

[6]   vgl.: Schuppert, G. F.: Verwaltungswissenschaft, Verwaltung, Verwaltungsrecht, Verwaltungslehre, Baden-
         Baden, 2000, S. 698 ff.

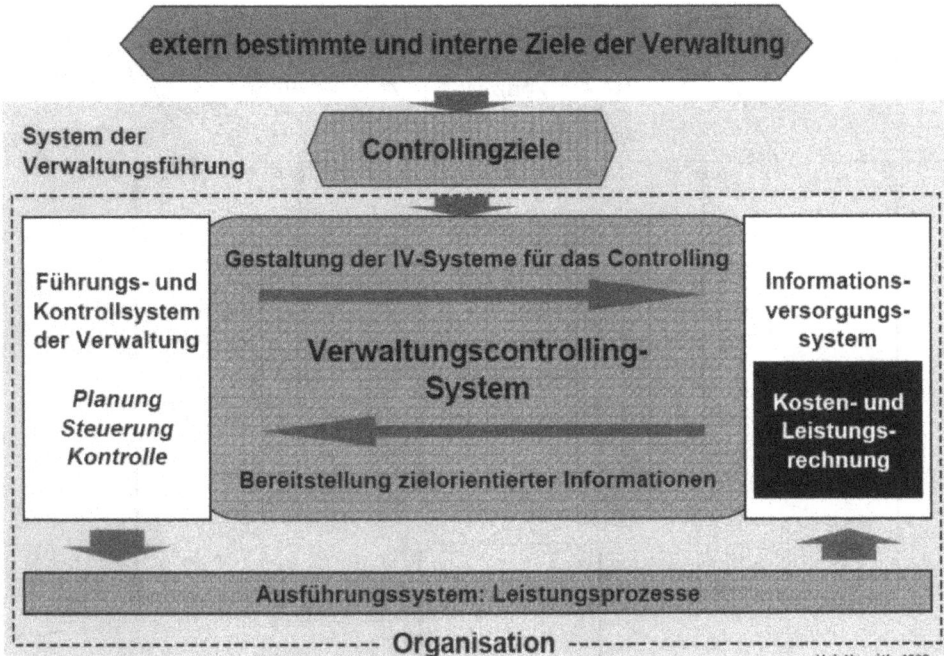

Abb. 1.4:   Einordnung des Verwaltungscontrolling-Systems[7]

Hauptziel ist dabei, die bisherige allein an den Ausgaben der öffentlichen Verwaltung orientierte Steuerung (Inputorientierung) zu relativieren und durch eine am Ergebnis des Verwaltungshandelns orientierte Steuerung (Outputorientierung) zu ergänzen, wodurch der Produktbegriff in den Mittelpunkt rückt. Damit soll die Wirtschaftlichkeit der Leistungserstellung der öffentlichen Verwaltung verbessert werden sowie eine Qualitätssteigerung bei gleichzeitig geringerem Ressourcenverbrauch erreicht werden. Aufgrund dieser Ausrichtung lässt sich das 3-E-Konzept (Effectiveness, Efficiency, Economy), das vor allem von Budäus vertreten wird, als Bezugsrahmen für das Verwaltungscontrolling definieren, welches auf die unterschiedlichen Informationsbefürfnisse der einzelnen Führungsebenen eingeht.[8]

Das Verwaltungscontrolling betrachtet die gesamte Wertschöpfungskette der öffentlichen Verwaltung von der Formulierung der Outcomeziele über den Ressourceninput, den operativen Leistungsprozess und dem resultierenden Output bis hin zum realisierten Outcome. Ein wesentliches Problem des Verwaltungscontrolling stellt dabei die Erfassung und Bewertung nicht monetärer Ergebnisse auf der Leistungsseite dar.

---

[7]   modifiziert nach einer Abbildung aus: Horváth, P.: Controlling, 7. Aufl., München, 1998, S. 111

[8]   vgl.: Budäus, D./Buchholz, K.: Konzeptionelle Grundlagen des Controlling in öffentlichen Verwaltungen, in: DBW, 1997, S. 322-337

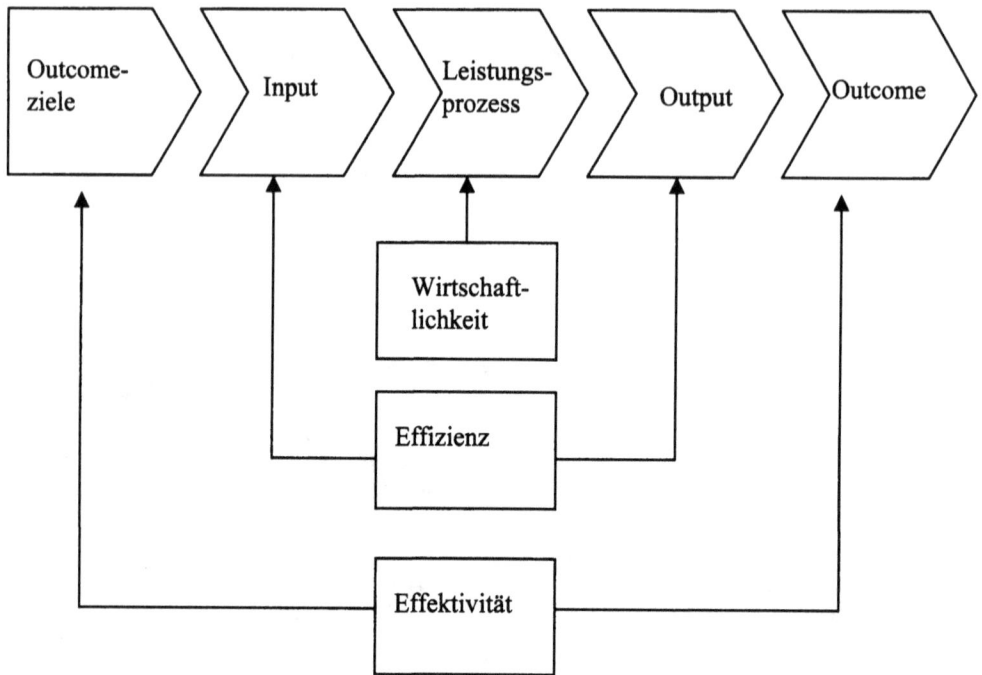

Abb. 1.5:   Das 3-E-Konzept als Bezugsrahmen für das Verwaltungscontrolling

Bei der Einführung und Weiterentwicklung eines Controlling für öffentliche Verwaltungen müssen deren spezielle Rahmenbedingungen beachtet werden, die zum Teil erheblich von den Bedingungen in der Privatwirtschaft abweichen. Wesentliche Rahmenbedingungen für die Leistungserstellung öffentlicher Verwaltung, die bei der Konzeptionierung und Durchführung eines Verwaltungscontrolling relevant werden, sind:

a) Rechtsvorschriften: Das Handeln der öffentlichen Verwaltung wird in erheblichem Maße von Rechtsvorschriften und Durchführungsverordnungen determiniert. In der Folge richten sich die Entscheidungen der öffentlichen Verwaltung auf die gesetzlich vorgegebenen Normen aus. Der Entscheidungsspielraum ist dadurch eingeschränkt. Das Streben nach Rechtmäßigkeit und das daraus folgende Bedürfnis des Nachweises des rechtmäßigen Handeln ist für die öffentliche Verwaltung prägend.

b) Zielbildung: Die Zielbildung in der öffentlichen Verwaltung erfolgt nicht ausschließlich durch die Verantwortlichen der Verwaltungsspitze, sondern wird zum Teil durch politische Gremien vorgegeben. Die öffentliche Verwaltung muss diese Vorgaben akzeptieren und umsetzen. Dies schränkt die Entscheidungskompetenz und die Gestaltungsfreiheit der öffentlichen Verwaltung weiter ein.

c) Zieloperationalisierung: Die Ziele in der öffentlichen Verwaltung lassen sich häufig nicht direkt in ökonomischen Kategorien fassen. Häufig sind genaue Wertvorgaben nicht möglich, so dass auf Mengengrößen zurückgegriffen werden muss. Die zielvorgebenden politischen Instanzen formulieren die Zielvorgaben häufig bewusst oder unbewusst unpräzise. Aufgrund der mangelnden Operationalisierung der Zielvorstellungen müssen Indikatoren zur Messung der Zielerreichung gefunden werden.

d) Zielorientierung: Die öffentliche Verwaltung ist in erster Linie auf die Realisierung von Sachzielen und weniger auf die Erfüllung von Formalzielen ausgerichtet.

e) Wettbewerbsbedingungen: Leistungen der öffentlichen Verwaltung sind i.d.R. Dienstleistungen, bei denen keine Substitutionsmöglichkeit am Markt möglich ist. Durch diese quasi-monopolistische Stellung der öffentlichen Verwaltung sind für die Leistungen keine vergleichbaren Marktpreise, -qualitäten oder sonstige Vergleichsinformationen verfügbar.

f) Kameralistik: Das derzeit vorherrschende Rechnungssystem in der öffentlichen Verwaltung ist die Kameralistik. Dieses auf Ausgaben und Einnahmen beschränkte System, das vorrangig zur Haushaltskontrolle dient, liefert jedoch keinerlei Informationen über wertmäßige Güterbewegungen, die für ein Verwaltungscontrolling notwendig wären. Die öffentlichen Verwaltungen benötigen deshalb ein Rechnungswesen auf der Basis der doppelten Buchhaltung sowie eine entscheidungsorientierte Kosten- und Leistungsrechnung, um steuerungsrelevante Informationen zu erhalten.

g) Organisationskultur: Die Kultur in öffentlichen Verwaltungen ist durch ein hohes Sicherheitsstreben in Verbindung mit einem ausgeprägten Traditionalismus („Festhalten des Bisherigen"; Misstrauen gegenüber Veränderungen) sowie bürokratischen Führungsstilen und Ressortdenken geprägt. Ein erfolgreiches Verwaltungscontrolling setzt allerdings die Akzeptanz der Verwaltungsführung und ihrer Mitarbeiter zwingend voraus. Ohne Bereitschaft, die vom Verwaltungscontrolling bereitgestellten Informationen und Methoden nutzen zu wollen, kann das Controlling, die in ihn gesetzten Erwartungen, nicht erfüllen.

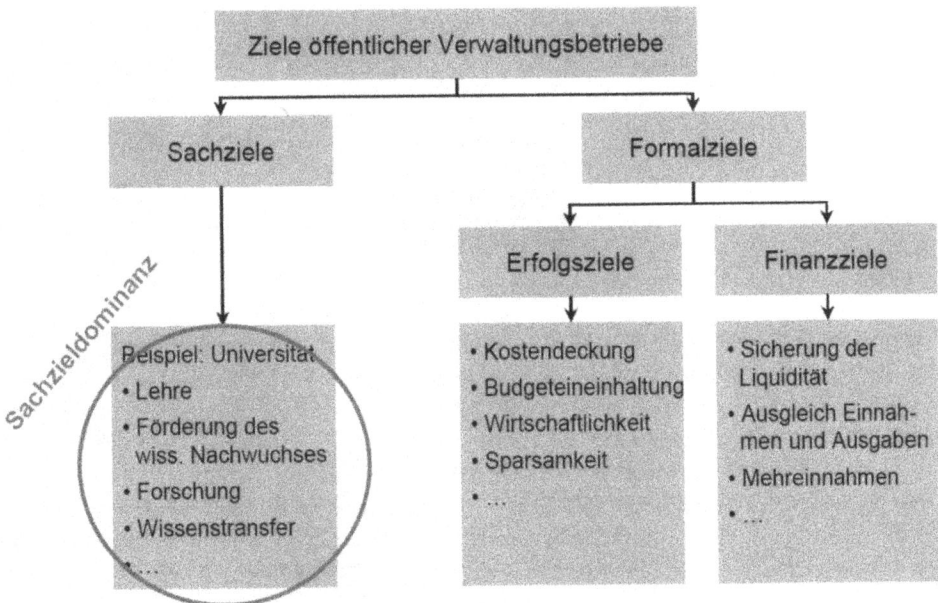

Abb. 1.6:   Sachzieldominanz der öffentlichen Verwaltung

1.2.1   Betrachtungsebene „Effektivität"

Grundlage der Erfassung und Bewertung von Leistungen der öffentlichen Verwaltungen ist die Definition ihrer jeweiligen Kernkompetenzen (Geschäftsfelder) und die Organisation dieser Kernkompetenzen innerhalb der Wertschöpfungssequenz Ressourceninput, Leistungsprozess, Produktoutput und Outcome. Die Kernkompetenzen der öffentlichen Verwaltung werden durch Handlungsanweisungen der Politik mittels Gesetzen und Programmen konkretisiert, aus denen die geplante Wirkung des Verwaltungshandelns verständlich wird (Outcomeziele). Aufbauend auf diesen durch die Politik vorgegebenen Outcomezielen muss die öffentliche Verwaltung Leistungsziele formulieren, die konkrete Maßnahmen zur Erreichung der Wirkungsziele enthält. Diese Leistungsziele müssen eine ausreichende Operationalisierung (Messbarkeit) aufweisen um für Steuerungszwecke sinnvoll zu sein.

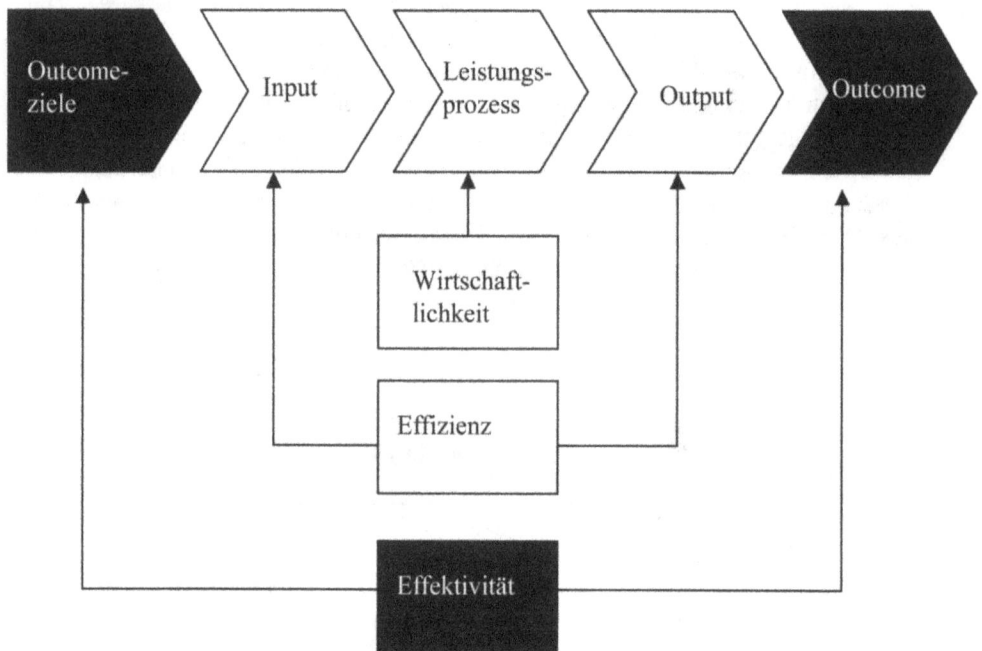

Abb. 1.7:   Effektivität im 3-E-Konzept

Auf der Betrachtungsebene der Effektivität rückt damit die Abstimmung zwischen Politik und öffentlicher Verwaltung durch Zielformulierung in den Vordergrund. Die Effektivität misst das Verhältnis zwischen dem von der öffentlichen Verwaltung tatsächlich realisierten Ergebnis (Outcome) und dem von der Politik vorgegebenen Ergebnis (Outcomeziel). Kennzahlen zur Effektivität stellen also einen Zielerreichungsgrad dar. Aus diesem Grund muss in einer Effektivitätskennzahl eine Soll-Größe enthalten sein. I.d.R. steht die Zielvorgabe (angestrebtes Soll) im Nenner und der Ist-Zustand im Zähler des Kennzahlen-Quotienten. Die Effektivität gibt das Verhältnis zwischen der Maßnahmenwirkung und der Zielsetzung an. Diese Informationen ermöglichen dem Controlling die Beurteilung inwieweit sich die erzielten Wirkungen mit den jeweiligen Zielsetzungen für die betrachtete Kernkompetenz decken. Wird z.B. als Zielsetzung die Reduzierung der Aktendurchlaufzeit um 4 Tage definiert und die tatsächliche Durchlaufzeit reduziert sich um 2 Tage so liegt die Effektivität bei 50 %.

Aus der Sicht der öffentlichen Verwaltung stellt sich in diesem Zusammenhang die Frage, ob die richtigen Leistungen zur Realisierung der angestrebten Wirkungsziele angeboten werden (*Machen wir das Richtige?*)

Zentrale Problematik der Effektivitätsebene sind die häufig schlecht operationalisierten und schwer überprüfbaren Zielvorgaben der Politik, die vornehmlich durch politische Rationalität und weniger durch eine wirtschaftliche Betrachtung geprägt sind. Das Controlling muss hier geeignete Indikatoren bereitstellen, um diese schlecht strukturierten Probleme für eine Kennzahlenbetrachtung erfassbar zu machen. So lässt sich z.B. die Frage, ob die Einrichtung einer Servicestelle die Bürgerzufriedenheit erhöht, nicht direkt beantworten. Hierfür müssen erst Indikatoren gefunden werden, die den Grad der Bürgerzufriedenheit messen. Anschließend muss untersucht werden, ob die Einrichtung einer Servicestelle diese Indikatoren beeinflusst. Die Betrachtungsebene der Effektivität ist Gegenstand des **strategischen Controlling**.

1.2.2   Betrachtungsebene „Effizienz"

Auf der Betrachtungsebene der Effizienz wird der als Input bezeichnete Ressourcenverbrauch, insbesondere Personal-, Sachmittel- und Finanzressourcen, dem Output in Form von Produkten der öffentlichen Verwaltung gegenübergestellt. Der Ressourcenverbrauch lässt sich in monetären Größen bewerten (Kosten). Die Produkte der Verwaltungseinheiten müssen hinsichtlich Qualität und Quantität erfasst werden um als Grundlage für Controllingaktivitäten geeignet zu sein.

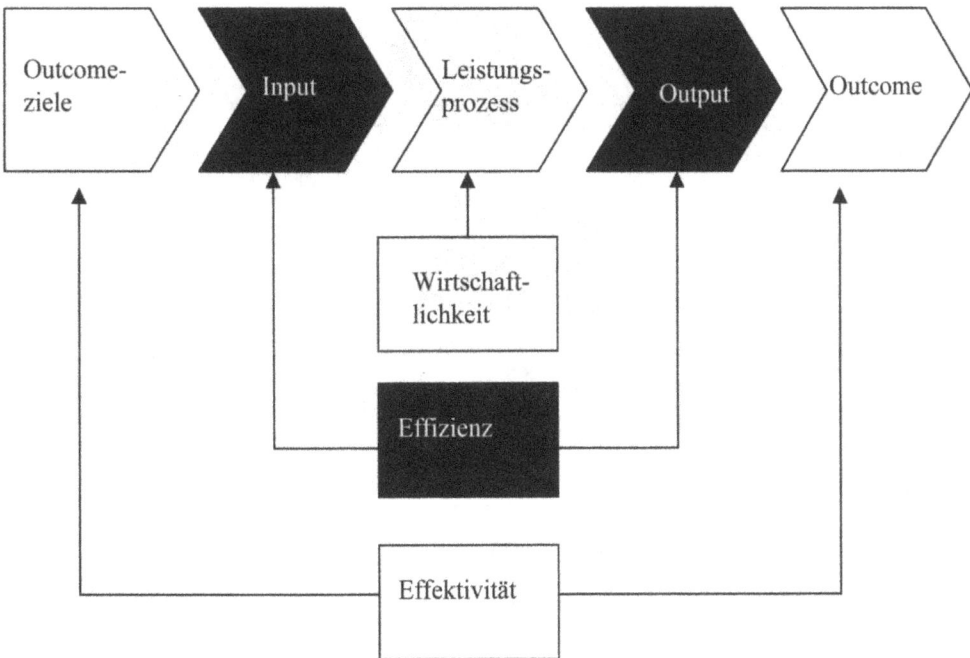

Abb. 1.8:   Effizienz im 3-E-Konzept

Aufgrund der angestrebten Darstellung eines Output-Input-Verhältnisses wird bei der Effizienzkennzahl der Wirkungsgrad dem Mitteleinsatz in Sinne einer Kosten-Nutzen-Analyse gegenübergestellt. Für die Verwaltungseinheit stellt sich auf der Ebene der Effizienz die Frage, ob die Leistungen mit einem angemessenen Ressourcenverbrauch erbracht werden (*Machen wir es richtig?*). Dabei kann es sich um wertmäßige oder mengenmäßige Relationen handeln. So ist die Produktivität ein mengenmäßiges Effizienzkriterium und die Rentabilität ein wertmäßiges Effizienzkriterium. Effizienzbetrachtungen sind im Rahmen eines Verwaltungscontrolling vor allem in den operativ tätigen Verwaltungseinheiten vorzunehmen. Erhöht sich etwa das Bearbeitungsvolumen einer Abteilung von 100 auf 120 Akten pro Monat so hat sich ihre Produktivität (mengenmäßige Effizienz) um 20 % erhöht. Probleme ergeben sich hier insbesondere in der Verknüpfung der Verwaltungsprodukte mit den zugrunde liegenden Zielsetzungen, in der Definition operationaler Qualitätsanforderungen und in der Ermittlung des tatsächlichen Ressourcenverbrauchs (Kostenrechnung). Eine weiteres Problemfeld ist die Definition der Effizienzschwelle. Mangels Marktmechanismus steht der öffentlichen Verwaltung kein geeignetes Instrument zu Verfügung um zu entscheiden ab wann Verwaltungshandeln effizient ist. Hier versucht das Verwaltungscontrolling über das Instrument des Benchmarking Informationen bereit zu stellen. Effizienzbetrachtungen sind das zentrale Feld des **operativen Controlling**.

1.2.3   Betrachtungsebene „Wirtschaftlichkeit"

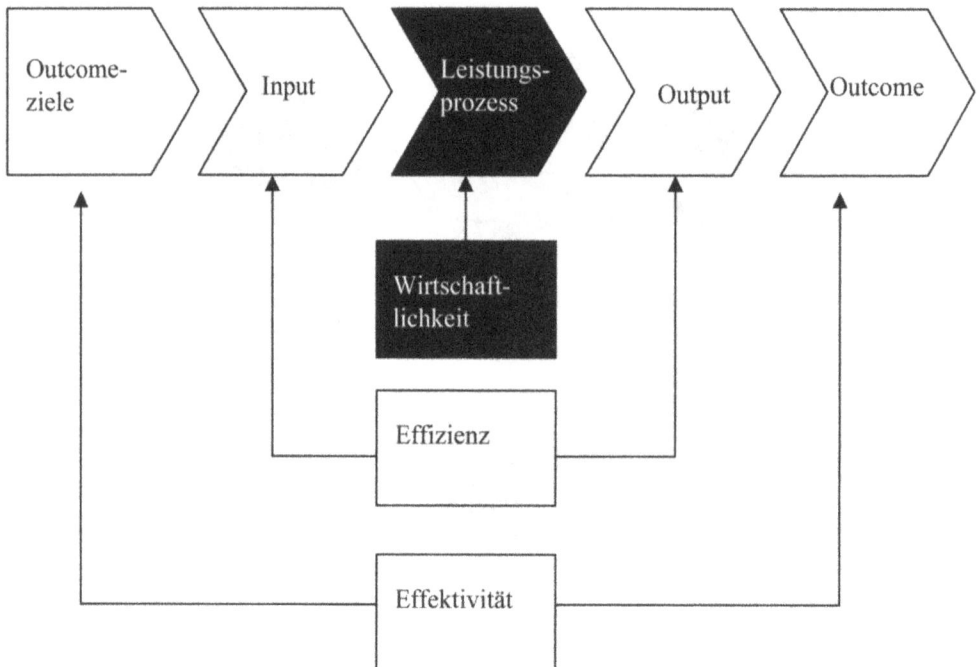

Abb. 1.9:   Wirtschaftlichkeit im 3-E-Konzept

Auf der Betrachtungsebene der Wirtschaftlichkeit geht es um die Kostenwirtschaftlichkeit des gesamten Leistungsprozesses und damit um die zweckmäßige Organisation der operativen Leistungserstellung. Die Beurteilung der Wirtschaftlichkeit setzt voraus, dass die Wirkungs- und operativen Ziele bekannt sind und der Output in Form von Produkten hinreichend genau durch Qualität- und Quantitätsanforderungen definiert ist.

Als Wirtschaftlichkeit im Rahmen des Verwaltungscontrolling wird hier das Prinzip der Sparsamkeit nach dem Minimalprinzip verstanden. Die im Haushaltsrecht verankerte Sparsamkeit bedeutet nach dem Minimalprinzip, dass eine vorab definierte Leistung mit möglichst geringem Ressourcenverbrauch erbracht werden soll. Kennzahlen zur Sparsamkeit müssen, um eine sinnvolle Aussage zu ermöglichen, zwei Soll-Größen voraussetzen. Die erste Soll-Größe definiert die zu erbringende Leistungsmenge. Die zweite Soll-Größe gibt die hierfür zulässigen Kosten vor. Diese Größen werden mit den Ist-Kosten ins Verhältnis gesetzt. Die Grundformel für den Grad der Kostenwirtschaftlichkeit ist der Quotient aus Soll-Kosten und Ist-Kosten. Ziel dieser ökonomischen Relationen ist die wirtschaftliche Steuerung des Ressourceneinsatzes. Nach dieser Rationalität herrscht Wirtschaftlichkeit vor, wenn die tatsächlichen Kosten den geplanten Kosten entsprechen. Mangels Marktmechanismus in der öffentlichen Verwaltung liegt die Hauptproblematik in der Bereitstellung eines sinnvollen Vergleichsmaßstabes, der sich in der detaillierten Planung der einzusetzenden Kosten konkretisiert.

Abweichungen zwischen den Soll- und den Ist-Kosten sind gründlich zu analysieren, da sie Anhaltspunkte für Veränderungen der Organisation der Leistungsprozesse und damit zu einem wirtschaftlicheren Ressourceneinsatz liefern.

2 Das Controllingkonzept

2.1 Der Controllingregelkreis

Der Begriff Controlling leitet sich vom angelsächsischen „to control" ab, was so viel bedeutet wie lenken oder steuern. Bei einer funktionalen Sichtweise dieses Begriffs als Teil des Führungssystems öffentlicher Verwaltungen kann die Lenkung/Steuerung als kybernetischer Prozess angesehen werden.

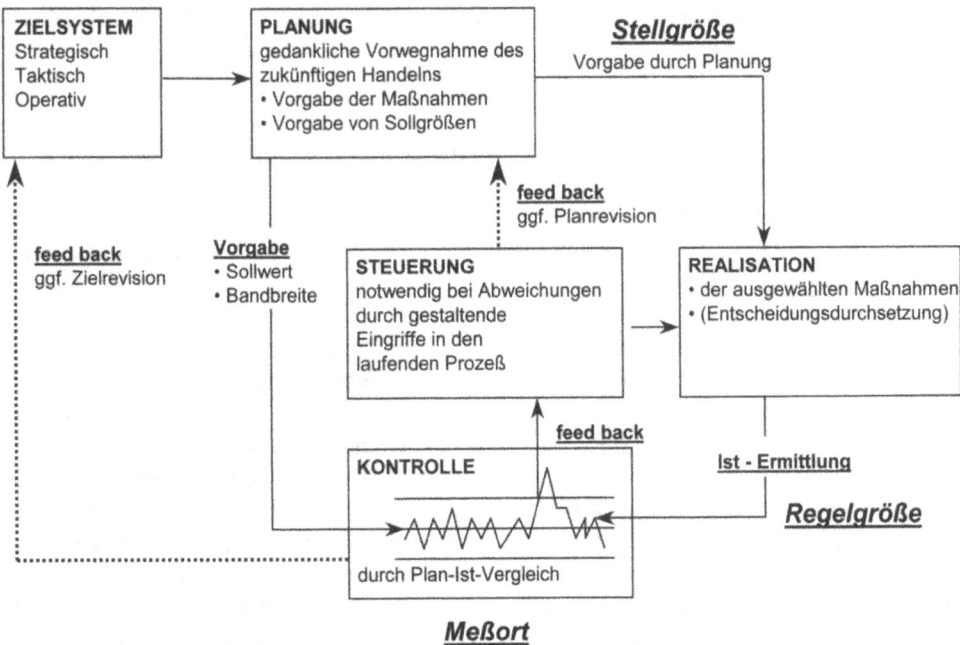

Abb. 2.1: Controlling als kybernetischer Kreislauf

Ein kybernetischer Prozess ist ein sich selbst steuernder und regelnder Kreislauf. Übertragen auf das Verwaltungscontrolling bedeutet dies ein zunächst sequenzieller Ablauf, der an der Stelle des Messortes (Kontrolle) zu einem iterativen Ablauf übergeht.

Was bedeutet das? Ausgehend von der Formulierung der strategischen und daraus abgeleiteten operationalen Verwaltungsziele werden Maßnahmen zur Zielrealisierung geplant. Hieran schließt sich die konkrete Umsetzung der geplanten Maßnahmen an. Das Ergebnis dieser Maßnahmen wird als Ist-Zustand (Regelgröße) gemessen und mit dem Soll-Zustand (Stellgröße) verglichen. Stimmen Ist- und Soll-Zustand überein, so ist das angestrebte Ziel erreicht und es werden keine weiteren Maßnahmen zur Zielerreichung notwendig. Weicht der Ist-

Zustand vom Soll-Zustand ab, so wird die Abweichung analysiert und bewertet. Dieses Feedback ist das Ergebnis der Kontrolle (Soll-Ist-Vergleich) im kybernetischen Controllingprozess. Diese Kontrolle darf nicht mit einer Verhaltenskontrolle von Mitarbeitern oder als Suche von Schuldigen bei Misserfolgen verwechselt werden. **Kontrolle im Sinne des Controllingprozesses meint die Gegenüberstellung von Stellgrößen und Regelgrößen mit anschließendem Feedback.** Die Feedbackfunktion führt gegebenenfalls zu einer Überprüfung der Zielformulierung, zu einer Veränderung der Maßnahmenplanung oder zu Aktivitäten im Bereich der Maßnahmendurchführung. Im Anschluss an diese rückkopplungsbedingten Aktionen erfolgt ein erneuter Soll-Ist-Vergleich. Controlling unterstützt eine auf aktive Zukunftsgestaltung und Ergebniserreichung bezogene Denkweise. Damit unterscheidet es sich deutlich von vergangenheitsorientierter und schuldzuweisender Verhaltenskontrolle. Abweichungen entstehen zwangsläufig durch Veränderungsprozesse innerhalb der Organisation und durch sich verändernde Umweltbedingungen. Deshalb führen einzelfallbezogene Schuldzuweisungen einzelner Mitarbeiter nicht zum Ziel. **Sinn des kybernetischen Controllingprozesses ist die zukunftsgerichtete Steuerung des Verwaltungshandelns durch korrigierende Maßnahmen zur Erreichung der angestrebten Ziele und nicht die Identifikation von Schuldigen bei Zielverfehlung.**

2.2   Ursprung des Controlling und Controllingentwicklung

Die Controllingfunktion stammt ursprünglich aus dem Bereich der öffentlichen Verwaltungen. Im Großbritannien des 15. Jahrhunderts hatte der *„Countrollour"* die Controllingaufgabe in der staatlichen Verwaltung inne. Der Countrollour war am Königshof mit der Überprüfung und Analyse von Aufzeichnungen über den Geld- und Güterverkehr betraut. In Frankreich wurde im gleichen Jahrhundert die Führung der Gegenrolle, eine Aufzeichnung über die ein- und ausgehenden Finanz- und Sachmittel, als offizielles Hofamt unter der Bezeichnung *„Contreroulleur"* eingeführt. Im 18. Jahrhundert wurden in den USA per Gesetz die Ämter für die „Comptroller, Auditor, Treasurer und Commissioners of Accounts" geschaffen.[9] Dem Comptroller unterlag die Verwaltung des staatlichen Haushalts und der Überwachung der Mittelverwendung (Haushälter, Kämmerer). Erst Ende des 19. Jahrhunderts wurde die Controllingfunktion erstmals in einem Wirtschaftsunternehmen, der Atchison, Topeka & Santa Fé Railway System, mit ausschließlich finanzwirtschaftlicher Ausrichtung eingeführt. Ab 1930 verstärkte sich in den USA das Interesse für Controllingprozesse an den Hochschulen und in der Unternehmenspraxis. In Deutschland beschäftigt man sich in Theorie und Praxis seit etwa 1950 mit dem Controllingkonzept.

Heute nimmt der Controllinggedanke in Wirtschaftsunternehmen, Non-Profit-Organisationen und zunehmend auch in öffentlichen Verwaltungen eine weitreichende Stellung ein. Unter Berücksichtigung der Umweltdynamik und der Häufigkeit von Veränderungen in der Organisation lassen sich buchhaltungs-, aktions- und führungsorientierte Controllingentwicklungen voneinander abgrenzen.[10]

---

[9]   Horváth, P.: Controlling, S.29

[10]   vgl. Zünd, A.: Begriffsinhalte Controlling – Controller, in Haberland, G./Preißler, P./Meyer, C. W.: (Hrsg.): Handbuch Revision, Controlling, Consulting, Landsberg a.L., 1996, S. 1ff.

2.2.1   Das buchhaltungsorientierte Controlling

Bei relativ statischer Umwelt und geringen Organisationsveränderungen ist das buchhal-
tungsorientierte Controlling weit verbreitet. Es ist auf die Erfüllung der Funktion der Kostenrechnung (internes Rechnungswesen) und der Finanzbuchhaltung (externes Rechnungswesen) ausgerichtet. Hauptinstrument des buchhaltungsorientierten Controlling ist die
Durchführung vergangenheitsorientierter Kostenstellen- und Kostenträgerrechnungen zur
Beschreibung des Ist-Zustandes. Eine zukunftsorientierte Planung auf Basis der zu erwartenden Entwicklung findet nicht statt; vielmehr werden die Budgets durch die Fortschreibung
der Vergangenheitsdaten erstellt. Der Controller als Buchhalter bzw. Registrator ist durch
eine vorwiegend statische Aufgabe geprägt. Die Informationsbeschaffung basiert auf dem
Nachvollziehen des abgelaufenen Geschäftsjahres und einer ordnungsgemäßen Dokumentation der Vergangenheit mit hohem Anspruch an die Genauigkeit. Die Informationen aus dem
Rechnungswesen werden als unveränderliches Datum angesehen. Die Fortschreibung der
Vergangenheitsdaten lässt keinen Raum für strategische Überlegungen. Lediglich bei stabils-
ten Umweltbedingungen und marginaler Veränderungsneigung der Organisation ist die
Prognose des zukünftigen Handelns auf Basis der Vergangenheitsdaten als ausreichend anzusehen.

2.2.2   Das aktionsorientierte Controlling

Bei veränderlichen Umweltbedingungen und gelegentlichen Organisationsentwicklungen
wird die Planung des Verwaltungshandelns und seiner Ergebnisse komplexer. Der Controller
wird zum Navigator. In diesem Fall reicht die Fortschreibung der Vergangenheitsdaten für
eine zielführende Planungsfunktion nicht mehr aus. Die Planung muss jetzt flexibler ausgestaltet werden, um angemessen und rechtzeitig an veränderte Bedingungen reagieren zu
können. Durch die Ableitung von Korrekturmaßnahmen aus Abweichungsanalysen zur
planmäßigen Realisierung der Ziele überwindet das aktionsorientierte Controlling die statische Funktionsweise des buchhaltungsorientierten Controlling. Das Controlling unterbreitet
konkrete Vorschläge zur Zielerreichung und greift indirekt in die operative Leistungsersteil-
lung ein. Die Controllingtätigkeit ist nicht mehr vergangenheitsorientiert und auf die Daten
der Buchhaltung begrenzt, sondern zukunftsorientiert und auf intensive Teamarbeit mit den
Fachspezialisten der entsprechenden Fachabteilungen konzipiert. Die Zukunftsorientierung
des Controlling führt zu einer stärkeren Entscheidungsunterstützung bei der Schnelligkeit vor
Genauigkeit gilt. Die Anpassung des Verwaltungshandelns an veränderte Rahmenbedingungen rückt verstärkt in den Mittelpunkt der Controllingaktivitäten.

2.2.3   Das führungsorientierte Controlling

Bei häufigen und schnellen Veränderungen der Umweltbedingungen werden Informationen
über die Umwelt immer ungenauer. Die Organisation sieht sich häufig neuen Situationen und
Problemfeldern ausgesetzt. Planungen sind aufgrund der raschen Veränderungen unsicher, so
dass schnelle situative Anpassungen notwendig werden. Das Controlling ist unter diesen
Bedingungen auf das frühzeitige Erkennen von Veränderungen ausgelegt. Es unterstützt die
Planungstätigkeit aktiv mit zeitnahen Planungs-, Kontroll- und Korrekturinformationen. Die
Führungsunterstützung gewinnt an Intensität, so dass Controlling zu einem integrativen Teil

der Führung wird. Der Controller wird zum Innovator, der seine Frühwarnsysteme ausbaut. Der Einsatz von Instrumenten des Kostenmanagements zur nachhaltigen Verbesserung der Kostenhöhe und Kostenstruktur ergänzt die bisherigen Soll-Ist-Vergleiche. Der Entwicklung von flexiblen Kontrollstrategien kommt aufgrund der großen Umweltdynamik besondere Bedeutung zu. Dabei muss die Koordination zwischen den Führungskräften der Fachabteilungen und der Linienmanager intensiviert werden, um situatives Handeln zu ermöglichen.

2.3   Das Controllerleitbild

Die allgemeinen und speziellen Aufgaben des Controllers in der Privatwirtschaft und der öffentlichen Verwaltung lassen sich nach dem Controllerleitbild der International Group of Controlling wie folgt beschreiben:[11]

a) Controller leisten begleitenden betriebswirtschaftlichen Service für die Führungsebene zur zielorientierten Planung und Steuerung;
b) Controller sorgen für Ergebnis-, Finanz-, Prozess- und Strategietransparenz und tragen somit zu höherer Wirtschaftlichkeit bei;
c) Controller koordinieren Teilziele und Teilpläne ganzheitlich und organisieren organisationsübergreifend ein zukunftsorientiertes Reporting;
d) Controller moderieren den Controlling-Prozess so, dass jeder Entscheidungsträger zielorientiert handeln kann;
e) Controller sichern die dazu erforderliche Daten- und Informationsversorgung;
f) Controller gestalten und pflegen die Controllingsysteme;
g) Controller sind interne betriebswirtschaftliche Berater aller Entscheidungsträger und wirken als Navigator zur Zielerreichung.

Der Controller tritt in seiner Unterstützungsfunktion als Dienstleister auf. Er trifft keine selbstständigen Entscheidungen über die operative Leistungserstellung. Dies ist weiterhin Aufgabe der Führungsverantwortlichen. Führung und Controlling arbeiten als Team eng miteinander zusammen wie die folgende Abbildung verdeutlicht:

---

[11] International Group of Controlling: Controller-Leitbild, in: Controller Magazin 22, 1997

Führungsverantwortlicher   **Controller**

Formulierung fachlicher Ziele   Informationsversorgung

Ergebnisplanung   Entscheidungsunterstützung

Ressourcenverantwortung   Planungsmoderation

Strategiekompetenz   Koordination der Teilsysteme

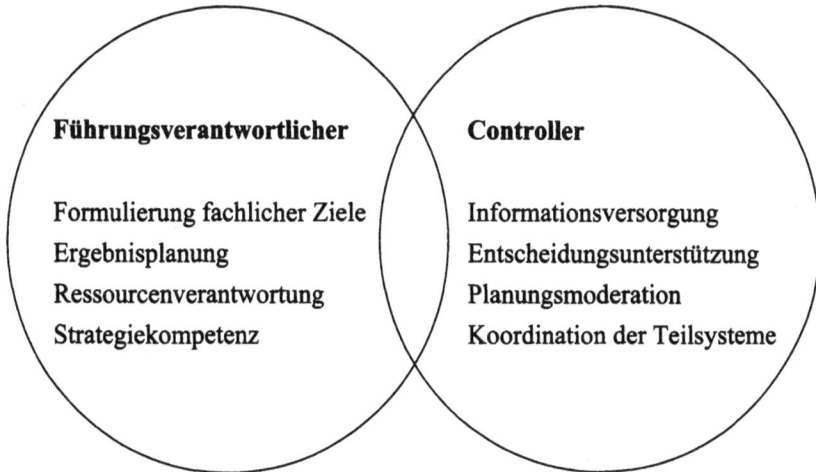

Abb. 2.2:   Zusammenarbeit zwischen Führung und Controlling

Nicht der Controller plant und kontrolliert, sondern die Führungsebene. Der Controller unterstützt die Entscheidungsfindung aber mit seinen Controllingberichten. Er verdichtet alle relevanten Informationen zu einem Gesamtbild. Dadurch erhält der Controller einen Überblick über das Verwaltungshandeln. Im Detail bedeutet dies, dass der Controller den aktuellen Informationsbedarf der Entscheidungsträger kennt und die Monats- und Quartalsberichte für die Leitungsebenen an diesem Bedarf ausrichtet. Er organisiert darüber hinaus die Erstellung und Verteilung der Controllingberichte an die Empfänger.

Aufgrund des Informationsvorsprungs des Controllers durch Soll-Ist-Analysen erkennt dieser Kursabweichungen als erster und kann mit den Führungsverantwortlichen Maßnahmen zur Kurskorrektur erarbeiten (Navigatorfunktion). Zur aussagekräftigen Kumulation der Informationen der einzelnen Verwaltungseinheiten müssen verbindliche Informationsstandards wie z.B. einheitliche Definitionen und Kalkulationsvorschriften etc. unter Mitwirkung des Controllers geschaffen werden. Ergänzend formuliert er Grundlagen für die Erhebung und Aufbereitung von Daten, um Unterlagen für Zeitreihen- und Behördenvergleiche zu gewinnen. Der Controller kann aufgrund seines Know-hows die Planungs- und Informationssysteme aufeinander abstimmen (Koordinationsfunktion). Darüber hinaus berät er die Leitungsebene bei Sonderprojekten wie z.B. Investitionsvorhaben (Funktion des In-House-Consultant).

2.4   Controllingphilosophie

Um die Funktion des Controlling in der öffentlichen Verwaltung sicherzustellen bedarf es einer Controllingphilosophie, die sich durch die Festlegung geeigneter Führungsgrundsätze konkretisiert. Eine für die Steuerung des Verwaltungshandelns zweckmäßige Philosophie basiert auf den vier Führungsgrundsätzen: planorientiertes Handeln und zielorientierte Führung, personifizierte Verantwortung mit einhergehender Produktorientierung, dezentrale Verantwortung für Ressourcen und die Fähigkeit zur zeitgerechten Einleitung von Maßnahmen bei Abweichungen.

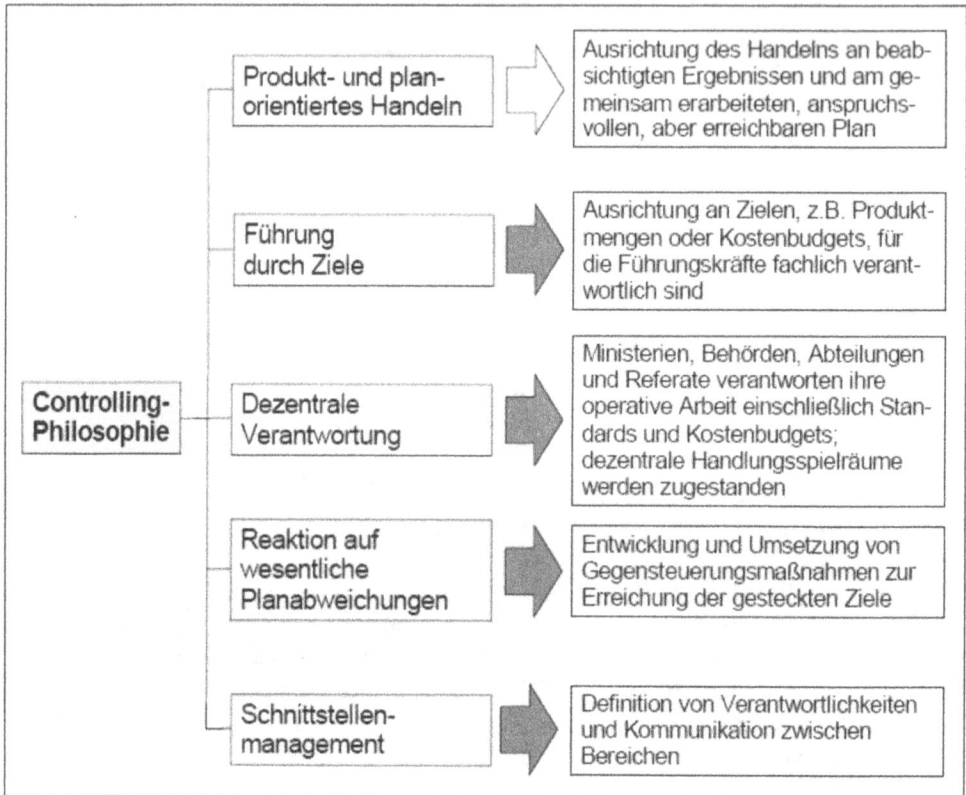

Abb. 2.3:   Controllingphilosophie

2.4.1   Planorientiertes Handeln und zielorientierte Führung

Das Verwaltungshandeln wird an den operativen Plänen, die aus den Strategieplänen abgeleitet sind, ausgerichtet. Vor dem Hintergrund der Steuerung des Verwaltungshandelns als kybernetischer Kreislauf ist planorientiertes Handeln als Grundvoraussetzung anzusehen. Durch planorientiertes Handeln werden potentielle Abweichungen überhaupt erst definiert und erkennbar. **Ohne operationalisierte Pläne und Zielformulierungen ist ein Soll-Ist-Vergleich nicht durchführbar.** Von besonderer Bedeutung ist die Forderung nach anspruchsvollen aber realisierbaren Zielvorstellungen. Je anspruchsvoller ein Ziel formuliert wird, desto größer ist die zu erwartende Leistung. Die Zielforderung darf allerdings die Leistungsfähigkeit nicht übersteigen. Insofern führt die Steigerung des Anforderungsgehalts der Ziele zu einer verstärkten Ausschöpfung von Leistungsreserven.[12] **Das Ziel wird damit zu einem zentralen Führungsinstrument in einer leistungsfähigen öffentlichen Verwaltung und zum Grundelement des Controlling in Verwaltungseinheiten.**

---

[12]   vgl. Frese, E.: Grundlagen der Organisation – Konzept, Prinzipien, Strukturen –, 7. Aufl., Wiesbaden, 1998, S. 164

Durch planorientiertes Handeln werden die erarbeiteten Planvorstellungen kontinuierlich an der internen und externen Wirklichkeit gemessen. Fehleinschätzungen werden erkannt und in der nächsten Planung korrigiert. Durch dieses permanent lernende System der Planungsaktivitäten verbessert sich die Qualität der Planungsergebnisse.

2.4.2 Personifizierte Verantwortung und Produktorientierung

Controlling muss auf konkrete Steuerungsgrößen ausgerichtet werden. In der öffentlichen Verwaltung sind die Produkte und die Budgets die zentralen Steuerungsgrößen. Für diese beiden Größen sind die Verwaltungsführungskräfte fachlich verantwortlich. Die Ergebnisse des Verwaltungshandelns, die eigentlichen Produkte, stehen im Mittelpunkt der Steuerung. Produkte sind die Ergebnisse des Verwaltungshandelns, mit denen eine Außenwirkung erlangt werden soll. Darüber hinaus können auch Leistungen, die verwaltungsintern erbracht werden, als Produkt bezeichnet werden. Für jedes Produkt muss Inhalt, Leistungsumfang, Qualität, Zielerreichung und Ressourcenbedarf definiert werden. Der Produktkatalog sowie produktspezifische Kennzahlen sind Basiselemente des Controlling in der öffentlichen Verwaltung. Die folgende Abbildung veranschaulicht die zentrale Stellung des Produkts für das Verwaltungshandeln:

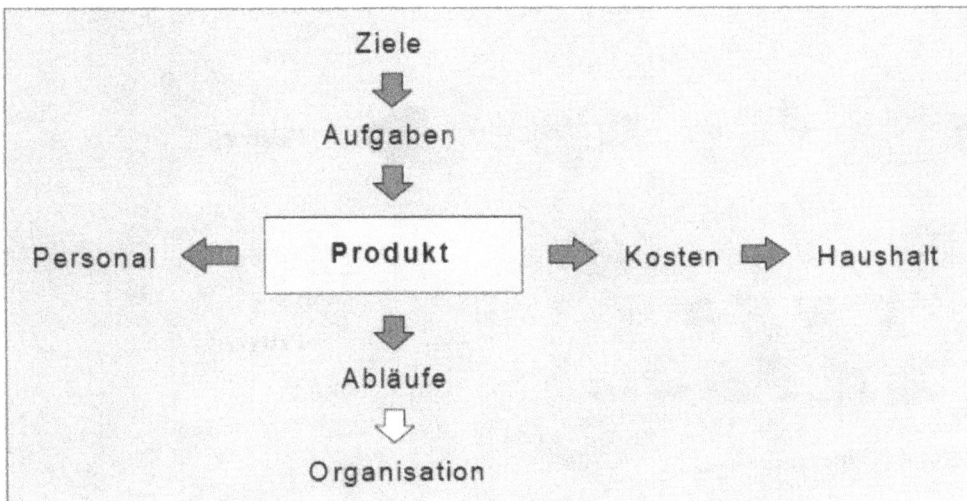

Abb. 2.4:   Das Produkt im System der outputorientierten Steuerung[13]

Produkte sind keine Aufzählung von Einzelleistungen, sondern eine ganzheitliche Leistung, die eine öffentliche Aufgabe umfassend erfüllen. Die KGSt definiert Produkte als „eine Leistung oder eine Gruppe von Leistungen, die von Stellen außerhalb des jeweils betrachteten Fachbereichs (innerhalb oder außerhalb der Verwaltung) benötigt werden."[14] Danach handelt

---

[13]   vgl.: Kommunale Gemeinschaftsstelle für Verwaltungsvereinfachung (KGSt): Politiker-Handbuch zur Verwaltungsreform, Köln, 1996, S. 30

[14]   Kommunale Gemeinschaftsstelle für Verwaltungsvereinfachung (KGSt): Das neue Steuerungsmodell: Definition und Beschreibung von Produkten, Bericht 8/94, Köln, 1994, S. 11

es sich um eine Aggregation von Leistungen, um die organisatorische Komplexität der Leistungserstellung für Steuerungszwecke zu begrenzen. Produkte lassen sich zu Steuerungszwecken und zur Komplexitätsreduzierung zu Produktgruppen und -bereichen zusammenfassen. Im Ergebnis soll ein umfassender, hierarchisch gegliederter Produktkatalog entstehen, der sich an den Besonderheiten der einzelnen Verwaltungseinheiten orientiert und geeignete Zähl-, Mess- und Qualitätsstandards je Produkt spezifiziert.[15] Eine Produkthierarchie entsteht:

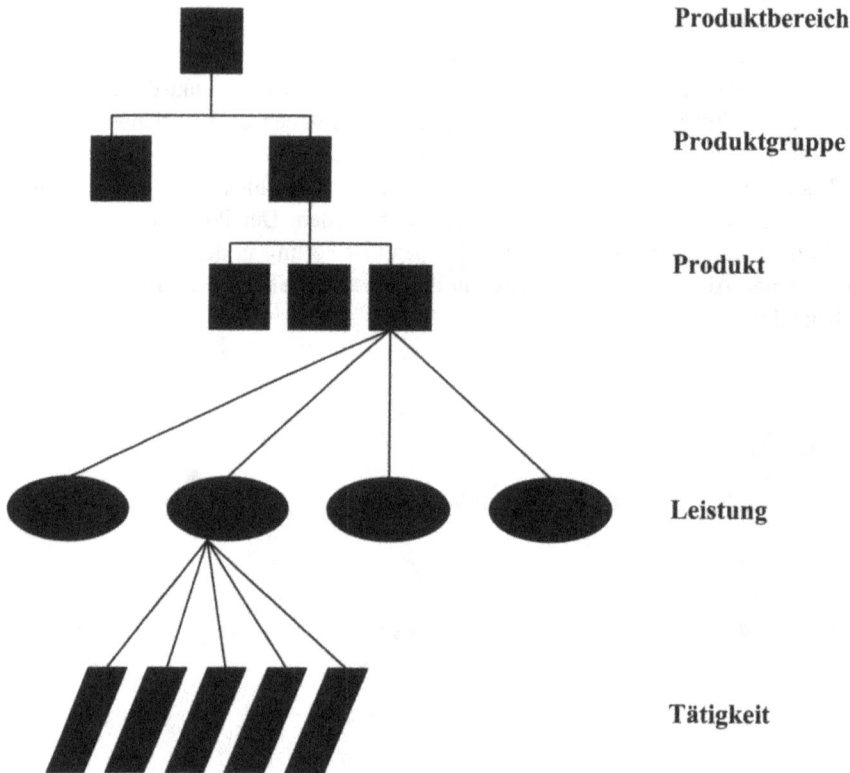

Abb. 2.5:   Produkthierarchie

Bei öffentlichen Leistungen kann auf eine Differenzierung zwischen Hauptleistungen und Nebenleistungen verzichtet werden. Werden etwa an einem Amtsgericht Grundbucheintragungen als Produkt definiert, so dürfen hierzu notwendige Auskünfte der Beschäftigten nicht als Nebenleistung zum Hauptprodukt verstanden werden. Sie gehören zum Leistungsbündel des Produkts „Grundbucheintragung".

---

[15]   vgl.: Seeger, T., Walter, M., Liebe, R., Ebert, G.: Kosten-, Leistungsrechnung und Controlling – Ein Erfahrungsbericht für die Praxis über die Einführung der Standard-KLR am Beispiel der Bundesverwaltung, Heidelberg, 1999, S. 53

Für die Produkte als steuerungsrelevante Größe muss ein Prozessverantwortlicher zugeordnet werden, damit überhaupt zielorientiertes Verhalten vereinbart werden können. Insofern ist die personifizierte Verantwortung und Produktorientierung, neben dem planmäßigen Handeln, als zweiter grundlegender Führungsgrundsatz in der öffentlichen Verwaltung zu verankern.

2.4.3 Dezentrale Ressourcenverantwortung

Der aktuelle Trend der Organisationen der öffentlichen Verwaltung geht zur stärkeren Verlagerung von Entscheidungskompetenz in dezentrale Verwaltungseinheiten.[16] Die zentrale Ressourcenzuteilung wird durch eine Budgetierung und ergebnisorientierte Steuerung mit der Vorgabe von Leistungs-, Qualitäts-, und Finanzzielen substituiert. Dezentrale Ressourcenverantwortung bedeutet die Zuweisung der Verantwortung für Personal-, Sach- und Finanzressourcen von den bisher verwaltenden zentralen Stellen (Ministerien, Querschnittsämter) auf die hierarchisch darunter angesiedelten Verwaltungseinheiten. Die dezentrale Fachverantwortung in den leistungserstellenden Verwaltungseinheiten wird durch eine dezentrale Ressourcen- und Budgetverantwortung ergänzt. Die Entwicklung organisatorisch selbstständiger Verwaltungseinheiten als Fach- und Ressourcencenter ist ein weitreichendes Führungsinstrument für die Steuerung des Verwaltungshandelns. Als Gegenstück zum bürokratischen Zentralismus ist verstärkt von divisionalen, spartenähnlichen Organisationen in Form beweglicher und relativ autonomer Verwaltungseinheiten auszugehen. „Rechtlich-normativen und hierarchisch verursachten Steuerungsschwächen (wie langwierigen Abstimmungsvorgängen, zersplitterten Zuständigkeiten und schleppenden Bearbeitungsverfahren) soll durch Abbau der hemmenden Regelungsflut (Deregulierung/Entbürokratisierung), durch organisatorische Straffungen, durch Verselbstständigungsmaßnahmen und vielen weiteren Adaptionsmöglichkeiten mehr begegnet werden."[17]

Controllinginstrumente können erst dann ihre volle Leistungsfähigkeit entfalten, wenn die Verwaltungseinheiten dergestalt definiert werden, dass sowohl der Ressourcenverbrauch als auch die aus dem Leistungsprozess hervorgehenden Produkte eindeutig zugeordnet werden können. Für die Steuerung der Leistungsprozesse der öffentlichen Verwaltung bedeutet die Integration von Sach- und Ressourcenverantwortung eine Kongruenz vom Ort der Kostenverantwortung und der Kostenentstehung. Der Ressourcenverbrauch vor Ort wird direkt relevant, wodurch sich das Kostenbewusstsein der Kostenverursacher erhöht. Darüber hinaus unterstützt die dezentrale Ressourcenverantwortung flexiblere Entscheidungen und den dezentralen Wettbewerb um kostenminimale bzw. nutzenmaximale Problemlösungen als wettbewerbsadäquaten Mechanismus.

Ein weiterer Vorteil dezentraler Strukturen liegt in der Erhöhung der Motivation der Beschäftigten. Durch die Integration der Fach- und Ressourcenverantwortung werden ganzheitliche Verantwortungsbereiche geschaffen, welche die Arbeitszufriedenheit und Motivation, sowie das Problembewusstsein und die Lösungskompetenz der Beschäftigten verstärken.

---

[16] vgl.: Steinberg, C.: Reengineering kommunaler Unternehmen: Leistungssteigerung und Herstellung der Kostentransparenz in kommunalen Dienstleistungs- und Versorgungsunternehmen durch systematisches Prozessmanagement, Lean Organization, Controlling und Berichtswesen sowie Qualitätsmanagement, Stuttgart, 1996, S. 138

[17] Schmidt, H.-J.: Betriebswirtschaftslehre für die Verwaltung, 4. Aufl., Heidelberg, 1998, S. 182

Weitere Vorteile der Dezentralisierung der Ressourcenverantwortung liegen in der Reduktion der Entscheidungskomplexität und in der Verbesserung der Transparenz.

Die dezentrale Verantwortung wird unterstützt durch:

a) verbindliche Festlegung von Zielen und Budgets für die dezentrale Verwaltungseinheit,
b) die Einführung einer betrieblichen Kosten- und Leistungsrechnung,
c) die Ermittlung und Vereinbarung interner Verrechnungspreise,
d) die Kostenzuordnung nach dem Verursachungsprinzip und kontinuierliche Soll-Ist-
bzw. Soll-Wird-Analysen.[18]

2.4.4   Maßnahmen bei Abweichungen

Planmäßiges Handeln der Verwaltungsmitarbeiter, die Einführung personifizierter Verantwortung mit durchgreifender Produktorientierung und die dezentrale Verwaltung von Ressourcen sind als Führungsgrundsätze notwendig aber nicht hinreichend um die Grundlage für ein Controlling des Verwaltungshandelns zu schaffen. Ausgehend von einem kybernetischen Controllingkreislaufs muss der Stand der Realisierung der Verwaltungsziele kontinuierlich analysiert werden. Mit der Kontrolle der Abweichungen des Ist-Zustandes von den Planformulierungen wird die Grundlage für die Entscheidung über einzuleitende Korrekturmaßnahmen geschaffen. Diese Gegensteuerung soll die ursprünglichen Ziele trotz Planabweichung erreichbar machen. Durch die Einleitung von Korrekturmaßnahmen schließt sich der Steuerungskreis.

2.5   Controllingfunktionen

Auf der Grundlage unserer Controllingdefinition und der zur Funktion des Controlling erforderlichen Führungsgrundsätze lassen sich die vier Grundfunktionen des Controlling definieren: Planungsfunktion, Kontrollfunktion, Informationsfunktion und Steuerungsfunktion.

2.5.1   Planung als Controlling-Grundfunktion

„Planung ist die Substitution der Unwissenheit durch den Irrtum." Nach Erich Frese ist „Planung als eine zeitlich vor der Realisation liegende, das Handeln gedanklich vorbereitende Phase der Gewinnung und Verarbeitung von Informationen ein Gebot der Rationalität."[19] Planung ist die systematisch vorbereitete zukunftsbezogene Festlegung von Zielen sowie der zu ihrer Erreichung notwendigen Maßnahmen, Mittel und Wege. Sie ist die geistige Vorwegnahme zukünftigen Geschehens, indem sie verschiedene Handlungsalternativen abwägt und sich auf der Basis von Bewertungskriterien für die günstigste Lösung entscheidet. Damit ist die Planung eine grundlegende Voraussetzung für die Kontrollfunktion.

---

[18]   vgl.: Steinberg, C.: Reengineering, S. 139
[19]   Frese, E.: Grundlagen der Organisation – Konzept, Prinzipien, Strukturen –, 7. Aufl., Wiesbaden, 1998, S. 163

"Warum hat die Bahn überhaupt einen Fahrplan. Der ist doch völlig überflüssig, da die Züge doch ständig Verspätung haben."

Fahrgast

„Wenn wir keinen Fahrplan hätten, wüßten wir doch gar nicht, wie groß die Verspätung ist."

Stationsvorsteher

Abb. 2.6:   Der ungeduldige Fahrgast

Die Aufgabe der Planung in der öffentlichen Verwaltung besteht darin, den Sollzustand auf Basis der derzeitigen und zukünftigen gesellschaftlichen und gesetzlichen Ansprüche zu beschreiben sowie realisierbare und überprüfbare Ziele für das Verwaltungshandeln zu formulieren. Wichtig ist in diesem Zusammenhang, dass der Plan keine unverbindliche Vorhersage darstellt, sondern eine **verbindliche Vorgabe**, die Ziele, Prämissen, Problemstellungen, Maßnahmen, Ressourcen, Termine, Verantwortliche und Ergebnisse beinhaltet.[20] Die Planungsfunktion lässt sich nach dem Ansatz von Anthony in einer drei Ebenen umfassende Planungshierarchie „strategic planning" (Strategische Ebene), „Management control" (Taktische Ebene) und „operational control" (Operative Ebene) darstellen.[21]

Strategic Planning (Strategische Planung): „Strategische Planung ist der Prozess von Entscheidungen über die Ziele der Unternehmung, über Änderungen dieser Ziele, über die zur Realisierung dieser Ziele erforderlichen Ressourcen und über die Leitlinien, die für den Erwerb, die Nutzung und den Einsatz von Ressourcen gelten sollen."[22] Strategische Planungen haben i.d.R. einen Zeitbezug von 10–15 Jahren.

Management Control (Mittelfristplanung, Taktische Planung): „Management Control ist der Prozess, durch den Manager sicherstellen, dass Ressourcen in wirtschaftlicher Weise beschafft und zur Verwirklichung der Unternehmensziele eingesetzt werden."[23] Diese taktische Planungsaktivität ist auf eine kurz – bis mittelfristige Perspektive ausgerichtet. Die Planung ist personen- und bereichsorientiert. Auf der taktischen Ebene geht es darum, messbare Ziele für die Gesamtorganisation und ihrer Teilbereiche zu formulieren und Ressourcen und Maßnahmen zur Zielerreichung festzulegen.[24]

---

[20]   vgl.: Wild, J.: Grundlagen der Unternehmensplanung, 4. Aufl., Opladen, 1984, S. 51
[21]   Anthony, R. N.: Planning and Control Systems – A Framework for Analysis, Boston, 1965, S. 16 ff.
[22]   Anthony, R. N.: Planning, S. 16
[23]   Anthony, R. N.: Planning, S. 16 f.
[24]   vgl.: Horváth, P.: Controlling, S. 184

Operational Control (Operative Planung): Operational Control ist der Prozess, der sicherstellt, dass spezifische Aufgaben in wirtschaftlicher Weise erstellt werden."[25] Er bezieht sich auf Aufgaben und Abläufe, die weitgehend gut strukturiert sind und bezüglich ihrer Realisation nur geringe Spielräume besitzen. Für den Prozess des operational control, also detaillierte Ablaufplanungen, sind Abläufe im Rahmen des Verwaltungshandeln besonders geeignet, da sie i.d.R. einen hohen Strukturierungsgrad aufweisen. Operative Planungen sind kurzfristige Planungen der Leistungserstellungs- und Leistungsaustauschprozesse bei vorgegebenen Kapazitätsstrukturen, die im Rahmen des Management Control geplant werden.

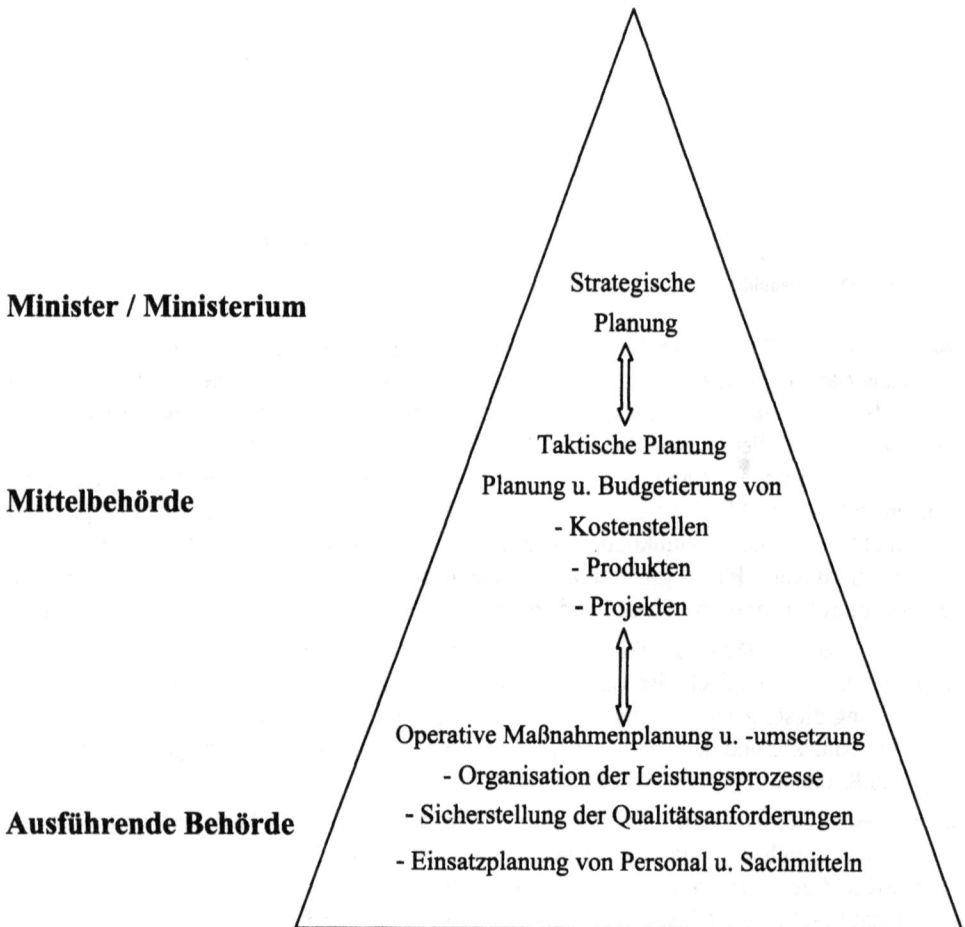

Minister / Ministerium

Strategische
Planung

Mittelbehörde

Taktische Planung
Planung u. Budgetierung von
- Kostenstellen
- Produkten
- Projekten

Operative Maßnahmenplanung u. -umsetzung
- Organisation der Leistungsprozesse
- Sicherstellung der Qualitätsanforderungen
- Einsatzplanung von Personal u. Sachmitteln

Ausführende Behörde

Abb. 2.7:   Hierarchie der Planungsebenen

In der Controlling-Literatur wird nicht in Frage gestellt, dass der Controller an der Planung zu beteiligen ist. Der Controller legt jedoch weder Ziele noch Strategien und Maßnahmen fest, sondern er betreut die Planungsaktivitäten beratend und koordinierend. Konkret bedeutet dies, dass der Controller Informationen für die Planung bereitstellt, die Planungsaktivitä-

---

[25]   Anthony, R. N.: Planning, S. 18

ten der verschiedenen Ebenen abstimmt und koordiniert, sowie eine formelle Prüfung der Pläne durchführt.

2.5.2   Kontrolle als Controlling-Grundfunktion

Die Kontrolle als Element eines kybernetischen Controllingkreislaufs ist eng mit der Planungsfunktion verbunden. Sie stellt als informationsverarbeitender Prozess eine notwendige Ergänzung zur Planung dar, um die Zielerreichung darstellen zu können bzw. Fehlentwicklungen durch Maßnahmen zu korrigieren. Kontrolle hat eine Aufdeckungs-, eine Erklärungs- und eine Beeinflussungsfunktion. Zunächst müssen Abweichen erst einmal erkannt werden (Aufdeckungsfunktion), damit im Anschluss ihre Ursachen analysiert werden können (Erklärungsfunktion). Auf Basis der erkannten Ursachen können nun korrigierende Maßnahmen vorgeschlagen werden (Beeinflussungsfunktion).

Trotz der unlösbaren Verbindung zwischen Planung und Kontrolle ist eine organisatorische Differenzierung durch Zuweisung der Planungs- und Kontrollaufgaben auf verschiedene Aufgabenträger sinnvoll.[26] Kontrolle als Controlling-Grundfunktion bedeutet hauptsächlich Soll-Ist-Vergleich und Analyse der Abweichungen.[27] Differenziert man die Kontrollfunktion nach Objekten, so können ergebnisorientierte und verfahrensorientierte Kontrolle voneinander unterschieden werden.[28]

Bei der ergebnisorientierten Kontrolle werden die geplanten Ergebnisse mit den tatsächlich realisierten Ergebnissen verglichen. Die Ergebnisse werden hinsichtlich Termintreue, Mengen, Qualitäten und monetären Werten kontrolliert. Die ergebnisorientierte Kontrolle lässt sich durch die Prämissenkontrolle und die Planfortschrittskontrolle (Monitoring) ergänzen.[29] Bei der Prämissenkontrolle wird analysiert, ob die der Planung zugrunde liegenden Prämissen tatsächlich eingetreten sind. Die Planfortschrittskontrolle erweitert die Kontrollsicht sinnvoll auf einen Soll-Wird-Vergleich, so dass auch die Realisierung von Zwischenzielen (Milestones) gesteuert werden kann.

Die Kontrolle der Verfahren ist aufgrund der erwarteten Unzuverlässigkeit der Aufgabenträger eine Verhaltenskontrolle. Die Aufgabenträger werden analysiert, ob und inwieweit sie vorgeschriebene Verfahren einsetzen. Diese Aktivitäten lassen sich nach dem Zeitpunkt der Kontrolle in antizipative, mitlaufende und nachträgliche Kontrolle unterscheiden. Antizipative Kontrolle greift bereits während der Aufstellung der Pläne und Formulierung der Ziele; sie ist auf die Überprüfung der Planungskonzepte ausgerichtet. Die mitlaufende Kontrolle findet während der Maßnahmendurchführung statt. Sie soll die sachgerechte Durchführung der geplanten Maßnahmen unterstützen. Die nachträgliche Kontrolle wird nach Ablauf des Planungszeitraumes zu vorwiegend deskriptiven Zwecken durchgeführt.

---

[26]   vgl.: Horváth, P.: Controlling, S. 169

[27]   vgl.: Peemöller, V. H.: Controlling: Grundlagen und Einsatzgebiete, 3. Aufl., Berlin 1997, S. 36

[28]   vgl. Frese, E.: Kontrolle, Organisation der, in: Grochla, E. (Hrsg.): Handwörterbuch der Organisation, 2. Aufl., Stuttgart, 1980, S. 874

[29]   vgl.: Horváth, P.: Controlling, S. 169

2.5.3 Information als Controlling-Grundfunktion

Planung und Kontrolle liefern notwendige Informationen für die Steuerung des Verwaltungshandelns; sie bedürfen andererseits aber auch einer Informationsversorgung. Die Basis für diese Informationsversorgung kann in eine interne und eine externe Informationsbasis unterteilt werden.[30] Die wichtigste interne Informationsquelle für das Verwaltungscontrolling ist das betriebliche Rechnungswesen (Kosten- und Leistungsrechnung, Finanzbuchhaltung, Lohnbuchhaltung, Anlagenbuchhaltung, Kapitalflussrechnung, betriebliche Statistiken) als Basis zur mengen- und wertmäßigen Beschreibung, Planung, Kontrolle und Steuerung von Beständen und Veränderungen an Gütern und Verbindlichkeiten.[31] Die Informationsversorgung als Controlling-Grundfunktion beinhaltet die systematische Erfassung, Aufbereitung und Distribution aller steuerungsrelevanten Informationen, was durch ein Reportingsystem (Berichtswesen) sichergestellt wird. Das Controlling ist für die Gestaltung des Reportingsystems, für die Koordination der Berichterstellung und für die Verteilung der Controllingberichte verantwortlich. Der Controller hat dafür Sorge zu tragen, dass die richtigen Informationen, in der richtigen Verdichtung, zum richtigen Zeitpunkt, am richtigen Ort und in der richtigen Form vorliegen. Es werden Standardberichte, Abweichungsberichte und Sonderberichte voneinander unterschieden.[32]

Standardberichte		
Kostenstellenberichte ◊ nach Kostenarten ◊ nach Produkten	**Produkt-/Projektberichte** ◊ nach Kostenarten	**Kennzahlenberichte** ◊ monetäre K. ◊ nicht monetäre K.

Standardberichte basieren auf dem weitgehend einmalig ermittelten Informationsbedarf der Berichtsempfänger.[33] Im Vorfeld ist der notwendige Informationsbedarf zwischen Controller und Führungsverantwortlichen abgestimmt. Die Form, der Inhalt und der Zeitpunkt der Berichterstattung sind verbindlich für einen definierten Zeitraum vorgegeben. Die Berichterstellung und -verteilung erfolgt zu festgelegten Terminen.

Abweichungsberichte	
Nach Kostenstellen ◊ bei Überschreitung bestimmter Toleranzgrenzen	**Nach Produkten** ◊ bei Überschreitung bestimmter Toleranzgrenzen

---

[30] vgl.: Reichmann, Th.: Controlling mit Kennzahlen und Managementberichten, 1995, S. 11
[31] vgl.: Schweitzer, M., Küpper, H.-U.: Systeme der Kostenrechnung und Erlösrechnung, 7. Aufl., München, 1998, S. 16
[32] vgl.: Reichmann, Th.: Controlling mit Kennzahlen und Managementberichten, 1995, S. 11 f.
[33] vgl.: Horváth, P.: Controlling, S. 591

Abweichungsberichte werden nur erstellt, wenn vorher definierte Toleranzgrenzen festgelegter Kennzahlen überschritten werden. Die Abweichungsberichte zeigen einen aktuellen Handlungsbedarf an und sind damit für die Entscheidungsfindung von besonderer Bedeutung.

Abweichungsberichte können z.B. eingesetzt werden, wenn den operativen Verwaltungseinheiten Qualitätsstandards vorgegeben werden. So könnte etwa bei Überschreitung eines Schwellenwertes für die Anzahl der Beschwerden eines Monats ein Abweichungsbericht angefertigt werde, um den aktuellen Handlungsbedarf aufzuzeigen.

Sonderberichte	
Nach Kostenstellen	**Nach Produkten**
◊ Individuelle Vereinbarung mit dem Berichtsempfänger	◊ Individuelle Vereinbarung mit dem Berichtsempfänger

Trotz aller in einem ausgearbeiteten Berichtssystem existierenden Standard- und Abweichungsberichte werden fallweise darüber hinausgehende Berichte notwendig sein. Sie decken spezifische Informationsbedürfnisse ab die z.B. durch einen Abweichungsbericht entstanden sein könnten. In der öffentlichen Verwaltung können Sonderberichte, insbesondere durch unvorhergesehene gesellschaftliche Entwicklungen oder neue Gesetze und Rechtsverordnungen, notwendig werden.

In der Verwaltungspraxis ergibt sich häufig ein Zielkonflikt zwischen der Genauigkeit und der Schnelligkeit der Informationsbereitstellung. Die Informationsversorgung im Verwaltungscontrolling muss sicherstellen, dass alle relevanten Informationen rechtzeitig zu Steuerungszwecken zur Verfügung gestellt werden. Die Genauigkeit der Berichte tritt gegenüber den Terminerfordernissen in den Hintergrund. Als Regel kann hier formuliert werden, dass die Berichte „Quick and Dirty" erstellt werden. Das bedeutet, dass die Controllingberichte so schnell wie erforderlich aber lediglich ausreichend genau und detailliert erstellt werden sollen.

2.5.4   Steuerung als Controlling-Grundfunktion

Alleine die Diagnose einer Abweichung und ihrer Ursachen als Ergebnis der Kontrollfunktion führt noch nicht zu einer Verbesserung der Zielerreichung. Im Rahmen der Steuerung werden, basierend auf den Ergebnissen der Kontrollfunktion, konkrete Korrekturmaßnahmen eingeleitet. **Steuerung bedeutet im Controllingkreislauf die zielgerichtete Reaktion auf Abweichungen des Ist-Zustandes vom definierten Soll-Zustand.** Der Regelkreis der Controllingfunktionen wird durch die Steuerung vollendet.[34] Die folgende Abbildung verdeutlicht die Stellung der Steuerungsfunktion:

---

[34]   Peemöller, V. H.: Controlling: Grundlagen und Einsatzgebiete, 3. Aufl., Berlin 1997, S. 38

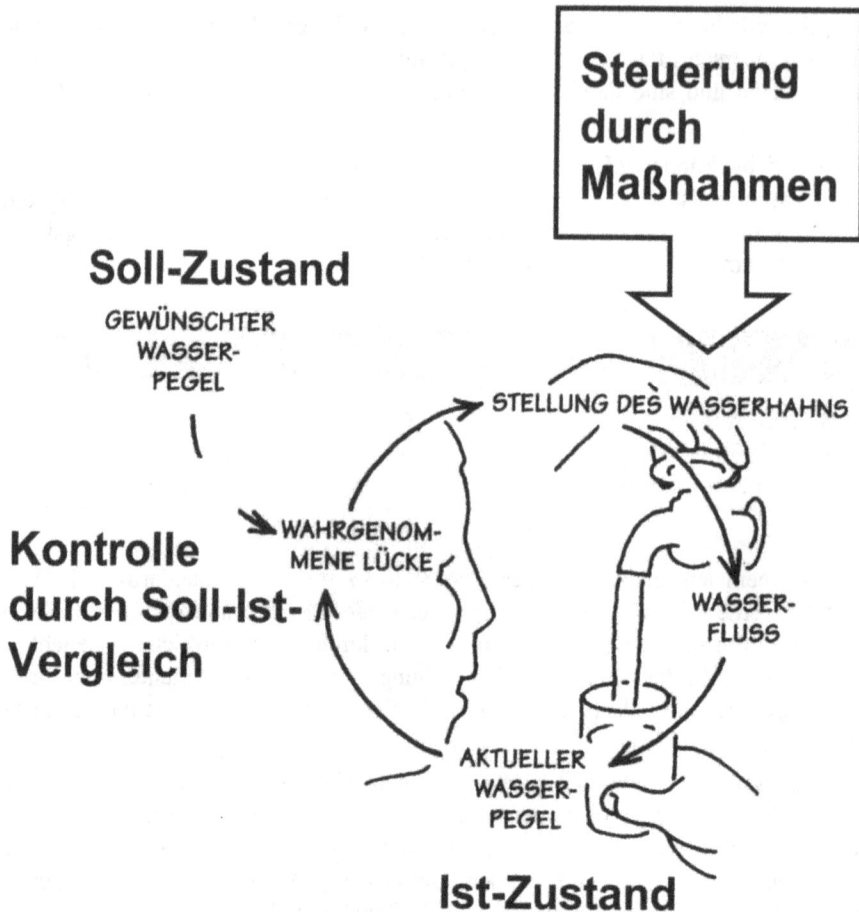

Steuerung durch Maßnahmen

Soll-Zustand

GEWÜNSCHTER
WASSER-
PEGEL

STELLUNG DES WASSERHAHNS

Kontrolle durch Soll-Ist- Vergleich

WAHRGENOM-
MENE LÜCKE

WASSER-
FLUSS

AKTUELLER
WASSER-
PEGEL

Ist-Zustand

Abb. 2.8:   Steuerungsfunktion im Controlling[35]

Die Methapher vom Wasserglas macht deutlich, dass die Kontrolle, Analyse und Gegensteuerung nicht einmalig am Ende eines Controllingkreislaufs (z.B. innerhalb eines Geschäftsjahres) durchgeführt werden darf, sondern sich kontinuierlich wiederholende Vorgänge sein müssen. Wenn der gesamte Vorgang am Ende eines Geschäftsjahres bereits unwiderruflich abgeschlossen ist, kann die Steuerung zur Korrektur der Zielverfehlung nicht mehr ansetzen.

---

[35]   In Anlehnung an: Senge, Peter; et al.: The Dance of Change. The Challenges to Sustaining Momentum in Learning Organizations. A Fifth Discipline Resource, New York u.a., 1999

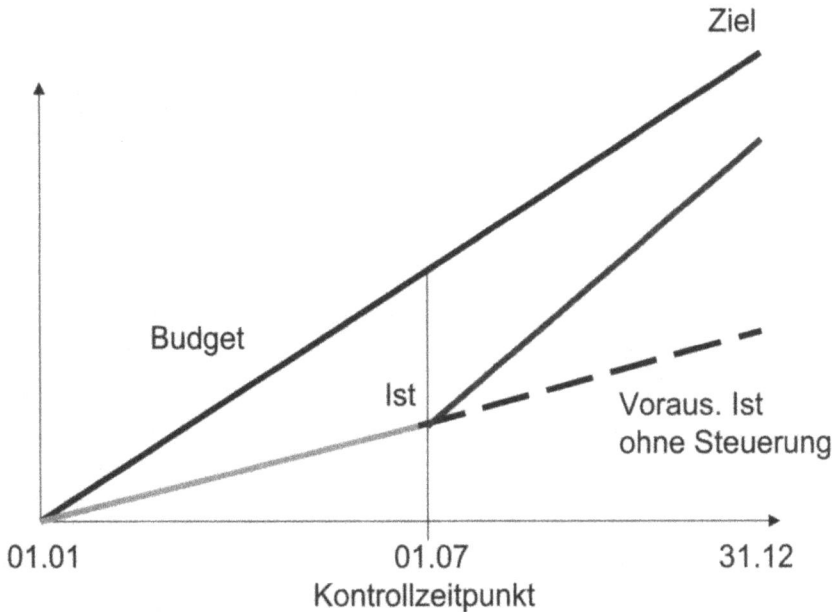

Abb. 2.9:   Steuerungsphase

Die Steuerung als Funktion des Controlling erfüllt zwei Teilaufgaben:

a) In einer zukunftsgerichteten Ausgestaltung werden aus der Planung konkrete Vorgaben zur Steuerung abgeleitet (Formulierung geeigneter Kennzahlen und Kennzahlensysteme);

b) Bei einer gegenwarts- und vergangenheitsorientierten Sichtweise müssen alle signifikanten festgestellten Abweichungen in korrigierende Vorgaben transformiert werden (Maßnahmeneinleitung).[36]

Beim Controlling in der öffentlichen Verwaltung ist der Ansatz einer reflexiven Steuerung sinnvoll. Bei der reflexiven Steuerung werden von der Regierung strukturelle und prozessuale Rahmenbedingungen geschaffen, innerhalb deren die Verwaltungseinheiten ihre Entscheidungen und Handlungen weitgehend autonom gestalten können. Zwischen der politischen Ebene und der Verwaltungsebene müssen allerdings die zu den spezifischen Aufgaben gehörenden Ziele abgestimmt und operationalisiert werden. Bei dieser Ausgestaltung ist dann ein effizienzorientiertes Ressourcencontrolling, ein effektivitäts- und effizienzorientiertes Maßnahmen- und Zielcontrolling sowie ein effektivitätsorientiertes Aufgabencontrolling durchführbar.[37]

---

[36]   vgl.: Peemöller, V. H.: Controlling, S. 38

[37]   vgl.: Budäus, D., Oechsler, W. A.: Die Steuerung von Verwaltungseinheiten, in: Lüder , K. (Hrsg.): Betriebswirtschaftliche Organisationstheorie und öffentliche Verwaltung, Speyer, 1985, S. 175

3   Der Controllingprozess

In der öffentlichen Verwaltung wird das klassische administrative Instrumentarium der Koordination durch zentralisierte und hierarchisch gegliederte Organisationen und starrer nach Titeln, Kapiteln und Einzelplänen gegliederter inputorientierter Haushaltspläne zugunsten neuer betriebswirtschaftlich ausgerichteter Steuerungsmodelle aufgegeben. Dabei wird die klassische Koordination durch Hierarchie und Haushaltsplan durch das Verwaltungscontrolling erweitert, welches darauf abzielt, Planung, Kontrolle, Information und Steuerung zu koordinieren. Diese Controlling-Grundfunktionen stehen in einem gegenseitigen Abhängigkeitsverhältnis und werden i.d.R. iterativ durchlaufen. Wie viele andere komplexe Prozesse der Leistungserstellung in der Verwaltung müssen auch die Controlling-Grundfunktionen systematisch strukturiert werden. Im folgenden werden daher die unter Ablaufgesichtspunkten relevanten Aspekte des Controllingprozesses dargestellt. Dabei werden vier ineinandergreifende Systeme unterschieden:

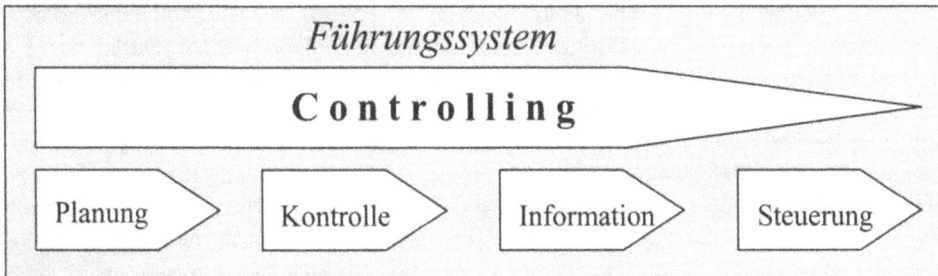

Abb. 3.1: Der Controllingprozess

- Das **Planungssystem**, welches die Festlegung von Zielen auf allen Organisationsebenen sicherstellt, und das von der Budgetierung über operative und taktische Pläne bis zur koordinierten strategischen Planung mit Haushaltsbeschluß des Landtages reicht;
- Das **Kontrollsystem**, das durch laufende Soll-Ist- und Soll-Wird-Vergleiche Abweichungen feststellt und durch Analysen die Ursachen für diese Abweichungen sowie Anhaltspunkte für eine konkrete Maßnahmenergreifung liefert;
- Das **Informationssystem**, welches die Basisinformationen für das Steuerungssystem bereitstellt und das über die Berichtsfunktion die Analyseergebnisse des Kontrollsystems kommuniziert;
- Das **Steuerungssystem**, als zukunftsgerichtete regulierende Funktion, die über die im Berichtswesen kommunizierten Analyseergebnisse die Umsetzung von Maßnahmen zur Realisierung der Planung sicherstellt.

3.1   Das Planungssystem

Wie bereits ausgeführt wurde, ist Planung die wesentliche Voraussetzung für den weiteren Controllingprozess. Sie ist die Grundlage für spätere Abweichungsanalysen. Planung und Kontrolle sind als Einheit zu verstehen, denn nur durch den Vergleich der Soll-Größen (Planung) mit den tatsächlich realisierten Ist-Größen werden die Entscheidungsträger zu steuernden Eingriffen befähigt.[38]

Unter Planung wird der arbeits- und wissensteilige Prozess der Willensbildung zur gedanklichen Vorwegnahme zukünftigen Handelns, mit dem Zweck der Vorbereitung von Entscheidungen, verstanden.[39] Mit Plänen soll eine Richtung für zukünftiges Handeln vorgegeben werden, damit zielorientiertes Handeln überhaupt möglich wird. Planung nimmt zukünftiges Handeln gedanklich vorweg, indem sie verschiedene Handlungsalternativen abwägt und sich für den günstigsten Weg entscheidet.[40] Charakteristisch für die Planungsaktivitäten sind Zukunftsbezogenheit, Rationalität sowie Informations-, Gestaltungs-, und Prozesscharakter. Aus der Zukunftsbezogenheit folgt, dass Planung auf Prognosen und Prämissen beruht und damit unsicher ist. Die Rationalität der Planung zeigt sich in bewusstem und zielgerichteten Vorgehen. In ihr müssen Informationen gewonnen, verarbeitet, gespeichert und übertragen werden, um künftiges Geschehen zu gestalten. Ihr Prozesscharakter zeigt sich darin, dass sie häufig wiederholt wird und verschiedene Planungsphasen immer wieder zu durchlaufen sind.

Das Planungssystem ist für die einheitliche und verständliche Darstellung und Vereinbarung von Zielen, Maßnahmen, Ergebnissen und Budgets verantwortlich. Dabei soll eine Koordination zwischen kurz- und langfristigen Zielsetzungen ermöglicht werden. Dafür sind Planungsaktivitäten auf unterschiedlich weit reichenden Ebenen notwendig. Ein komplettes Planungssystem besteht deshalb aus einer grundlegenden strategischen Planung mit einem zeitlichen Horizont von 10 bis 15 Jahren, einer mehrjährigen Mittelfristplanung (taktische Planung) mit einer Reichweite von 3 bis 5 Jahren, einer Jahresplanung (operative Planung) und einer Budgetierung mit Zielvereinbarungen. Die strategische Planung hat ihren inhaltlichen Schwerpunkt in der Zielfindung und im Erkennen von Chancen und Risiken für die Gesamtorganisation. Die taktische Planung oder Mittelfristplanung hat hauptsächlich die Planung der notwendigen Ressourcen zur Zielerreichung zum Inhalt, während die operative Planung mit ihrem kurzfristigen Zeitraum von 12 Monaten vorwiegend die Planung von Maßnahmen zur Leistungserstellung im Rahmen der mittelfristig festgelegten Kapazitäten beinhaltet. Das Budget schließlich ist die monetäre Konkretisierung der operativen Planung. Die folgende Abbildung verdeutlicht den Zusammenhang zwischen den einzelnen Planungsebenen:

---

[38]   vgl.: Horváth & Partner (Hrsg.): Das Controllingkonzept – Der Weg zu einem wirkungsvollen Controllingkonzept –, 3. Aufl., München, 1998, S. 37

[39]   vgl.: Ziegenbein, K.: Controlling, 5. Aufl., Ludwighafen, 1995, S. 21 f.

[40]   vgl.: Horváth & Partner (Hrsg.): Das Controllingkonzept – Der Weg zu einem wirkungsvollen Controllingkonzept –, 3. Aufl., München, 1998, S. 38

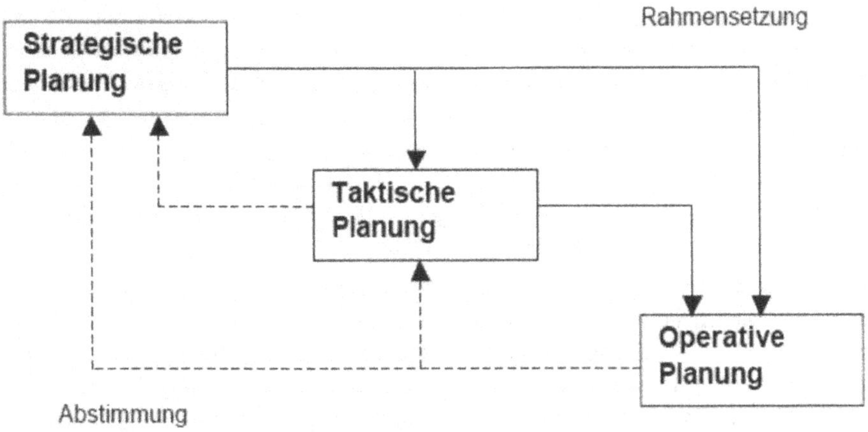

Abb. 3.2: Zusammenhang der Planungsebenen

3.1.1   Ziel und Zielsystem

Die Formulierung der Ziele ist die Voraussetzung jeder Planung. Ein Ziel stellt einen vorge-
stellten und gewollten zukünftigen Vorgang oder Zustand, eine antizipierte Vorstellung der
Wirkung unseres Handelns dar.[41] Ein Ziel ist ein zukünftiger, erstrebenswerter Zustand.[42]
Die wichtigsten Anforderungen an eine Zielformulierung lauten:

- ❏ Ein Ziel sollte möglichst klar und konkret sein, denn dann lässt es sich leichter messen
  und verfolgen;
- ❏ Das Ziel sollte möglichst faszinierend sein, denn es sollte nicht nur verstandesmäßig,
  sondern sozusagen „aus innerstem Herzen" heraus bejaht werden, um die Motivation
  zur Zielerreichung zu stärken;
- ❏ Das Ziel muss erreichbar sein, denn ein unerreichbar erscheinendes Ziel, wird entweder
  gar nicht erst angegangen oder nach einiger Zeit resigniert aufgegeben;
- ❏ Das Ziel muss für längere Zeit Gültigkeit besitzen, d.h. es muss seinen Wert und seine
  Bedeutung behalten, um jede Überlegung, Erfahrung, Aktivität, Beziehung und Investition für die Zukunft zu sichern.

Das alleinige Ziel indes gibt es allerdings nicht, es existieren stets mehrere Einzelziele bzw.
Zielkomplexe mit vielfältigen Beziehungen zwischen den einzelnen Zielen. Organisationen
handeln nicht auf der Grundlage eines einzigen Zieles, sondern versuchen mehrere Ziele
gleichzeitig zu realisieren. Die Gesamtheit dieser Ziele wird als Zielsystem bezeichnet.[43]

---

[41] Bidlingmaier, J.: Unternehmensziele und Unternehmensstrategien, Wiesbaden, 1973, S. 28

[42] Heinen, E.: Grundlagen betriebswirtschaftlicher Entscheidungen – Das Zielsystem der Unternehmung,
      3. Aufl., Wiesbaden 1976, S. 45

[43] vgl.: Horváth, P.: Controlling, 7. Aufl., München, 1998, S. 139

Die Bestandteile von Zielsystemen lassen sich im wesentlichen in Sach- und Formalziele und in Ober- und Unterziele differenzieren. Sachziele beziehen sich auf alle Aktivitäten einer Organisation; sie konkretisieren die Objekte und das organisatorische Handeln.[44] Sachziele geben z. B. durch Mengenangaben und Zeitangaben an, was erreicht werden soll. So ist z.B. die Festlegung eines konkreten Qualitätsniveaus von Verwaltungsleistungen ein Sachziel. Formalziele hingegen legen den formalen Rahmen für die Realisierung von Sachzielen fest. So ist etwa die Einhaltung eines festgelegten Budgets oder die Erreichung einer definierten kalkulatorischen Verzinsung als Formalziel zu verstehen.

Die Differenzierung in Ober- und Unterziele stellt auf den Grad der Zieloperationalisierung ab. Als Oberziele werden i.d.R. weitgehend allgemein und wenig operational formulierte Ziele bezeichnet. Um sie realisieren zu können, müssen sie mehrstufig in untergeordnete Ziele konkretisiert werden. Dieses in der Praxis als „Herunterbrechen" von Zielen genannte Vorgehen geht mit einer immer weiter fortschreitenden Operationalisierung der Ziele einher. So kann z. B. die Formulierung des Oberziels „Schaffung von mehr Bürgerfreundlichkeit in der öffentlichen Verwaltung" durch das Herunterbrechen auf die Unterziele „Verbesserung der telefonischen Erreichbarkeit der Mitarbeiter", Verbesserung der Lesbarkeit von Formularen" und „Verlagerung von Sprechzeiten in die Abendstunden" weiter konkretisiert und damit stärker operationalisiert werden.

Weitere Beziehungen zwischen Zielen sind Komplementarität, Konkurrenz und Neutralität. Bei einer komplementären Zielbeziehung fördert die Verwirklichung eines Ziels die Erreichung eines anderen Ziels. Bei Zielkonkurrenz mindert die Verfolgung eines Ziels das Ausmaß der Erreichung des anderen Ziels. Neutrale Zielbeziehungen liegen vor, wenn die Verwirklichung des einen Ziels keine Auswirkungen auf die Erreichung des anderen Ziels hat.

Das Zielsystem öffentlicher Verwaltungen ist im allgemeinen durch stark heterogene Zielsetzungen geprägt. Diese Zielheterogenität wird als Folge der politischen Willensbildung angenommen,[45] welche auch für die regelmäßig zu beobachtende Unklarheit der Ziele verantwortlich sein soll.[46]

Die Aufgaben der Zielformulierung im Verwaltungscontrolling lassen sich daher folgendermaßen beschreiben :

a) Zielermittlung und -formulierung bei unterschiedlichen zielrelevanten Personen mit Zielinhalten und Anspruchniveaus,
b) Formulierung und Verhandlung eines Zielkompromisses aus unterschiedlichen Zielbündeln und sich ggf. widersprechenden Einzelzielen,
c) Zielumsetzung in planungstaugliche, eindeutige, operationale, widerspruchsfreie, nachprüfbare und motivierende Planungsziele.

---

[44] vgl.: Hamel, W.: Zielsysteme, in: Frese, E. (Hrsg.): Handwörterbuch der Organisation, 3. Aufl., Stuttgart, 1992, S. 2638
[45] vgl.: Braun, G. E.: Ziele in öffentlicher Verwaltung und privatem Betrieb, Baden-Baden, 1988, S. 127 f.
[46] vgl.: Brüggemeier, M.: Controlling in der öffentlichen Verwaltung: Ansätze, Probleme und Entwicklungstendenzen eines betriebswirtschaftlichen Steuerungskonzeptes, 3. Aufl., München, 1998, S. 56

Zu beobachten ist weiterhin, dass die Sachziele im Vergleich zu den Formalzielen deutlich dominieren. **Allerdings ist vor dem Hintergrund der zunehmend knappen Finanzmittel mit gleichzeitigem Paradigmawechsel zu einer betriebswirtschaftlich geprägten Outputorientierung der öffentlichen Verwaltung mit einer stärkeren Formalzielorientierung im Bereich der Budgetierungen zu rechnen.** Im Rahmen des Zielsystems öffentlicher Verwaltungen ist davon auszugehen, dass die Oberziele des Verwaltungshandelns i.d.R. exogen durch die politische Willensbildung vorgegeben sind und sich die endogenen Zielbildungsprozesse in den einzelnen Behörden auf die Operationalisierung der Oberziele beschränken dürften. Nur in Ausnahmefällen, die von der politischen Willensbildung unbeeinflusst ist, können autonome Zielsetzungen formuliert werden.

3.1.2   Strategische Planung

In der öffentlichen Verwaltungspraxis wird die Controllingarbeit durch eine enorme Anzahl von definierten Produkten erschwert, da mit jedem Produkt mehrere Leistungs- und Kosteninformationen verbunden sind. Die daraus resultierende Datenflut verhindert häufig eine zielgerichtete Steuerung durch Verwaltungsführung oder Politik. Deshalb ist eine Beschränkung auf das Wesentliche notwendig. Hier helfen Strategien. Sie formulieren die Schwerpunkte des Handelns und unterstützen damit den Einsatz knapper Ressourcen für die zentralen Aufgaben der öffentlichen Verwaltung. Die strategische Planung beinhaltet die Festlegung und Formulierung von:

- **Mission, Leitbild** (Wer sind wird und was können wir?),
- **Vision** (Was wollen wir?),
- **Strategien** (Wie erreichen wir das Gewollte?),
- **Prämissen** (Unter welchen Bedingungen agieren wir?).

Derzeit sind die strategischen Planungssysteme in der öffentlichen Verwaltung noch unzureichend. Im folgenden soll erörtert werden, was eine Strategie beinhaltet, warum die öffentliche Verwaltung strategische Planungen benötigt, welche Phasen bei der strategischen Planung durchlaufen werden und welche Hilfsmittel dafür für die öffentliche Verwaltung geeignet sind.

3.1.2.1 Strategiebegriff
Der Strategiebegriff stammt ursprünglich aus dem militärischen Bereich, wo er die Kunst der Heerführung bezeichnete.

> *„Bevor man einen Feldzug oder einen Krieg beginnt, gilt es einen Gesamtplan zu erarbeiten, mit dem Zweck, herauszufinden, wie man von Anfang an handeln muss, um am Ende Erfolg zu haben."* (Quelle: von Clausewitz, „Vom Kriege")

Strategische Pläne sind i.d.R. dadurch charakterisiert, dass sie stark grundsätzliche und keine bis wenig unmittelbar ausführungsorientierte Formulierungen aufweisen. In der Managementliteratur ist unbestritten, dass strategische Pläne die Schaffung und Erhaltung von Erfolgspotenzialen thematisieren. Was dabei als Erfolg zu bezeichnen ist, hängt von den jeweiligen Organisationszielen und den spezifischen Rahmenbedingungen ab. Die Ziele sind demnach die zentralen Objekte jeder strategischen Planung. Strategien legen mit ihren Zielformulierungen den Rahmen für operative Entscheidungen fest. Das bedeutet, dass Strategien stets auf das jeweilige Umfeld und die spezifische Organisation angepasst sein müssen. Strategien werden für Einheiten definiert, die sich in sinnvoller Weise voneinander abgrenzen lassen. I.d.R. wird ein Zeithorizont von 10 bis 15 Jahren angestrebt.

Was ist eine Strategie?

☐ Wissen, was man will!
☐ Wissen, was man nicht will!
☐ Neues schaffen, vom Üblichen abweichen!
☐ Durchhalten!
☐ Auf Veränderungen reagieren!

3.1.2.2 Warum benötigt die öffentliche Verwaltung eine strategische Planung?

Die öffentliche Verwaltung unterliegt mit ihrem Handeln nicht dem Zwang einen in monetären Größen ausgedrückten Erfolg (Gewinn) zu erzielen. Auch ist ihre Existenz nicht durch Wettbewerbswirkungen gefährdet. Für die öffentliche Verwaltung ergibt sich nicht der Zwang zum monetären Erfolg und somit auch keine Notwendigkeit einer Strategieorientierung, könnte man annehmen. Dies wäre jedoch eine unzulässige Verkürzung der Realität der Verwaltungspraxis. Die Existenz der öffentlichen Verwaltung ist zwar zunächst durch den gesetzlichen Auftrag und den Alimentierungszwang der öffentlichen Haushalte gesichert. Diese Existenzgarantie gilt jedoch lediglich formell, nicht aber inhaltlich. Vor dem Hintergrund zunehmender Finanzmittelknappheit kann sich eine Volkswirtschaft eine nicht effektiv arbeitende öffentliche Verwaltung kaum noch leisten. Erfolg muss damit für die öffentliche Verwaltung anders definiert werden als für privatwirtschaftliche Unternehmen. Erfolg kann etwa darin bestehen, eine Leistung in einer bestimmten Menge und festgelegten Produkt- und Wirkungsqualität herzustellen. Somit lässt sich der Erfolgsbegriff durchaus auch auf die öffentliche Verwaltung übertragen. Strategische Überlegungen werden für sie sinnvoll. Bei dem Einsatz strategischer Instrumente muss allerdings darauf geachtet werden, dass sie für die Spezifika der betrachteten Organisation geeignet sind.

Die öffentliche Verwaltung benötigt eine strategische Planung, weil:

• Mitarbeiter Ziele brauchen,
• sie die Grundlage für die Planung operativer Aktivitäten ist,
• eine Strategie Orientierung bei der täglichen Arbeit bietet,
• eine Strategie hilft Ressourcen richtig einzusetzen,
• eine Strategie hilft die richtigen Prioritäten zu setzen.

3.1.2.3 Phasen der Strategischen Planung

In der betriebswirtschaftlichen Praxis hat es sich als zweckmäßig erwiesen, die strategische Planung in drei aufeinander aufbauende Phasen einzuteilen:

1) Leitbildformulierung,
2) Strategische Analyse,
3) Strategienentwicklung.

3.1.2.3.1 Leitbildformulierung:

Die Formulierung eines Leitbildes für die gesamte Organisation bildet den Ausgangspunkt der strategischen Planung. Das Leitbild fasst die politischen und die sonstigen sozialen oder gemeinnützigen Aufgaben, in denen die Organisation seine Existenzberechtigung sieht, in Form qualitativer Aussagen zusammen. Damit ist das Leitbild die höchste Verdichtungsstufe der Zielsetzungen. Die Bedeutung des Leitbildes für den Controllingprozess sei an folgendem prägnanten Sprichwort verdeutlicht:

> *„Für einen Kapitän, der nicht weiß, welchen Hafen er ansteuern soll,*
> *ist kein Wind der Richtige." (Antikes Sprichwort)*

Ohne Zielvorstellung kann dem Verwaltungshandeln keine sinnvolle Richtung vorgegeben werden. In der jüngsten Vergangenheit hat die öffentliche Verwaltung zahlreiche Leitbilder mit enormen Aufwand hervorgebracht. Leider befinden sich die Ergebnisse dieser Bemühungen häufig in den Schubladen und nicht in den Köpfen der Mitarbeiter. Der Grund dafür liegt darin, dass diese „Leitbilder" häufig viel zu umfangreich gestaltet wurden. Das Wesentliche geht dabei unter. Solche „Leitbilder" erfüllen die mit diesem Instrument verbundenen Ansprüche nur unzureichend:

a) Entwicklung und Erhaltung der Organisationskultur;
b) Ausrichtung aller Teilbereiche der Organisation auf ein gemeinsames Ziel;
c) Frühzeitiges Ausschalten von nicht zielkonformen Aktivitäten, um Kosten zu minimieren und Reibungsverluste in der Organisation zu vermeiden;
d) Konzentration aller Bereiche auf die Stärken des Unternehmens; dadurch fokussierter Ressourceneinsatz;
e) Motivation und Identifikation der Mitarbeiter.

Soll ein Leitbild diesen Anspruch erfüllen, muss sein Inhalt und Umfang so gestaltet werden, dass alle Mitarbeiter die richtungsweisenden Punkte eindeutig erfassen und internalisieren können. **Jeder Mitarbeiter muss die Inhalte des Leitbildes jederzeit kennen.**

Leitbilder sollten also:
* Wesentliche Aussagen zur strategischen Ausrichtung der Organisation enthalten;
* Keine abgedroschenen Phrasen beinhalten;
* Nicht mehr als eine DIN A4-Seite umfassen.

Um ein zweckmäßiges Leitbild zu formulieren, sollte die „Mission" und die „Vision" der Organisation beschrieben werden. Die „Mission", beantwortet die Frage „Wer sind wir und was ist unsere Kernkompetenz?" So könnte beispielsweise die Justiz ihre besondere Verpflichtung dem Gesetz, der Gerechtigkeit und dem Bürger gegenüber thematisieren. Diese Werte sind für die betreffende Organisation von solch grundlegender Bedeutung, dass sie im folgenden Controllingprozess in keiner Weise in Frage zu stellen sind. Dies schafft Sicherheit für potentielle Veränderungsprozesse. Der zweite Teil des Leitbildes, die „Vision", beschreibt die notwendigen Veränderungsprozesse. Gegenstand der Vision sind also diejenigen Bereiche, in denen ein Handlungsbedarf erkannt wurde. So könnte die Justiz als Vision beispielsweise die Notwendigkeit zur Verbesserung der Bürgerzufriedenheit und die Flexibilisierung ihrer Entscheidungsstrukturen herausstellen.

3.1.2.3.2 Strategische Analyse:
Die strategische Analyse schließt direkt an die Leitbildformulierung an. Sie hat die Aufgabe, die strategische Ausgangsposition der Organisation festzustellen. Dabei werden zwei Bereiche der strategischen Analyse unterschieden:

- Externe Sicht (Umweltanalyse)
- Antizipation von Chancen und Risiken des Umfeldes.
- Interne Sicht (Analyse der Gesamtorganisation)
- Erkennen von Stärken und Schwächen der Organisation

Dieses als SWOT-Analyse bekannte Vorgehen ist in der Praxis weit verbreitet und durch seine flexible Anwendungsfähigkeit besonders für die öffentliche Verwaltung geeignet. SWOT bedeutet:

- **S** (Strengths, Stärken)
- **W** (Weaknesses, Schwächen)
- **O** (Opportunities, Chancen)
- **T** (Threats, Risiken).[47]

Mit Hilfe der SWOT-Analyse werden die strategischen Einflussgrößen der untersuchten Organisation möglichst vollständig erfasst.

---

[47] Häufig wird die SWOT-Analyse auch als SOFT-Analyse bezeichnet (Strengths, Opportunities, Failures, Threats); vgl. u.a.: Horváth, P.: Controlling, 7. Aufl., München, 1998, S. 370

SWOT-Analyse	Umweltfaktoren	
	Chancen	Risiken
	....	....
Interne Faktoren	....	....
Stärken	Stärken einsetzen, um Chancen zu nutzen	Stärken einsetzen, um Risiken zu verringern ....
Schwächen	Schwächen minimieren, um Chancen zu nutzen	Schwächen und Risiken minimieren ....

Abb. 3.3:   Kategorien der SWOT-Analyse

Die SWOT-Analyse baut auf dem Grundprinzip der Analysefeldzerlegung und -strukturierung auf. Dadurch ist sie einfach und für alle Branchen wirkungsvoll anwendbar. Für den reibungslosen Ablauf einer SWOT-Analyse ist es zweckmäßig eine Checklist mit potentiellen Chancen-Risiken-Analysefeldern vorzubereiten.

Z.B. Chancen:

❑ Welche Möglichkeiten bieten sich durch eine veränderte Zusammenarbeit mit unseren „Lieferanten"?

❑ Welche neuen Leistungen sollten wir erbringen bzw. welche bestehenden Leistungen sollten dringend weiterentwickelt werden?

❑ Welche Möglichkeiten bieten sich durch eine veränderte Zusammenarbeit mit unseren „Kunden"?

❑ Welche Möglichkeiten können sich aus einer eventuellen Zusammenarbeit mit Dritten ergeben?

❑ Etc.

Z.B. Risiken:

❑ Welche Entwicklungen in der Politik können ein Risiko darstellen?

❑ Welche Schwierigkeiten können uns durch Entwicklungen bei Organisationen entstehen, die Ihnen zuarbeiten („Lieferanten")?

❑ Können sich alternative Leistungsangebote zu einem Problem entwickeln?

❑ Welche Entwicklungen auf der Seite der Nachfrager Ihrer Leistungen werden Ihnen Probleme bereiten, wenn Sie nicht darauf reagieren?

Solche oder ähnliche Checklisten sollten in Kleingruppen abgearbeitet werden; die Ergebnisse werden gesammelt und abschließend im Rahmen eines Workshops diskutiert. Gegebenenfalls kann noch die abschließende Begutachtung der Ergebnisse der Chancen- und Risikoanalyse durch Experten sinnvoll sein.

Die Analyse der Stärken und Schwächen dient der Bestimmung des aktuellen Zustands der untersuchten Verwaltungseinheit. Für die Darstellung der Stärken und Schwächen hat sich die Technik des Stärken-Schwächen-Profils bewährt. Dabei sollte sich das Stärken-Schwächen-Profil sowohl auf die Entwicklung der Vergangenheit (3–5 Jahre) als auch im Hinblick auf die Stellung zu vergleichbaren Organisationen (Benchmarking) beziehen, um sinnvolle Aussagen über die internen Potenziale zu erlangen. Die folgenden beiden Abbildungen zeigen beispielhaft ein Stärken-Schwächenprofil für die Führungsfunktion.

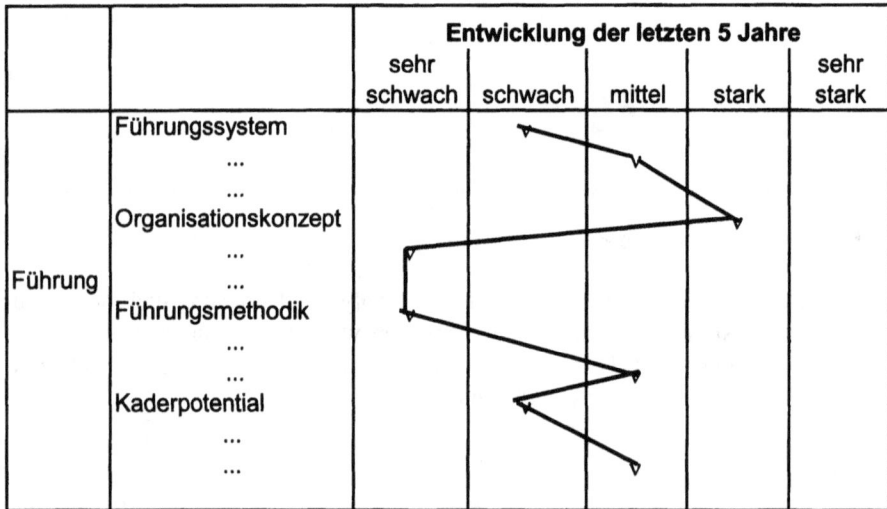

| | | Entwicklung der letzten 5 Jahre | | | | |
		sehr schwach	schwach	mittel	stark	sehr stark
Führung	Führungssystem					
	...					
	...					
	Organisationskonzept					
	...					
	...					
	Führungsmethodik					
	...					
	...					
	Kaderpotential					
	...					
	...					

Abb. 3.4:   Stärken-Schwächen-Profil der Entwicklung der Führungsfunktion

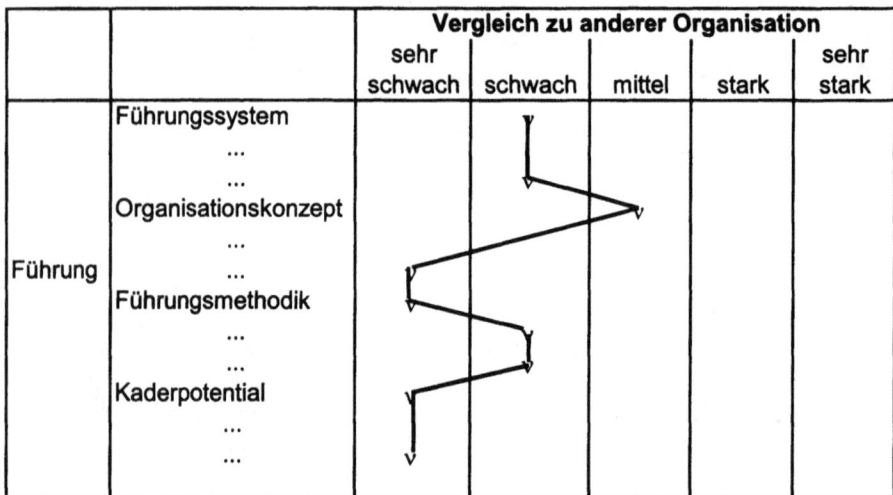

| | | Vergleich zu anderer Organisation | | | | |
		sehr schwach	schwach	mittel	stark	sehr stark
Führung	Führungssystem					
	...					
	...					
	Organisationskonzept					
	...					
	Führungsmethodik					
	...					
	...					
	Kaderpotential					
	...					
	...					

Abb. 3.5:   Stärken-Schwächen-Profil des Vergleichs der Führungsfunktion mit einer anderen Organisation

3.1.2.3.3 Strategieentwicklung

Nachdem die strategische Ausgangssituation der untersuchten Verwaltungseinheit bekannt ist, schließt sich die eigentliche Strategieentwicklung an. Dabei sind die für privatwirtschaftliche Unternehmen entwickelten Normstrategien (z.B. Preisführerschaft, Qualitätsführerschaft, Nischenstrategien, Innovationsstrategie, Zeitwettbewerbsstrategie, etc.) als Basis für die Strategieentwicklung in der öffentlichen Verwaltung ungeeignet, da sie auf eine marktwirtschaftliche Aktivität abstellen. Durch fehlende Standardstrategien sind die Strategieformulieren individuell für die jeweilige Verwaltungseinheit auf Basis der Ergebnisse der strategischen Analyse vorzunehmen. Unterstützt werden kann dieser kreative Prozess durch alle Formen der Kreativitätstechniken (z.B. Brainstorming, 635-Methode, Morphologische-Methode). Die gefundenen Lösungen müssen mit Hilfe der Ergebnisse der strategischen Analyse bewertet und hinsichtlich ihres Beitrags zur Erreichung der Behörden-Vision beurteilt werden. Das in der folgenden Abbildung dargestellte Raster kann diese Arbeit systematisieren:

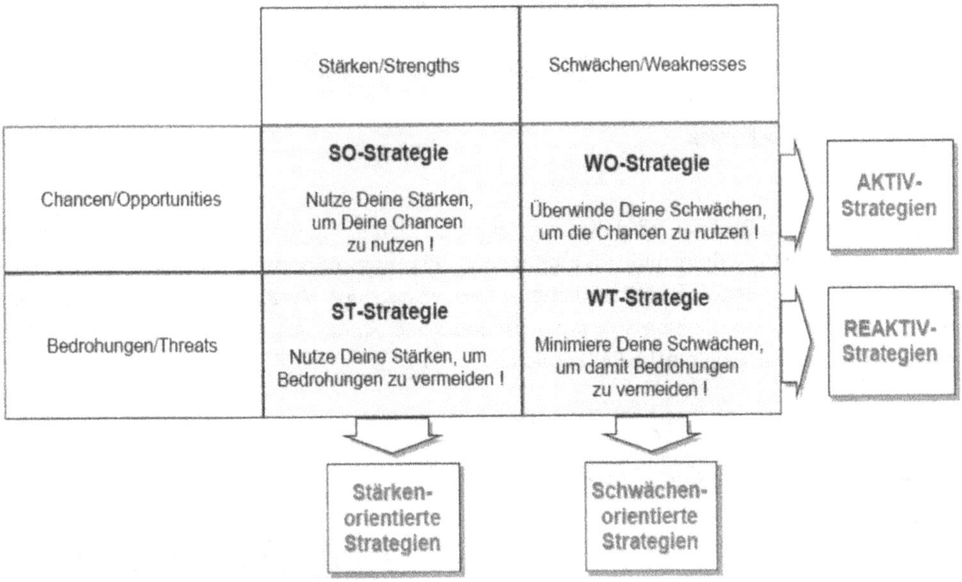

	Stärken/Strengths	Schwächen/Weaknesses	
Chancen/Opportunities	**SO-Strategie** Nutze Deine Stärken, um Deine Chancen zu nutzen !	**WO-Strategie** Überwinde Deine Schwächen, um die Chancen zu nutzen !	AKTIV-Strategien
Bedrohungen/Threats	**ST-Strategie** Nutze Deine Stärken, um Bedrohungen zu vermeiden !	**WT-Strategie** Minimiere Deine Schwächen, um damit Bedrohungen zu vermeiden !	REAKTIV-Strategien
	Stärken-orientierte Strategien	Schwächen-orientierte Strategien	

Abb. 3.6:   Raster zur Strategiebewertung

3.1.3   Mittelfristplanung (Taktische Planung)

3.1.3.1   Grundlagen

Die Mittelfristplanung (koordinierte Mehrjahresplanung, taktische Planung) hat die Aufgabe, die Zielformulierungen und Strategien der strategischen Planung zu konkretisieren. Als Bindeglied zwischen strategischer und operativer Planung übernimmt sie die in der strategischen Planung erarbeiteten Rahmen- und Orientierungsvorgaben und sorgt für die Bereitstellung der zur Umsetzung der Strategien erforderlichen langfristig wirksamen **Kapazitäten** (insbesondere Finanzmittel, Investitionen und Personal). Dazu müssen Maßnahmen- und Ressourcenpläne für die einzelnen Ressorts der öffentlichen Verwaltung formuliert werden (z.B.

Finanz-, Investitions-, Personal-, Kapazitäts- und Programmpläne). Im Mittelpunkt der Mittelfristplanung stehen die Methoden der Investitionsrechnung (statische und dynamische Methoden der Entscheidungsfindung für Investitionen) und die mehrjährige Finanzplanung. Der Zeithorizont der Mittelfristplanung beträgt etwa 2 bis 5 Jahre. Die Mittelfristplanung soll zentral durch die Fachabteilungen der Ministerien angestoßen und mit den nachgeordneten Fachbereichen durchgeführt werden. Hierbei sind Spezialisten aus den dezentralen Aufgabenbereichen in den Planungsprozess einzubeziehen, um realistische Umsetzungsergebnisse formulieren zu können. Die Mittelfristplanung kann auf zwei verschiedene Arten realisiert werden; als rollierende Planung oder als Blockplanung.

Abb. 3.7:   Rollierende Planung

Bei der rollierenden Planung wird die ursprüngliche Planung in einem bestimmten Rhythmus (meistens jährlich) revidiert und um eine weitere Planungsteilperiode ergänzt. Dadurch entsteht jedesmal eine neue Mittelfristplanung. Der Vorteil des Verfahrens besteht darin, dass im laufe der Zeit neue planungsrelevante Erkenntnisse gesammelt werden können, die dann sukzessive in die Planung einfließen können.

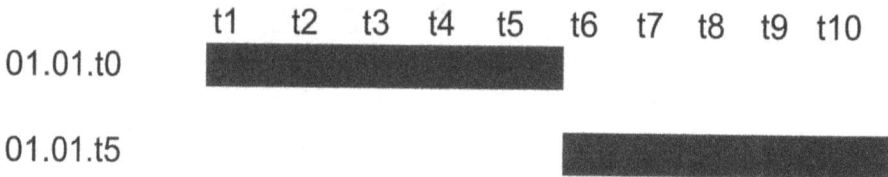

Abb. 3.8:   Blockplanung

Im Gegensatz zur rollierenden Planung findet bei der Blockplanung die Neuplanung jeweils am Ende der Planungsperiode statt. Dabei liegen die Planwerte für die gesamte Dauer der Mittelfristplanung fest. In der Praxis wird vorzugsweise mit rollierenden Planungen gearbeitet.

3.1.3.2 Investitionsplan

Beispiel: INVESTITIONSPLAN

Investitionen	Betrag	Zeitpunkt/ Jahr	Zweck/Nutzen	Finanzierung aus flüssigen Mitteln, Kreditaufnahme, Leasing oder Eigenkapital	Kosten aus Investition (Zins, Amortisation, Unterhalt etc.)	Auswirkungen der Investitionen auf Umsatz (Ertragslage), Personal- und Sachaufwand, Abschreibungen = Gewinn aus Investition	Vergleich zu Alternative: z.B. Objekt mieten; Beteiligung am Kauf durch Dritte

Desinvestitionen (Verkäufe der Objekte)				

Abb. 3.9: Investitionsplan

3.1.3.3 Finanzplan

Vollständiger Finanzplan - Beispiel

Periode	0	1	2	3	4	5
Zahlungsmittelbestand zu Beginn	100.000 €	0 €	-22.000 €	6.200 €	79.248 €	137.618 €
Mittelherkunft						
Überschuss Investitonsobjekt		30.000 €	80.000 €	120.000 €	100.000 €	50.000 €
Überschuss Restbetrieb		12.000 €	12.000 €	12.000 €	12.000 €	12.000 €
Desinvestition (Anlagenverkauf)						25.000 €
Rendite Ergänzungsinvestition (4 %)		0 €	0 €	248 €	3.170 €	5.505 €
Kreditaufnahme	200.000 €					
Mittelzufluss insgesamt	300.000 €	42.000 €	70.000 €	138.448 €	194.418 €	230.123 €
Mittelverwendung						
Beschaffung Investionsobjekt	300.000 €					
Kredittilgung		40.000 €	40.000 €	40.000 €	40.000 €	40.000 €
Zinsen Kredite		12.000 €	9.600 €	7.200 €	4.800 €	2.400 €
Kosten Ergänzungsinanzierung (10 %)		0 €	2.200 €	0 €	0 €	0 €
Entnahmen		12.000 €	12.000 €	12.000 €	12.000 €	12.000 €
Mittelabfluss insgesamt	300.000 €	64.000 €	63.800 €	59.200 €	56.800 €	54.400 €
Zahlungmittelbestand am Ende	0 €	-22.000 €	6.200 €	79.248 €	137.618 €	175.723 €

Tilgungsplan, Zissatz 6%

Kreditbetrag am Ende der Periode	200.000 €	160.000 €	120.000 €	80.000 €	40.000 €	0 €

Abb. 3.10:   Finanzplan

3.1.3.4 Personalplan

Personalplanung - Beispiel

Funktion	Einstellung Mon. Jahr	Gehalt / Besoldung	Anzahl Gehälter / Jahr	2006	2007	2008	2009
Summe							
zuzügl.Personalnebenkosten			%				
Gesamtpersonalkosten							
Anzahl Mitarbeiter							

Abb. 3.11:   Personalplanung

3.1.4   Jahresplanung (Operative Planung)

Die Jahresplanung setzt auf den kapazitätsverändernden Entscheidungen der taktischen Planung auf. Auf der operativen Ebene werden i.d.R. kurzfristige Planungen der Leistungserstellungs- und Leistungsaustauschprozesse im Rahmen gegebener Kapazitäten erstellt.[48] Dabei hat die Maßnahmenplanung auf der operativen Ebene einen besonders hohen Stellenwert.[49] Die Maßnahmenpläne umfassen alle Aktivitäten, deren Durchführung zur Erreichung der strategischen Ziele beitragen. Sie werden zunächst sachzielorientiert formuliert und erst

---

[48] vgl.: Horváth, P.: Controlling, 7. Aufl., München, 1998, S. 184
[49] ebenda, S. 185

nach Abschätzung der notwendigen Kosten und deren Aufteilung nach Kostenarten bewertet. Maßnahmen können differenziert werden in Projekte, planbare Maßnahmen und ungewisse Maßnahmen. Ziel der operativen Planung in der öffentlichen Verwaltung ist die Erstellung einer konkreten Arbeitsanweisung für das nächste (und ggf. für das übernächste) Haushaltsjahr. Dazu werden den Produkt- und Kostenstellenverantwortlichen aller Ebenen die Vorgaben der Mehrjahresplanung in konkrete Maßnahmen umgesetzt. Als Ergebnis der operativen Planungsaktivitäten in der öffentlichen Verwaltung werden eindeutige Zielsetzungen für jeden Verantwortungsträger im nächsten Planungszeitraum hinsichtlich Produktmengen und -qualitäten, eines effizienten Ressourceneinsatzes (Personal, Kapital, Sachmittel) und operativer Projekte (z.B. kurzfristige Fortbildungsmaßnahmen) formuliert. Darüber hinaus werden Kosten und Erlöse als Budgetvorgaben im Rahmen der operativen Planung festgelegt.

3.1.5 Budget und Budgetierung

3.1.5.1 Grundlagen

Budgets sind wert- und mengenmäßige Abbildungen der kurzfristigen Pläne der dezentralen Organisationseinheiten (Kostenstellen, Verwaltungsbereiche), die mit einem bestimmten Verbindlichkeitsgrad vereinbart oder vorgegeben werden. Im Hinblick auf die Umsetzung von Strategien bedeuten Budgets eine detaillierte Überführung der geplanten Ziele und Maßnahmen in quantitative ökonomische Größen. Sie sind die quantitative Konkretisierung von Strategieüberlegungen für einen abgegrenzten zukünftigen Zeitraum und besitzen für die Budgetverantwortlichen Vorgabecharakter.

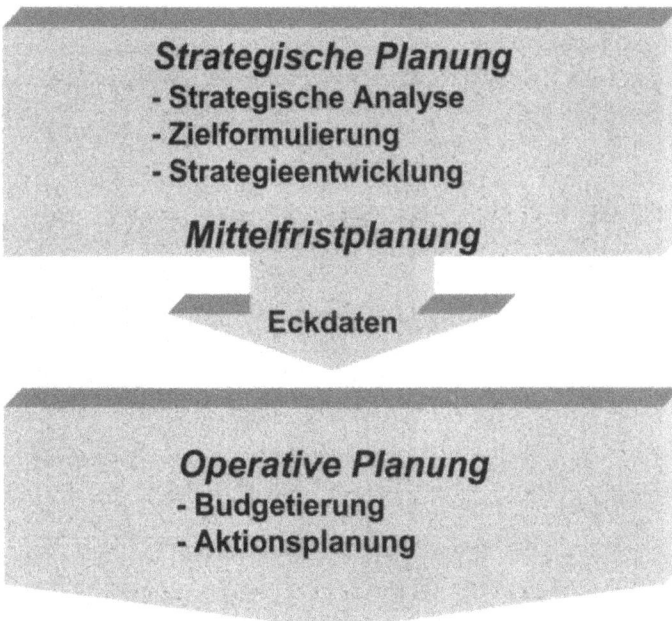

Abb. 3.12: Stellung der Budgetierung im Planungssystem

Ein Budget ist:

❑ eine bestimmte Menge finanzieller Mittel,
❑ die einer organisatorischen Einheit,
❑ für einen bestimmten Zeitraum,
❑ zur Erfüllung der übertragenen Aufgaben,
❑ zur eigenen Verantwortung,
❑ durch eine verbindliche Vereinbarung, zur Verfügung gestellt wird.

Im traditionellen Haushaltswesen ist das Budget inputorientiert nach starren Haushaltstiteln verbindlich strukturiert. Das betriebswirtschaftlich orientierte Budget im Rahmen der neuen Steuerungsmodelle ist durch zwei wesentliche Merkmale gekennzeichnet: In erster Linie handelt es sich um ein globales Budget für das der Budgetverantwortliche während der Planrealisierung selbstständig entscheidet, wie die Finanzmittel am besten verwendet werden, um die vereinbarten Ergebnisziele zu erreichen (dezentrale Finanzverantwortung); darüber hinaus wird das Budget nicht einfach durch Planwertfortschreibung aus der Vergangenheit definiert, sondern es berücksichtigt als outputorientiertes Budget die Kosten der zu erbringenden Leistungen.

Budgets lassen sich allgemein nach folgenden Merkmalen unterscheiden:[50]

*   Entscheidungseinheit
    *   Horizontale Differenzierung nach Funktionen (z.B. Beschaffungsbudgets, Aus- und Fordbildungsbudgets, Forschungsbudgets, etc.), Produkten (z.B. Produktgruppenbudgets, Einzelproduktbudgets, etc.) Regionen (z.B. Budgets für die Oberlandesgerichtsbezirke Köln, Düsseldorf und Hamm, etc.) und Projekten (Projektbudgets)
    *   Vertikale Differenzierung nach Hierarchieebenen (z.B. Fachbereichsbudget, Behördenbudget, Abteilungsbudget, etc.)

*   Geltungsdauer
    *   Monatsbudget
    *   Quartalsbudget
    *   Jahresbudget
    *   Mehrjahresbudget

*   Wertdimension
    *   Ausgabenbudget
    *   Kostenbudget
    *   Deckungsbeitragsbudget

*   Verbindlichkeitsgrad
    *   Vorgabecharakter
    *   Orientierungscharakter

---

[50] vgl.: Horváth, P. et al: Budgetierung im Planungs- und Kontrollsystem, in: DBW, 43. Jg., 1985, S. 138-155
und Däumler, K. D., Grabe, J.: Kostenrechnung 3: Plankostenrechnung; 6. Aufl., Herne, Berlin 1998, S. 203

- Kostenumfang
  - Budgets auf Vollkostenbasis
  - Budgets auf Teilkostenbasis

- Flexibilität
  - Starre Budgets
  - Flexible Budgets

Die Budgetierung ist der Prozess der Aufstellung, Verabschiedung und Kontrolle von Budgets. Die Budgetierung stellt einerseits auf die Begrenzung und Lenkung von Finanzmitteln für die Leistungserstellung in der öffentlichen Verwaltung ab; andererseits soll sie auch die Selbstständigkeit und Eigenverantwortlichkeit der dezentralen Verwaltungsbereiche stärken, um Anreize für einen effektiven und effizienten Ressourceneinsatz zu schaffen. Mit dem Budget sollen die in der operativen Planung definierten Leistungen erstellt werden. **Der Nutzen der outputorientierten Budgetierung liegt vor allem in der zielgerichteten Bereitstellung von Ressourcen im Hinblick auf die Bedarfsdringlichkeit und das angestrebte Leistungsniveau.**

3.1.5.2 Funktionen der Budgetierung
Die Funktionen der Budgetierung liegen im einzelnen in der:[51]

Prognosefunktion

Das Budget soll die wertmäßigen Auswirkungen der geplanten Zukunftsentwicklung darstellen.

Kontroll- und Motivationsfunktion

Das Budget soll genau definierte Plangrößen vorgeben, die innerhalb des geplanten Jahres zu erreichen sind. Bei partizipativer Budgetierung entsteht ein Rahmenplan, innerhalb dessen eigenverantwortlich entschieden werden kann, was motivationserhöhend wirkt.

Koordinations- und Integrationsfunktion

Das Budget soll die Tätigkeiten der einzelnen betrieblichen Bereiche zumindest formal aufeinander abstimmen. Durch die Harmonisierung der Aktivitäten verbessert sich die Ressourcenverteilung.

3.1.5.3 Methoden der Budgetierung
Grundsätzlich sind für die Ableitung von Budgets mehrere unterschiedliche Vorgehensweisen möglich. Für den Budgetierungsprozess lassen sich in Abhängigkeit von der Ableitungsrichtung die drei elementare Verfahren Top-down-Budgetierung, Bottom-up-Budgetierung und die Budgetierung nach dem Gegenstromverfahren unterscheiden.

---

[51]   vgl.: Schlegel, H. B.: Computergestützte Unternehmensplanung und Kontrolle, München, 1996, S. 79

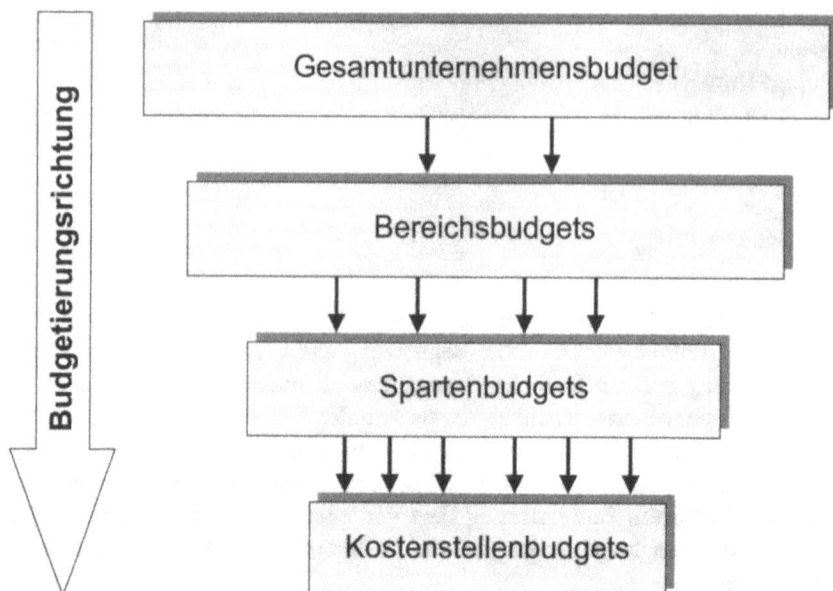

Abb. 3.13:   Top-down-Budgetierung

Bei der Top-down-Budgetierung findet eine Zieldetaillierung statt, bei der die von der obersten Hierarchieebene vorgegebenen Globalziele in detaillierte Teilziele für die operativen
Einheiten überführt werden. So würde eine Top-Down-Budgetierung in der öffentlichen
Verwaltung den Hierarchieebene Landesregierung – Fachressort/Ministerium – Mittelbehörde – nachgeordneter Bereich folgen. Bei einer Budgetableitung nach dem Top-down-Prinzip
leitet der Zentralcontroller ohne wesentliche Mitwirkung der Budgetverantwortlichen die
untergeordneten Budgets aus den übergeordneten ab. Vorteil des Verfahrens ist dabei die
strenge Ausrichtung aller Budgets auf die obersten Organisationsziele, da konsequent von
oben nach unten budgetiert wird. Der wesentliche Nachteil des Verfahrens liegt darin, dass
sich die Budgetverantwortlichen der untergeordneten Budgets nicht vollständig mit ihren
Zielvorgaben identifizieren können, da sie kein Mitspracherecht bei der Budgeterstellung
haben. Somit wird allenfalls eine geringe Motivationswirkung erzielt und es sind eher Wi-
derstände gegen das von „oben" abgeleitete Budget zu erwarten. Außerdem lässt diese Vorgehensweise die Erfahrungen und das Know-how der Kostenstellen- und Budgetverantwortlichen unberücksichtigt, was zu Planungsfehlern führen kann.

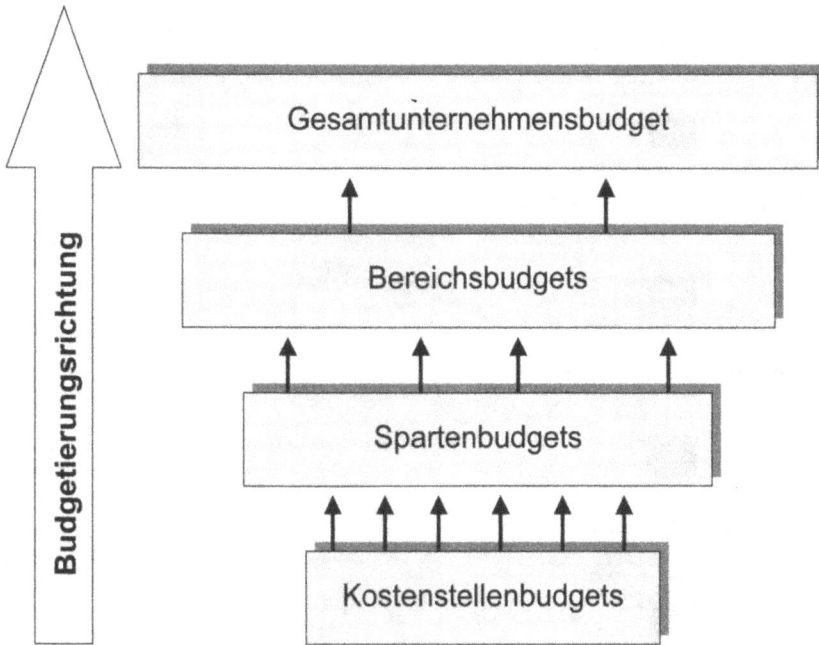

Abb. 3.14:   Bottom-up-Budgetierung

Der produktorientierte Bottom-up-Ansatz (induktive Budgetableitung) geht vom Produkt als Planungsgrundlage aus. Bei der Bottom-up-Budgetierung findet eine Zielsuche durch die Budgetverantwortlichen der untergeordneten Organisationseinheiten mit anschließender Zielverdichtung statt. In diesem Verfahren bittet der Zentralcontroller die Budgetverantwortlichen um Abgabe ihrer Budgetvorstellungen und verdichtet sie durch Zusammenfassung zu den übergeordneten Budgets. Dem Konzept der „Steuerung mit Produkten" liegt eine analytische Vorgehensweise mit flächendeckender Produktkalkulation zu Grunde. Die Budgets richten sich dabei zwangsläufig nicht immer streng nach den obersten Organisationszielen sondern nach den Anforderungen der jeweiligen Budgetverantwortlichen (Wunschliste). Die Bottom-up-Budgetierung führt meisten zu „gepolsterten" Budgets. Der Vorteil des Verfahrens liegt in der Ausnutzung der größeren Detailkenntnisse der Budgetierenden auf den unteren Stufen und in einer verbesserten Motivation durch partizipative Planung. Mit den in der öffentlichen Verwaltung angestrebten dezentralen Strukturen erscheint die induktive Budgetableitung nach dem Bottom-up-Prinzip eher vereinbar, da alle Verantwortlichen am Budgetierungsprozess beteiligt sind. Allerdings ist eine induktive Budgetableitung aufgrund der sich im Zeitablauf einstellenden Tendenz zur Verselbstständigung der dezentralen Einheiten und der damit geringeren Ausrichtung auf die strategischen Zielsetzungen problematisch.

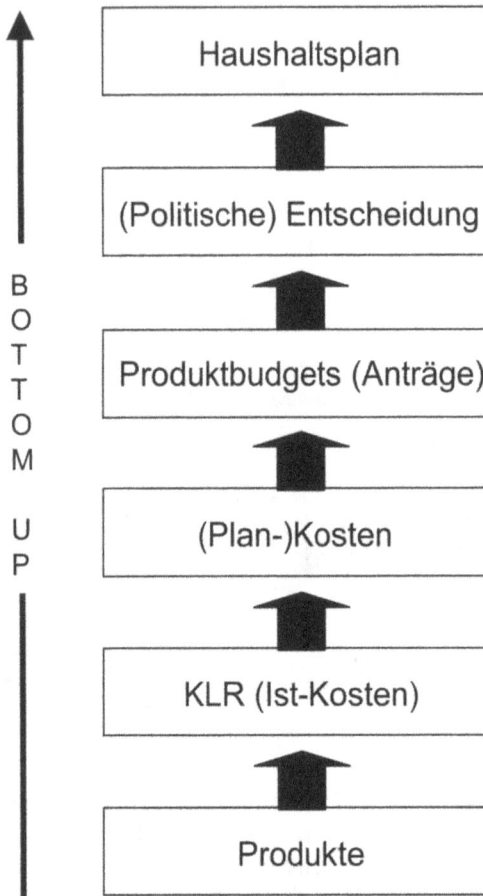

Abb. 3.15:   Steuerung mit Produkten nach dem Bottom-up-Ansatz[52]

Grundlage der Steuerung mit Produkten ist der Produktkatalog. Er bildete die erste Stufe des Budgetierungskonzeptes. In einer zweiten Stufe werden mit Hilfe der Kosten- und Leistungsrechnung die Produktstückkosten auf der Basis der Ist-Kosten ermittelt. Nach der Festlegung von Plankosten für die einzelnen Produkte wird der Ressourcenbedarf analytisch durch Multiplikation der geplanten Produktionsmenge mit den Produktstückplankosten unter Berücksichtigung der Fixkostenproblematik kalkuliert. Den entsprechenden Budgetanträgen folgt die politische Entscheidung und die abschließende Festlegung im Haushaltsplan. Dieses Konzept stellt außerordentlich hohe Anforderungen an das Rechnungs- und Entscheidungssystem und an das Wissen und die Informationsverarbeitungskapazität der Entscheider, vor allem der Politiker:

---

[52]   vgl.: Bals, H. J.: Der Produkthaushalt – Wege zur Integration von Finanz- und Leistungssteuerung, ZKF
        Zeitschrift für Kommunalfinanzen, 53. Jg. (2003), Heft 12, S. 321-329

- Es setzt die exakte Beschreibung aller Leistungen, Produkte oder Produktgruppen nach Art, Qualität und Menge voraus;
- Für alle Leistungen müssen die Stückkosten bekannt sein, darüber hinaus Vergleichswerte (Benchmarking), um optimierte Plankosten ableiten zu können. Eine flächendeckende Plankostenrechnung ist Voraussetzung;
- Um der Politik Entscheidungsspielräume zu eröffnen, sind Alternativvorschläge hinsichtlich Leistungsmengen und -qualitäten bereit zu stellen.[53]

Hauptproblem des Bottom-up Ansatzes sind die begrenzten Finanzmittel der öffentlichen Hand, die ein analytisches Budgetierungsvorgehen i.d.R. nicht zulassen. Konzeptionelle wie praktische Überlegungen setzen unter Budgetierungsaspekten frühzeitig eine ausreichende Berücksichtigung zentraler, Top-down durchzusetzender Vorgaben voraus. Die Zielkonkurrenz zwischen einer Produktplanung von unten nach oben und einer Budgetierung von oben nach unten kann mit einem Gegenstromverfahren ausgeglichen werden.

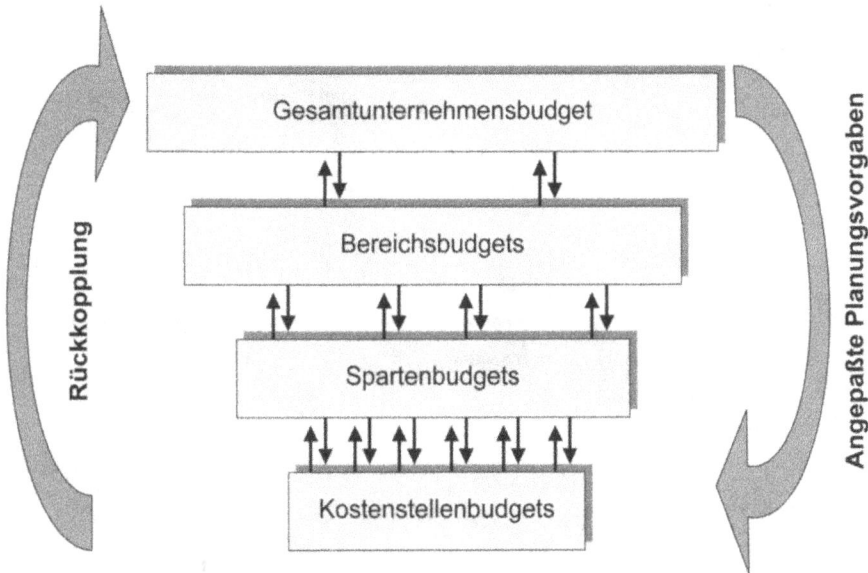

Abb. 3.16:   Budgetierung nach dem Gegenstromverfahren

Dem Gegenstromverfahren liegt der iterative Planungsgedanke zugrunde. Es wird ein Zieldialog zwischen den Hierarchieebenen angestrebt, bei dem die strategischen Zielvorgaben durch Rückkopplung angepasst werden können. Im Gegenstromverfahren wird versucht, die Vorteile der Top-down- und der Bottom-up-Methode zu verbinden und ihre Nachteile zu vermeiden. Häufigstes Verfahren in der Praxis ist das sogenannte „Gegenstromverfahren mit Top-down-Eröffnung". Dabei gibt die oberste Hierarchieebene Eckwerte und Planungsprä-

---

[53]   vgl.: Bals, H. J.: Der Produkthaushalt – Wege zur Integration von Finanz- und Leistungssteuerung, ZKF Zeitschrift für Kommunalfinanzen, 53. Jg. (2003), Heft 12, S. 321-329

missen vor und der Zentralcontroller bereitet einen Budgetentwurf aus den Eckdaten vor (Top-down). Der Budgetentwurf wird zusammen mit den einzelnen Bereichen überarbeitet, so dass die Detailkenntnisse der Budgetverantwortlichen in das Budget einfließen können (Bottom-up). Dabei erhält die oberste Leitung durch Rückkopplung Informationen, ob die Vorgaben realisierbar sind oder angepasst werden müssen. I.d.R. werden mehrere Budgetierungsiterationen benötigt (Budget wird „geknetet"). Für die Durchführung des Gegenstromverfahrens benötigen die Controller genügend Produktkenntnisse, um als kompetenter Gesprächspartner akzeptiert zu werden. Als Beispiel für eine Budgetierung nach dem Gegenstromverfahren kann das Budgetierungsmodell des Landes Hessen herangezogen werden:

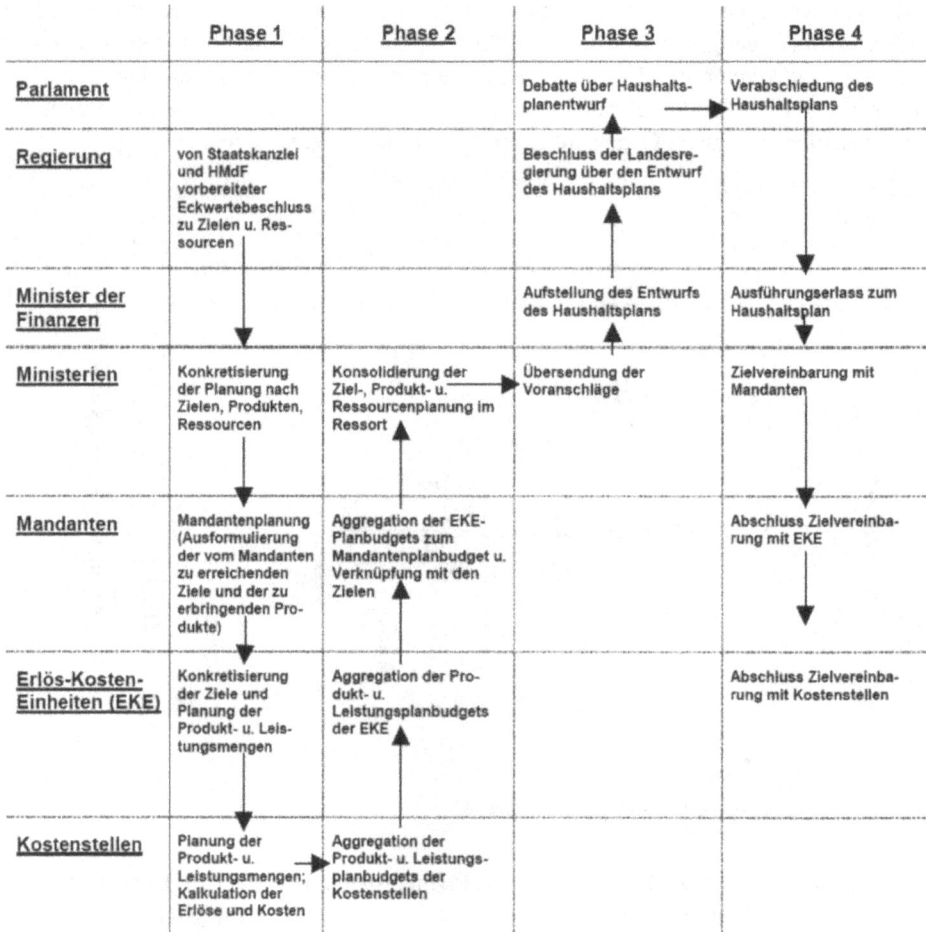

	Phase 1	Phase 2	Phase 3	Phase 4
Parlament			Debatte über Haushalts-planentwurf	Verabschiedung des Haushaltsplans
Regierung	von Staatskanzlei und HMdF vorbereiteter Eckwertebeschluss zu Zielen u. Ressourcen		Beschluss der Landesregierung über den Entwurf des Haushaltsplans	
Minister der Finanzen			Aufstellung des Entwurfs des Haushaltsplans	Ausführungserlass zum Haushaltsplan
Ministerien	Konkretisierung der Planung nach Zielen, Produkten, Ressourcen	Konsolidierung der Ziel-, Produkt- u. Ressourcenplanung im Ressort	Übersendung der Voranschläge	Zielvereinbarung mit Mandanten
Mandanten	Mandantenplanung (Ausformulierung der vom Mandanten zu erreichenden Ziele und der zu erbringenden Produkte)	Aggregation der EKE-Planbudgets zum Mandantenplanbudget u. Verknüpfung mit den Zielen		Abschluss Zielvereinbarung mit EKE
Erlös-Kosten-Einheiten (EKE)	Konkretisierung der Ziele und Planung der Produkt- u. Leistungsmengen	Aggregation der Produkt- u. Leistungsplanbudgets der EKE		Abschluss Zielvereinbarung mit Kostenstellen
Kostenstellen	Planung der Produkt- u. Leistungsmengen; Kalkulation der Erlöse und Kosten	Aggregation der Produkt- u. Leistungsplanbudgets der Kostenstellen		

Abb. 3.17:   Gegenstromverfahren in Hessen[54]

---

[54]   Hessisches Ministerium der Finanzen (Hrsg.): Konzept ergebnisorientierte Budgetierung für das Land Hessen, 1. Aufl., Dezember 2001, S. 11

Die outputorientierte Budgetierung nach dem Gegenstromverfahren unterscheidet sich von den traditionellen Ansätzen der Haushaltsaufstellung in erster Linie durch das Vorschalten eines die Ziele und den Ressourcenrahmen konkretisierenden Eckwertebeschlusses der Regierung, eine dezentrale Planung auf KLR-Basis sowie eine produktbezogene Budgetierung der Mandanten. Um seine politische Fachverantwortung für das Ressort wahrnehmen zu können, wird der Fachminister bereits intensiv in die Planung der Budgets eingebunden.[55]

3.1.5.4 Kritik an der Budgetierung (Beyond Budgeting)

In den letzten Jahren wurde verstärkt Kritik an der Budgetierung geübt. Die Einwände beziehen sich im wesentlichen auf den Budgetierungsaufwand, die mangelhafte Abstimmung mit anderen Steuerungsinstrumenten, die unzureichende Messung der Managementleistung und die Unflexibilität der Budgets.[56]

Einwand gegen die Budgetierung	Konkretisierung der Einwände
1.) Aufwand und Nutzen der Budgetierung stehen in einem ungünstigen Verhältnis.	Budgets werden mit hohem Detaillierungsgrad und hohem Aufwand formuliert obwohl sie schnell überholt sind.
	Der Budgetierungsprozess leidet unter einer Tendenz zur Bürokratisierung.
2.) Eine Kopplung der Budgetierung mit anderen Steuerungsinstrumenten ist mangelhaft.	Die Budgets leiden unter einem mangelhaften Strategiebezug, da sie nicht aus den Strategiefestlegungen abgeleitet werden.
	Das Budget besitzt keinerlei Anbindung an das Vergütungssystem.
3.) Eine Leistungsmessung der Leitungsfunktion durch Budgetgrößen ist unzureichend.	Budgets beziehen sich i.d.R. auf Finanzkennzahlen und lassen Managementleistungen und kritische Erfolgsfaktoren wie Prozessqualität, Kundenzufriedenheit, Mitarbeiterzufriedenheit, Image etc. unberücksichtigt.
	Die Budgets werden von den dezentralen Entscheidungsträgern häufig nicht vollständig akzeptiert.
4.) Das Budget ist nicht dynamisch und flexibel.	Die Budgets werden für das Geschäftsjahr geplant und kontrolliert; unterjährige Budgetierungen fehlen.
	Prozessverbesserungen und Lerneffekte werden in den Budgets nicht berücksichtigt.
	Die mehrjährige Entwicklung von Budgets fördert statisches Denken, da die Budgets der Folgejahre oft aus Vergangenheitsdaten hochgerechnet werden.

---

[55]   vgl.: Hessisches Ministerium der Finanzen (Hrsg.): Konzept ergebnisorientierte Budgetierung für das Land Hessen, 1. Aufl., Dezember 2001, S. 11 f.

[56]   vgl.: Hope, J., Fraser, R., Beyond Budgeting, in: Management Accounting, 79. Jg. (1999) H. 1, S. 1-8 und Gleich, R., Kopp, J., Leyk, J.: Ansätze zur Neugestaltung der Unternehmensplanung, Finanz Betrieb (FB), Heft 7-8, 2003, S. 461-465

Verbesserung der oben genannten Budgetierungsdefizite soll das Beyond-Budgeting-Konzept bringen. Dieses setzt einmal beim Führungsmodell an und versucht, das volle Potenzial von Mitarbeitern und Führungskräften über deren „Empowerment" für die Organisation nutzbar zu machen.[57] Der zweite Bereich betrifft die Vereinfachung und Flexibilisierung des Planungs- und Steuerungsprozesses. Die zugrundeliegende Philosophie ist, dass dezentrale Selbststeuerung die Fähigkeiten von Mitarbeitern und Führungskräften erkennbar werden lässt, um zeitnah und konsequent auf Umweltveränderungen und Kundenanforderungen einzugehen. Statt Hierarchie und Befehl und Gehorsam kommen als Integrationswerkzeuge ein gelebtes explizites Wertesystem („Was wir tun und was wir nicht tun"), eine weitgehende interne Transparenz bei den Performance-Ergebnissen, sowie laufende Abstimmungen von Maßnahmen und die kontinuierliche Anpassung von Plänen über die gesamte Organisation hinweg zum Einsatz.[58]

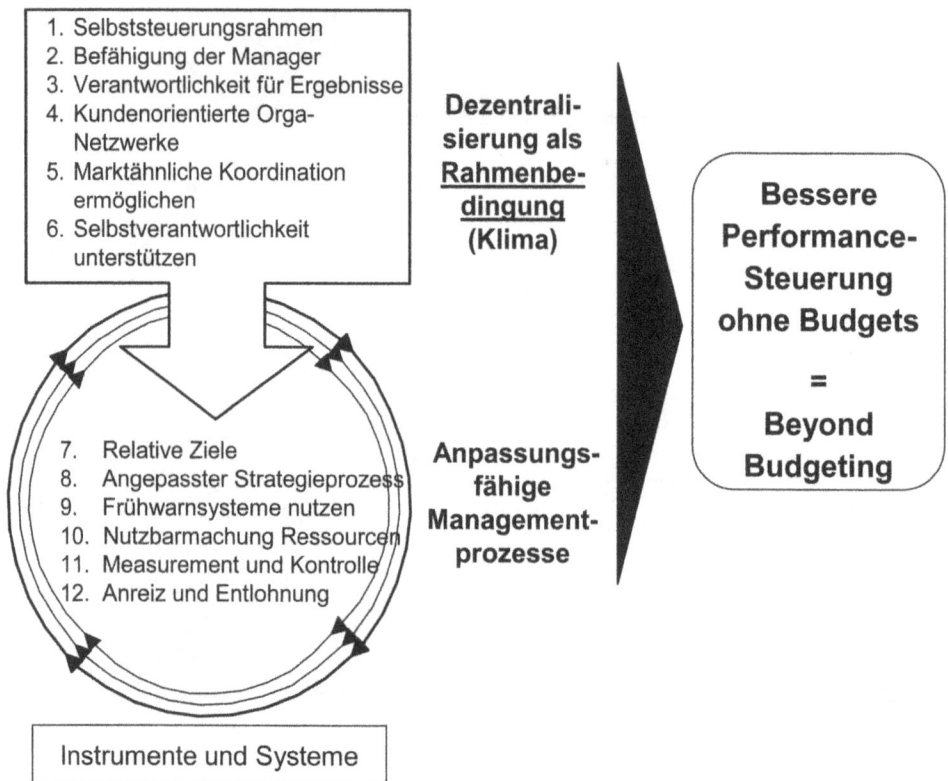

Abb. 3.17:   Beyond Budgeting Modell nach Bunce, Fraser, Hope

---

[57]   vgl.: Daum, J.: Von der Budgetsteuerung zum Beyond Budgeting: Motivation, Fallbeispiele der Pioniere und Zukunftsperspektiven, in: Controlling & Management/krp-Kostenrechnungspraxis", Sonderheft 1/2003, S. 77-93

[58]   ebenda

Die zwei wesentlichen Elemente des Beyond-Budgeting-Modells sind erstens Management- und Führungsprinzipien, die auf der Dezentralisierung von Entscheidungen basieren und die alle Mitarbeiterkräfte für Innovationen und zum Aufbau nachhaltiger Verbesserungen verfügbar machen sollen und zweitens adaptive Managementprozesse, die nicht wie die Budgetierung auf fixen Zielen und Ressourcenplänen basieren, sondern ein flexibles Agieren und ein laufendes Anpassen an neue Anforderungen ermöglichen.

1. Management und Führungsprinzipien:

- Führung durch geteilte Werte und klare Führungsrichtlinien soll schnelle, dezentrale Entscheidungen innerhalb festgelegter Grenzen ermöglichen.
- Autonome Profitcenter sollen mehr Unternehmertum im Unternehmen schaffen.
- Interne Märkte zur Koordination der Profitcenter sollen Koordination durch Pläne ersetzen und schnellere Reaktionen ermöglichen.
- Überall und unmittelbar („realtime") verfügbare Informationen sollen zu größtmöglicher Transparenz und verteilter Kontrolle führen.
- Handlungsfreiräume und dezentrale Ergebnisverantwortung sollen Leistung dezentraler Akteure ermöglichen und erzwingen.
- Ein „Coach&Support"-Führungsstil soll die Manager dabei unterstützen.[59]

2. Planungs- und Steuerungsprozesse:

- Relativ zum internen oder externen Wettbewerb formulierte Ziele sollen selbstadjustierend sein und leistungssteigernd wirken.
- Früherkennung und rollierende Hochrechnungen sollen ständige Anpassungen von Strategie- und Investitionsentscheidungen an veränderte Umweltbedingungen ermöglichen.
- Ein rollierender Strategieentwicklungs- und durchsetzungsprozess soll die strategiegerechte Koordination der Unternehmensaktivitäten fördern. Als Instrument wird hier insbesondere die Balanced Scorecard propagiert.
- Eine flexible Ressourcenallokation soll durch die Vorgabe eines Kalkulationszinsfußes durch die Zentrale und autonome dezentrale Entscheidungen über die Investitionsprojekte erreicht werden.
- Dezentrale Einheiten sollen sich grundsätzlich selbst kontrollieren. Die Zentrale greift subsidiär nur dann ein, wenn die dezentralen Manager ein Problem nicht lösen können oder um Hilfe durch das Top-Management bitten („Management by Exception").
- Eine relative, teambasierte Vergütung, die den Erfolg der Geschäfteinheit mit anderen Einheiten vergleicht, soll Teamwork und Zusammenarbeit fördern.[60]

In diesem Zusammenhang ist zu fragen, ob die Anwendung dieser zwölf Prinzipien des Beyond-Budgeting-Ansatzes für die öffentliche Verwaltung sinnvoll ist. Eine sinnvolle Anwendung dieser Prinzipien ist an mehrere Prämissen gebunden. So wird eine hohe Dynamik und

---

[59] vgl.: Bunce, P., Fraser, R., Hope, J.: Beyond Budgeting – The Barrier Breakers, in: Horváth, P. (Hrsg.): Strategien erfolgreich umsetzen, Stuttgart, 2001, S. 62

[60] ebenda

hohe Wettbewerbsintensität vorausgesetzt. Diese kann in dieser Pauschalität allerdings für die öffentliche Verwaltung nicht angenommen werden. Darüber hinaus wird vorausgesetzt, dass dezentrale Organisationseinheiten in ausreichendem Maße willens und in der Lage sind, die gewachsene dezentrale Verantwortung auch zu realisieren und dass potentielle Synergie-effekte zwischen den dezentralen Organisationseinheiten nicht oder nur in beschränktem Maße vorliegen. Für die öffentliche Verwaltung kann der Wille und die Fähigkeit zur dezentralen Verantwortung durchaus vorausgesetzt werden. Fehlende Synergieeffekte dezentraler Verantwortungsbereiche können allerdings pauschal nicht unterstellt werden. Als weitere Prämisse für den sinnvollen Einsatz des Beyond-Budgeting-Modells steht die Annahme, dass die Organisation Flexibilitätspotenziale in ausreichendem Maße relisieren kann, d.h. dass bei Bedarf relevante Produktionsfaktoren kurzfristig hinzugewonnen, anderweitig ein- oder freigesetzt werden können. Unter Berücksichtigung der derzeit geltenden starren Dienst-, Laufbahn- und Vergütungsordnungen in der öffentlichen Verwaltung kann die geforderte Flexibilität im öffentlichen Bereich gegenwärtig noch nicht unterstellt werden. Insgesamt scheinen die Voraussetzungen für einen sinnvollen Einsatz der Beyond-Budgeting-Prinzipien in der öffentlichen Verwaltung noch nicht vorzuliegen, so dass von deren unreflektierten Anwendung abzuraten ist. Sie können aber Ansatzpunkte für die Verbesserung der aktuellen Budgetierungspraxis im öffentlichen Bereich zur Verfügung stellen. Eine komplette Abschaffung der herkömmlichen Budgetierung ist abzulehnen, da sie sich in der Vergangenheit mit Ausnahme des hohen Erstellungsaufwandes im wesentlichen bewährt hat. Es ist daher zu überlegen, welche pragmatischen Ansätze zur Verbesserung des Budgetierungsprozesses in der öffentlichen Verwaltung realisierbar sind. Dabei sollte mittelfristig auf eine abnehmende Bedeutung von Budgets bei kurzfristiger Steigerung der Planungsqualität und Verringerung des Budgetierungsaufwands geachtet werden. Als konkrete Maßnahmen lassen sich vor allem folgende Prinzipien umsetzen:

- Globalbudgets mit relevanter Detaillierung statt kleinteiliger Budgetierung,
- Dynamisch rollierende Budgets anstatt statischem Jahresbezug,
- Integration von strategischer, taktischer und operativer Planung (Unterstützung durch Balanced Scorecard) anstatt isolierter Sichten,
- Berücksichtigung aller relevanter Größen (Balanced Scorecard) anstatt einer reinen finanziellen Betrachtung,
- Outputorientierte Budgetierung anstatt inputorientierter Kostenarten,
- Benchmarkingorientierte Kostenziele anstatt willkürlich formulierter interner Vorgaben.

3.2   Das Kontrollsystem

3.2.1   Grundlagen

Die Funktion der Kontrolle im Controllingprozess ist untrennbar mit der Planungsfunktion verbunden. Der enge Zusammenhang zwischen Planung und Kontrolle lässt sich prägnant durch folgenden Satz beschreiben: „Planung ohne Kontrolle ist sinnlos, Kontrolle ohne Planung unmöglich"[61] Mit dieser Formulierung wird deutlich, dass Planung, als gedankliche

---

[61]   Wild, J.: Grundlagen der Unternehmensplanung, 4. Aufl., Opladen, 1984

Vorwegnahme zukünftigen Handelns, eine Verifizierung in der Gegenwart erfordert. Diese Überprüfung der Planung setzt jedoch zwingend die Vorgabe einer oder mehrerer Vergleichsgrößen voraus. Kontrolle als Controllingfunktion kann also allgemein definiert werden als systematischer Vergleich zwischen Normgrößen einerseits und zu prüfenden Größen andererseits.[62] Ziel der Kontrolle ist es, Planungen untereinander, mit erwarteten Ergebnissen (Hochrechnungen) oder mit Realisationsergebnissen zu vergleichen und Abweichungen aufzudecken.

Das Kontrollsystem im Controllingprozess erfüllt dabei sechs Funktionen:

1. Feststellung des derzeitigen Realisierungsstandes der zu prüfenden Größe (Ist-Zustand),
2. Beurteilung von Ist-Werten anhand von Kontrollgrößen (Soll-Werte),
3. Verstärkung des planorientierten Handelns durch kontinuierlichen Abgleich der Ergebnisse,
4. Initialinformation zur Überprüfung der Zielformulierung, Maßnahmenplanung und/oder Maßnahmendurchführung,
5. Informationsquelle für notwendig werdende Korrekturmaßnahmen,
6. Verbesserung zukünftiger Planungen durch kontinuierlichen Zukunfts-Gegenwartsvergleich.

Die Kontrolle im Controllingprozess ist dabei streng von der Kontrolle im Sinne einer Revision zu unterscheiden. Erstere dient der Zielerreichung, während die Revisionskontrolle als Prüfung auf die Aufdeckung von Fehlverhalten ausgerichtet ist.

Nach dem Zeitbezug der Vergleichs- und Plangrößen lassen sich unterschiedliche Kontrollarten im Controlling unterscheiden.

Vergleichsgröße / Plangröße	SOLL (Planvorgabe)	WIRD (Voraussichtliches Ist; Hochrechnung)	IST (Realisationszustand zum Messzeitpunkt)
SOLL	Soll-Soll-Vergleich (Zielkontrolle)	Soll-Wird-Vergleich (Planfortschrittskontrolle)	Soll-Ist-Vergleich (Ergebniskontrolle)
WIRD	–	Wird-Wird-Vergleich (Prognosekontrolle)	Wird-Ist-Vergleich (Prämissenkontrolle)

3.2.1.1 Ergebniskontrolle (Soll-Ist-Vergleich)

Der Soll-Ist-Vergleich zielt auf die Gegenüberstellung eines für einen definierten Zeitraum oder Zeitpunkt geplanten Ergebnisses mit dem tatsächlich erreichten Ergebnis ab. Diese Ergebniskontrolle dient vor allem der Rechenschaftslegung und misst den Grad der Planerfüllung. Abweichungen signalisieren, in welchem Umfang der Plan verfehlt wurde. Das Geschehen wird ex-post analysiert, um Hinweise für die Anpassung zukünftigen Handelns zu erhalten. Der Soll-Ist-Vergleich als Feedback-Kontrolle zeigt bereits realisierte Abwei-

---

[62] vgl.: Küpper, H.-U.: Controlling, 2. Aufl., Stuttgart, 1997, S. 165

chungen. Für Schreyögg ist die Feststellung der Abweichung und die Ermittlung der Abweichungsursachen am Ende einer Planperiode für die Steuerung unzureichend, da die Daten
historischen Ursprungs sind und lediglich über die Vergangenheit informieren.[63] (Beispiel:
Für den Berichtszeitraum wurde eine Anzahl zu erledigender Fälle von 1.200 geplant. Tatsächlich wurden 1.100 Fälle erledigt. Die Planerfüllung liegt bei 91,7 %.)

3.2.1.2 Prämissenkontrolle (Wird-Ist-Vergleich)

Bezieht sich der Vergleich nicht auf die Ergebnisse des Handelns sondern auf die Voraussetzungen des Handeln spricht man von einer Prämissenkontrolle. Jede Planung basiert auf
Prämissen. Bei der Prämissenkontrolle werden die der Planung zugrunde liegenden Annahmen (Prämissen) zum Kontrollzeitpunkt auf Gültigkeit überprüft, indem die Planungsannahmen (Wird-Größe) der tatsächlichen Entwicklung (Ist-Größe) gegenübergestellt wird.
Damit lassen sich Informationen gewinnen, ob die bisherigen Planungsprämissen beibehalten
werden können oder diese aufgrund geänderter Rahmenbedingungen modifiziert bzw. revidiert werden müssen. (Beispiel: Die Budgetfestlegung basiert auf der Annahme, das die
durchschnittliche Arbeitsvergütung 30.000 € je Mitarbeiter beträgt. Im laufenden Berichtszeitraum erhöhte sich die Arbeitsvergütung durch Tarifvertrag um durchschnittlich 3,5 %.
Die bisherige Prämisse ist nicht mehr aktuell. Das Budget muss entsprechend angepasst
werden.)

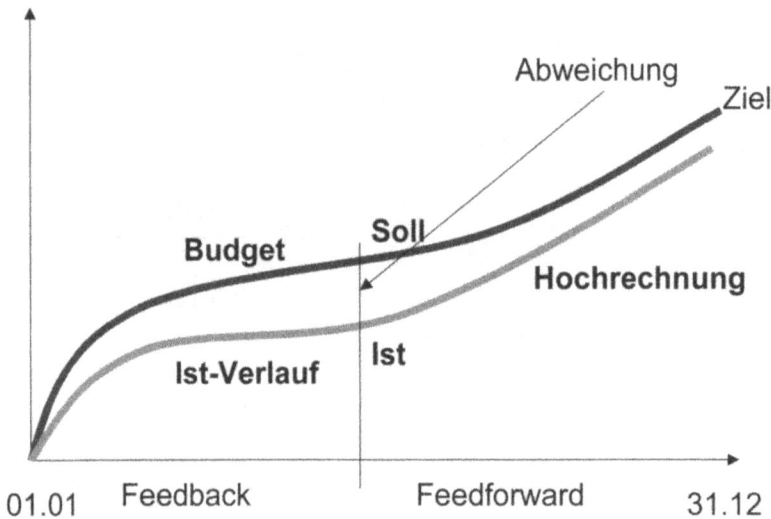

Abb. 3.18:   Feedback- und Feedforward-Kontrolle

---

[63]   vgl.: Schreyögg, G.: Zum Verhältnis von Planung und Kontrolle, in: WiSt, Heft 7, 1994, S. 346

3.2.1.3 Planfortschrittskontrolle (Soll-Wird-Vergleich)

Mit Hilfe der Planfortschrittskontrolle wird geprüft, ob die Planung wie erwartet realisiert wird. Um mögliche Planabweichungen frühzeitig erkennen und notwendige Korrekturmaßnahmen einleiten zu können, wird bereits während der Planperiode das vorgegebene Ziel (Soll) mit prognostizierten Größen (Wird) der späteren Zielerreichung verglichen. Die prognostizierten Größen (Wird) sind i.d.R. Hochrechnungen, die sich auf die bisherige Zielerreichung und die bis dahin modifizierten Prämissen stützen. In der Planung werden dafür mehrere Planabschnitte mit messbaren Zwischenzielen (milestones) definiert. Der Soll-Wird-Vergleich als Feedforward-Kontrolle zeigt voraussichtliche Abweichungen. (Beispiel: Alle Mitarbeiter der Justiz NRW, die mit Grundbuchsachen befasst sind, sollen innerhalb von 3 Monaten in einem neuen elektronischen Verfahren geschult werden (Soll). Nach Ablauf von 6 Wochen sind erst 10 % der Mitarbeiter geschult (Ist). Bei linearer Hochrechnung werden am Ende der 3 Monate lediglich 20 % geschult sein (Wird). Die Schulungsaktivitäten sind zu intensivieren.)

3.2.1.4 Prognosekontrolle (Wird-Wird-Vergleich)

Bei Wird-Wird-Vergleichen werden mehrere Prognosewerte gegenübergestellt. Im Rahmen der Prognosekontrolle werden verschiedene Hochrechnungen im Hinblick darauf überprüft, ob sie untereinander verträglich sind (Konsistenzprüfung). Die Prognosekontrolle stellt sich die Frage, ob die für die Alternativbeurteilung gemachten Prognosen sowie die gewählten Maßnahmen noch Gültigkeit besitzen. Ein Vergleich von Prognosewerten erscheint dann sinnvoll, wenn dieselbe Größe mit unterschiedlichen Verfahren prognostiziert wird oder eine Vorhersage aufgrund neuerer Informationen wiederholt werden muss.

3.2.1.5 Zielkontrolle (Soll-Soll-Vergleich)

Im Rahmen der Zielkontrolle werden die einzelnen Ziele (Soll-Größen) im Hinblick darauf überprüft, ob sie untereinander verträglich sind oder ob sie in konkurrierender Beziehung zueinander stehen. Wird eine Zielkonkurrenz festgestellt, müssen die Zielinhalte, die Zielformulierung und/oder die Zielhierarchie neu durchdacht werden. Sie dient zum Aufspüren von Widersprüchen und Zielkonflikten in der Planung und ist somit auf die Kontrolle der Planung und nicht der Durchführung ausgerichtet.

3.2.2   Strategische Kontrolle

In Abhängigkeit von der Reichweite der Kontrolle lassen sich die strategische Kontrolle und die operative Kontrolle voneinander abgrenzen. Der Nutzen der strategischen Planung für die öffentliche Verwaltung ist im vorliegenden Text bereits beschrieben worden. Soll eine strategische Planung auch den entsprechenden Erfolg für die öffentliche Verwaltung zeigen, so bedarf es einer konsequenten Kontrolle und Realisierung der strategischen Überlegungen.[64] Vergangenheitsorientierte Kontrollen durch Soll-Ist-Vergleiche sind als strategische Kontrolle ungeeignet, da Planungsfehler nicht rechtzeitig korrigiert werden können. Die Besonderheit der strategischen Kontrolle besteht darin, dass sie nicht ex-post durchgeführt wird, sondern parallel zum Planungs- und Realisierungsprozess abläuft, um frühzeitige Maßnahmen

---

[64]   vgl. das Kapitel über die Balanced Scorecard in der vorliegenden Arbeit.

zu ermöglichen. Dabei wird zwischen der Durchführungskontrolle, der Prämissenkontrolle und der strategischen Überwachung unterschieden.

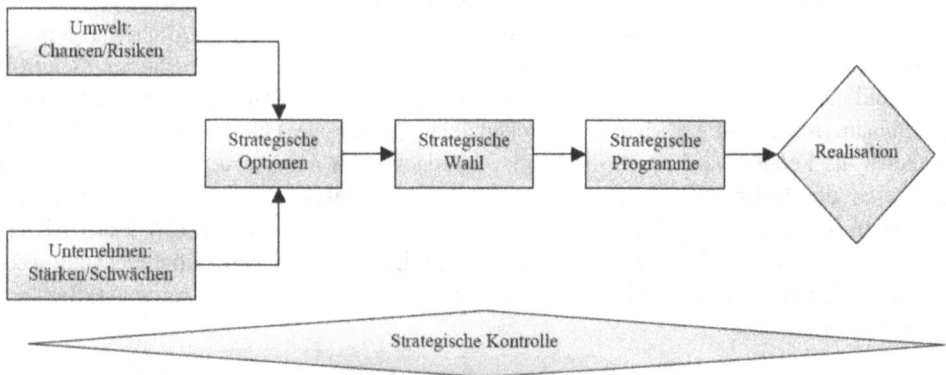

Abb. 3.19:   Strategische Kontrolle als begleitender Prozess[65]

3.2.2.1 Durchführungskontrolle:[66]

Die Durchführungskontrolle soll Hinweise darauf geben, ob aufgrund der festgestellten Wirkungen bereits ergriffener Maßnahmen die ursprüngliche strategische Gesamtausrichtung beibehalten werden kann oder ob eine Strategieanpassung oder sogar eine Strategieneuausrichtung notwendig wird.[67] Sie dient als Implementierungskontrolle der Überwachung einer kontinuierlichen und schrittweisen Realisierung des strategischen Plans. Für eine Durchführungskontrolle strategischer Pläne ist es notwendig, die für die Strategieimplementierung kritischen Erfolgsfaktoren zu bestimmen. Die Erfolgsfaktoren werden dann im nächsten Schritt operationalisiert (messbare Vorgabewerte). Diese Vorgaben werden auch als Meilensteine bezeichnet. Parallel zur Implementierung der Strategie wird die Erreichung dieser strategischen Zwischenziele (Meilensteine) überprüft. Zwischenzeitliche Realisationsergebnisse werden den Vorgabewerten für die einzelnen Planungsabschnitte gegenübergestellt (Soll-Ist-Vergleich). Da die Durchführungskontrolle darüber hinaus die aktuelle Gültigkeit der strategischen Ausrichtung prüfen soll, werden auf Grundlage der Analyse der erreichten Zwischenergebnisse Voraussagen über den weiteren Verlauf der Planrealisierung getroffen. Diese Prognose der Strategieimplementierung (Hochrechnung; Wird-Größe) wird den geplanten Zwischenzielen und dem Endziel gegenübergestellt (Soll-Wird-Vergleich). Die wesentlichste und schwierigste Aufgabe der Durchführungskontrolle liegt in der Formulierung und Kontrolle leicht messbarer Meilensteine.

[65]   Steinmann, H., Schreyögg, G.: Management, Grundlagen der Unternehmensführung, Konzepte, Funktionen, Fallstudien, 5. Aufl., Wiesbaden, 2000, S. 157
[66]   Coenenberg und Baum bezeichnen die Durchführungskontrolle als Kontrolle der Zielerreichung: Coenenberg, A. G., Baum, H.-G.: Strategisches Controlling, Stuttgart, 1987, S. 122
[67]   vgl.: Coenenberg, A. G., Baum, H.-G.: Strategisches Controlling, Stuttgart, 1987, S. 122 ff.

3.2.2.2 Prämissenkontrolle

Prämissenerstellung

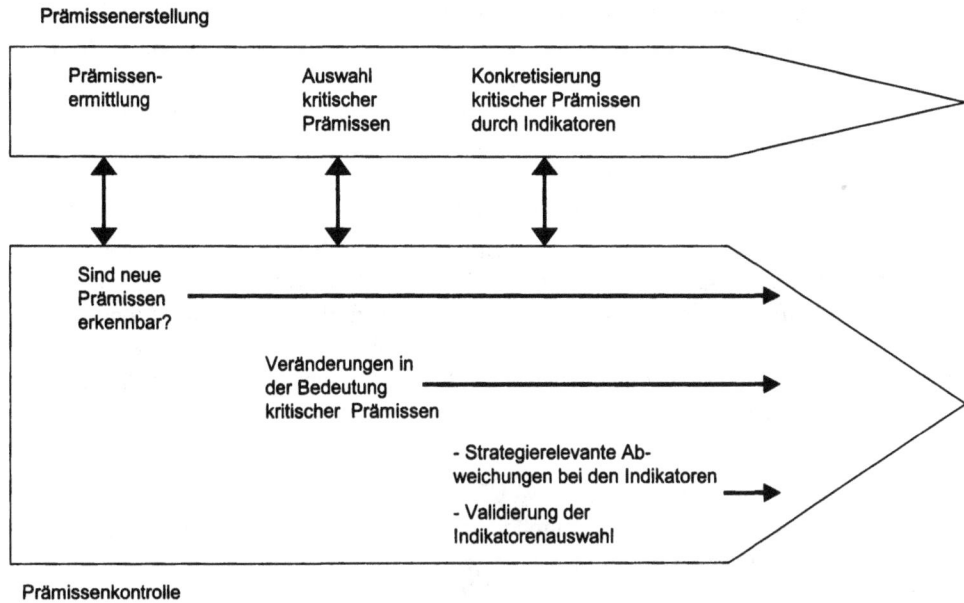

Abb. 3.20:   Prozess der Prämissenerstellung und -kontrolle

Im Rahmen der Prämissenkontrolle müssen die strategischen Schlüsselannahmen (Prämissen) über die externe Umwelt und die internen Ressourcen laufend auf ihre Richtigkeit überprüft werden.[68] Die Kontrolle der Prämissen über die externe Umwelt bezieht sich auf die relevanten Entwicklungen in den ökonomischen (Volkswirtschaftliche Situation, Kunden- und Beschaffungsmärkte, etc.), technologischen, ökologischen, soziokulturellen und rechtlich-politischen Umfeldern der öffentlichen Verwaltung. Die Prämissen über die internen Ressourcen beziehen sich hauptsächlich auf Potenziale und Prozesse in den Bereichen Personal, Standort und Funktionen. Hauptaufgabe der Prämissenkontrolle ist sicherzustellen, dass alle wesentlichen Aspekte der Realität in der strategischen Planung berücksichtigt sind. Die Prämissenkontrolle begleitet den strategischen Prozess von der Strategieformulierung bis zur vollständigen Strategieimplementierung. Es gilt möglichst frühzeitig festzustellen, ob wesentliche Annahmen fehlen und ob Annahmen bereits obsolet sind. Bei der Prämissenkontrolle bietet sich eine differenzierte Kontrollintensität, die sich an der Bedeutung der Prämisse für die Realisierung der strategischen Planung orientiert, an. Kritische Prämissen für die Planrealisierung, Prämissen, die auf schwachen Prognosen basieren und Prämissen, die dem eigenen Einfluss entzogen sind, sollten intensiver kontrolliert werden.

3.2.2.3 Strategische Überwachung

Während sich die Prämissenkontrolle selektiv auf die zugrunde liegenden Planungsannahmen bezieht und die Durchführungskontrolle operationalisierte Meilensteine überwacht, versucht die strategische Überwachung durch eine ungerichtete und kontinuierliche Beobachtung der externen und internen Umwelt auf bisher vernachlässigte oder unvorhergesehe-

---

[68]   vgl.: Peemöller, V. H.: Controlling: Grundlagen und Einsatzgebiete, 3. Aufl., Berlin 1997, S. 139

ne Ereignisse zu stoßen, die eine Bedrohung der strategischen Ausrichtung der Organisation bedeuten können. Sie stellt demzufolge eine Art strategisches Radar dar, dessen Hauptaufgabe die Früherkennung und rechtzeitige Wahrnehmung von Diskontinuitäten ist. Je früher erste Krisensymptome als solche erkannt werden, um so größer ist der Reaktionszeitraum für strategische Steuerungsmaßnahmen. Folglich ist die strategische Überwachung inhaltlich vorher nicht bestimmbar. Die Problematik der strategischen Überwachung besteht darin, dass die erfassten Informationen in ihrer Wirkung relativ unbestimmt sind und somit die Entscheidungsträger das Risiko eines Nichteingreifens mit einer Fehlanpassung abwägen müssen.

Die strategische Überwachung lässt sich mit strategischer Frühaufklärung gleichsetzen. Strategischen Frühaufklärungssystemen liegt das Konzept der schwachen Signale von Ansoff zugrunde.[69] Ansoff geht davon aus, dass signifikante Umbrüche (etwa im ökonomischen, sozialen und politischen Bereich) nicht zufällig ablaufen, sondern sich lange im Voraus durch schwache Signale ankündigen. Häufig handelt es sich um Informationsrudimente, d.h. unscharfe und wenig strukturierte Informationen, wie beispielsweise:

- Gefühle, dass mit Bedrohungen bzw. Chancen zu rechnen ist, etwa basierend auf Presseberichten, Studien von Zukunftsforschungsinstituten, Informationen aus Diskussionsforen im Internet oder Informationen bezüglich der allgemeinen wirtschaftlichen Entwicklung;
- vage Informationen über mögliche Quellen und Ursachen latenter Gefahren;
- vage Informationen bzgl. konkreter Bedrohungen und Chancen, aber klare Vorstellung hinsichtlich strategischer Relevanz;
- schwache Signale, die sich häufig im Zeitablauf verstärken und immer stärker auf Trend-/Paradigmenwechsel hinweisen.

Nach Ansoff gibt es unerwartete Diskontinuitäten nur, weil die Empfänger dieser Signale nicht darauf reagieren. Zur Vorbeugung von strategischen „Überraschungen" müssen schwache Signale rechtzeitig geortet werden. Dies bedingt eine Sensibilisierung aller Mitarbeiter für schwache Signale, da mit zunehmender Konkretisierung der Signale die Reaktionsfähigkeit der Organisation abnimmt. Insbesondere erfordert die Umsetzung des Konzepts von schwachen Signalen eine Abkehr von starren und streng hierarchisch strukturierten Denk- und Organisationsstrukturen.

---

[69]   vgl.: Ansoff, H. I.: Managing Surprise and Discontinuity – Strategic Response to Weak Signals, in: Zeitschrift für betriebswirtschaftliche Forschung 28 (1976), S. 129-152

Die folgende Abbildung verdeutlicht die Verzahnung der drei strategischen Kontrollaspekte:

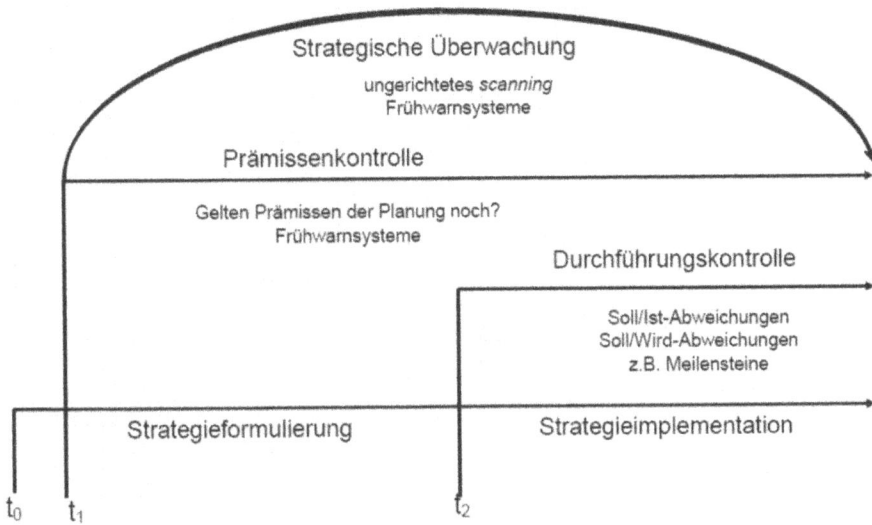

Abb. 3.21:   Strategische Kontrollkonzeption[70]

3.2.3   Operative Kontrolle

Die Definition von Budgets und Leistungswerten soll als quantitative Konkretisierung der Strategieüberlegungen für einen abgegrenzten zukünftigen Zeitraum Vorgabecharakter für die Budgetverantwortlichen besitzen. Aus Controllingsicht reicht es dabei allerdings nicht aus, Budgets und Leistungsvereinbarungen verbindlich zu formulieren. Vielmehr bedarf es einer Kontrolle, ob die vereinbarten Zielwerte auch eingehalten werden. **Dabei ist zu beachten, dass Budgets, die insbesondere Verschlechterungen der Kosten-Leistungs-Relationen verhindern sollen, nicht aber die Leistungserstellung unflexibel werden lassen dürfen.**[71] Veränderungen der Kostenhöhe und der tatsächlich erbrachten Leistungen müssen kontinuierlich erfasst und auf ihre Ursachen hin analysiert werden. Diese als operative Kontrolle bezeichnete Funktion, die analog zur Budgetverantwortung dezentralen Charakter besitzt, ist im Controllingprozess als Zeitvergleich, als Betriebsvergleich oder als Soll-Ist-Vergleich mit Abweichungsanalyse zur Gewinnung von Kontrollinformationen ausgestaltet.[72] Bei Durchführung der operativen Kontrolle ist darauf zu achten, dass sie eine Kombination aus Feedback- und Feedforward-Kontrolle sicherstellt, damit sowohl realisierte Abweichungen als auch potentielle zukünftige Abweichungen erkannt werden können, um rechtzeitig mit Maßnahmen reagieren zu können. Die folgende Abbildung zeigt die operative Kontrolle im Ablauf des Controllingprozesses:

---

[70]   Steinmann, H., Schreyögg, G.: Management: Grundlagen der Unternehmensführung, 3. Auf., Wiesbaden, 1993, S. 222

[71]   vgl.: Peemöller, V. H.: Controlling: Grundlagen und Einsatzgebiete, 3. Aufl., Berlin 1997, S. 254

[72]   vgl.: Haberstock, L.: Kostenrechnung II, (Grenz-) Plankostenrechnung, 8. unv. Aufl., Berlin, 1999, S. 257

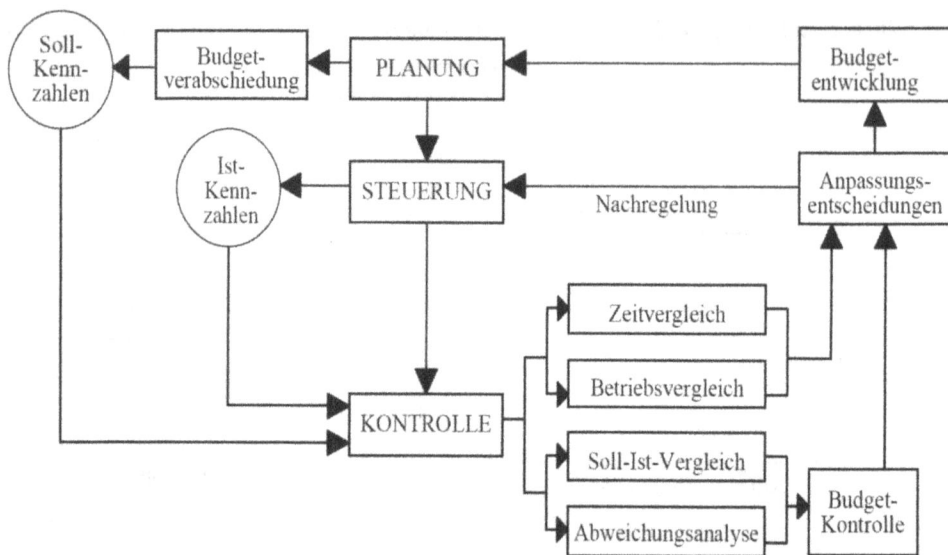

Abb. 3.22:   Operative Kontrolle im Controllingprozess

3.2.3.1 Zeitvergleich

Der Zeitvergleich ist eine Kontrollrechnung. Beim Zeitvergleich interessiert die Wertentwicklung bestimmter Größen (z.B. Kostenarten, Anzahl der Mitarbeiter, Ein- und Ausgänge etc.) im Zeitablauf. Der Zeitvergleich ist ein Instrument der Kosten- und Wirtschaftlichkeitskontrolle, das bereits im System der einfachen Vollkostenrechnung möglich ist (im Gegensatz zu Soll-Ist-Vergleichen, die einer Plankostenrechnung, mindestens aber einer Normalkostenrechnung bedürfen). Wichtige Kosten- und Erlösdaten verschiedener Abrechnungsperioden werden untersucht und Abweichungen analysiert, um Entwicklungen bzw. Veränderungen zu verdeutlichen. Eine wirksame Kontrolle der Wirtschaftlichkeit lässt sich mit einem Zeitvergleich jedoch nicht durchführen, da ein Maßstab für wirtschaftliches Verhalten fehlt. Bei einem reinen Zeitvergleich sind lediglich Veränderungen feststellbar, ohne die tatsächliche Leistung bestimmen zu können. Nach Schmalenbach besteht die Gefahr des Zeitvergleichs im Vergleich von Schlendrian mit Schlendrian.[73] Die wesentlichen Vorteile des Verfahrens liegen in der leichten Handhabbarkeit und in der Vergleichbarkeit der Zahlenwerte, wenn sie nach einheitlichen Grundsätzen erhoben wurden.

3.2.3.2 Betriebsvergleich

Der Betriebsvergleich lässt sich als eine Form des Benchmarking betrachten (siehe die Ausführungen zum Benchmarking in diesem Text).

---

[73] Erhöht z.B. eine Behörde innerhalb einer Vergleichsperiode ihre Erledigungen von 150 auf 300 Fälle, so entspricht dies einer Verbesserung von sagenhaften 100 %; Berücksichtigt man jedoch, dass eine vergleichbare Behörde im gleichen Zeitraum durchschnittlich 3.000 Fälle erledigt, so muss diese Verbesserung relativiert werden.

3.2.3.3 Soll-Ist-Vergleich

Der Soll-Ist-Vergleich ist eine Kontrollrechnung. Er besteht in der Gegenüberstellung der erwarteten oder vorgegebenen Sollgröße (z.B. Normal- oder Plankosten) und der tatsächlich realisierten Istgröße (z.B. Istkosten). Die Vergleichsgrößen können dabei unterschiedlich definiert sein (z.B. Vorgaben in Form von Durchschnittswerten der Vergangenheit oder Mischung von Plan- und Vergangenheitswerten oder reine Planwerte). Die Ermittlung und Analyse von Abweichungen kann sich auf unterschiedliche Bezugsobjekte beziehen, wobei auf die erforderliche Strukturgleichheit von Planung und Kontrolle zu achten ist.[74] Im Rahmen des Soll-Ist-Vergleichs wird die Zielerreichung unterjährig überprüft, um bei Abweichungen noch vor Ende der Planungsperiode Korrekturmaßnahmen durchführen zu können. Außerdem sollten im Rahmen einer Erwartungsrechnung auch Auswirkungen der vergangenen Abweichungen auf die Zielerreichung zum Ende der Planperiode abgeschätzt werden. Die Ist-Daten werden erfasst und den durch das Budget vorgegebenen Plandaten gegenübergestellt, Abweichungen werden festgestellt, und auf Grund von Abweichungsanalysen werden Korrekturmaßnahmen vorgeschlagen und veranlasst.

3.2.3.4 Abweichungsanalyse

Die Abweichungsanalyse ist die Kernfunktion der operativen Kontrolle, da hier Kontrollinformationen geschaffen werden, die für die anschließende Steuerung notwendig sind. Im Rahmen der Abweichungsanalyse werden die Ursachen für die Differenz zwischen der Vergleichsgröße und der realisierten Größe untersucht. Aufgabe der Abweichungsanalyse ist es weiterhin, Abweichungen nach Abweichungsarten zu zerlegen. Die typische Vorgehensweise bei einer Abweichungsanalyse lässt sich in die beiden Schritte Ermittlung der Abweichung und Auswertung der festgestellten Abweichung gliedern.[75] Die Ermittlung der Abweichung erfolgt mittels Soll-Ist-Vergleich in den betrachteten Organisationseinheiten (Ressort, Behörde, Kostenstelle). Sie sollte möglichst differenziert nach Kostenarten je Kostenträger erhoben werden. Die Auswertung der festgestellten Abweichung erfolgt hinsichtlich ihrer Ursachen und ihrer Verantwortlichkeiten, um zukünftig eine Abweichung vermeiden zu können. Dabei bezieht sie sich auf kontrollierbare vermeidbare Abweichungen. Nicht kontrollierbare unvorhersehbare Zufallsereignisse wie höhere Gewalt, Wirtschaftskrisen, Gesetzesänderungen, Unfälle etc. bleiben unberücksichtigt.

3.2.3.4.1 Abweichungsursachen

Die Ursachen für Kostenabweichungen können in Planungsfehlern, Realisationsfehlern und Auswertungsfehlern liegen. Dabei ist zwischen unbewussten und bewussten Fehlern zu unterscheiden.

---

[74] vgl.: Horváth, P.: Controlling, 7. Aufl., München, 1998, S. 471
[75] vgl.: Coenenberg, A. G.: Kostenrechnung und Kostenanalyse, Landsberg am Lech, 1992, S. 351

	Planungsfehler	**Realisationsfehler**	**Auswertungsfehler**
Unbewusst	Fehlerhafte Situationsbe-schreibung (z.B. fehler-hafte Auflösung in fixe und variable Kosten) Fehlerhafte Prognose durch fehlende Informa-tionen Ungeeignete Planungs-methoden	Fehlerhafte Leistungs-erstellung Einsatz unzureichend qualifizierten Personals Fehlerhafte Arbeits-mittel	Fehlerhafte Istgrößener-mittlung Falsche Abgrenzung der Kontrollobjekte; fehler-hafte Sollwerte Fehlerhafte Abwei-chungs-berechnung
Bewusst	Bewusste Kostenüber-schätzung Gepolstertes Budget	Mangelnder Arbeits-einsatz	Gezielte Einflussnahme auf die Auswertung, um Fehler zu verbergen

3.2.3.4.2 Darstellung der Abweichungen

Die Darstellung der Abweichungen kann absolut, relativ, selektiv und kumuliert erfolgen.

Ein absoluter Abweichungsbetrag vermittelt einen Eindruck von der Größenordnung des kontrollierten Wertes. Die Aussagekraft der absoluten Abweichungsdarstellung ist allerdings beschränkt, da keine Relativierung mit anderen Größen erfolgt. (Beispiel: Budgetüberschrei-tung in Höhe von 30.000 € ist bei einem Gesamtbudget von 300 Mio. € zu vernachlässigen)

Eine relative Abweichungsdarstellung bietet Vorteile durch bessere Vergleichbarkeit, Mög-lichkeiten der Wahrnehmung von Veränderungen und bei der Erkennung von Zusammen-hängen.[76] Bei der relativen Darstellung ist immer zu prüfen, ob sich die Basisgröße verändert hat. (Beispiel: Materialkostenabweichung in Prozent des Globalbudgets).

Die Darstellung der selektiven Abweichung ist dadurch gekennzeichnet, dass sie einen zeit-lich begrenzten Ausschnitt der Abweichung zeigt. Aus den jeweiligen Abweichungen kön-nen die Abweichungsursachen besser herausgearbeitet werden. (Beispiel: Budgetausschöp-fung am Ende des ersten Quartals bereits 65 Prozent.)

Die kumulative Darstellung von Abweichungen zeigt an, wie weit der Plan für mehrere Peri-oden verfehlt wurde und wie hoch die Differenz zum Planungsende sein wird. (Beispiel: Die kumulierte Budgetausschöpfung der ersten drei Quartale liegt bei 120 Prozent; am Jahres-ende wird das Budget mit 160 Prozent ausgeschöpft sein.)

3.2.3.4.3 Systematik der Abweichungen

Ziel einer Kostenkontrolle ist die Aufdeckung und zukünftige Verhinderung von Unwirt-schaftlichkeiten. Zu diesem Zweck vergleicht man die tatsächlich entstandenen Kosten mit denen, die bei einem wirtschaftlichen Verhalten zu erwarten gewesen wären. Wichtige Be-griffe der Abweichungsanalyse sind hierbei:

---

[76]   vgl.: Peemöller, V. H.: Controlling: Grundlagen und Einsatzgebiete, 3. Aufl., Berlin 1997, S. 261

Istkosten sind die tatsächlich angefallenen Kosten innerhalb einer Vergangenheitsperiode. Bei Kosten mit Mengengerüst ergeben sich die Istkosten aus der Multiplikation des Istverbrauchs mit Istpreisen. Zur Ausschaltung von Preisabweichungen können die Istpreise durch Festpreise ersetzt werden.

Normalkosten sind die durchschnittlichen Istkosten vergangener Perioden. Sie ergeben sich aus der Multiplikation des Normalverbrauchs mit Normalpreisen.

Plankosten sind die aufgrund von Verbrauchsfunktionen und rationalem Einsatz erwarteten Kosten. Plankosten ergeben sich durch Multiplikation einer Planbezugsgröße (z.B. Planbeschäftigung) mit Planverrechnungspreisen.

Die *verrechneten Plankosten* ergeben sich in der flexiblen Plankostenrechnung durch Multiplikation des Plankalkulationssatzes zu Vollkosten mit der Istbeschäftigung. Sie stellen auf die Ist-Beschäftigung (Ist-Bezugsgröße) umgerechnete Plankosten dar.

Sollkosten sind die planmäßigen Kosten für die jeweilige Istbeschäftigung in einer Kostenstelle. Die Sollkosten entsprechen den Plankosten, wenn die Istbeschäftigung gleich der Planbeschäftigung ist.

Standardkosten sind die geplanten Herstellkosten pro Leistungseinheit. Sie stellen damit kostenträgerbezogene Plankosten dar.

Budgetkosten sind die für einen bestimmten Zeitraum geplanten Kosten pro Kostenstelle. Sie stellen kostenstellenbezogene Plankosten dar.

Rechnerisches Beispiel:

	Ist	Plan
Stromverbrauch fix	500	500
Stromverbrauch variabel	2.500	2.300
Stromverbrauch gesamt	3.000	2.800
Beschäftigung	800	700
Preis	0,20 €	0,18 €

Plankosten	2.800 x 0,18	=	504,00 €
Verr. Plankosten	(2.800 x 0,18) / 700 x 800	=	576,00 €
Sollkosten	(500 x 0,18) + (2.300 / 700 x 800 x 0,18)	=	563,14 €
Istkosten	3.000 x 0,20	=	600,00 €
Istkosten zu Planpreisen	3.000 x 0,18	=	540,00 €

Die **Gesamtabweichung** berechnet sich als Differenz zwischen den Istkosten auf Basis der Istpreise und der verrechneten Plankosten. Die festgestellte Kostendifferenz ist in der Abweichungsanalyse weiter zu untersuchen. Die Hauptbestandteile der Gesamtabweichung sind die Preisabweichung, die Mengenabweichung (oder globale Verbrauchsabweichung) und in der Plankostenrechnung auf Vollkostenbasis die Beschäftigungsabweichung.

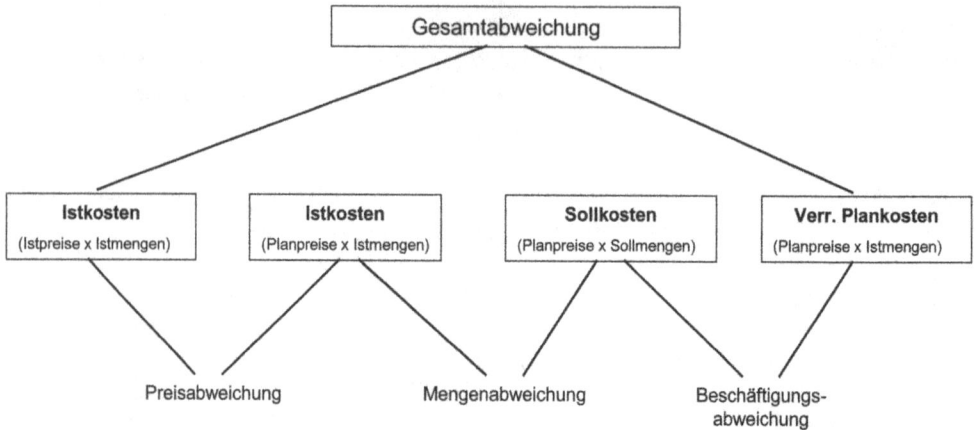

Abb. 3.23:   Systematik der Kostenabweichungen[77]

	Ist	Plan
Stromverbrauch fix	500	500
Stromverbrauch variabel	2.500	2.300
Stromverbrauch gesamt	3.000	2.800
Beschäftigung	800	700
Preis	0,20 €	0,18 €

Plankosten	2.800 x 0,18	=	504,00 €
Verr. Plankosten	(2.800 x 0,18) / 700 x 800	=	576,00 €
Sollkosten	(500 x 0,18) + (2.300 / 700 x 800 x 0,18)	=	563,14 €
Istkosten	3.000 x 0,20	=	600,00 €
Istkosten zu Planpreisen	3.000 x 0,18	=	540,00 €

Gesamtabweichung = 600 € (Istkosten zu Istpreisen) – 576 € (verrechnete Plankosten) = 24 €

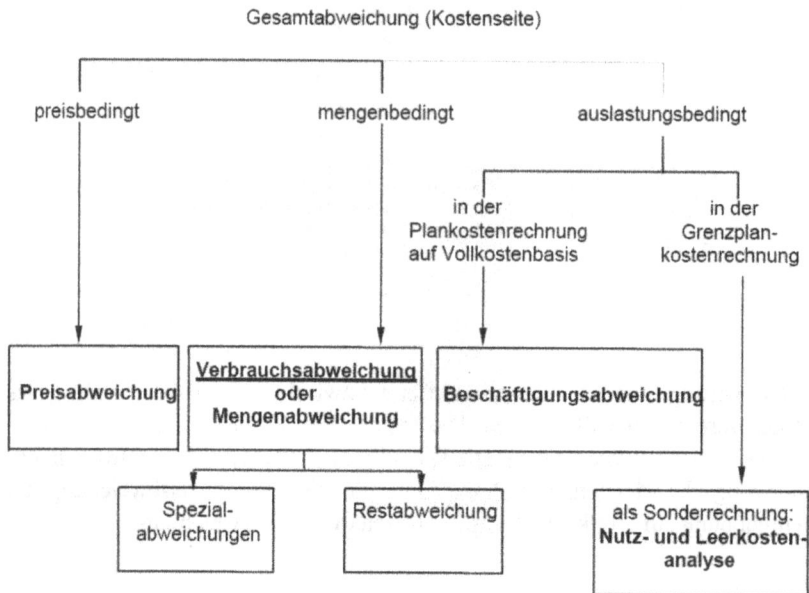

Abb. 3.24:   Bestandteile der Gesamtabweichung

[77]   nach: Haberstock, L.: Kostenrechnung II, (Grenz-) Plankostenrechnung, 8. unv. Aufl., Berlin, 1999, S. 263

Die **Preisabweichung** wird aus der Differenz zwischen den Istkosten zu Istpreisen (Istmenge × Istpreise) und den Istkosten zu Planpreisen (Istmenge × Planpreise) ermittelt. Man spaltet also von der Gesamtabweichung die Preisabweichung ab, indem die Istverbrauchsmengen mit Planpreisen bewertet und damit mit den Planverbrauchsmengen vergleichbar gemacht werden. Die Ursache der Preisabweichung liegt vorrangig in externen Veränderungen von Marktpreisen. Da die Beschaffung der meisten Produktionsfaktoren zentralisiert durch eine Beschaffungsstelle erfolgt, ist eine Zurechnung der Preisabweichung auf die einzelnen Kostenstellen zu Steuerungszwecken nicht sinnvoll, da sie vom Kostenstellenverantwortlichen nicht zu verantworten ist. Preisabweichungen sollten hier für die zentrale Beschaffungsstelle ermittelt werden. Zur Erklärung der Gesamtabweichung auf der Kostenstelle ist die Ermittlung der Preisabweichung jedoch sinnvoll (Erklärungsfunktion der Kontrolle).

	Ist	Plan
Stromverbrauch fix	500	500
Stromverbrauch variabel	2.500	2.300
Stromverbrauch gesamt	3.000	2.800
Beschäftigung	800	700
Preis	0,20 €	0,18 €

Plankosten	2.800 x 0,18	=	504,00 €
Verr. Plankosten	(2.800 x 0,18) / 700 x 800	=	576,00 €
Sollkosten	(500 x 0,18) + (2.300 / 700 x 800 x 0,18)	=	563,14 €
Istkosten	3.000 x 0,20	=	600,00 €
Istkosten zu Planpreisen	3.000 x 0,18	=	540,00 €

Preisabweichung = 600,00 € (Istkosten) – 540,00 € (Istkosten zu Planpreisen) = 60,00 €

Die zweite Abspaltung in der Analyse der Gesamtabweichung betrifft den Kostenbestimmungsfaktor Beschäftigung (**Beschäftigungsabweichung**), der sich vorwiegend in der Leistungsmenge zeigt. Die Istkosten sind für die Istbeschäftigung entstanden, während die Plankosten für eine Planbeschäftigung definiert wurden. Um beide Größen miteinander vergleichen zu können, müssen die Plankosten auf die Istbeschäftigung umgerechnet werden (Sollkosten im Sinne der flexiblen Plankostenrechnung).[78] Bei dieser flexiblen Umrechnung wird der Einfluss der Beschäftigung auf die Kostenhöhe allein durch die Beschäftigungszeit ausgedrückt.[79] Dies sind Abweichungen, die vom Kostenstellenleiter i.d.R. nicht zu verantworten sind, da sie auf die Veränderung des Beschäftigungsgrades zurückzuführen sind. Es handelt sich praktisch um die ungedeckten Fixkosten (Leerkosten) bzw. die überdeckten Fixkosten, je nachdem, ob der Ist-Beschäftigungsgrad unter oder über der Plan-Beschäftigung liegt.

	Ist	Plan
Stromverbrauch fix	500	500
Stromverbrauch variabel	2.500	2.300
Stromverbrauch gesamt	3.000	2.800
Beschäftigung	800	700
Preis	0,20 €	0,18 €

Plankosten	2.800 x 0,18	=	504,00 €
Verr. Plankosten	(2.800 x 0,18) / 700 x 800	=	576,00 €
Sollkosten	(500 x 0,18) + (2.300 / 700 x 800 x 0,18)	=	563,14 €
Istkosten	3.000 x 0,20	=	600,00 €
Istkosten zu Planpreisen	3.000 x 0,18	=	540,00 €

Beschäftigungsabweichung = 563,14 € (Sollkosten) – 576,00 € (Verr. Plankosten) = – 12,86 €

---

[78] vgl.: Haberstock, L.: Kostenrechnung II, (Grenz-) Plankostenrechnung, 8. unv. Aufl., Berlin, 1999, S. 262
[79] ebenda

Die dritte Abspaltung betrifft die globale **Verbrauchsabweichung**, die nicht durch Preis-oder Beschäftigungsveränderungen verursacht wurde. Bei Verbrauchsabweichungen handelt es sich i.d.R: um Mehr- oder Minderkosten beim Zeit- und / oder Materialverbrauch, die vom Kostenstellenleiter zu verantwortenden sind. Sie werden durch die Differenz aus Istkosten zu Planpreisen (Istmenge × Planpreise) und den Sollkosten (Sollmenge × Planpreise) ermittelt. Die Ursachen dieser Abweichungen können in der Wirtschaftlichkeit des Verbrauchs, in veränderten Verfahren der Leistungserstellung (Verfahrensabweichungen), in Qualitätsände-rungen des Produktes (Qualitätsabweichung) etc. liegen. Die Differenz zwischen geplanten und tatsächlichen Verbrauchsmengen wird auch als globale Verbrauchsabweichung bezeich-net und in der Abweichungsanalyse in die Spezialabweichungen und die Restabweichung (oder echte Verbrauchsabweichung) zerlegt. Die Spezialabweichung ist der Teil der Ver-brauchsabweichung, der auf eine spezielle Ursache (einen erkennbaren Einfluss eines be-stimmten Kostenbestimmungsfaktors) zurückgeführt werden kann. Theoretisch kann für jeden Kostenbestimmungsfaktor die entsprechende Spezialabweichung definiert werden. Der Teil der globalen Verbrauchsabweichung, der nach Abspaltung der Spezialabweichungen übrig bleibt und nicht auf spezielle Ursachen zurückgeführt werden kann, ist die Restabwei-chung. Sie ist auf Einflüsse von Kostenbestimmungsfaktoren zurückzuführen, die nicht ge-sondert analysiert wurden und gilt als hauptsächlich durch Unwirtschaftlichkeiten verursacht (= echte Verbrauchsabweichung).

	Ist	Plan
Stromverbrauch fix	500	500
Stromverbrauch variabel	2.500	2.300
Stromverbrauch gesamt	3.000	2.800
Beschäftigung	800	700
Preis	0,20 €	0,18 €

Plankosten	2.800 x 0,18	=	504,00 €
Verr. Plankosten	(2.800 x 0,18) / 700 x 800	=	576,00 €
Sollkosten	(500 x 0,18) + (2.300 / 700 x 800 x 0,18)	=	563,14 €
Istkosten	3.000 x 0,20	=	600,00 €
Istkosten zu Planpreisen	3.000 x 0,18	=	540,00 €

Verbrauchsabweichung = 540,00 € (Istkosten zu Planpreisen) – 563,14 € (Sollkosten)

= – 23,14 €

Gesamtabweichung = 24 € = 60 € (Preisabw.) – 12,86 (Beschäftigungsabw.) – 23,14 (Verbrauchsabw.)

Ein Problem der Abweichungsanalyse ergibt sich aus den gleichzeitigen Auftreten mehrerer Abweichungsarten (Abweichungsüberschneidungen). Bei multiplikativ verknüpften Abwei-chungen entstehen Abweichungen höheren Grades (zweiten, dritten ... etc. Grades) je nach Anzahl der verknüpften Abweichungen.[80]

---

[80]   vgl.: Coenenberg, A. G.: Kostenrechnung und Kostenanalyse, Landsberg am Lech, 1992, S. 356

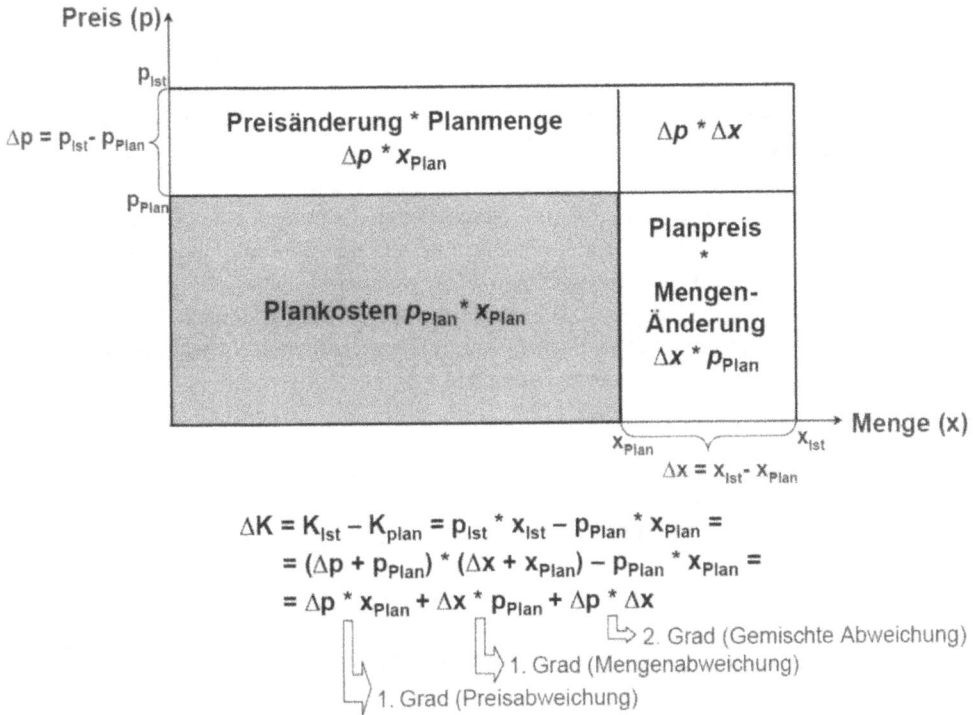

Abb. 3.25:   Abweichungen höheren Grades

Bei mehr als zwei multiplikativ verknüpften Determinanten entstehen entsprechend Abweichungen höherer Ordnung.

	Ist	Plan
Stromverbrauch fix	500	500
Stromverbrauch variabel	2.500	2.300
Stromverbrauch gesamt	3.000	2.800
Beschäftigung	800	700
Preis	0,20 €	0,18 €

Plankosten	$2.800 \times 0,18$	$= 504,00$ €
Verr. Plankosten	$(2.800 \times 0,18) / 700 \times 800$	$= 576,00$ €
Sollkosten	$(500 \times 0,18) + (2.300 / 700 \times 800 \times 0,18)$	$= 563,14$ €
Istkosten	$3.000 \times 0,20$	$= 600,00$ €
Istkosten zu Planpreisen	$3.000 \times 0,18$	$= 540,00$ €

Differenz zwischen Ist- und Plankosten = 600 € – 504 € = 96 €

Abweichung ersten Grades preisbedingt = Preisänderung × Planmenge = 0,02 € × 2.800 = 56 €

Abweichung ersten Grades mengenbedingt = Planpreis × Mengenänderung = 0,18 € × 200 = 36 €

Abweichung zweiten Grades = 96 € – 56 € – 36 € = 4 €

Die Abweichung zweiten Grades kann keiner bestimmten Abweichungsursache zugeordnet werden.

Als Lösungsansätze in der Praxis gelten die proportionale, alternative und kumulative Abweichungsverrechnung.

3.3 Das Informationssystem

Unter dem Controlling-Informationssystem werden alle Systeme zusammengefasst, die in der öffentlichen Verwaltung steuerungsrelevante Basisdaten, i.d.R. mit informationstechnischer Unterstützung, bereitstellen. Hierzu zählt in der Praxis insbesondere das Rechnungswesen, das i.d.R. aus der Finanzbuchhaltung und Bilanzierung, der Kosten- und Leistungsrechnung, der betrieblichen Statistik und verschiedener Planungsrechnungen besteht. Das Rechnungswesen in der öffentlichen Verwaltung ist ein zielorientiertes Informationssystem zur quantitativen (mengen- und wertmäßigen) Beschreibung, Planung, Steuerung und Kontrolle aller güter- und geldmäßigen Austauschprozesse der Organisationen der öffentlichen Verwaltung. Gegenwärtig sind diese Instrumente in der öffentlichen Verwaltung häufig zum Teil gar nicht oder lediglich rudimentär vorhanden.

Finanzbuch-haltung	Kosten- und Leistungsrechnung	Statistik	Planungs-rechnung
•Buchhaltung •Jahresab-schlußbilanz •Gewinn- u. Verlustrech-nung •Kapitalfluß-rechnung •Sonder-bilanzen	•Kostenarten-rechnung •Kostenstellen-rechnung •Kostenträger-stückrechnung (Kalkulation) •Kostenträgerzeit-rechnung Betriebsergebnis; kurzfristige Erfolgsrechnung	•Betriebswirt-schaftliche Statistik (Zeit-vergleiche) •Innerbetrieb-liche Vergleichs-rechnungen (Benchmarking) •Zwischenbetrieb-liche Vergleichs-rechnungen (Benchmarking)	•Businesspläne •Kostenpläne / Plankostenrech-nungen •Finanzierungs-pläne •Budgetpläne •Investitions-pläne •etc.
Erfassen und Dokumentieren	**Kalkulieren und Informieren**	**Vergleichen und informieren**	**Planen und alter-nativ reagieren**
Externe Erfolgsrechnung, Handelsbilanz	Interne Erfolgsrechnung, Betriebsergebnis	„Vom Besten lernen"	„Blick in die Zukunft"

Abb. 3.26: Bestandteile des Informationssystems

3.3.1 Kosten- und Leistungsrechnung

3.3.1.1 Grundlagen

Wird mit einer Behörde der öffentlichen Verwaltung eine Zielvereinbarung getroffen, wonach definierte Leistungen mit vorgegebenen finanziellen Mitteln zu erbringen sind, so wird sie die Maßnahmen zur Zielerreichung unter betriebswirtschaftlicher Sicht planen müssen.

Bei der Wahl der Maßnahmen werden Kostenüberlegungen eine wesentliche Rolle spielen. In einer Kosten- und Leistungsrechnung können die Kosten- und Erlössituationen unterschiedlicher Vorgehensweisen geplant und quantifiziert werden. Mit der definitiven Festlegung des Maßnahmenbündels werden die in der Kostenrechnung geplanten Leistungen, Kapazitäten und Kosten zur Zielvorgabe für die Behörde.

Die Kosten- und Leistungsrechnung (KLR) ergänzt die klassische Kameralistik, die eine reine Ausgaben- und Einnahmensicht vertritt, durch eine wertorientierte Sichtweise. In der KLR werden die erstellten Mengen der jeweiligen Leistungen der öffentlichen Verwaltung erfasst und die für die Erstellung dieser Leistungen verbrauchten Ressourcen wert- und mengenmäßig zugeordnet. Die KLR ist ein spezielles Informationssystem der öffentlichen Verwaltung, dessen wesentliche Funktion in der mengen- und wertmäßigen Erfassung und Bewertung von ökonomisch relevanten Daten über vergangene, gegenwärtige und zukünftige Sachverhalte liegt.[81] Sie liefert vergangenheitsorientierte Ist-Daten für Dokumentations- und Analysezwecke, zukunftsbezogene Plan- und Wird-Informationen als Grundlage für betriebliche Planungen und Hochrechnungen sowie normative Soll-Informationen als zukünftige Zielvorgaben für den Controllingprozess. Damit kann die KLR, die für die öffentliche Verwaltung relevante Prognose-, Ermittlungs- und Kontrollfunktion erfüllen.[82] Darüber hinaus bildet die KLR die Informationsgrundlage für entscheidungsorientierte Aufgaben. So lassen sich mithilfe der KLR die wertmäßigen Folgen von verschiedenen Alternativen oder zusätzlichen Aktionen darstellen (z.B. bei Make or Buy-Entscheidungen, Entscheidungen über Kauf oder Miete, Kosten- und Erfolgssituation bei Durchführung oder Unterlassung einer speziellen Maßnahme).

Die häufigsten Zielsetzungen, die mit der Einführung eines Kostenrechnungssystems in der öffentlichen Verwaltung verfolgt werden, sind:[83]

– Möglichst genaue Erfassung der Kosten nach Kostenarten und ihre Zuordnung zu den Kostenstellen in den einzelnen Behörden;
– Ermittlung von Kennzahlen als Grundlage für den internen und externen Betriebsvergleich;
– Verursachergerechte Verteilung der Kosten auf die Kostenträger als Basis für eine Preisfestsetzung;
– Ermittlung von Kostensätzen für Wirtschaftlichkeitsberechnungen;
– Steuerung und Kontrolle der betrieblichen Abläufe;
– Kontrolle durch übergeordnete Verwaltungsebenen.

Die Begriffe Kosten und Leistung sind für betriebswirtschaftlich orientierte rationale Entscheidungen der öffentlichen Verwaltung grundlegend. Kosten sind der bewertete Verzehr von Produktionsfaktoren (Sachgüter, Arbeitskraft, Kapital) und Dienstleistungen (z.B. Versicherungen, Beratungsleistungen, Wartungsverträgen etc.), der zur Erstellung und zum Absatz der betrieblich erstellten Leistungen (Produkte) sowie zur Aufrechterhaltung der Betriebsbe-

---

[81] vgl.: Coenenberg, A. G.: Kostenrechnung und Kostenanalyse, Landsberg am Lech, 1992, S. 26 und Haberstock, L.: Kostenrechnung I, Einführung, 12. Aufl., Berlin, 2005, S. 1

[82] vgl.: Berens, W., Hoffjan, A.: Controlling in der öffentlichen Verwaltung – Grundlagen, Fallstudien, Lösungen –, Stuttgart, 2004, S. 15

[83] vgl.: Schmidt, J.: Wirtschaftlichkeit in der öffentlichen Verwaltung, 7. Aufl., Berlin 2006, S. 114

reitschaft (Kapazitäten) erforderlich ist.[84] Der Leistungsbegriff in der KLR bezeichnet den Wert der innerhalb einer Abrechnungsperiode erzeugten Arbeitsleistungen in Form von Produkten, Gütern und Dienstleistungen. Dabei ist zwischen externen Produkten, die für die Bürger oder andere Verwaltungen erbracht werden, und internen Produkten, die für die eigene Verwaltung erstellt werden zu unterscheiden.

Die KLR funktioniert als differenziertes Zusammenspiel von Teilrechnungen, die den Leistungserstellungsprozess vom Verbrauch der primären Ressourcen (z.B. Personalkosten, Sachmittelkosten etc.) über den Ort der Leistungserstellung (z.B. Abteilungen) mit unterschiedlichen internen Teilprodukten hinweg bis zum eigentlichen nach außen wirkenden Endprodukt wertmäßig abbildet. Dabei geht die Standard-KLR in den drei Schritten Kosten**arten**rechnung, Kosten**stellen**rechnung und Kosten**träger**rechnung vor.

Die **Kostenartenrechnung** als erste Stufe der KLR bildet die Grundlage für die Kostenstellen- und Kostenträgerrechnung. Zunächst werden die Primärkosten nach ihrer Art (Kostenartenrechnung) aus der Finanzbuchhaltung (Doppelte Buchführung; Doppik) unter Vornahme von Korrekturen (sog. Anderskosten) und Ergänzungen (sog. Zusatzkosten) übernommen. Darüber hinaus findet in der Kostenartenrechnung eine Selektion und Zuordnung der den Produkten direkt zurechenbaren Kosten (Einzelkosten) sowie der auf Kostenstellen weiter zu verrechnenden Kosten (Gemeinkosten) statt. Die Kostenartenrechnung beantwortet damit die Frage, welche Kosten angefallen sind, und mit welchem Geldwert diese Kostenarten innerhalb der Kosten- und Leistungsrechnung zu berücksichtigen sind. Dabei verlässt sie die reine pagatorische Betrachtung („auf Zahlungen beruhend") durch Ergänzung um kalkulatorische Kosten.

Bei der Erfassung der Kosten in der Kostenartenrechnung sind folgende Grundsätze zu beachten:

1) Die Erfassung muss eindeutig und überschneidungsfrei erfolgen; die Kosten müssen sich zweifelsfrei und ohne Doppelerfassung auf die Kostenarten zuordnen lassen. Dabei sind einheitliche Kontierungsvorschriften in den Abrechnungsperioden anzuwenden. In der Praxis der Kostenartenrechnung haben sich standardisierte und spezialisierte Kostenartenpläne zur eindeutigen Zuordnung bewährt.
2) Die Erfassung muss vollständig sein. Die Kostenartenrechnung muss sicherstellen, dass alle entstandenen Kosten auch tatsächlich erfasst und zu den kostenrechnerisch nicht relevanten neutralen Aufwendungen abgegrenzt werden.
3) Die Erfassung muss periodengerecht erfolgen. Für mehrperiodige Kosten sind zeitliche Abgrenzungen vorzunehmen (z.B. die Periodisierung einer Weihnachtsgratifikation auf die Monate des Geschäftsjahres).
4) Die Erfassung muss wirtschaftlich sein. Die Detaillierung der Kostenerfassung muss dabei in einem angemessenen Verhältnis zum Erfassungsaufwand stehen. Insbesondere aus Controllingsicht sollte der Detaillierungsgrad den Steuerungsgedanken berücksichtigen.

[84] vgl.: Haberstock, L.: Kostenrechnung I, Einführung, 12. Aufl., Berlin, 2005, S. 26

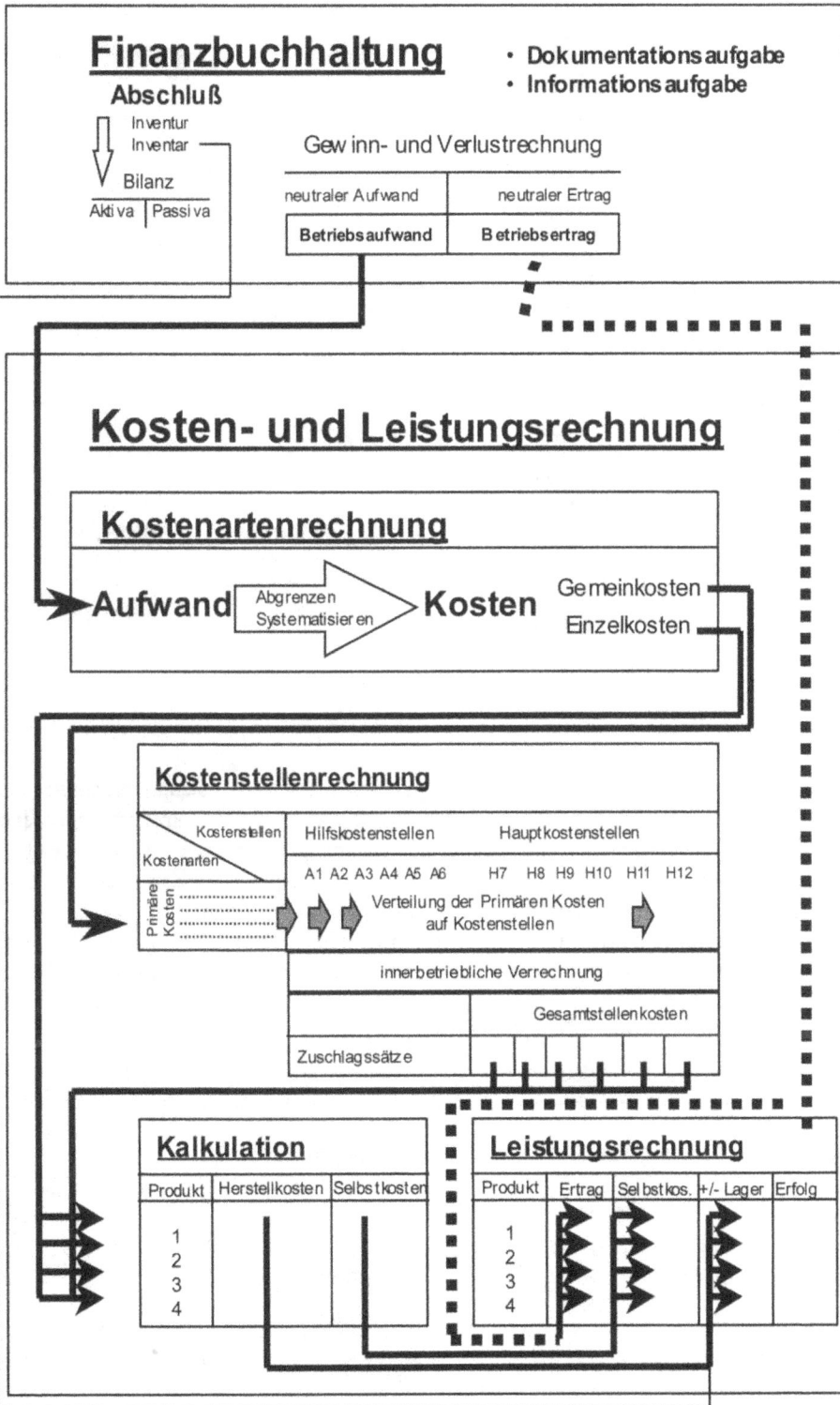

Finanzbuchhaltung

- Dokumentationsaufgabe
- Informationsaufgabe

Abschluß

Inventur
Inventar

Bilanz

| Aktiva | Passiva |

Gewinn- und Verlustrechnung

| neutraler Aufwand | neutraler Ertrag |
| Betriebsaufwand | Betriebsertrag |

Kosten- und Leistungsrechnung

Kostenartenrechnung

Aufwand → Abgrenzen Systematisieren → **Kosten**

Gemeinkosten
Einzelkosten

Kostenstellenrechnung

Kostenstellen / Kostenarten	Hilfskostenstellen	Hauptkostenstellen
Primäre Kosten	A1 A2 A3 A4 A5 A6	H7 H8 H9 H10 H11 H12
	Verteilung der Primären Kosten auf Kostenstellen	

innerbetriebliche Verrechnung

| | Gesamtstellenkosten |
| Zuschlagssätze | |

Kalkulation

Produkt	Herstellkosten	Selbstkosten
1		
2		
3		
4		

Leistungsrechnung

Produkt	Ertrag	Selbstkos.	+/- Lager	Erfolg
1				
2				
3				
4				

Abb. 3.27: System der Teilrechnungen

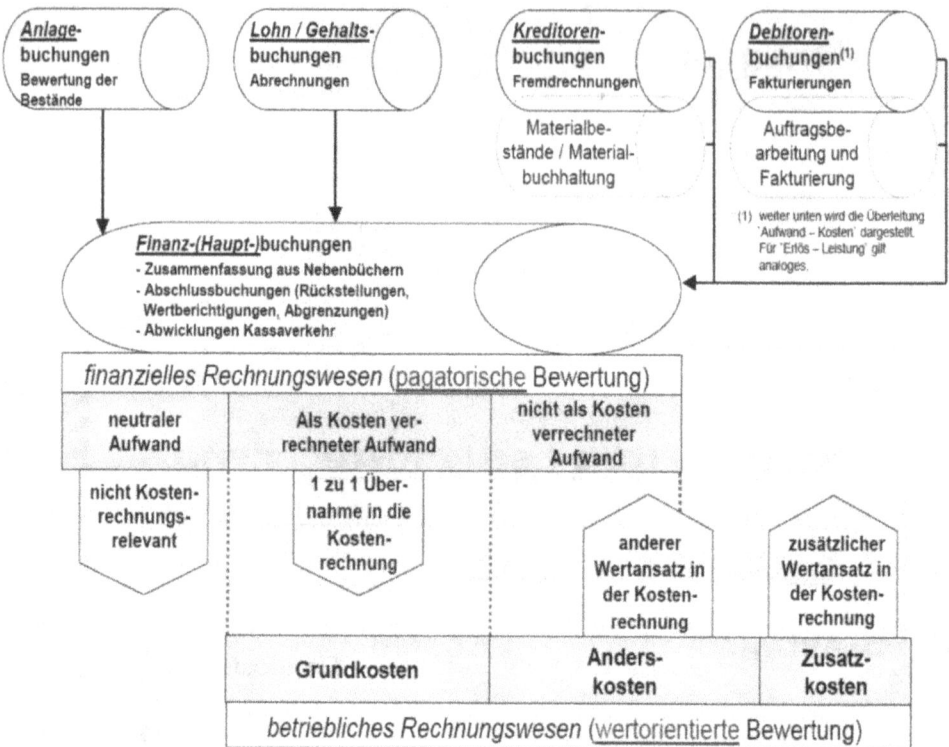

Abb. 3.28:   Kostenartenrechnung

Im zweiten Schritt übernimmt die **Kostenstellenrechnung** aus der Kostenartenrechnung die Gemeinkosten, also diejenigen Kosten, die nicht direkt einzelnen Kostenträgern zugeordnet werden können (echte Gemeinkosten) oder deren Zuordnung einen erheblichen Erfassungsaufwand verursachen würde (unechte Gemeinkosten) und verteilt sie auf Kostenstellen. Kostenstellen sind als Organisationseinheiten definiert, die in der Kosten- und Leistungsrechnung als eigenständige Kontierungs- und Verrechnungsobjekte darstellbar sind. Sie sind Orte, an denen die zur Erbringung der Leistungen benötigten Güter und Dienstleistungen verbraucht werden.

Die Dokumentation der Kostenstellen erfolgt im Kostenstellenplan, bei dessen Erstellung folgende Kriterien berücksichtigt werden müssen:

1) Für jede Kostenstelle müssen sich Maßstäbe der Kostenverursachung in Form geeigneter Bezugsgrößen finden lassen. Zwischen den Kosten und den Leistungen einer Kostenstelle sollte möglichst ein proportionales Verhältnis bestehen. Eine nicht nachvollziehbare Zuordnung von Kosten oder die Verantwortung nicht beeinflussbarer Kosten führt zu Unzufriedenheit und mangelnder Akzeptanz der Kostenstellenrechnung.

2) Die Kostenstelle muss ein selbstständiger und abgrenzbarer Verantwortungsbereich ohne Kompetenzüberschneidungen sein, damit die Kontrollfunktion der KLR sinnvoll ausgeübt werden kann. Nur dann ist eine Zielvereinbarung im Sinne des Management by Objectives sinnvoll in den Controllingprozess einzuordnen.

3) Die Kostenstellenrechnung muss wirtschaftlich sein. Jede Kostenstelle sollte so definiert werden, dass sich die jeweiligen Kostenbelege möglichst einfach und eindeutig zuordnen lassen.

In der Kostenstellenrechnung wird darüber hinaus der Leistungszusammenhang zwischen den Kostenstellen als Ort der Kostenentstehung in Form von Vor- und Endkostenstellen differenziert. Vorkostenstellen erstellen dabei Vorleistungen, die in externe Produkte einfließen. Dementsprechend erfolgt je nach Art der innerbetrieblichen Verrechnung eine sukzessive oder simultane Verrechnung aller Gemeinkosten von Vorkostenstellen auf Endkostenstellen. Mit der Weiterverrechnung von Kostenstellenleistungen an andere Kostenstellen werden die internen Leistungsbeziehungen zwischen den Verwaltungseinheiten transparent und in Form von Nachfrager-Anbieter-Strukturen dargestellt. Das zentrale Element der Kostenstellenrechnung ist der Betriebsabrechnungsbogen (BAB):

	Vorkostenst. Allg. Kostenst.	Endkostenstellen				Vorkostenst. Hilfskostenst.	
Kostenstellen	Kantine	Material	Fertigung I	Verwaltung	Vertrieb	PC-Support	Summe
PRIMÄRE GK							
Hilfslöhne	300	300	1.000	150	250	130	
Gehälter	200	400	400	1.200	800	600	
Sozialkosten	200	280	560	540	420	292	
Reparaturkosten	150	100	250	0	0	0	
Kalk. Abschreibungen	550	80	800	120	400	0	
Kalk. Zinsen	100	20	150	40	90	0	
Summe primäre GK	1.500	1.180	3.160	2.050	1.960	1.022	10.872
IBL Kantine		201	402	387	301	209	1.500
IBL PC-Support		70	704	106	352		1.231
Summe sekundäre GK der Endkostenstellen		271	1105	493	653		2.522
Summe Gemeinkosten		1.451	4.265	2.543	2.613		10.872
Summe Einzelkosten		30.000	5.000				
Material GKzuschlag		4,8%					
FertigungsGKzuschlag			85,3%				
Herstellkosten		31.451	9.265				40.716
Zuschlagssatz Verwaltung				6,2%			
Zuschlagssatz Vertrieb					6,4%		

Abb. 3.29:   Beispiel eines Betriebsabrechnungsbogens

Ziel der Berechnungen im BAB ist die vollständige Entlastung der Vorkostenstellen durch verursachungsgerechte Belastung der Endkostenstellen. Darüber hinaus sind mittels BAB die Gemeinkostenzuschlagssätze für die Endkostenstellen ableitbar, die später in der Kostenstellenträgerrechnung in Form der Zuschlagskalkulation übernommen werden. Der formale Ablauf der Kostenstellenrechnung ist schematisch in der folgenden Abbildung dargestellt:

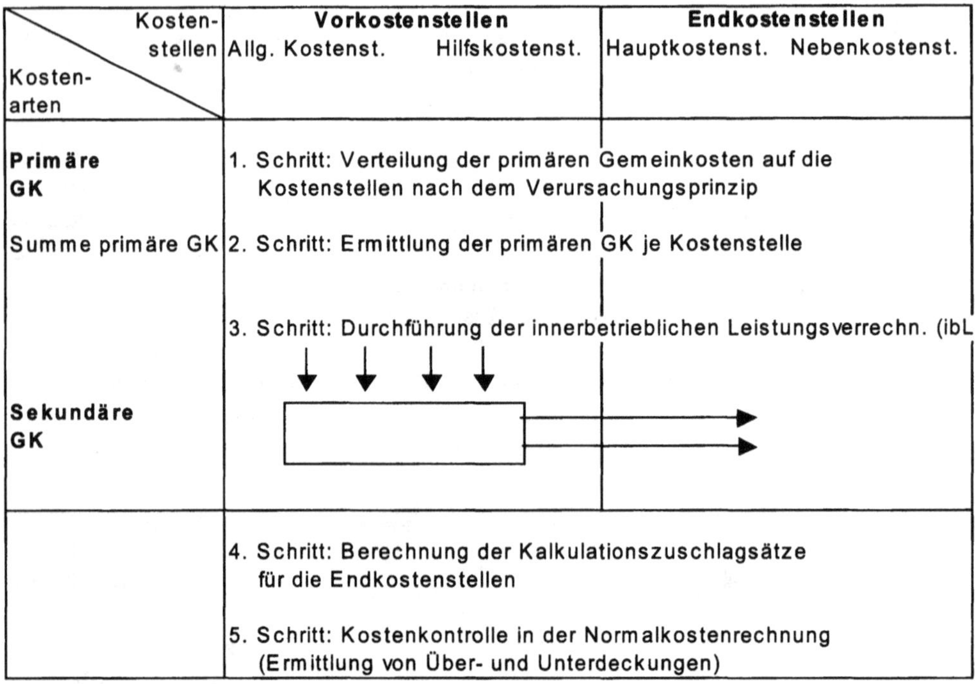

Kosten- arten \ Kosten- stellen	Vorkostenstellen		Endkostenstellen	
	Allg. Kostenst.	Hilfskostenst.	Hauptkostenst.	Nebenkostenst.
Primäre **GK**	1. Schritt: Verteilung der primären Gemeinkosten auf die Kostenstellen nach dem Verursachungsprinzip			
Summe primäre GK	2. Schritt: Ermittlung der primären GK je Kostenstelle			
Sekundäre **GK**	3. Schritt: Durchführung der innerbetrieblichen Leistungsverrechn. (ibL			
	4. Schritt: Berechnung der Kalkulationszuschlagsätze für die Endkostenstellen 5. Schritt: Kostenkontrolle in der Normalkostenrechnung (Ermittlung von Über- und Unterdeckungen)			

Abb. 3.30:   Formaler Aufbau des BAB

Schließlich werden im dritten Schritt, der **Kostenträgerstückrechnung** oder **Kalkulation**, sämtliche Kosten den gesamten Leistungen einer Abrechnungsperiode zugerechnet. Damit wird die Inanspruchnahme der Endkostenstellen durch die erstellten Produkte erfasst. Die Kostenträgerstückrechnung hat damit die zentrale Aufgabe die Stückkosten der erbrachten Leistungen zu ermitteln. Dabei wird in Abhängigkeit vom Zeitpunkt der Kalkulation zwischen der Vor-, der Zwischen- und der Nachkalkulation unterschieden. Als weitere wichtige Aufgabe der Kostenträgerstückrechnung in der öffentlichen Verwaltung ist die Ermittlung von internen Verrechnungspreisen zwischen einzelnen Organisationseinheiten zu nennen. In der Kostenträgerzeitrechnung (kurzfristige Erfolgsrechnung, KER) wird das betriebliche Ergebnis der kostenrechnenden Einheit durch Gegenüberstellung der Erlöse mit den entsprechenden Kosten ermittelt. Sie dient der laufenden Überwachung der Wirtschaftlichkeit und Rentabilität indem sie die Kosten und Erlöse einer Abrechnungsperiode einander gegenüber stellt.

	Hauptkostenstellen			
	Material-stelle	Fertigungs-stelle	Verwaltung	Vertrieb
Σ (primäre + sekundäre) Gemeinkosten	Σ	Σ	Σ	Σ
Bezugsgrössen für Zuschlagskalkulation:	Material-einzelkosten	Fertigungs-einzelkosten	Herstell-kosten	Herstell-kosten
Zuschlagssatz	%-Satz	%-Satz	%-Satz	%-Satz

Zuschlagskalkulation für Produkt X	Euro pro Menge	%-Satz
Materialeinzelkosten (MEK)		
+ Materialgemeinkosten (MGK)		
+ Fertigungseinzelkosten (FEK)		
+ Fertigungsmaterialkosten (FGK)		
= Herstellkosten (HK)		
+ Verwaltungsgemeinkosten (VwGK)		
+ Vertriebsgemeinkosten (VtGK)		
+ Sondereinzelkosten Vertrieb (SEVt)		
= Selbstkosten (SK)		
Umsatz (U)		
Betriebsergebnis (BE)		

Abb. 3.31:   Zuschlagskalkulation als Kostenträgerstückrechnung

Die Kosten- und Leistungsrechnung ist eine notwendige Grundlage für den Aufbau eines Verwaltungscontrollings. Sie schafft die Basis für eine ergebnis- bzw. output orientierte Budgetierung, d.h. für die Haushaltsmittelbereitstellung auf der Grundlage von Produkten der Verwaltung (leistungsadäquate Mittelbereitstellung). Erst die Transparenz von Kosten und Leistungen ermöglicht es, ein an Leistungszielen und -ergebnissen orientiertes Steuerungssystem aufzubauen.

3.3.1.2 Kostenrechnungssysteme
Alle Systeme der Kostenrechnung haben die gleiche oben dargestellte dreigliedrige Grundstruktur. **Sie bestehen aus Kostenarten-, Kostenstellen-, und Kostenträgerrechnung.** Die Vielschichtigkeit der Planungs-, Kontroll- und Dokumentationsaufgaben in der öffentlichen Verwaltung hat allerdings zur Folge, dass nicht alle Aufgaben gleichzeitig mit einem einzigen Kostenrechnungssystem zufriedenstellend erfüllt werden können. Kostenrechnungssysteme sind Systeme, die die Kosten nach vorgegebenen, an den Aufgaben der Kostenrechnung ausgerichteten Regeln erfassen, speichern und auswerten.[85] Die in der Praxis geläufigen Kostenrechnungssysteme lassen sich anhand der Dimensionen „Zeit" und „Umfang der verrechneten Kosten" systematisieren. Durch die Kombination der beiden Dimensionen lassen sich sechs Kostenrechnungssysteme darstellen:

---

[85]   Haberstock, L.: Kostenrechnung I, Einführung, 12. Aufl., Berlin, 2005, S. 171

zeitlicher Bezug		
vergangenheitsorientiert		**zukunftsorientiert**
Istkostenrechnung	Normalkostenrechnung	Plankostenrechnung
Istkostenrechnung auf Vollkostenbasis	Normalkostenrechnung auf Vollkostenbasis	Plankostenrechnung auf Vollkostenbasis
Istkostenrechnung auf Teilkostenbasis	Normalkostenrechnung auf Teilkostenbasis	Plankostenrechnung auf Teilkostenbasis

(Umfang: Vollkostenrechnung / Teilkostenrechnung)

Abb. 3.32: Kostenrechnungssysteme[86]

3.3.1.2.1 Zeitlicher Bezug der Kostenrechnung

In zeitlicher Hinsicht lassen sich drei verschiedene Kostenrechnungssysteme unterscheiden, je nachdem, ob die Kostenrechnung rückwirkend, zur Kontrolle von Normwerten oder zukunftsorientiert ausgerichtet ist. Diese Differenzierung lässt sich u.a. historisch erklären, da sich die Zwecke der Kostenrechnung im Zeitablauf verändert haben. So ist aus der Istkostenrechnung zunächst die Normalkostenrechnung entstanden, die letztlich zur Plankostenrechnung weiterentwickelt wurde.

Die **Istkostenrechnung** zielt darauf ab, rückwirkend (ex post) die tatsächlich angefallenen Kosten einer Abrechnungsperiode ohne Korrekturen zu erfassen und zu verrechnen. Istkosten sind in der Istkostenrechnung definiert als mit Anschaffungspreisen bewertete Ist-Verbrauchsmengen. Da die tatsächlich angefallenen Verbrauchsmengen erst nach dem Ende der Abrechnungsperiode bekannt sind, kann die Istkostenrechnung lediglich eine Nachkalkulation sein. Bei konsequenter Durchführung der Istkostenrechnung entsteht der Nachteil, dass bei zufälligen Schwankungen der Anschaffungspreise eine entsprechende Anpassung in der Kostenrechnung erfolgen muss. Damit wirken sich die Preisschwankungen in vollem Umfang auf die Betriebsergebnisse aus und erschweren einen direkten Vergleich unterschiedlicher Abrechnungsperioden. Ein weiterer Nachteil der Istkostenrechnung liegt in fehlenden Sollgrößen zu Kontrollzwecken. Eine zielführende Kostenkontrolle ist damit mit der Istkostenrechnung nicht durchführbar. Werden die Istkosten einer oder mehrerer vorausgegangenen Abrechnungsperioden als Vergleichsmaßstab verwendet, so liegt ein Zeitvergleich vor. Der Zeitvergleich ist für eine Kostenkontrolle jedoch nur bedingt geeignet, weil hier die Gefahr besteht, dass Unwirtschaftlichkeiten mit Unwirtschaftlichkeiten verglichen werden. Außerdem kann die Aussagekraft des Zeitvergleichs durch zwischenzeitlich eingetretene Änderungen der Faktorpreise und des Beschäftigungsgrades eingeschränkt sein. Einziger Vorteil der Istkostenrechnung ist die Möglichkeit der Nachkalkulation der erstellten Leistungen. Sie eignet sich damit für die Preisüberwachung. Für Wirtschaftlichkeitsrechnungen können Istkosten nicht ungeprüft übernommen werden, da ihre Gültigkeit für zukünftige

---

[86]   nach: Haberstock, L.: Kostenrechnung I, Einführung, 12. Aufl., Berlin, 2005, S. 173

Perioden kaum wahrscheinlich ist. Für die Zwecke eines Verwaltungscontrollings ist die ausschließliche Anwendung der Istkostenrechnung nicht geeignet.

Als stringente Weiterentwicklung der Istkostenrechnung, aufgrund der schwerfälligen Handhabung zufälliger Preisschwankungen, bildete sich die **Normalkostenrechnung** heraus. Die Normalkostenrechnung rechnet zwar ebenfalls mit Vergangenheitswerten doch werden anstatt der tatsächlichen Istkosten durchschnittliche Istkosten der letzten Abrechnungsperioden verrechnet. Die Normalkostenrechnung verrechnet die Kosten, die aufgrund normaler Mengen, Preise und Beschäftigungsgrade zu erwarten sind. Sie unterstellt, dass Kosten vergangener Perioden auch in der Zukunft anfallen werden. Die Aussagefähigkeit der Normalkostenrechnung kann erhöht werden, wenn bei der Bildung der Durchschnittswerte erwartete Veränderungen der Kosteneinflussfaktoren berücksichtigt werden (aktualisierte Mittelwerte). Dazu ist es notwendig, die Kosten in fixe und variable Bestandteile zu differenzieren. Der Vorteil von Normalkosten liegt in der Bereinigung der Kosten um zufällige Preisschwankungen und in einer Vereinfachung der Kostenermittlung. Mit Anwendung der Normalkostenrechnung lassen sich im Vergleich zu den tatsächlich angefallenen Istkosten Über- oder Unterdeckungen ermitteln. Sind die Istkosten geringer als die Normalkosten interpretiert man eine Überdeckung, da geringere Kosten als „normalerweise" angefallen sind. Analog ergibt sich ein Unterdeckung wenn die Istkosten höher als die Normalkosten sind. Damit ist bereits eine bescheidene Möglichkeit der Kostenkontrolle verfügbar. Allerdings ist mit der Verwendung durchschnittlicher Normalkostensätze eine genaue Nachkalkulation nicht mehr möglich. Für ein sinnvolles Controlling in der öffentlichen Verwaltung bietet die Normalkostenrechnung keine ausreichenden Kontroll- und Auswertungsmöglichkeiten.

In der dritten Entwicklungsstufe der Kostenrechnung wird der Vergangenheitsbezug der Kostenermittlung konsequent aufgegeben. Die **Plankostenrechnung** verwendet keine historischen Durchschnittswerte sondern Plankosten aufgrund systematisch-technischer Analysen der Leistungserstellungsprozesse, Verbrauchsstudien und Schätzungen. Sie soll damit Kostenvorgaben aufgrund der Einschätzung des zukünftigen wirtschaftlichen Geschehens und zukünftiger Preise und Verbrauchsmengen vornehmen. Dabei wird zwischen der starren und der flexiblen Plankostenrechnung unterschieden. Bei der starren Plankostenrechnung werden die Plankosten, die für die angenommene Planbeschäftigung festgelegt wurden, nicht auf die tatsächliche Istbeschäftigung umgerechnet. Dieses Verfahren eignet sich nur für Organisationseinheiten mit geringen Beschäftigungsschwankungen, da ansonsten zu viel Fixkosten (wenn Istbeschäftigung < Planbeschäftigung) oder zu wenig Fixkosten (wenn Istbeschäftigung > Planbeschäftigung) verrechnet werden. Wenn z.B. für eine Leistungsmenge von 1.000 Stück Kosten in Höhe von 100.000 € geplant wurden und die tatsächliche Leistungsmenge von 800 Stück 85.000 € Kosten verursacht hat, wie ist dann die Kostenabweichung in Höhe von 15.000 € zu interpretieren? War die Leistungserstellung wirtschaftlich oder nicht? Da sich die Ist- und die Plankosten auf unterschiedliche Ausbringungsmengen beziehen, ist eine sinnvolle Kostenkontrolle nicht möglich. Damit ist die Aussagekraft der starren Plankostenrechnung stark eingeschränkt, was zur Entwicklung der flexiblen Plankostenrechnung führte. In der flexiblen Plankostenrechnung werden die Plankosten (zu Vollkosten) auf auftretende Beschäftigungsschwankungen angepasst. Die flexible Plankostenrechnung setzt die Aufspaltung der Kosten in fixe und variable Bestandteile bereits in der Planung voraus. Die auf die Istbeschäftigung umgerechneten Plankosten bezeichnet man als Sollkosten. Nehmen wir an, dass in unserem Beispiel Fixkosten in Höhe von 50.000 € enthalten sind. Dann würden die auf die Istbeschäftigung umgerechneten Plankosten, also die Sollkosten folgendermaßen festgelegt: 50.000 + (50.000/1.000 × 800) = 90.000 €. An tatsächlichen Istkosten sind lediglich 85.000 € aufgelaufen, so dass in unserem Beispiel eine wirtschaftliche Leistungserstellung angenommen werden kann. Durch Vergleich der vorgegebenen Sollkosten mit den tatsächlichen Istkosten lassen sich aussagekräftige Kostenkontrollen durch standardisierte Soll-Ist-Vergleiche durchführen. Damit wird deutlich, dass eine reine Plankostenrechnung ohne Istkostenrechnung für Zwecke des Verwaltungscontrollings nicht ausreichend ist. Erst die Kombination von (flexiblen) Plan- und tatsächlichen Istkosten führt zu einem aussagekräftigen Analyseinstrument.

3.3.1.2.2 Umfang der Kostenrechnung

Hinsichtlich des Umfangs der verrechneten Kosten unterscheidet man zwischen einer Voll- und einer Teilkostenrechnung. In der **Vollkostenrechnung** werden sämtliche in einer Abrechnungsperiode anfallenden Kosten erfasst und auf die erstellten Produkte verrechnet. Sie kann als Ist-, Normal oder Plankostenrechnung ausgestaltet sein. In der öffentlichen Verwaltung wird häufig eine Vollkostenrechnung angewendet, da der Wunsch nach Kenntnis der vollständigen Produktkosten besteht. Die Vollkostenrechnung ist unverzichtbar, wenn für Zwecke der Preisbildung und -beurteilung die Darstellung der gesamten Kostensituation notwendig wird. Die Verrechnung von Gemeinkosten auf Produkte ist jedoch nicht unproblematisch. So wird die häufig willkürliche Schlüsselung der Gemeinkosten in der Kostenstellenrechnung kritisiert, die zu einer nicht verursachungsgerechten Kostenbelastung der Produkte und damit zu einer Verzerrung von Ergebnisgrößen oder Produktkosten führt. Durch die nicht verursachungsgerechte Verteilung der Gemeinkosten kann ein beliebiges Ergebnis generiert werden. Darüber hinaus verstößt die Verrechnung von fixen Gemeinkosten auf Produkte gegen das Verursachungsprinzip, da implizit eine proportionale Veränderung der Fixkosten zur Produktausbringungsmenge unterstellt wird. Fixkosten verändern sich jedoch innerhalb der Kapazitätsgrenzen gerade **nicht** mit der Ausbringungsmenge; sie sind fix. Die Verrechnung von Fixkosten auf Produkte kann zu dispositiven Fehlentscheidungen in der öffentlichen Verwaltung führen, denn die Vollkosten eines Produktes stimmen nur in seltenen Fällen mit den entscheidungsrelevanten Kosten überein.[87] Ein prägnantes Beispiel für eine solche Entscheidungssituation ist die Frage der Kosten zusätzlich zu erstellender Produkte bei nicht ausgelasteten Kapazitäten. Hier versagt die Vollkostenrechnung regelmäßig durch Berücksichtigung nicht entscheidungsrelevanter Fixkostenanteile, da die kurzfristig als unveränderbar und damit als irrelevant für kurzfristige Dispositionen angesehen werden. Auch bei Outsourcingentscheidungen kann die Vollkostenrechnung zu Fehlentscheidungen führen, wenn nicht berücksichtigt wird, dass die fixen Gemeinkosten, die auf die zukünftig entfallende Leistung verrechnet wurden, nun von den verbleibenden Produkten zusätzlich getragen werden müssen. Aufgrund der fehlenden Kostenspaltung der Vollkostenrechnung in variable und fixe Bestandteile können Break-Even-Betrachtungen (Kostendeckungsschwellen, Gewinnschwellen, Mengenschwellen etc.) nicht durchgeführt werden. Außerdem ist eine Grenzkostenbetrachtung, die darüber informiert, welche Kosten eine zusätzliche Leistungseinheit verursacht, nicht möglich. Aus Controllingsicht scheidet daher die ausschließliche Anwendung einer Vollkostenrechnung aufgrund der oben beschriebenen Mängel aus.

---

[87]   vgl.: Haberstock, L.: Kostenrechnung I, Einführung, 12. Aufl., Berlin, 2005, S. 178

Die Nachteile der Vollkostenrechnung führten zur Entwicklung verschiedener Verfahren der **Teilkostenrechnung**. Diesen Verfahren ist die Überlegung gemeinsam, nur diejenigen Kosten auf Produkte zu verrechnen, die diesen nach dem Verursachungsprinzip auch direkt zurechenbar sind. Einige Systeme verrechnen nur variable, aber keine fixen Kosten, wobei die verbleibenden Kosten entweder anderen Kalkulationsobjekten zugeordnet (Stufenweise Fixkostendeckungsrechnung) oder als Fixkostenblock in der kurzfristigen Ergebnisrechnung pauschal ausgewiesen werden (Direct Costing). Andere Systeme verrechnen nur Einzelkosten, aber keine Gemeinkosten auf die Produkte (Einzelkostenrechnung).

Zurechenbarkeit	**Verhalten auf Beschäftigungsschwankungen**	
	Variable Kosten	Fixe Kosten
Einzelkosten	z.B. Einzelmaterial	–
Gemeinkosten	z.B. Energiekosten	z.B. Miete für Verwaltungsgebäude

Abb. 3.33: Aufteilung der Kosten[88]

Durch den Verzicht einer willkürlichen Verrechnung von fixen Kosten auf Produkte gewinnt die Kostenrechnung deutlich an Entscheidungsrelevanz, da die Ergebnisse nicht mehr durch willkürliche Kostenschlüssel verzerrt werden. Darüber hinaus lassen sich durch die Differenzierung der Gesamtkosten in variable und fixe Bestandteile die sogenannten Grenzkosten, also die für eine zusätzliche Produkteinheit zusätzlich entstehenden Kosten bestimmen. Andere Anwendungsbereiche der Teilkostenrechnung liegen in der Ermittlung von Schwellenwerten für Mengen, Kosten und Preise (Break-Even-Analyse), in der Bestimmung von Preisober- und -untergrenzen sowie in der Auslastungsplanung bei freien Kapazitäten oder bei Engpässen. Das Hauptziel der Teilkostenrechnung ist die Wirtschaftlichkeitskontrolle von Kostenstellen und Produkten.

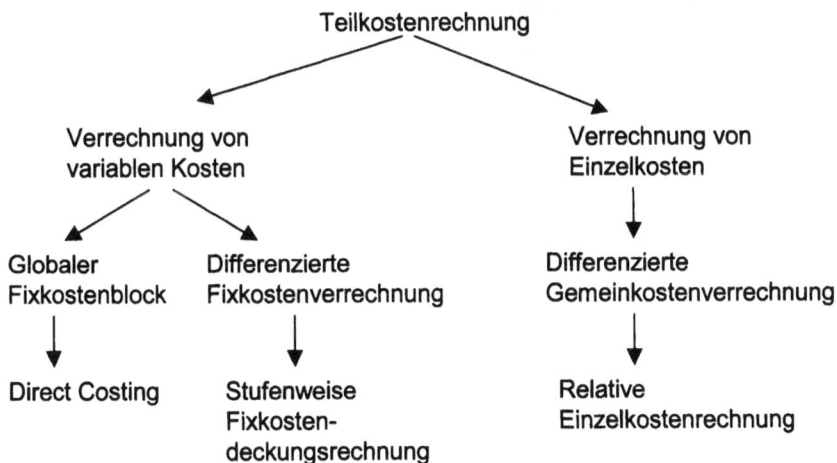

Abb. 3.34: Verfahren der Teilkostenrechnung

---

[88] vgl.: Huch, B., Behme, W., Ohlendorf, T.: Rechnungswesenorientiertes Controlling, 4. Aufl., Heidelberg, 2004, S. 12

3.3.2   Finanzbuchhaltung

3.3.2.1   Grundlagen

Die Finanzbuchhaltung wird im Gegensatz zur Kosten- und Leistungsrechnung, die als internes Rechnungswesen bezeichnet wird, zur externen Rechnungslegung gegenüber der Politik und dem Bürger verwendet. Unter dem Begriff Finanzbuchhaltung wird ein Verbund aus Vermögensrechnung (Bilanz), Ergebnisrechnung (Gewinn- und Verlustrechnung) und Finanzrechnung (Kapitalflussrechnung) verstanden, der auf einem Datenbestand aufbaut, der insgesamt mit der Methodik der doppelten Buchführung erfasst wird. Für Zwecke der externen Rechnungslegung sollte dieses Verbundmodell um detaillierte Erläuterungsbestandteile, analog der handelsrechtlichen Regelungen, ergänzt werden. Zweckmäßig wäre ein Erläuterungsbericht (Anhang) sowie ein Lagebericht inklusive einer spartenorientierten Berichterstattung.[89] Die künstliche Trennung zwischen internem und externem Rechnungswesen existiert in Deutschland durch die Anwendung des gültigen Handelsrechts (HGB). Die deutsche externe Rechnungslegung, basierend auf der 4. EG-Richtlinie, ist kontinental-europäisch geprägt und bei der Bewertung am Gläubigerschutz-Prinzip und an der nominalen Kapitalerhaltung orientiert.[90] Aufgrund der Dominanz des Vorsichts- und Gläubigerschutzprinzips vermittelt die deutsche externe Rechnungslegung daher kein der tatsächlichen Vermögens-, Finanz- und Ertragslage entsprechendes Bild. M. E. sollte für den Aufbau eines Rechnungswesens in der öffentlichen Verwaltung eine Integration von internem und externem Rechenwerk frühzeitig angestrebt werden. Geeignet wären dazu internationale Referenzmodelle wie das Regelwerk der IFRS (International Financial Reporting Standards), das durch eine stärkere Kapitalmarktorientierung zu einer größeren Transparenz über die wirtschaftliche Lage der berichtenden Organisation beitragen kann. Durch eine realitätsnähere Bewertung von Vermögensgegenständen und Schulden bieten die IFRS einen Einblick in die tatsächlichen wirtschaftlichen Verhältnisse der bilanzierenden Organisationen, so dass sich die Notwendigkeit der Einrichtung einer zusätzlichen Kostenrechnung relativiert. Dieses Vorgehen würde zu einer besseren Integration von interner und externer Rechnungslegung beitragen, da sich beide Rechenwerke in ihrem Aussagegehalt angleichen.

---

[89]   vgl.: PWC Deutsche Revision (Hrsg.), verfasst von: Bolsenkötter, H., Detemple, P., Marettek, C.: Die Eröffnungsbilanz der Gebietskörperschaft – Erfassung und Bewertung von Vermögen und Schulden im integrierten öffentlichen Rechnungswesen, Frankfurt, 2002, S. 15

[90]   vgl.: Meyer, C.: Bilanzierung nach Handels- und Steuerrecht unter Einschluß der Konzernrechnungslegung und der internationalen Rechnungslegung, 17. Aufl., Herne, Berlin, 2006, S. 325

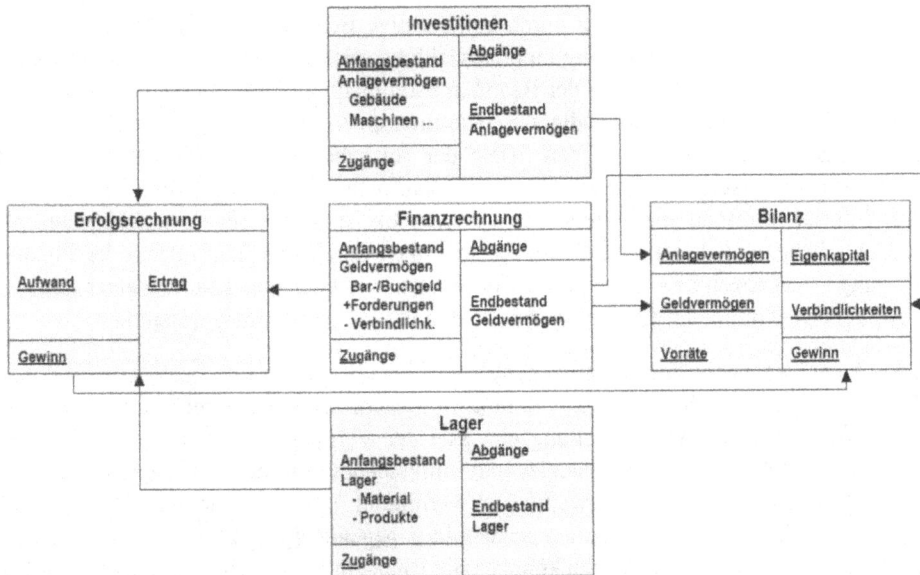

Abb. 3.35:   Finanzbuchhaltung als Verbundrechnung

3.3.2.2 Kameralistik

Das kameralistische Rechnungswesen ist das traditionelle Buchführungssystem der öffentlichen Verwaltung. Es dient der Verbuchung der kassenmäßigen Vorgänge und ist damit vollständig auf Zahlungsvorgänge ausgerichtet. Diese rein finanzwirtschaftliche Rechnung erfasst und dokumentiert systematisch alle anfallenden Einnahmen und Ausgaben der öffentlichen Verwaltung.

> Das kameralistische Rechnungswesen verzichtet auf die Ermittlung von Erfolgsgrößen und beschränkt sich auf die Kontrolle der vorgegebenen Haushaltsansätze bei jedem einzelnen Haushaltstitel.

Die Kameralistik unterscheidet zwischen laufenden und investiven Ausgaben. Während im Verwaltungshaushalt alle nicht-vermögenswirksamen (laufenden) Zahlungsvorgänge erfasst werden, gehen in den Vermögenshaushalt die vermögenswirksamen Zahlungen (Investitionen) ein. Im kameralistischen Rechnungswesen ist das Prinzip der Jährlichkeit von zentraler Bedeutung. Die Aufstellung der Haushaltspläne erfolgt nach dem Prinzip der Vorherigkeit für ein bzw. zwei Jahre im voraus. Die Planansätze sind jedoch nur für ein Jahr gültig und müssen in diesem auch erreicht werden. Dies führt zu einer jährlichen Planung der finanziellen Mittel und zu einer Einschränkung der Übertragbarkeit von Ausgaberesten auf das Folgejahr. Eine mittelfristige oder sogar langfristige Planung wird dadurch erschwert. Die Kameralistik ist als rein zahlungsorientiertes Buchführungssystem dem Konzept des Geldverbrauchs in der öffentlichen Verwaltung verpflichtet; zu ihren Aufgaben zählt jedoch nicht die Erfassung und periodengerechte Abgrenzung des Ressourcenverbrauchs.[91] Aufgrund dieser mangelnden Wertorientierung der Kameralistik können allein mit diesem Rechenwerk keinerlei Aussagen über die Effizienz des Verwaltungshandelns getroffen werden. So werden

---

[91]   vgl.: Homann, K.: Verwaltungscontrolling, Wiesbaden, 2005, S, 80

z.B. zukünftige Pensionsbelastungen durch heute aktive Beamte in der Kameralistik überhaupt nicht erfasst, da sie gegenwärtig nicht auszahlungswirksam sind; der tatsächliche Ressourcenverbrauch durch den Einsatz der Beamten kann nicht dargestellt werden. Ein anderes
Beispiel ist die Vermeidung notwendiger Reparaturen an Vermögensgegenständen. Dem in
der Kameralistik günstig erscheinenden Effekt der Ausgabenvermeidung steht ein höherer
außerordentlicher Abschreibungsaufwand in der kaufmännischen Buchhaltung gegenüber.
Aufgrund dieser Informationsnachteile der Kameralistik ist sie für ein Verwaltungscontrolling unzureichend und deshalb zu Steuerungszwecken durch eine kaufmännische Finanzbuchhaltung zu ergänzen bzw. zu ersetzen. Das System der Finanzbuchhaltung setzt sich aus
der Vermögensrechnung, der Ergebnisrechnung und der Finanzrechnung zusammen.

3.3.2.3 Vermögensrechnung (Bilanzierung)

Die Vermögensrechnung (Bilanzierung) nimmt im System der Verbundrechnung der öffentlichen Verwaltung eine zentrale Stellung ein. Ziel der Vermögensrechnung ist es, ein den
tatsächlichen Verhältnissen entsprechendes und umfassendes Bild der Vermögens- und Ver-
schuldungslage der öffentlichen Verwaltung zu vermitteln. In der Vermögensrechnung wird
das öffentliche Vermögen den öffentlichen Schulden gegenübergestellt um als Saldo dieser
Bilanz das Reinvermögen darstellen zu können. Die Bilanz führt in einer zweiseitigen Darstellung für einen bestimmten Stichtag einen doppelten Nachweis über das Kapital der bilanzierenden Organisation. Auf der linken Seite, der Aktivseite, wird die Kapitalverwendung und
auf der rechten Seite, der Passivseite, die Kapitalherkunft ausgewiesen. Da in der Bilanz auf
beiden Seiten die gleiche Größe, das Kapital, nur unter unterschiedlicher Fragestellung dargestellt wird, muss die Aktivseite mit der Passivseite summengleich sein.[92] Die Kapitalverwendung wird durch den im Betrieb verfügbaren Vermögensbestand dargestellt während bei der
Kapitalherkunft zwischen Eigen- und Fremdkapital unterschieden wird. Als Mindestgliederung der Bilanz wird in Anlehnung an § 266 Abs.1 HGB folgende Struktur vorgeschlagen:

Bilanz zum 31.12.xxxx	
Aktiva	**Passiva**
A. Anlagevermögen	A. Eigenkapital
I. Immaterielle Vermögensgegenstände	B. Rückstellungen
II. Sachanlagen	C. Verbindlichkeiten
III. Finanzanlagen	I. Kurzfristige Verbindlichkeiten
	II. Mittelfristige Verbindlichkeiten
B. Umlaufvermögen	III. Langfristige Verbindlichkeiten
I. Vorräte	
.....II. Forderungen u. sonst. Vermögensgegenst.	D. Rechnungsabgrenzungsposten
.....III. Wertpapiere	
IV. Liquide Mittel	
C. Rechnungsabgrenzungsposten	

Abb. 3.36:   Mindestgliederung der Bilanz

---

[92]   vgl.: Küting, K., Weber, C.-P.: Handbuch der Rechnungslegung – Kommentar zur Bilanzierung und Prüfung,
3. Aufl., Stuttgart, 1990, S. 558

Die **Aktiva** werden grob in das Anlagevermögen und das Umlaufvermögen gegliedert. Zum **Anlagevermögen** zählen die Wirtschaftsgüter, die in der Regel nicht der Veräußerung dienen, sondern auf Dauer oder zumindest über mehrere Abrechnungsperioden im Leistungserstellungsprozess eingesetzt werden.[93]

Zum Anlagevermögen zählen:

Immaterielle Vermögensgegenstände:

Zu den immateriellen Vermögensgegenständen gehören Konzessionen, gewerbliche Schutzrechte (Patente, Lizenzen, Markenzeichen, Urheberrechte), sonstige ähnliche Rechte (Zuteilungsrechte, Baurechte etc.), wirtschaftliche Werte (Erfindungen, Rezepte, Know-how, Geschäfts- oder Firmenwerte sowie Aktiva zur Verteilung einmaliger größerer Aufwendungen (z.B. Werbeaufwendungen, Organisationskosten etc.).[94] Immaterielle Vermögensgegenstände müssen aktiviert werden, wenn sie entgeltlich von einem Dritten erworben wurden (derivative immaterielle Vermögensgegenstände). Für selbsterstellte immaterielle Vermögensgegenstände (originäre immaterielle Vermögensgegenstände) gilt ein Aktivierungsverbot. Damit wird der willkürliche Ausweis von Vermögensgegenständen entscheidend eingeschränkt, da das Wertkriterium des Marktpreises bei originären selbsterstellten Vermögensgegenständen fehlt.

Sachanlagen:

Zu den Sachanlagen zählen Grundstücke, Gebäude, Maschinen, Fuhrpark, Betriebs- und Geschäftsausstattung sowie geleistete Anzahlungen und Anlagen im Bau. Die Gegenstände des Sachanlagevermögens werden auf der Basis der steuerrechtlichen Abschreibungstabellen (Afa-Tabellen) mit Ausnahme der Grundstücke und der geleisteten Anzahlungen und Anlagen im Bau planmäßig abgeschrieben.

Finanzanlagen:

Finanzanlagen sind festverzinsliche Wertpapiere und Kapitalanteilsrechte an anderen Unternehmen, die von der bilanzierenden Organisation länger als 12 Monate gehalten werden sollen. Weiterhin gehören zu den Finanzanlagen Ausleihungen mit einer Gesamtlaufzeit von mehr als 4 Jahren.[95]

Die Vermögensgegenstände des **Umlaufvermögens** werden im Gegensatz zum Anlagevermögen gewöhnlich innerhalb der Abrechnungsperiode verbraucht oder umgewandelt. Sie sind zur Verarbeitung im Leistungserstellungsprozess bzw. zum Verkauf bestimmt. Zum Umlaufvermögen zählen insbesondere:

Vorräte:

Vorräte sind Vermögensgegenstände, die zum Zweck des Verbrauchs oder der Veräußerung angeschafft oder hergestellt wurden. Die Vorräte beinhalten Roh-, Hilfs- und Betriebsstoffe, unfertige und fertige Erzeugnisse sowie geleistete Anzahlungen auf Roh-, Hilfs- und Betriebsstoffe und auf zu liefernde Waren.

---

[93]   vgl.: Wöhe, G.: Bilanzierung und Bilanzpolitik – Betriebswirtschaftlich – Handelsrechtlich – Steuerrechtlich, 8. Aufl., München, 1992, S. 31 f.

[94]   vgl.: Küting, K., Weber, C.-P.: Handbuch der Rechnungslegung – Kommentar zur Bilanzierung und Prüfung, 3. Aufl., Stuttgart, 1990, S. 567 ff.

[95]   vgl.: Küting, K., Weber, C.-P.: Handbuch der Rechnungslegung – Kommentar zur Bilanzierung und Prüfung, 3. Aufl., Stuttgart, 1990, S. 580

Forderungen und sonstige Vermögensgegenstände:

Forderungen und sonstige Vermögensgegenstände sind Ansprüche aus Verträgen, die die bilanzierende Organisation bereits erfüllt hat, während die Gegenleistung des Vertragspartners ganz oder teilweise aussteht. Ein wesentlicher Posten sind dabei die Forderungen aus Lieferungen und Leistungen sowie Forderungen gegenüber verbundenen Unternehmen und gegen Unternehmen mit denen ein Beteiligungsverhältnis besteht.

Wertpapiere:

Bei Wertpapieren des Umlaufvermögens besteht keine Absicht der bilanzierenden Organisation, diese Wertpapiere länger in ihrem Besitz zu halten. Die Veräußerung dieser Wertpapiere muss kurzfristig realisierbar sein.

Liquide Mittel:

Unter die liquiden Mittel fallen alle Vermögensgegenstände, die die bilanzierende Organisation unmittelbar als Zahlungsmittel einsetzen kann. Hierzu gehören insbesondere Schecks, Bundesbank- und Postgiroguthaben, Guthaben bei Kreditinstituten und Kassenbestände.

Neben dem Anlage- und dem Umlaufvermögen gehören die aktivischen **Rechnungsabgrenzungsposten** zu den Vermögensgegenständen. Sie dienen dem periodengerechten Ausweis der Veränderung des Reinvermögens. Bei den aktivischen transitorischen Abgrenzungsposten handelt es sich um betriebliche Vorauszahlungen (z.B. Mieten, Pacht, Versicherungsbeiträge), die das laufende Ergebnis mindern, aber wirtschaftlich Aufwand für die folgende Abrechnungsperiode darstellen. Wenn z.B. eine Behörde die Miete für Büroräume bereits im Dezember des laufenden Jahres für 6 Monate im voraus bezahlt, so würde der Erfolg dieses Jahres zu niedrig ausgewiesen, da die Auszahlung als Aufwand wirtschaftlich dem Folgejahr zuzurechnen ist. Antizipative Abgrenzungen (Erträge, die erst später zu Einnahmen führen) dürfen nicht unter die aktivischen Rechnungsabgrenzungsposten gefasst werden, da sie wirtschaftlich echten Forderungscharakter besitzen und damit unter die sonstigen Vermögensgegenstände gehören.

Die Passiva werden in den Positionen Eigenkapital; Rückstellungen und Verbindlichkeiten erfasst.

Das **Eigenkapital** ist das von den Eigentümern der bilanzierenden Organisation ohne zeitliche Begrenzung zur Verfügung gestellte Kapital. Als Residualgröße wird das rechnerische Eigenkapital in der Bilanz als Saldo zwischen Vermögen und Schulden ermittelt. Liegen stille Reserven vor, so ergibt sich durch Hinzurechnung des Eigenkapitalanteils der stillen Reserven auf das rechnerische Eigenkapital das effektive Eigenkapital.

Bei den **Rückstellungen** handelt es sich um Verbindlichkeiten, die nach mindestens einem der Kriterien Zahlungshöhe, Zahlungsgrund oder Zahlungszeitpunkt ungewiss sind. Entsprechend ihrem Charakter als ungewisse Verbindlichkeiten sind Rückstellungen Fremdkapital. Durch die Bildung von Rückstellungen sollen potentielle und hinreichend zu erwartende zukünftige Ausgaben verursachungsgerecht den jeweiligen Perioden zu gerechnet werden. Ohne Bildung von Rückstellungen würde der Erfolg des laufenden Jahres zu hoch ausgewiesen werden. So führen z.B. Pensionszusagen an einen Mitarbeiter nicht in den Jahren der Pensionszahlungen zu Aufwendungen, sondern in den Jahren der Betriebszugehörigkeit. Innerhalb dieser Zeit sind die Pensionsrückstellungen zu bilden, da sie wirtschaftlich in diesen Zeitraum gehören.

Für den Begriff der **Verbindlichkeiten** gibt es keine einheitliche Definition. Nach herrschender Meinung sind Verbindlichkeiten Verpflichtungen des Bilanzierenden, die nach Höhe, Grund und Fälligkeitstermin feststehen. Sie müssen eindeutig quantifizierbar sein und werden zum Nennwert bilanziert. Verbindlichkeiten stellen, wie die Rückstellungen, Fremdkapital dar. Die Gliederung der Verbindlichkeiten kann nach verschiedenen Kriterien erfolgen:[96]

- Fristigkeit (kurzfristig bis 1 Jahr, mittelfristig 1–4 Jahre, langfristig über 4 Jahre);
- Restlaufzeit (z.B. vor Ablauf eines Jahres fällig);
- Gläubiger (Kreditinstitute, Lieferanten, Fiskus, öffentliche Hand, verbundene Unternehmen etc.).

Alle Verbindlichkeiten sind grundsätzlich mit ihren Nennwerten auszuweisen und dürfen i.d.R. nicht mit Forderungen saldiert werden.

Die passivischen **Rechnungsabgrenzungsposten** dienen der periodengerechten Ermittlung des Periodenerfolgs. Bei den passivischen (transitorischen) Rechnungsabgrenzungsposten handelt es sich um Einnahmen vor dem Bilanzabschlussstichtag, die erst später zu Erträgen werden. So stellt z.B. die Einnahme von Mietvorauszahlungen für den Monat Januar, wirtschaftlich gesehen, erst im Januar einen Ertrag dar. Antizipative Abgrenzungen (Aufwendungen, die erst später zu Auszahlungen führen) fallen nicht unter die passivischen Rechnungsabgrenzungsposten sondern besitzen den Charakter von Rückstellungen.

Durch die Veränderung des Reinvermögens (Eigenkapital) der bilanzierenden Organisation wird eine Verbindung zur Ergebnisrechnung hergestellt. An der Veränderung des Reinvermögens lässt sich der Nettoressourcenverbrauch (Verlust) bzw. das Nettoressourcenaufkommen (Gewinn) der Abrechnungsperiode erkennen.

3.3.2.4 Ergebnisrechnung (Gewinn- und Verlustrechnung)
Die Gewinn- und Verlustrechnung (GuV) ist eine Zeitraumrechnung, in der Erträge und Aufwendungen der Abrechnungsperiode gegenübergestellt werden. Neben ausgabengleichen Aufwendungen und einnahmengleichen Erträgen enthält die GuV auch Aufwendungen und Erträge, die auf einer anderen Periodisierung beruhen (z.B. Bildung und Auflösung von Rückstellungen) und Aufwendungen und Erträge, die dem Ausweis eines periodegerechten Ressourcenverbrauchs dienen (Abschreibungen, Zuschreibungen). Mit der GuV wird der Periodenerfolg der abrechnenden Organisationseinheit festgestellt. Sind die Erträge höher als die Aufwendungen so liegt ein Gewinn vor; im ungekehrten Fall handelt es sich um einen Verlust. Da Verluste das Eigenkapital mindern und Gewinne das Eigenkapital erhöhen, ist die GuV über das Eigenkapitalkonto direkt mit der Bilanz verbunden. Aus Bilanzierungssicht ist sie als ein Unterkonto des Bilanzpostens Eigenkapital anzusehen. Als Informationsquelle für das Verwaltungscontrolling dient die GuV vor allem der klaren und übersichtlichen Gegenüberstellung der einzelnen Erträge und Aufwendungen, gegliedert nach ihrer Herkunft. Für die Gliederung der GuV sind nach § 275 HGB sowohl das Gesamtkostenverfahren als auch das Umsatzkostenverfahren zulässig. Nach dem Gesamtkostenverfahren

---

[96] vgl.: Küting, K., Weber, C.-P.: Handbuch der Rechnungslegung – Kommentar zur Bilanzierung und Prüfung, 3. Aufl., Stuttgart, 1990, S. 607

werden alle Leistungen der Abrechnungsperiode sämtlichen in dieser Periode angefallenen Aufwendungen nach der Art der eingesetzten Produktionsfaktoren, gegenübergestellt. Die GuV nach dem Gesamtkostenverfahren ist einfach zu erstellen, da die Werte direkt und ohne weitere Schlüsselungen aus der nach Aufwandarten aufgebauten doppelten Buchführung übernommen werden können.

Gewinn- und Verlustrechnung nach dem Gesamtkostenverfahren:
 1. Umsatzerlöse
 2. Erhöhung oder Verminderung des Bestandes an fertigen und unfertigen Erzeugnissen
 3. andere aktivierte Eigenleistungen
 4. sonstige betriebliche Erträge
 5. Materialaufwand:
    a) Aufwendungen für Roh-, Hilfs-und Betriebsstoffe und für bezogene Waren
    b) Aufwendungen für bezogene Leistungen
 6. Personalaufwand:
    a) Löhne und Gehälter
    b) soziale Abgaben und Aufwendungen für Altersversorgung und für Unterstützung, davon für Altersversorgung
 7. Abschreibungen:
    a) auf immaterielle Vermögensgegenstände des Anlagevermögens und Sachanlagen sowie auf aktivierte Aufwendungen für die Ingangsetzung und Erweiterung des Geschäftsbetriebes
    b) auf Vermögensgegenstände des Umlaufvermögens, soweit diese die in der Kapitalgesellschaft üblichen Abschreibungen überschreiten
 8. sonstige betriebliche Aufwendungen
 9. Erträge aus Beteiligungen davon aus verbundenen Unternehmen
10. Erträge aus anderen Wertpapieren und Ausleihungen des Finanzanlagevermögens, davon aus verbundenen Unternehmen
11. sonstige Zinsen und ähnliche Erträge, davon aus verbundenen Unternehmen
12. Abschreibungen auf Finanzanlagen und auf Wertpapiere des Umlaufvermögens
13. Zinsen und ähnliche Aufwendungen, davon an verbundene Unternehmen
14. **Ergebnis der gewöhnlichen Geschäftstätigkeit**
15. außerordentliche Erträge
16. außerordentliche Aufwendungen
17. außerordentliches Ergebnis
18. Steuern vom Einkommen und vom Ertrag
19. sonstige Steuern
20. **Jahresüberschuss/Jahresfehlbetrag**

Im Gegensatz zu Gesamtkostenverfahren werden im Umsatzkostenverfahren nur die Aufwendungen erfasst, die in der Abrechnungsperiode den Umsatzerlösen zugeordnet werden können. Diesen Aufwendungen werden lediglich die Umsatzerlöse gegenübergestellt und nicht die Gesamtleistung. Die Gliederung der GuV nach dem Umsatzkostenverfahren orientiert sich an den betrieblichen Funktionen Herstellung, Vertrieb, allgemeine Verwaltung und sonstige. Dadurch gewährt sie einen Einblick in die Kostenstruktur und erlaubt Aussagen über die Ergebnisbeiträge unterschiedlicher Produkte. Zwar führen Gesamtkosten- und Umsatzkostenverfahren zum gleichen Ergebnis, doch sind die Anforderungen, die das Umsatzkostenverfahren an die Betriebsabrechnung stellt, wesentlich höher, da hier über die Kostenartenrechnung hinaus eine Kostenstellen- und Kostenträgerrechnung für die Kostenzurechnung erforderlich ist. Grund dafür ist die funktionale Aufteilung der betrieblichen Aufwendungen nach den Bereichen Herstellung (Pos. 2: Herstellungskosten der zur Erzielung der Umsatzerlöse erbrachten Leistungen), Vertrieb (Pos. 4: Vertriebskosten) und allgemeine Verwaltung (Pos. 5: allgemeine Verwaltungskosten).

Gewinn- und Verlustrechnung nach dem Umsatzkostenverfahren
1. Umsatzerlöse
2. Herstellungskosten der zur Erzielung der Umsatzerlöse erbrachten Leistungen
3. **Bruttoergebnis vom Umsatz**
4. Vertriebskosten
5. allgemeine Verwaltungskosten
6. sonstige betriebliche Erträge
7. sonstige betriebliche Aufwendungen
8. Erträge und Beteiligungen, davon aus verbundenen Unternehmen
9. Erträge aus anderen Wertpapieren und Ausleihungen des Finanzanlagevermögens, davon aus verbundenen Unternehmen
10. sonstige Zinsen und ähnliche Erträge, davon aus verbundenen Unternehmen
11. Abschreibungen auf Finanzanlagen und auf Wertpapiere des Umlaufvermögens
12. Zinsen und ähnliche Aufwendungen, davon an verbundene Unternehmen
13. **Ergebnis der gewöhnlichen Geschäftstätigkeit**
14. außerordentliche Erträge
15. außerordentliche Aufwendungen
16. **außerordentliches Ergebnis**
17. Steuern vom Einkommen und vom Ertrag
18. sonstige Steuern
19. **Jahresüberschuss/Jahresfehlbetrag**

Die oben dargestellten Ergebnisrechnungen nach dem Gesamtkosten- und Umsatzkostenverfahren sollen in erster Linie den Ressourcenverbrauch sichtbar machen. Soweit sich Verwaltungshandeln in monetären Größen niederschlägt, ergeben sich nach Zuordnung der Erträge und Aufwendungen auf einzelne Bereiche der öffentlichen Verwaltung detaillierte Analysemöglichkeiten. Eine betriebswirtschaftliche Ergebnisrechnung unterstützt darüber hinaus das Prinzip der intergenerativen Gerechtigkeit, das seinen Ausdruck in Art. 115 Abs.1 S. 2 GG findet und welches besagt, dass jede Generation die von ihr verbrauchten Ressourcen mittels Abgaben wieder ersetzen sollte, so dass das von der Vorgänger-Generation empfangene Vermögen möglichst uneingeschränkt an die nachfolgende Generation übergeben wird (Grundsatz der aufgabenbezogenen Substanzerhaltung).[97] Aus Verwaltungssicht misst das Periodenergebnis eine betriebswirtschaftlich definierte Deckungsgröße für den Grad der Ausgeglichenheit des Haushalts.

---

[97] vgl.: PWC Deutsche Revision (Hrsg.), verfasst von Bolsenkötter, H.: Integriertes öffentliches Rechnungswesen – Konzeption einer Neugestaltung der Rechnungslegung und des Rechnungswesens öffentlicher Gebietskörperschaften, Frankfurt, 2000, S. 62

3.3.2.5 Finanzrechnung (Kapitalflussrechnung)

Ein Rechnungswesen, wie oben beschrieben, bestehend aus Vermögens- und Ergebnisrechnung, reicht zur umfassenden Steuerung des Verwaltungshandeln nicht aus, da die Liquiditätsentwicklung nicht erkennbar wird. Als Ergänzung zur Vermögens- und Ergebnisrechnung wird deshalb eine Finanzrechnung notwendig. Die Haushaltsrechnung (Kameralistik) öffentlicher Verwaltungen ist traditionell eine Finanzrechnung zur Dokumentation, Überwachung und Steuerung von Geldströmen. Die Finanzrechnung im System der Verbundrechnung der öffentlichen Verwaltung führt diese Funktionen fort und erweitert sie. Als Kapitalflussrechnung erfasst sie periodenbezogen die Einnahmen und Ausgaben, um die Veränderung der finanziellen Mittel gegliedert nach Herkunft und Verwendung darzustellen. Man unterscheidet zunächst eine direkte und eine indirekte Finanzrechnung: Der Grundgedanke der **direkten Finanzrechnung** ist, die Geschäftsvorfälle der Gewinn- und Verlustrechnung zu modifizieren indem lediglich die zahlungsgleichen Positionen berücksichtigt werden und alle zahlungsungleichen Größen eliminiert werden. Das Grundschema lautet:

Zahlungsgleiche Erträge
– Zahlungsgleiche Aufwendungen
= Cashflow

Die **indirekte Finanzrechnung** basiert auf einem vorliegenden GuV-Ergebnis und rechnet sämtliche zahlungsungleichen Werte zurück. Sie stellt eine Ergänzung zur Gewinn- und Verlustrechnung dar:

Jahresüberschuss/Jahresfehlbetrag
+ zahlungsungleiche Aufwendungen
– zahlungsungleiche Erträge
= Cashflow

Ergänzt man dieses Grundschema um die Erträge und Aufwendungen der GuV, so wird deutlich, weshalb die zahlungsungleichen Aufwendungen hinzuzurechnen und die zahlungsungleichen Erträge abzuziehen sind. Die Erträge nach GuV enthalten zahlungswirksame (z.B. Einnahmen aus Gebühren) und zahlungsunwirksame (z.B. Zuschreibungen, Auflösung von Rückstellungen, Rückgängigmachung von Wertberichtigungen) Erträge; subtrahiert man die zahlungsungleichen Erträge, so erhält man im Ergebnis die zahlungsgleichen Erträge" der direkten Methode. Die Aufwendungen nach GuV enthalten ebenfalls zahlungswirksame (z.B. Personalaufwand) und zahlungsunwirksame (z.B. Abschreibungen, Wertberichtigungen, Bildung von Rückstellungen, Verluste aus Vermögensabgängen) Aufwendungen; addiert man die zahlungsungleichen Aufwendungen, so erhält man im Ergebnis die zahlungsgleichen Aufwendungen der direkten Methode. Damit lässt sich folgende Grundgleichung aufstellen: Zahlungswirksame Erträge – zahlungswirksame Aufwendungen = Ergebnis (nach GuV) – nicht zahlungswirksame Erträge + nicht zahlungswirksame Aufwendungen.

Bei der indirekten Methode der Finanzrechnung werden Zahlungsströme aus der laufenden Geschäftstätigkeit, zahlungswirksame Investitionsmaßnahmen und zahlungswirksame Finanzierungsmaßnahmen unterschieden. Das Deutsche Rechnungslegungs Standards Committee (DRSC e.V)[98] schlägt für die 3 grundlegenden Finanzbereiche in ihrer DRS 2 folgendes Grundschema einer Kapitalflussrechnung vor:

1. Periodenergebnis vor außerordentlichen Posten
2. ± Abschreibungen/Zuschreibungen auf das Anlagevermögen
3. ± Zunahme/Abnahme der Rückstellungen
4. ± sonstige zahlungsunwirksame Aufwendungen/Erträge (z.B. Abschreibung aktiviertes Disagio)
5. ± Verlust/Gewinn aus dem Abgang von Anlagevermögen
6. ± Abnahme/Zunahme der Vorräte, Forderungen aus Lieferungen und Leistungen sowie anderer Aktiva, die nicht der Investitions- oder Finanzierungstätikeit zuzuordnen sind
7. ± Zunahme/Abnahme der Verbindlichkeiten aus Lieferungen und Leistungen sowie anderer Passiva, die nicht der Investitions- oder Finanzierungstätikeit zuzuordnen sind
8. ± Ein- und Auszahlungen aus außerordentlichen Positionen
9. **= Cashflow aus laufender Geschäftstätigkeit (operativer Cashflow)**

10. Einzahlungen aus Abgängen des Sachanlagevermögens
11. – Auszahlungen für Investitionen in das Anlagevermögen
12. + Einzahlungen aus Abgängen des immateriellen Anlagevermögens
13. – Auszahlungen für Investitionen in das immaterielle Anlagevermögen
14. + Einzahlungen aus Abgängen des Finanzanlagevermögens
15. – Auszahlungen für Investitionen in das Finanzanlagevermögen
16. + Einzahlungen aus dem Verkauf von konsolidierten Unternehmen und sonstigen Geschäftseinheiten
17. – Auszahlungen aus dem Erwerb von konsolidierten Unternehmen und sonstigen Geschäftseinheiten
18. + Einzahlungen aufgrund von Finanzmittelanlagen im Rahmen der kurzfristigen Finanzdisposition
19. – Auszahlungen aufgrund von Finanzmittelanlagen im Rahmen der kurzfristigen Finanzdisposition
20. **= Cashflow aus der Investitionstätigkeit (investiver Cashflow)**

21. Einzahlungen aus Eigenkapitalzuführungen
22. – Auszahlungen an Unternehmenseigner und Minderheitsgesellschafter
23. + Einzahlungen aus der Begebung von Anleihen und der Aufnahme von (Finanz-) Krediten
24. – Auszahlungen aus der Tilgung von Anleihen und der Aufnahme von (Finanz-) Krediten
25. **= Cashflow aus der Finanzierungstätigkeit (Finanz-Cashflow)**

---

[98] Deutsches Rechnungslegungs Standards Committee e.V., Charlottenstrasse 59, D-10117 Berlin

26. Zahlungswirksame Veränderungen des Finanzmittelfonds (Summe aus 9., 20. und 25.)
27. ± Wechselkurs-, konsolidierungskreis- und bewertungsbedingte Änderungen des Finanzmittelfonds
28. + Finanzmittelfonds am Anfang der Periode
29. **= Finanzmittelfonds am Ende der Periode**

3.3.3   Betriebliche Statistik

Unter die betriebliche Statistik fallen insbesondere Auswertungen in Form von Zeitvergleichen und die internen und externen Betriebsvergleiche (Benchmarking). Das Benchmarking wird in der vorliegenden Schrift ausführlich in einem Kapitel unter den Controllinginstrumenten behandelt.

Hauptbestandteil der betriebswirtschaftlichen Statistik in der öffentlichen Verwaltung ist die Erfassung, Verdichtung und Pflege umfangreicher Mengendaten. Hierbei sind insbesondere Leistungsmengen (Produktmengen) und Informationen über Transport-, Liege- und Bearbeitungszeiten in den Behörden von Bedeutung, die insbesondere in die Berechnung des Personalbedarfs (Pensenberechnungen) einbezogen werden. Dabei können sowohl interne als externe Datenquellen berücksichtigt werden.

So findet sich z.B. für die Justizverwaltung umfangreiches statisches Material:
- Zahlen über die Art der vorliegenden Geschäfte gemäß Zählkarten
- Eingangszahlen in FGG-Sachen gemäß Geschäftsübersichten
- Behördeninterne Aggregationen der Eingangszahlen in Monatsübersichten
- Aggregationen der Behördendaten auf Landesebene in der Justizgeschäftsstatistik durch die Statistischen Landesämter
- Rechtspflegestatistik des Statistischen Bundesamtes

Mit der Zählkartenstatistik verfügt die Justizverwaltung über umfangreiches Datenmaterial zu laufenden und abgeschlossenen Verfahren. Sie dient in erster Linie der Darstellung des quantitativen Geschäftsanfalls. Der Geschäftsanfall wird nach Arten in Zivil-, Straf- und Familiensachen auf Basis der Zählkarten und Monatsübersichten nach der Systematik der Register der Aktenordnung erhoben. Zusätzlich kann sie bei einer gleichmäßigen Verteilung der Arbeit innerhalb der Gerichte vorteilhaft eingesetzt werden. Darüber hinaus gibt sie Informationen über die durchschnittliche Erledigungsdauer nach Falltyp. In den Zählkarten werden verfahrensbezogene Merkmale erhoben wie z. B. die Geschäftsentwicklung, evtl. vorausgegangenes Mahnverfahren, Parteien (z. B. Behörde, Privatperson)in Zivilsachen, Verfahrensarten, Verfahrensdauer, Prozesskostenhilfe, Vertretung durch Rechtsanwalt, Art der Erledigung. Diese Informationen werden zu Monatsübersichten zusammengefasst und dienen auch der behördeninternen Kontrolle über die Geschäftsentwicklung in den einzelnen Kostenstellen. Das Statistische Landesamt bereitet vierteljährlich, die ihm in Form von Zählkarten, Monatsübersichten und Begleitschreiben übermittelten Daten auf und stellt die Ergebnisse der Justizverwaltung zur Verfügung. Diese betrieblichen Statistiken ergänzen den Informationsbestand des Controllingsystems.

3.3.4 Planungsrechnungen

Planungsrechnungen dienen als Grundlage für die Entscheidungsfindung und den Entscheidungsvollzug. Hierbei werden die verschiedenen Handlungsalternativen und deren Auswirkungen mit den formulierten Zielen verglichen. Insbesondere bei der Entscheidung über Investitionsmaßnahmen werden detaillierte Planungsrechnungen notwendig, um die Vorteilhaftigkeit der beabsichtigten Maßnahmen untersuchen zu können.

Planung, Entscheidung und Steuerung von Investitionen sind aufgrund der langfristigen Auswirkungen und der Kapitalbindung eine wesentliche Aufgabe des Verwaltungscontrolling. Investitionen sind immer mit Erfolgs- und Liquiditätsrisiken verbunden. Für das Verwaltungscontrolling stellen sich hinsichtlich der Vorbereitung von Entscheidungen im investiven Bereich eine Fülle von Fragestellungen:

– Bei Einzelinvestitionen stellt sich die Frage nach der Vorteilhaftigkeit der Investitionsmaßnahme;
– Bei mehreren Investitionsalternativen sollen Planungsrechnungen zu einer Aussage über die Rangfolge der Investitionsalternativen führen;
– Bei bereits durchgeführten Investitionen stellt sich häufig die Frage nach der optimalen Nutzungsdauer;
– Bei Ersatzentscheidungen rückt die Frage in den Vordergrund, ob eine in Betrieb stehende Anlage jetzt durch eine neue ersetzt werden sollte oder ob es wirtschaftlicher ist, die alte Anlage weiter zu betreiben.

Planungsrechnung für die Unterstützung von Investitionsentscheidungen werden in statische und dynamische Verfahren eingeteilt.

3.3.4.1 Statische Investitionsrechnungsverfahren

Statische Verfahren der Investitionsrechnung sind einperiodische Vorteilhaftigkeitskalküle. Das bedeutet, dass sich alle Entscheidungsvariablen (Kosten, Erträge, Gewinne, Cashflows, Renditen etc.) auf **eine** Abrechnungsperiode (meistens Geschäftsjahr) beziehen. Statische Methoden rechnen mit geschätzten **Jahresdurchschnittswerten** als Planwerten. Dabei können als einfachste Möglichkeit die erwarteten Größen des Folgejahres angesetzt werden. Als verbesserte Variante kommen in der Controllingpraxis häufig durchschnittliche Größen einer repräsentativen Periode zu Einsatz, um zufällige Schwankungen in den Variablen auszuschalten. Wertveränderungen durch den zeitlich unterschiedlichen Anfall von Kosten und Erlösen werden bei den statischen Methoden nicht berücksichtigt. Als wesentliche statische Methoden der Investitionsrechnung werden die Kostenvergleichs-, die Gewinnvergleichs-, die Rentabilitäts- und die Amortisationsrechnung eingesetzt.

3.3.4.1.1 Kostenvergleichsrechnung

Der Grundgedanke von Kostenvergleichrechnungen ist der Vergleich der in einer Periode anfallenden durchschnittlichen Kosten mehrerer Investitionsalternativen. Das einzige Vorteilhaftigkeitskriterium ist dabei die Höhe der Kosten. Vorteilhaft ist die Investition mit den niedrigeren Kosten. Bei gleichen Kapazitäten der zu vergleichenden Investitionsalternativen werden die gesamten Kosten der Periode verglichen. Bei unterschiedlichen Kapazitäten der

Investitionsalternativen müssen die Stückkosten als Vergleichmaßstab herangezogen werden. Hauptproblem der Kostenvergleichsrechnung ist die implizite Voraussetzung, dass alle betrachteten Alternativen qualitativ identische Leistungen erbringen. Falls diese Bedingung erfüllt ist, kann die Kostenvergleichsrechnung sowohl bei Ersatzinvestitionen (alte vs. neue Anlage) als auch bei Erweiterungsinvestitionen (neue vs. neue Anlage) angewendet werden.

Im Fall der Erweiterung werden zwei oder mehr mögliche Investitionsalternativen hinsichtlich der zu erwartenden durchschnittlichen Jahreskosten miteinander verglichen. Dies soll an einem einfachen Beispiel verdeutlicht werden:

Eine Behörde plant die Anschaffung eines neuen Kopiergerätes für die Verwaltung. Es liegen zwei Angebote vor, die hinsichtlich der zu erwartenden durchschnittlichen Jahreskosten verglichen werden sollen. Beide Angebote haben eine maximale Leistung von 1 Mio. Kopien und eine Nutzungsdauer von 4 Jahren. Angebot 1 führt zu einmaligen Investitionsauszahlungen von 5.000,– €, zu jährlichen Wartungskosten von 980,– €, zu Tonerkosten von 5 Cent/Kopie, zu Papierkosten von 2 Cent/Kopie und zu Stromkosten von 3 Cent/Kopie. Angebot 2 führt zu einmaligen Investitionsauszahlungen von 30.000,– €, zu jährlichen Wartungskosten von 550,– €, zu Tonerkosten von 3 Cent/Kopie, zu Papierkosten von 2 Cent/Kopie und zu Stromkosten von 1 Cent/Kopie. Es wird erwartet, dass jährlich 100.000 Kopien angefertigt werden. Der Zinssatz für die kalkulatorische Verzinsung des durch die Investition gebundenen Kapitals wird mit 6% festgelegt. Diese Ausgangsdaten sind in folgender Tabelle zusammengefasst:

	Kopierer 1	Kopierer 2
Investitionsausgabe	5.000,00	30.000,00
Nutzungsdauer (Jahre)	4	4
Leistungsmenge (max.)	1.000.000	1.000.000
Wartungskosten/Jahr	980,00	550,00
Tonerverbrauch/Kopie	0,05	0,03
Papierkosten/Kopie	0,02	0,02
Stromkosten/Kopie	0,03	0,01
Zinssatz p.a.	6%	6%
Erwartete Anzahl Kopien p.a.	100.000	100.000

Abb. 3.37:   Basisdaten

Zunächst sind die fixen kalkulatorischen Kosten (Abschreibungen und Zinsen) zu ermitteln. Die kalkulatorischen Abschreibungen werden nach der linearen Methode errechnet und betragen für den Kopierer 1 1.250,– € jährlich (5.000,– €/4 Jahre). Kopierer 2 verursacht jährliche kalkulatorische Abschreibungen in Höhe von 7.500,– €. Die Berechnung der kalkulatorischen Zinsen wird auf Basis des durchschnittlich gebundenen Kapitals vorgenommen. Bei linearer Abschreibung ist durchschnittlich die Hälfte der Investitionsausgabe über die gesamte Nutzungsdauer gebunden, so dass die kalkulatorischen Zinsen nach folgender Formel berechnet werden können: Investitionsausgabe/2 · Zinssatz. Für Kopierer 1 ergeben sich damit durchschnittliche jährliche kalkulatorische Zinsen in Höhe von 150,– € (5.000 €/ 2 · 0,06) und für den Alternativkopierer 900 € (30.000/2 · 0,06). Die weiteren fixen und variablen Kosten können der folgenden Tabelle entnommen werden:

Fixe Kosten	Kopierer 1	Kopierer 2
Kalk. Abschreibungen	1.250,00	7.500,00
Kalk. Zinsen	150,00	900,00
Wartungskosten	980,00	550,00
Variable Kosten		
Toner	5.000,00	3.000,00
Papier	2.000,00	2.000,00
Strom	3.000,00	1.000,00
Gesamtkosten p.a.	12.380,00	14.950,00
Stückkosten	0,124	0,150

Abb. 3.38:   Kostenvergleich bei Auslastung 100.000

Bei einer erwarteten Auslastung von 100.000 Kopien verursacht Kopierer 1 geringere Gesamtkosten und geringere Stückkosten und ist damit vorteilhafter. Hierbei ist zu beachten, dass sich dieses Ergebnis ausschließlich auf die oben beschriebenen Annahmen bezieht. Bei Änderung grundlegender Variablen kann sich das Ergebnis entscheidend verändern. So führt z.B. eine Veränderung der Auslastung auf 200.000 Kopien pro Jahr zu einem anderen Ergebnis:

Fixe Kosten	Kopierer 1	Kopierer 2
Kalk. Abschreibungen	1.250,00	7.500,00
Kalk. Zinsen	150,00	900,00
Wartungskosten	980,00	550,00
Variable Kosten		
Toner	10.000,00	6.000,00
Papier	4.000,00	4.000,00
Strom	6.000,00	2.000,00
Gesamtkosten p.a.	22.380,00	20.950,00
Stückkosten	0,112	0,105

Abb. 3.39:   Kostenvergleich bei Auslastung 200.000

Jetzt verursacht Kopierer 2 geringere Kosten und ist damit vorteilhafter. Falls noch nicht genau bekannt ist, welche Auslastung der Kopierer angesetzt werden soll, wäre die Kenntnis der sogenannten kritischen Menge vorteilhaft. Die kritische Menge ist die Kopiererauslastung, bei der beide Investitionsalternativen die gleichen Kosten verursachen. Zur Ermittlung der kritischen Menge müssen die Kostenfunktionen für die beiden Investitionsalternativen aufgestellt und gleichgesetzt werden:

Kostenfunktion Kopierer 1: $1.250 + 150 + 980 + 0,05 \cdot x + 0,02 \cdot x + 0,03 \cdot x$
$= 2.380 + 0,1 \cdot x$

Kostenfunktion Kopierer 2: $7.500 + 900 + 550 + 0,03 \cdot x + 0,02 \cdot x + 0,01 \cdot x$
$= 8.950 + 0,06 \cdot x$

Gleichsetzen: $2.380 + 0,1 \cdot x = 8.950 + 0,06 \cdot x$

Auflösung nach x: $0,1 \cdot x - 0,06 \cdot x = 8.950 - 2.380$

$$0,04 \cdot x = 6.570$$

$$x = 164.250$$

Bei einer Auslastung von 164.250 Kopien jährlich führen beide Investitionsalternativen zu gleichen Kosten wie die folgende Tabelle zeigt:

Fixe Kosten	Kopierer 1	Kopierer 2
Kalk. Abschreibungen	1.250,00	7.500,00
Kalk. Zinsen	150,00	900,00
Wartungskosten	980,00	550,00
Variable Kosten		
Toner	8.212,50	4.927,50
Papier	3.285,00	3.285,00
Strom	4.927,50	1.642,50
Gesamtkosten p.a.	18.805,00	18.805,00
Stückkosten	0,114	0,114

Abbildung 3.40: Kostenvergleich kritische Menge

Dieses Ergebnis ist für die Investitionsentscheidung folgendermaßen zu interpretieren: Liegt die geplante jährliche Auslastung unter 164.250 Kopien so ist Kopierer 1 vorteilhafter. Werden mehr als 164.250 Kopien jährlich geplant, so ist aus Kostensicht Kopierer 2 zu bevorzugen. Diese Betrachtung gilt allerdings nur bei einem reinen Alternativenvergleich.

Soll eine bereits bestehende Anlage vorzeitig durch eine neue Anlage ersetzt werden, müssen zusätzliche Überlegungen für diese **Ersatzentscheidung** angestrengt werden. Bei der Ersatzentscheidung einer in Betrieb befindlichen Anlage stellt sich die Frage, ob es vorteilhafter ist diese Anlage weiter zu betreiben oder durch eine neue Anlage zu ersetzen. Falls eine betrieblich genutzte Anlage vor Ablauf der Nutzungsdauer ersetzt werden soll, muss beachtet werden, dass die kalkulatorischen Abschreibungen und Zinsen dieser Anlage als Fixkosten bis zum Ende der geplanten Nutzungsdauer weiterhin anfallen. Für die Ersatzentscheidung müssen also die Gesamtkosten der neuen Anlage zuzüglich der kalkulatorischen Abschreibungen und Zinsen der Altanlage mit den Gesamtkosten der Altanlage verglichen werden (sog. Bruttomethode). Zum gleichen Ergebnis führt die Nettomethode nach ZVEI[99] wonach die bei Stillegung der Altanlage entfallenden **variablen** Kosten mit den Gesamtkosten der neuen Anlage verglichen werden. Brutto- und Nettomethode der Kostenvergleichsrechnung kommen zum gleichen Ergebnis, da die Kapitalkosten der Altanlage auf beiden Seiten der Vergleichsrechnung identisch behandelt werden: Bei der Nettomethode werden sie auf beiden Seiten vernachlässigt und bei der Bruttomethode auf beiden Seiten berücksichtigt.

---

[99] Zentralverband Elektrotechnik- und Elektronikindustrie e.V.

Altanlage:	Neuanlage:
Kapial~~kosten~~ Altanl.	Kapialkosten Neuanl.
Variable Kosten Altanl.	Variable Kosten Neuanl.
	Kapital~~kosten~~ Altanl.

Für unsere Beispielberechnung wählen wir die Nettomethode. Eine Behörde prüft, ob der Ersatz ihres seit 2 Jahren in Betrieb befindlichen Kopierers unter den unten dargestellten Prämissen aus Kostensicht vorteilhaft ist:

	Altanlage	Neuanlage
Investitionsausgabe	5.000,00	30.000,00
Nutzungsdauer (Jahre)	4	4
Leistungsmenge (max.)	1.000.000	1.000.000
Wartungskosten/Jahr	980,00	550,00
Tonerverbrauch/Kopie	0,05	0,03
Papierkosten/Kopie	0,02	0,02
Stromkosten/Kopie	0,03	0,01
Zinssatz p.a.	6%	6%
Erwartete Anzahl Kopien p.a.	100.000	100.000
Fixe Kosten		
Kalk. Abschreibungen	Nettomethode	7.500,00
Kalk. Zinsen	Nettomethode	900,00
Wartungskosten	980,00	550,00
Variable Kosten		
Toner	5.000,00	3.000,00
Papier	2.000,00	2.000,00
Strom	3.000,00	1.000,00
Gesamtkosten p.a.	10.980,00	14.950,00
Stückkosten	0,110	0,150

Abb. 3.41:   Ersatzentscheidung

Aus Kostengründen ist der Ersatz des Kopierers abzulehnen, da die Gesamtkosten der neuen Anlage höher sind als die entfallenden Kosten der Altanlage bei Stillegung. Bei diesem Ergebnis ist zu beachten, dass die geplante Auslastung des Kopierers eine wesentliche Variable darstellt. Analog zum Alternativenvergleich kann auch bei der Ersatzentscheidung nach der Kritischen Menge (Auslastung) der Anlage gefragt werden. Die kritische Menge gibt die Planauslastung an, ab der sich der Ersatz der Altanlage aus Kostengründen lohnt. Das Berechnungsverfahren entspricht weitgehend dem des Alternativenvergleichs; lediglich bei der Aufstellung der Kostenfunktion der Altanlage müssen die kalkulatorischen Abschreibungen und Zinsen eliminiert werden.

Kostenfunktion Altanlage: $980 + 0,05 \cdot x + 0,02 \cdot x + 0,03 \cdot x$

$= 980 + 0,1 \cdot x$

Kostenfunktion Neuanlage: $7.500 + 900 + 550 + 0,03 \cdot x + 0,02 \cdot x + 0,01 \cdot x$

$= 8.950 + 0,06 \cdot x$

Gleichsetzen: $980 + 0,1 \cdot x = 8.950 + 0,06 \cdot x$

Auflösung nach x: $0,1 \cdot x - 0,06 - x = 8.950 - 980$

$0,04 \cdot x = 7.970$

$x = 199.250$

Die kritische Menge liegt in unserem Beispiel bei 199.250 Kopien. Werden jährlich mehr Kopien geplant lohnt sich aus Kostengründen der Ersatz des Altkopierers durch die Neuanlage, da die geringeren Betriebskosten der Neuanlage die zusätzlich zu tragenden kalkulatorischen Abschreibungen und Zinsen der stillzulegenden Anlage überkompensieren.

	Altanlage	Neuanlage
Investitionsausgabe	5.000,00	30.000,00
Nutzungsdauer (Jahre)	4	4
Leistungsmenge (max.)	1.000.000	1.000.000
Wartungskosten/Jahr	980,00	550,00
Tonerverbrauch/Kopie	0,05	0,03
Papierkosten/Kopie	0,02	0,02
Stromkosten/Kopie	0,03	0,01
Zinssatz p.a.	6%	6%
Erwartete Anzahl Kopien p.a.	199.250	199.250
Fixe Kosten		
Kalk. Abschreibungen	Nettomethode	7.500,00
Kalk. Zinsen	Nettomethode	900,00
Wartungskosten	980,00	550,00
Variable Kosten		
Toner	9.962,50	5.977,50
Papier	3.985,00	3.985,00
Strom	5.977,50	1.992,50
Gesamtkosten p.a.	20.905,00	20.905,00
Stückkosten	0,105	0,105

Abb. 3.42:   Ersatzentscheidung mit kritischer Menge

Bei unseren Beispielberechnung sind wir bisher davon ausgegangen, dass die Anlagen am Ende der Nutzungsdauer keinen Restwert besitzen. In der Praxis ist allerdings häufig noch ein Liquidationserlös am Ende der Nutzungsdauer zu erwirtschaften, der Auswirkungen auf die Höhe der kalkulatorischen Kosten besitzt. Im Falle eines geplanten Liquidationserlöses vermindern sich die kalkulatorischen Abschreibungen, da der geplante Liquidationserlös von der Investitionsausgabe abgezogen wird. Die allgemeine Berechnungsformel für die lineare Abschreibung lautet:

$$\frac{\text{Investitionsausgabe} - \text{Liquidationserlös}}{\text{Nutzungsdauer}}$$

Die kalkulatorischen Abschreibungen vermindern sich also durch die Berücksichtigung von Liquidationserlösen, da die zur Tilgung der Investitionsausgabe notwendigen jährlichen Kapitalrückflüsse durch den am Ende der Nutzungsdauer anfallenden Liquidationserlös verringert werden. Die Auswirkungen von Liquidationserlösen auf die kalkulatorischen Zinsen sind genau umgekehrt. Da sowohl die Investitionsausgabe als auch der zusätzlich anfallende Liquidationserlös betrieblich gebunden sind, erhöhen sich die kalkulatorischen Zinsen. Die allgemeine Berechnungsvorschrift für die durchschnittlichen kalkulatorischen Zinsen bei Berücksichtigung eines Liquidationserlöses am Ende der Nutzungsdauer lautet wie folgt:

$$\frac{\text{Investitionsausgabe} + \text{Liquidationserlös} \cdot \text{Zinssatz}}{2}$$

Die Kostenvergleichsrechnung als einfache Investitionsrechnung weist eine Reihe von Nachteilen auf:

- Lediglich einperiodische und kurzfristige Betrachtung; sichere Rückschlüsse über die zukünftige Kostenentwicklung ist nicht möglich;
- Durch die Einschränkung auf den Kostenvergleich sind keine Aussage über die absolute Vorteilhaftigkeit (Rentabilität) möglich;
- Aussagen über die Erlössituation der Alternativen sind nicht möglich.

Die Kostenvergleichsrechnung wird i.d.R. aufgrund der o.g. Mängel als zusätzliche Betrachtung zur Gewinnvergleichsrechnung, Rentabilitätsrechnung und Amortisationsrechnung durchgeführt.

3.3.4.1.2 Gewinnvergleichsrechnung

Die Anwendung der Gewinnvergleichsrechnung, oder bei fehlender Gewinnerzielungsabsicht, die Kostendeckungsvergleichsrechnung ergänzt den Kostenvergleich um die anfallenden Erlöse der Investitionsalternativen. Das Vorteilhaftigkeitskriterium ist bei diesem Investitionsrechnungsverfahren die Höhe des Gewinns bzw. der Grad der Kostendeckung. Wie bei der Kostenvergleichsrechnung werden Jahresdurchschnittswerte als Planwerte zugrunde gelegt. Die Anwendung der Gewinnvergleichsrechnung ist sinnvoll bei Einzelinvestitionen, beim Alternativenvergleich und bei der Ersatzentscheidung. Bei Einzelinvestitionen ist die Maßnahme vorteilhaft, wenn der Gewinn positiv ist. Beim Alternativenvergleich ist die Variante mit dem höchsten Gewinn, bzw. höchsten Kostendeckungsgrad vorteilhaft. Im Rahmen der Ersatzentscheidung ist der Ersatz der in Betrieb befindlichen Anlage vorteilhaft, wenn der Gewinn bzw. Kostendeckungsgrad bei Einsatz der Neuanlage (unter Berücksichtigung der Kapitalkosten der Altanlage) größer ist als der Gewinn bzw. Kostendeckungsgrad unter Beibehaltung der Altanlage.

Im folgenden soll unser Kopiererbeispiel als Kostendeckungsvergleichsrechnung fortgeführt werden. Unsere Behörde möchte einen Kopierer in die Eingangshalle stellen, damit sich Besucher kostenpflichtige Kopien anfertigen können. Der Seitenpreis wird auf 10 Cent festgelegt.

	Kopierer 1	Kopierer 2
Investitionsausgabe	5.000,00	30.000,00
Nutzungsdauer (Jahre)	4	4
Leistungsmenge (max.)	1.000.000	1.000.000
Wartungskosten/Jahr	980,00	550,00
Tonerverbrauch/Kopie	0,05	0,03
Papierkosten/Kopie	0,02	0,02
Stromkosten/Kopie	0,03	0,01
Zinssatz p.a.	6%	6%
Erwartete Anzahl Kopien p	100.000	100.000
Fixe Kosten		
Kalk. Abschreibungen	1.250,00	7.500,00
Kalk. Zinsen	150,00	900,00
Wartungskosten	980,00	550,00
Variable Kosten		
Toner	5.000,00	3.000,00
Papier	2.000,00	2.000,00
Strom	3.000,00	1.000,00
Gesamtkosten p.a.	12.380,00	14.950,00
Stückkosten	0,124	0,150
Erträge/Kopie	0,1	0,1
Erträge gesamt	10.000	10.000
Kostendeckung	81%	67%

Abb. 3.43:   Kostendeckungsvergleichsrechnung

Der Kopierer1 ist bei einer Planauslastung von 100.000 Kopien vorteilhafter, da er einen höheren Kostendeckungsgrad erbringt. Wie bei der Kostenvergleichsrechnung ist das Ergebnis von der Planauslastung abhängig. Zusätzlich ist das Ergebnis vom geplanten Erlös abhängig. Die Behördenleitung könnte in diesem Zusammenhang interessieren, welcher Seitenpreis anzusetzen wäre, um eine hundertprozentige Kostendeckung zu erhalten. Dieser Break-Even-Preis muss für jede Alternative gesondert berechnet werden, da er von den Kosten der Investitionsalternativen bestimmt wird. Die allgemeine Formel zur Berechnung des Break-Even-Preises lautet:

$$\frac{\text{Fixkosten} + \text{variable Stückkosten}}{\text{Geplante Leistungsmenge}}$$

Zur Berechnung der Break-Even-Menge bei gegebenen Preisen lautet die Formel:

$$\frac{\text{Fixkosten}}{(\text{Stückerlös} - \text{variable Stückkosten})}$$

Auch die Gewinnvergleichs- oder Kostendeckungsrechnung weist einige Mängel auf, die wie folgt zusammengefasst werden können:

- Aufgrund der kurzfristigen und einperiodischen Betrachtung ist keine Aussage über die zukünftige Gewinn- bzw Kostendeckungssituation möglich;
- Die zeitliche Verteilung der Erlöse und Kosten während der Nutzungsdauer der Investition wird nicht berücksichtigt;
- Es ist keine Aussage über die absolute Vorteilhaftigkeit der Investition (Rentabilität) möglich.

Insbesondere die Fehlende Aussage über die absolute Vorteilhaftigkeit kann zu Fehlentscheidungen führen, wie das folgende Beispiel zeigt:

Investition	Gewinn p.a.	Kapitaleinsatz	Laufzeit Jahre
A	10	100	5
B	5	10	5

Abb. 3.50:   Fehlentscheidung durch Gewinnvergleich

Nach dem Vorteilhaftigkeitskriterium der Gewinnvergleichsrechnung ist das Projekt A vorteilhafter, da es im Vergleich zum Projekt B einen höheren Gewinn erwarten lässt. Projekt B erwirtschaftet zwar einen geringeren Gewinn, allerdings mit wesentlich geringerem durchschnittlichen Kapitaleinsatz. Bezogen auf Gewinn **und** Kapitaleinsatz ist Projekt B vorteilhafter (50% vs. 10%).

Zur Ergänzung der Gewinn- bzw- Kostendeckungsvergleichsrechnung wird daher i.d.R. eine Rentabilitätsrechnung durchgeführt.

3.3.4.1.3 Rentabilitätsrechnung

Die Rentabilitätsrechnung stellt eine weitere Verbesserung der Gewinn- und Kostenvergleichsrechnung dar. Die Rentabilitätsrechnung betrachtet die durchschnittliche Verzinsung des Kapitalseinsatzes, der durch die Investitionsmaßnahme verursacht wird. Das Vorteilhaftigkeitskriterium ist die Höhe der Rentabilität. Zur Feststellung der Vorteilhaftigkeit einer Einzelinvestition ist vom Investor die gewünschte Mindestrentabilität (Mindestverzinsung) festzulegen. Ist die Rentabilität des Investitionsprojektes größer als die Mindestverzinsung, dann ist die Investition vorteilhaft. Liegen mehrere Investitionsalternativen zur Entscheidung vor, dann ist die Investition mit der höheren Rentabilität vorteilhafter. In den Vergleich dürfen allerdings nur die Investitionen einbezogen werden, deren Rentabilität über der geforderten Mindestrentabilität liegt. Bei Ersatzentscheidungen ist der Ersatz einer in Betrieb befindlichen Anlage vorteilhaft, wenn die Minderkosten durch Einsatz der neuen Anlage eine entsprechende Rentabilität des eingesetzten Kapitals erbringen.

Die Rentabilität, die eine durchschnittliche Verzinsung des durchschnittlich gebundenen Kapitals darstellt, wird nach folgender Formel berechnet:

$$\text{Rentabilität} = \frac{\varnothing \text{ Gewinn vor Zinsen}}{\varnothing \text{ gebundenes Kapital}} \times 100$$

Bei der Berechnung der Rentabilität der Investitionsmaßnahme ist der durchschnittliche Gewinn vor Abzug der Zinsen anzusetzen, da die **Gesamt**verzinsung des durchschnittlich gebundenen Kapitals dargestellt werden soll. Zinsen sind die Kosten des gebundenen Kapitals. Wenn sie bei der Gewinnermittlung abgezogen werden, verbleibt der Gewinn nach Kapitalkosten, der für Rentabilitätsberechnungen ungeeignet ist, da nicht die Durchschnittsverzinsung ermittelt wird sondern die über den abgezogenen Zins hinausgehende Verzinsung. Der Gewinn nach Zinsen stellt somit lediglich eine zusätzlich zu den Zinsen erwirtschaftete Größe für die Rentabilitätsberechnung dar. Zinsen dürfen bei der Gewinnermittlung zum Zweck der Feststellung der Rentabilität daher **nicht** berücksichtigt werden. Das durchschnittlich gebundene Kapital wird wie bei der Berechnung der kalkulatorischen Zinsen berechnet als:

$$\text{Durchschnittlich gebundenes Kapital} = \frac{\text{Investitionsausgabe}}{2}$$

Zur Fortführung unseres Kopiererbeispiels sein angenommen, dass die Behördenleitung den Preis für eine Kopie auf 13 Cent/Seite bei einer geplanten Auslastung von 100.000 Seiten festlegt. Die Mindestrentabilität wird mit 10 % angenommen:

	Kopierer 1	Kopierer 2
Investitionsausgabe	5.000,00	30.000,00
Nutzungsdauer (Jahre)	4	4
Leistungsmenge (max.)	1.000.000	1.000.000
Wartungskosten/Jahr	980,00	550,00
Tonerverbrauch/Kopie	0,05	0,03
Papierkosten/Kopie	0,02	0,02
Stromkosten/Kopie	0,03	0,01
Zinssatz p.a.	6%	6%
Erwartete Anzahl Kopien p.a.	100.000	100.000
Fixe Kosten		
Kalk. Abschreibungen	1.250,00	7.500,00
Kalk. Zinsen	150,00	900,00
Wartungskosten	980,00	550,00
Variable Kosten		
Toner	5.000,00	3.000,00
Papier	2.000,00	2.000,00
Strom	3.000,00	1.000,00
Gesamtkosten p.a.	12.380,00	14.950,00
Stückkosten	0,124	0,150
Erträge/Kopie	0,13	0,13
Erträge gesamt	13.000,00	13.000,00
Gewinn	620,00	- 1.950,00
Gewinn vor Zinsen	770,00	- 1.050,00
Durchschn. geb. Kapital	2.500,00	15.000,00
Rentabilität	31%	-7%

Abb. 3.51:   Gesamtkapitalrentabilität

Bei diesen Prämissen zeigt der Kopierer 1 eine Rentabilität von 31 %, die über der Rentabilität des Kopierer 2 und der geforderten Mindestrentabilität von 10 % liegt. Die Investition in Kopierer 1 ist vorteilhaft.

Da bei Investitionen von öffentlichen Verwaltungen häufig keine Gewinne anfallen, kann auf das Konzept der Kostenersparnisrentabilität zurückgegriffen werden. Bei der Kostenersparnisrentabilität wird die durchschnittliche Kostenersparnis dem durchschnittlichen zusätzlich gebundenen Kapital gegenübergestellt.

	Altanlage	Neuanlage
Investitionsausgabe	5.000,00	30.000,00
Nutzungsdauer (Jahre)	4	4
Leistungsmenge (max.)	1.000.000	1.000.000
Wartungskosten/Jahr	980,00	550,00
Tonerverbrauch/Kopie	0,05	0,03
Papierkosten/Kopie	0,02	0,02
Stromkosten/Kopie	0,03	0,01
Zinssatz p.a.	6%	6%
Erwartete Anzahl Kopien p.a.	100.000	100.000
Fixe Kosten		
Kalk. Abschreibungen	Nettomethode	7.500,00
Kalk. Zinsen	Nettomethode	900,00
Wartungskosten	980,00	550,00
Variable Kosten		
Toner	5.000,00	3.000,00
Papier	2.000,00	2.000,00
Strom	3.000,00	1.000,00
Gesamtkosten p.a.	10.980,00	14.950,00
Stückkosten	0,110	0,150
Kostenminderung durch Einsatz der neue Anlage		- 3.970,00
Durchschn. geb. Kapital		15.000,00
Rentabilität durch Kostenersparnis		-26%

Abb. 3.52:   Negative Kostenersparnisrentabilität

In unserem oben dargestellten Beispiel lohnt sich der Ersatz des alten Kopierers bei einer Planauslastung von 100.000 Kopien nicht, da eine negative Kostenminderung, also eine Kostenerhöhung, berechnet wurde. In diesem Fall wird die Kostenersparnisrentabilität negativ.

	Altanlage	Neuanlage
Investitionsausgabe	5.000,00	30.000,00
Nutzungsdauer (Jahre)	4	4
Leistungsmenge (max.)	1.000.000	1.000.000
Wartungskosten/Jahr	980,00	550,00
Tonerverbrauch/Kopie	0,05	0,03
Papierkosten/Kopie	0,02	0,02
Stromkosten/Kopie	0,03	0,01
Zinssatz p.a.	6%	6%
Erwartete Anzahl Kopien p.a.	250.000	250.000
Fixe Kosten		
Kalk. Abschreibungen	Nettomethode	7.500,00
Kalk. Zinsen	Nettomethode	900,00
Wartungskosten	980,00	550,00
Variable Kosten		
Toner	12.500,00	7.500,00
Papier	5.000,00	5.000,00
Strom	7.500,00	2.500,00
Gesamtkosten p.a.	25.980,00	23.950,00
Stückkosten	0,104	0,096
Kostenminderung durch Einsatz der neue Anlage		2.030,00
Durchschn. geb. Kapital		15.000,00
Rentabilität durch Kostenersparnis		14%

Abb. 3.53:   positive Kostenersparnisrentabilität

Unterstellt man eine Planauslastung von 250.000 anstatt von 100.000 Kopien, so können durch den Einsatz des neuen Kopierers Kosten in Höhe von 2.030 € p.a. vermieden werden. Setzt man diese Ersparnis ins Verhältnis zum durchschnittlichen zusätzlich gebundenen Kapital durch die Investition in den Kopierer 2, so ergibt sich eine Kostenersparnisrentabilität von 14%. Da diese Verzinsung über der geforderten Mindestrentabilität von 10% liegt, ist die Ersatzinvestition vorteilhaft.

Nachteile der Rentabilitätsrechnung ist die einperiodische statische Betrachtung, die keine Hinweise auf die Rentabilität zukünftiger Perioden erlaubt und die Problematik der Definition eines Mindestverzinsungsanspruchs an die Investitionsmaßnahme.

3.3.4.1.4 Amortisationsrechnung

Gegenstand der Amortisationsrechnung ist die Ermittlung des Zeitraums, in dem die Investitionsauszahlung an den Investor zurückfließt. Hierbei wird im Gegensatz zu den Kosten-, Gewinn-, Rentabilitätsvergleichsverfahren nicht Kosten und Erlösen gerechnet, sondern mit Aus- und Einzahlungen. Das Vorteilhaftigkeitskriterium bei dieser Cashflow-Betrachtung ist der benötigte Zeitraum für die Erwirtschaftung der Investitionsausgabe. Vorteilhaft ist die Investition mit der kürzesten Amortisationszeit (Pay-Back-Period, Kapitalwiedergewinnungszeit). Die tatsächliche Amortisationszeit ist die Anzahl Jahre, die man benötigt, um den Kapitaleinsatz einer Investition (= Anschaffungsauszahlung, ggf. um den Restwert vermindert) aus den Rückflüssen (Cashflow) wiederzugewinnen. Die statische Amortisationsrech-

nung wird primär zur Beurteilung des Risikos von Investitionen eingesetzt, da die Amortisationszeit die Zeit angibt, innerhalb der das Kapital gebunden und damit prinzipiell von Verlust bedroht ist. Die Amortisationszeit wird anhand der durchschnittlichen Cashflows wie
folgt ermittelt:

$$\text{Amortisationszeit} = \frac{\text{Investitionsauszahlung}}{\varnothing \; \text{Cash-Flow}}$$

Liegt eine Einzelinvestition zur Entscheidung an, so ist die Investitionsmaßnahme vorteilhaft, wenn die tatsächliche Amortisationszeit kleiner als die geforderte Amortisationszeit ist.
Bei einem Vergleich mehrerer Investitionsalternativen ist die Alternative mit der geringeren
Amortisationszeit vorteilhafter, wenn die tatsächliche Amortisationszeit unter der geforderten liegt. Bei einer Ersatzentscheidung ist die Ersatzinvestition vorteilhaft, wenn sie sich über
die jährlichen Minderkosten innerhalb der geforderten Zeit bezahlt macht.

Führen wir unser Kopiererbeispiel fort und nehmen wir eine Planauslastung von 200.000
Kopien p.a. an, so stellt sich die Berechnung der Amortisationszeit wie folgt dar:

	Kopierer 1	Kopierer 2
Investitionsausgabe	5.000,00	30.000,00
Nutzungsdauer (Jahre)	4	4
Leistungsmenge (max.)	1.000.000	1.000.000
Wartungskosten/Jahr	980,00	550,00
Tonerverbrauch/Kopie	0,05	0,03
Papierkosten/Kopie	0,02	0,02
Stromkosten/Kopie	0,03	0,01
Zinssatz p.a.	6%	6%
Erwartete Anzahl Kopien p.a.	200.000	200.000
Fixe Kosten		
Kalk. Abschreibungen	1.250,00	7.500,00
Kalk. Zinsen	150,00	900,00
Wartungskosten	980,00	550,00
Variable Kosten		
Toner	10.000,00	6.000,00
Papier	4.000,00	4.000,00
Strom	6.000,00	2.000,00
Gesamtkosten p.a.	22.380,00	20.950,00
Stückkosten	0,112	0,105
Erträge/Kopie	0,1	0,1
Erträge gesamt	20.000	20.000
Gewinn	- 2.380	- 950
Cashflow (Gewinn+Abschr.)	- 1.130,00	6.550,00
Amortisationszeit		4,6

Abb. 3.54:   Amortisationsrechnung

Die Investition in den Kopierer 1 wird sich nie amortisieren, da der Cashflow negativ ist. Die Alternativinvestition amortisiert sich nach der Durchschnittmethode nach 4,6 Jahren. Da die Nutzungsdauer des Kopierers lediglich 4 Jahre beträgt, findet während der Nutzung des Kopierers keine Amortisation statt. Aus Sicht des Kapitalrückflusses müssten beide Investitionsalternativen abgelehnt werden.

Die Amortisationsrechnung weist einige Schwächen auf, die eine isolierte Anwendung der Methode verbieten. Da keine Aussage über den Erfolg der Investition gegeben wird, ist die Beurteilung von Alternativen problematisch. Außerdem werden Rückflüsse nach erfolgter Amortisation nicht weiter berücksichtigt. Dadurch erfolgt keine Differenzierung von Investitionen mit gleicher Amortisationszeit aber unterschiedlich hohem Cash-Rückfluss, was zu Fehlentscheidungen führen kann, was das folgende Beispiel zeigt:

Investition	Cash-Flow			
	1	2	3	4
I 60.000	20.000	20.000	20.000	20.000
II 60.000	30.000	30.000	0	0

Pay-Back I = 60.000 / 20.000 = 3

Pay-Back II = 60.000 / 30.000 = 2 (Fehlentscheidung droht!)

Summe Cash-Flow I = 80.000

Summe Cash-Flow II = 60.000

Bei unreflektierter Anwendung der Amortisationsrechnung, wäre die Investitionsalternative II vorteilhafter, da sie die kürzere Amortisationszeit aufweist. Bei Betrachtung des gesamten Cash-Rückflusses ist jedoch die Alternative I vorzuziehen, da er mit 80.000 um 20.000 höher ist als bei Alternative II.

Aufgrund der Schwächen der Amortisationsrechnung wird sie lediglich als zusätzliches Hilfsmittel für die Beurteilung der Liquidität eingesetzt.

3.3.4.2 Dynamische Investitionsrechnungsverfahren

Den statischen Investitionsrechnungsverfahren ist gemeinsam, dass sie den unterschiedlichen Anfall von Aus- und Einzahlungen durch eine Durchschnittswertbildung unberücksichtigt lassen. Bei der Durchführung von Investitionsmaßnahmen bestehen jedoch Unsicherheiten im Hinblick auf die erforderlichen Auszahlungen und ihrer Zahlungszeitpunkte und ebenfalls hinsichtlich der Höhe der zu erwartenden Einzahlungen und ihrer Zahlungszeitpunkte. Daher bieten sich Investitionsrechnungsverfahren an, die diesen unterschiedlichen Anfall der Zahlungsströme explizit in das Bewertungskalkül aufnehmen. Solche Verfahren werden dynamische Investitionsrechnungsverfahren genannt. Gerechnet wird mit Aus- und Einzahlungen (Cashflows) und nicht mit Kosten oder Aufwendungen. Es wird nicht mit Durchschnittswerten gerechnet, sondern die anfallenden Aus- und Einzahlungen werden zeitlich voneinander abgegrenzt. Die dynamischen Methoden berücksichtigen den Aus- und Einzahlungsstrom darüber hinaus über die gesamte Nutzungsdauer des Investitionsprojektes. Auszahlungen sind die Anschaffungsauszahlung für das Investitionsobjekt, fixe Auszahlungen für die Betriebsbereitschaft, leistungsabhängige variable Auszahlungen für Personal, Material, Energie etc.. Einzahlungen sind die mit der Investition zusammenhängenden Erlöse wie Umsatzerlöse, Gebühren, Beiträge, Entgelte, etc.. Dynamische Verfahren der Investitionsrechnung sind mehrperiodische Vorteilhaftigkeitskalküle, die auf finanzmathematischen Überlegungen wie der Zinseszins- und der Rentenrechnung basieren.

3.3.4.2.1 Finanzmathematische Grundlagen

Kernstück aller dynamischer Investitionsrechenverfahren ist die Zins- und Rentenrechnung. Die zentralen Begriffe sind dabei Endwert, Barwert, aufzinsen und abzinsen. Das Aufzinsen eines heutigen Kapitals führt zum Endwert des Kapitals in der Zukunft. Das Abzinsen eines zukünftigen Kapitals auf die Gegenwart führt zum Barwert. Barwert und Entwert sind Instrumente, um die Werte gegenwärtiger und zukünftiger Zahlungen vergleichbar zu machen. Zahlungen zu unterschiedlichen Zeitpunkten haben aufgrund von Zinseffekten unterschiedliche Werte.

Nehmen wir an, Sie besitzen heute einen Betrag von 1.000,– €. Wenn Sie diese 1.000,– € fünf Jahre zu 10 % pro Jahr anlegen können, wie hoch ist Ihr Kapital am Ende des fünften Jahres?

Abbildung 3.55: Aufzinsen

Sie müssen für jedes Jahr nachschüssig die Zinsen berechnen und zu dem Anfangskapital hinzurechnen. Die hierfür notwendige allgemeine Formel lautet:

$$K_n = K_0 (1 + i)^n$$

Setzt man die Beispielwerte in die obige Formel ein, so ergibt sich:

$$1.000 \cdot (1 + 0,1)^5 = 1.000 \cdot 1,611 = 1.611$$

i = 10 %			
t	Anfangs-kapital	Zinsen	End-kapital
1	**1.000**	100	1.100
2	1.100	110	1.210
3	1.210	121	1.331
4	1.331	133	1.464
5	1.464	146	**1.611**

Der Endwert des Kapitals, das 5 Jahre lang zu 10 % p.a. angelegt wurde beträgt 1.611,– €.

Der Faktor $(1 + i)^n$ wird Aufzinsungsfaktor genannt, da er unter Berücksichtigung von Laufzeit und Zinssatz, den Endwert berechnet.

Nehmen wir an, Sie erhalten in fünf Jahren einen Betrag von 1.611,– € ausgezahlt. In der Zwischenzeit könnten Sie Kapital zu einem Zinssatz von 10 % p.a. anlegen. Welchen Wert besitzt das in fünf Jahren auszuzahlende Kapital heute?

Abbildung 3.56: Abzinsen

Die Berechnung des Barwertes einer zukünftigen Auszahlung ergibt sich nach folgender Formel:

$$K_0 = K_n \cdot (1/(1 + i)^n)$$

Setzt man die Beispielwerte in die obige Formel ein, so ergibt sich:

$$1.611 \cdot (1/(1 + 0,1)^5) = 1.611 \cdot 0,6207 = 1.000$$

Bei einer Laufzeit von fünf Jahren und einem Zinssatz von 10 % p.a. ist der Endwert von 1.611,– € und der Barwert von 1.000,– € wertgleich.

Der Faktor $1/(1 + i)^n$ wird Abzinsungsfaktor genannt, da er unter Berücksichtigung von Laufzeit und Zinssatz, den Barwert berechnet.

3.3.4.2.2 Kapitalwertmethode

Die Kapitalwertmethode ist ein dynamisches Investitionsrechnungsverfahren, dass den Wert einer Investition auf Basis der mit ihr im Zeitablauf verbundenen Ein- und Auszahlungen (Cashflows) ermittelt. Dabei werden alle Cashflows auf den Entscheidungszeitpunkt t_0 abgezinst. Die Kapitalwertmethode vergleicht alle Einzahlungen mit allen Auszahlungen des Investitionsobjektes zum Investitionszeitpunkt und schafft damit eine Entscheidungsgrundlage zum Investitionszeitpunkt. Vorteilhaft ist die Investition, wenn der Kapitalwert größer als 0 wird. Das bedeutet, dass die Investitionsmaßnahme mindestens die Investitionsauszahlungen und die darauf angenommene Verzinsung während der Nutzungsdauer erwirtschaftet. Bei mehreren Investitionsalternativen ist die Alternative mit dem höchsten Kapitalwert am vorteilhaftesten. Bei fehlenden Einzahlungen während der Nutzungsdauer der Investition, wie sie in öffentlichen Verwaltungen häufig vorkommen, muss das Vorteilhaftigkeitskriterium modifiziert werden.

Bei mehreren Investitionsalternativen ohne Einzahlungen ist diejenige zu bevorzugen, die den höchsten Kapitalwert[100] und damit die niedrigsten Auszahlungen aufweist.

---

[100] Da Auszahlungen ein negatives Vorzeichen besitzen, bedeutet ein höherer Kapitalwert geringere Auszahlungen.
Beispiel: Projekt b) ist vorteilhafter als a)
Kapitalwert a) –1 Mio EUR
Kapitalwert b) –0,5 Mio EUR

Bei der Anwendung der Kapitalwertmethode ist die Bestimmung des Kalkulationszinsfusses von entscheidender Bedeutung. Er gibt an, was der Kapitaleinsatz im Rahmen einer Investitionsmaßnahme „kostet". Was „kostet" der Kapitaleinsatz? Angenommen Sie könnten 100.000,– € in ein Projekt investieren. Gleichzeitig haben Sie die Möglichkeit, das Geld in einem Rentenfonds mit einer durchschnittlichen jährlichen Verzinsung von 10,0 % p.a. einzulegen. Wie hoch wird Ihr Renditeanspruch an das Projekt mindestens sein und welche Rolle spielt die Sicherheit der Zahlungserwartungen? Der Mindestrenditeanspruch wird sich an den Anlagealternativen orientieren. Im vorliegenden Fall bei 10,0 % p.a. Die Sicherheit der Zahlungserwartungen spielt für die Höhe des anzusetzenden Kalkulationszinssatzes eine Rolle. Bei zwei Alternativen mit gleicher Renditeerwartung wird die mit dem geringeren Risiko bevorzugt. Wird die Investitionsmaßnahme risikoreicher als die Einlage in den Rentenfonds eingeschätzt, so wird für den Kalkulationszinssatz der Investition ein Risikozuschlag hinzugerechnet. Der Kalkulationszinsfuß zur Ermittlung des Kapitalwertes drückt damit den geforderten Mindestverzinsungsanspruch an die Investitionsmaßnahme aus.

Der Kapitalwert als Summe der Barwerte aller mit einer Investition verbundenen Einzahlungen und Auszahlungen und lässt sich mit folgender Formel berechen:

$$\text{Kapitalwert} = -a_0 + \sum_{t=1}^{n} \frac{1}{(1+i)^t} \cdot d_t$$

$$
\begin{aligned}
-a_0 &= \text{Anschaffungsauszahlung (Kapitaleinsatz)} \\
d_t &= \text{Einzahlungsüberschüsse} \\
t &= \text{Periode} \\
1/(1+i)^t &= \text{Abzinsungsfaktor}
\end{aligned}
$$

Die Anschaffungsauszahlung entspricht der Investitionssumme. Die Einzahlungsüberschüsse sind die Differenzen zwischen den Ein- und Auszahlungen in den jeweiligen Perioden. Zur Veranschaulichung der Berechnung des Kapitalwertes sei folgendes Beispiel betrachtet: Eine Investitionsmaßnahme soll eine Anschaffungsauszahlung von 2 Mio. € bei einer Nutzungsdauer von 4 Jahren auslösen.

Die Ein- und Auszahlungen während der Nutzungsdauer fallen zu unterschiedlichen Zeitpunkten, wie in der folgenden Tabelle dargestellt an. Ein Liquidationserlös wird nicht erwartet. Der Kalkulationszinsfuß beträgt 10 % p.a.:

Kalkulationszinssatz	10%				
t	0	1	2	3	4
Kapitaleinsatz (-a₀)	-2.000				
Personalauszahlungen		-800	-824	-849	-874
Materialauszahlungen		-500	-525	-551	-579
Sonstige Auszahlungen		-200	-206	-212	-219
Einzahlungen		2.500	2.555	1.912	1.722
Liquidationserlös					0
Einzahlungsüberschuß (d₁)		1.000	1.000	300	50
Abzinsungsfaktor	1,0000	0,9091	0,8264	0,7513	0,6830
Barwerte	-2.000	909	826	225	34
Kapitalwert (Summe Barwerte)	-5				

Abb. 3.57:   Kapitalwert ohne Liquidationserlös

Wie ist die Investition zu beurteilen? Auf den ersten Blick scheint sich die Investition zu lohnen, da einer Investitionsauszahlung von 2 Mio. € Einzahlungsüberschüsse von insgesamt 2,35 Mio. € gegenüberstehen. Addiert man jedoch die Barwerte der Investitionsauszahlung und der Einzahlungsüberschüsse so erhält man einen negativen Kapitalwert. Die Investitionsmaßnahme ist damit nicht vorteilhaft. Ein Investitionsobjekt mit negativem Kapitalwert ist nicht vorteilhaft, da die Alternativanlage am Kapitalmarkt zum Kalkulationszinssatz günstiger ist.

Angenommen die Investition erwirtschaftet nach Ablauf der Nutzungsdauer einen Liquidationserlös von 250.000,– €. Wie ist die Maßnahme mit Hilfe des Kapitalwertkriteriums zu beurteilen?

Kalkulationszinssatz	10%				
t	0	1	2	3	4
Kapitaleinsatz (-a_0)	-2.000				
Personalauszahlungen		-800	-824	-849	-874
Materialauszahlungen		-500	-525	-551	-579
Sonstige Auszahlungen		-200	-206	-212	-219
Einzahlungen		2.500	2.555	1.912	1.722
Liquidationserlös					250
Einzahlungsüberschuß (d_t)		1.000	1.000	300	300
Abzinsungsfaktor	1,0000	0,9091	0,8264	0,7513	0,6830
Barwerte	-2.000	909	826	225	205
Kapitalwert (Summe Barwerte)	166				

Abb. 3.58:   Kapitalwert mit Liquidationserlös

Die Erwirtschaftung eines Liquidationserlöses am Ende der Nutzungsdauer in Höhe von 250.000,– € führt zu einer Erhöhung des Kapitalwertes in Höhe von rd. 171.000,– € (250.000 × 0,6830). Damit wird der Kapitalwert mit rd. 166.000,– € positiv. Ein positiver Kapitalwert von 166.000,– € besagt folgendes:

1.   Der Investor gewinnt sein eingesetztes Kapital zurück.
2.   Er erhält darüber hinaus noch eine Verzinsung auf das eingesetzte Kapital in Höhe des Kalkulationszinssatzes.
3.   Er gewinnt zusätzlich einen barwertigen Überschuss in Höhe von 166.000,– €.

Aus 1.) bis 3.) folgt, dass die Investition für den Investor vorteilhaft ist.

Der Kapitalwert einer Investition lässt sich somit leicht mit Hilfe der Abzinsungsfaktoren, die von der Nutzungsdauer und dem Kalkulationszinsfuß abhängen, berechnen. Wie berechnet man aber den Kapitalwert einer Investition mit unbegrenzter Nutzungsdauer? Annahme: Sie erwerben ein Grundstück für 1,25 Mio. € und verpachten das Grundstück für 100.000 € p.a. auf unbegrenzte Zeit. Lohnt sich die Investition bei einem Kalkulationszinsfuß von 10%? Lösung: Der Pachtzins muss ewig verrentet werden.

Formel: $d_t \cdot 1/i$

$100.000 \cdot 1/0,1 = 1.000.000$

Eine unendliche jährliche Pachtzahlung von 100.000,– € p.a. entspricht bei einem Kalkulationszinssatz von 10 % einem Kapital von 1,0 Mio. Der Erwerb mit anschließender Verpachtung ist nicht vorteilhaft, da der Kaufpreis mit 1,25 Mio. € größer ist als die barwertierten Rückflüsse in Höhe von 1,0 Mio. €. Der Kapitalwert wäre demnach negativ (–250.000,– €).

3.3.4.2.3 Interne Zinsfußmethode

Beim Kapitalwertverfahren wird mit einem vorgegebenen Kalkulationszinsfuß gerechnet, der die geforderte Mindestverzinsung der Investitionsmaßnahme definiert. Bei der Internen Zinsfußmethode wird dagegen nach dem Kalkulationszinssatz gefragt, bei dem der Kapitalwert genau den Wert Null annimmt. Ein Kapitalwert von Null bedeutet, dass die Barwerte aller Ein- und Auszahlungen gleich groß sind. Der Interne Zinsfuß ist damit ein Maßstab für die dynamische interne Verzinsung der Investition.

Die Ermittlung der internen Verzinsung [i_{int}] der Investition allein sagt nichts über die Vorteilhaftigkeit des Projekts aus. Hierfür ist die Vorgabe einer Mindestverzinsung [i_{min}] (Kalkulationszinssatz) ist notwendig. Erst der Vergleich des internen Zinsfußes mit dem Mindestverzinsungsanspruch führt zu einer Vorteilhaftigkeitsaussage:

$i_{int} > i_{min}$ Investition vorteilhaft

$i_{int} < i_{min}$ Investition nicht vorteilhaft

Der interne Zinsfuß ist für einen Investor mit kreditfinanzierter Investition als kritischer Zinssatz anzusehen, da die Investitionsmaßnahme nur dann vorteilhaft ist, wenn die Kreditzinsen niedriger sind als der interne Zinsfuß.

Kalkulationszinssatz	9,84%				
t	0	1	2	3	4
Kapitaleinsatz (-a_0)	-2.000				
Personalauszahlungen		-800	-824	-849	-874
Materialauszahlungen		-500	-525	-551	-579
Sonstige Auszahlungen		-200	-206	-212	-219
Einzahlungen		2.500	2.555	1.912	1.722
Liquidationserlös					0
Einzahlungsüberschuß (d_t)		1.000	1.000	300	50
Abzinsungsfaktor	1,0000	0,9104	0,8289	0,7546	0,6870
Barwerte	-2.000	910	829	226	35
Kapitalwert (Summe Barwerte)	0				

Abb. 3.59:   Interne Zinsfußmethode

Liegt der Mindestverzinsungsanspruch des Investors bei 10 %, so ist die Durchführung der oben dargestellten Investition nicht vorteilhaft, da der interne Zinsfuß kleiner als die geforderte Mindestverzinsung ist.

Problematisch wird die eindeutige Bestimmung des internen Zinsfußes bei mehreren Vorzeichenwechseln der Zahlungsreihe. In diesem Fall gibt so viele interne Zinsfüße wie Vorzeichenwechsel in der Zahlungsreihe. Darüber hinaus ist die Anwendbarkeit der Internen Zinsfußmethode bei hohen internen Zinsfüssen beschränkt, da für die Berechnung des internen Zinsfusses unterstellt wird, dass die Wiederanlage der nicht zur Tilgung benötigten Mittel zum internen Zinsfuß möglich ist. Das ist bei hohen internen Zinsfüßen unrealistisch.

3.3.4.2.4 Annuitätenmethode

Um die Dynamik des Zins- und Zinseszinseinflusses zu berücksichtigen wird die Investitionsauszahlung als Rente auf die der Nutzungsdauer entsprechenden Anzahl Jahre aufgeteilt und aufgezinst. Die Annuitätenmethode geht von der Überlegung aus, alle anfallenden Aus- und Einzahlungen gleichmäßig auf die Nutzungsdauer des Investitionsobjektes zu verteilen. Eine Annuität im Sinne der Investitionsrechnung ist der durchschnittliche Einzahlungsüberschuß, der bei einem gegebenen Kalkulationszinssatz über die gesamte Nutzungsdauer einer Investition aus dieser anfällt. In der Regel fallen in den einzelnen Perioden der Nutzungsdauer des Investitionsobjektes unterschiedliche Zahlungen an. Die Umrechnung dieser unterschiedlichen Zahlungen innerhalb einer Zeitreihe in einen durchschnittlichen Zahlungswert (Annuität) ergibt im Ergebnis eine uniforme Zahlungsreihe:

Zahlungsreihe: **100   200   100   300   300**

Annuitäten: **200   200   200   200   200**

Als Variante der Kapitalwertmethode erbringt die Annuitätenmethode für die Entscheidung über die Vorteilhaftigkeit der Investition keine zusätzlichen Erkenntnisse. Um zu einer Vorteilhaftigkeitsaussage über die betrachtete Investitionsmaßnahme zu gelangen wird die Annuität der Investitionsauszahlung mit der Annuität der Einzahlungsüberschüsse verglichen. Wenn die Annuität der Einzahlungsüberschüsse größer ist als die Annuität der Investitionsauszahlung, dann ist die Investition vorteilhaft.

Die Annuität wird unter Berücksichtigung des Kalkulationszinssatzes mit Hilfe des Kapitalwiedergewinnungsfaktors errechnet:

$$\frac{i \cdot (1+i)^n}{(1+i)^n - 1}$$

Für unser Beispiel mit einem Kalkulationszinssatz von 10 % und einer Laufzeit von 4 Jahren beträgt der Kapitalwiedergewinnungsfaktor:

$$\frac{0,1 \cdot (1+0,1)^4}{(1+0,1)^4 - 1} = 0,3155$$

Um eine Vorteilhaftigkeitsaussage mit Hilfe der Annuitätenmethode generieren zu können muss zunächst die Annuität der Investitionsauszahlung berechnet werden. Diese Annuität beantwortet die Frage nach dem durchschnittlich benötigten Rückfluss, um die Investitionsauszahlung in Höhe von 2 Mio. € nach 4 Jahren bei einem Kalkulationszinssatz von 10 % zurückzuerhalten. Die Berechnung erfolgt mit Hilfe des Kapitalwiedergewinnungsfaktors: 2.000.000 · 0,3155 = 631.000. Die gesuchte Annuität beträgt 631.000 €. Beweis: Bei einem Kalkulationszinsfuß von 10 % erhalte ich bei einer Annuität von 631.000 p.a. nach vier Jahren meine Investitionsauszahlung in Höhe von 2 Mio. zurück:

Kalkulationszinssatz 10%				
t	1	2	3	4
Annuität	631	631	631	631
Abzinsungsfaktor	0,9091	0,8264	0,7513	0,6830
Barwerte	574	521	474	431
Summe Barwerte	**2.000**			

Abb. 3.60:   Annuität der Investitionsauszahlung

Im zweiten Schritt ist die Annuität der Einzahlungsüberschüsse zu berechnen.

Kalkulationszinssatz				10,00%
t (Jahre)	Kapital- einsatz	Einzahlungs- überschüsse	Abzinsungs- faktor	Barwert Einzahlungs- überschüsse
0	2.000		1,0000	
1		1.000	0,9091	909
2		1.000	0,8264	826
3		300	0,7513	225
4		50	0,6830	34
Summe Einzahlungsbarwerte				1.995

Kapitalwiedergewinnungsfaktor	0,3155
Annuität Anschaffungsauszahlun 2.000 * 0,3155	= 631
Annuität Einzahlungsüberschüss 1.995 * 0,3155	= 629
Differenz	-1,6

Abb. 3.61:   Annuität der Einzahlungsüberschüsse

Die Summe der Barwerte der Einzahlungsüberschüsse beträgt in unserem Beispiel 1.995.000,– €. Daraus errechnet sich eine Annuität in Höhe von: 1.995.000 · 0,3155 = 629.000,– €.

Die Investitionsmaßnahme ist im vorliegenden Fall nicht vorteilhaft, da die Annuität der Einzahlungsüberschüsse kleiner ist als die Annuität der Investitionsauszahlung.

3.4   Das Steuerungssystem

Controlling in der öffentlichen Verwaltung beruht auf der Verknüpfung von Planung, Kontrolle und Information zum Zweck der Zielerreichung. Dabei reicht die reine Feststellung von Abweichungen zwischen der Zielformulierung (Plan) und dem Erreichten (Ist) längst nicht aus. Hinzu kommen muss eine Denkweise, die der permanent „lernenden Organisation" entspricht, wobei das ausschließliche Streben nach Deckungsgleichheit zwischen Soll und Ist erweitert werden muss.

Es ist für die öffentliche Verwaltung vorteilhaft, von der Erkenntnis auszugehen, dass Abweichungen im Sinne von Irrtümern grundsätzlich wertneutral sind.

Der Wert von Abweichungen bemisst sich danach, in welchem Maße sie dazu beitragen, Informationen für eine kurzfristige Verbesserung von Arbeitsabläufen zu liefern. Solchermaßen begründete Abweichungen sind positiv zu bewerten, soweit sie Lernpotenziale beinhalten.

Nur wenn die Frage „wie gut sind wir?" durch die Frage „wie können wir schnell besser werden?" ersetzt wird, kann es gelingen, die Effektivität und Effizienz der öffentlichen Verwaltung nachhaltig zu verbessern.

Ein funktionsfähiges Controlling in der öffentlichen Verwaltung verfolgt als spezielle Zielsetzung die Steigerung der Wirtschaftlichkeit aller Verwaltungstätigkeiten zur optimalen ökonomischen und gesellschaftlichen Erfüllung vorgegebener Aufgabenstellungen. Dazu müssen die Leistungen ermittelt, die entsprechenden Kosten als Istwerte erfasst und verrechnet, über Zielvorgaben ermittelte Sollwerte als Kontrollmaßstäbe vorgegeben und daraus abgeleitete Kennzahlen als Steuerungsgrößen bereitgestellt werden. Das Steuerungssystem im Rahmen des Verwaltungscontrolling besteht deshalb aus der Ableitung und Verwendung geeigneter Kennzahlen, aus einem zielgerichteten Berichtswesen und dem Kontraktmanagement.

3.4.1   Kontraktmanagement

Ein wesentliches Instrument der öffentlichen Verwaltung stellt die Steuerung über Kontrakte dar. Kontraktmanagement ist als Führungstechnik auch als „Management by Objektives" oder als „Führen durch Zielvereinbarung" bekannt, hat aber erst mit dem Paradigmawechsel vom tayloristischen Arbeitsablauf zum Lean Management seine eigentliche Bedeutung erlangt. Als Merkmal moderner Führung ist die Zielvereinbarung sowohl in der Privatwirtschaft als auch in der öffentlichen Verwaltung schon seit langem bekannt.

Ihre Grundidee stammt aus betriebswirtschaftlichen und organisations-psychologischen Erkenntnissen der 50er/60er-Jahre. Zentrale These ist der Gedanke, dass autoritäres Führungsverhalten von Vorgesetzen nicht zur Verwirklichung der Organisationsziele beiträgt. Vielmehr wird Erfolg gerade dort erzielt, wo Eigeninitiative und Leistungsbereitschaft der Mitarbeiter durch Beteiligung an der Führung und Identifikation mit den Organisationszielen gefördert wird. Der Führungsstil „Management by Objectives" oder „Kontraktmanagement" wird in diesem Sinn als Konzept verstanden, in dem der höhere und nachgeordnete Verantwortliche einer Organisation gemeinsam Ziele aushandeln, die Verantwortung jedes Einzelnen in Form von erwarteten Ergebnissen definieren und damit sowohl den Bereich steuern als auch die Beiträge der daran Beteiligten messen. Es geht im Kontraktmanagement um die Einführung erweiterter Handlungsspielräume in der Leistungserstellung bei gleichzeitiger Erhöhung von Eigenverantwortung, Leistung und Motivation. Ziel ist es, auf allen Ebenen der Leistungserstellung eine kleinteilige autoritär gestaltete Arbeitsteilung aufzulösen und durch Zielvereinbarungen zu substituieren. Die Politik soll sich aus dem Bereich der Detailsteuerung einzelner Haushaltstitel zurückziehen und sich zukünftig nur noch mit den „we-

sentlichen" Fragestellungen – der Definition politischer Programme befassen, für deren Aus-
führung die Verwaltung im Gegenzug das erforderliche Budget ermittelt. Die Steuerungsper-
spektive wechselt damit von der Detail- zur Globalsteuerung.

An die Stelle einer peniblen und hochdetaillierten Prozesskontrolle tritt im Kontraktmanagement die Ergebniskontrolle mit erhöhter Eigenverantwortung. Zum einen soll es zu einer
klaren Rollenverteilung zwischen Politik und Verwaltung kommen, indem die Politik das
„Was" bestimmt und der Verwaltung bei der Wahl des „Wie" ausreichend Freiheit einge-
räumt wird. Zum anderen soll auch verwaltungsintern eine Steuerung über Produkte, Ziele
und Kennzahlen durch Kontrakte ermöglicht werden. Kontraktmanagement bedingt den
Einsatz der wichtigsten Steuerungsinstrumente wie Kennzahlenentwicklung und Berichtswesen, um Transparenz in die Leistungserstellung zu bringen. Erst dann lässt sich abgleichen,
ob politisch vorgegebene und im Kontrakt vereinbarte Ziele und Ergebnisse („Wirkungen")
erreicht worden sind, und ob sie überhaupt überprüfbar und messbar sind. Der Begriff „Kontrakt," deutet an, dass die Führungsebene und die Arbeitsebene „Verträge" über Ressourcen-
überlassung gegen Leistungsversprechen abschließen.

Der Begriff des Kontraktmanagements wird dabei nicht auf die Beziehung zwischen Politik
und Verwaltung beschränkt, sondern beeinflusst auch das Verhältnis zwischen Kernverwal-
tung und ausgegliederten Einheiten (inter-organisatorisch) sowie die Beziehungen innerhalb
einer verselbstständigten Einheit (intra-organisatorisch). Allerdings handelt es sich hierbei
nicht um einen rechtsverbindlichen Vertrag, sondern nur um eine verbindliche Zielabsprache
über einen festgelegten Zeitraum. Diese enthält die drei Dimensionen **Inhalt**, **Vereinbarung**
und **Steuerung**. Inhaltlich werden die zu erstellenden Leistungen und Produkte nach Quantität und Qualität (Leistungsziele) und das hierfür benötigte Budget (Finanzziele) festgelegt.
Entscheidend an dieser Vereinbarung ist, dass sie nur eine ergebnisorientierte Handlungsorientierung für alle Beteiligten darstellt, ohne dass eine genaue Zielverfolgung vorgeschrie-
ben wird. Die Vereinbarungsdimension zielt auf die Einbringung der Kontraktpartner ab.
Es erfolgt kein reiner Top-down-Ansatz, sondern ein gemeinsames Aushandeln der Ziel-
elemente. Dies soll die Akzeptanz bzw. das Vertrauen unter den einzelnen Hierarchieebenen
sowie die Motivation und die Zielerreichung erhöhen. Die Erreichung der Zielvereinbarungen lässt sich durch die Einrichtung eines zielorientierten Berichtswesens mit geeigneten
Kennzahlen optimieren. Der Kontrakt bestimmt damit Output, Input und Kontext.

Betrachtet man die bisherigen geringen vorliegenden Erfahrungen mit dem Kontraktmanagement zur Steuerung von Behörden oder von Einheiten in Verwaltungen, so lässt sich folgendes festhalten:

– Die Zeitbezogenheit von Kontrakten verhindert teilweise sinnvolle Investitionen oder
  erschwert den flexiblen Einsatz von Personal;
– Das öffentliche Dienstrecht bietet wenig Möglichkeiten für Anreize und Prämien bei
  erfolgreicher Auftragsdurchführung und ebenso wenig Möglichkeiten zur Bestrafung
  bei schlechter Auftragsdurchführung.[101]

---

[101] vgl. die empirischen Ergebnisse bei Kickert, W.: Öffentliches Management in hybriden Organisationen, in:
       Verwaltung und Management, Heft 4, S. 212-215 und Heft 5, S. 304-311, 1999

3.4.2   Kennzahlen

3.4.2.1   Ausgestaltung und Einsatz von Kennzahlen

Kennzahlen sind Informationen, die quantitativ erfassbare Sachverhalte in konzentrierter Form darstellen.[102] Diese komprimierten Informationen beschreiben (ex post) und/oder determinieren (ex ante) die Struktur einer Organisation sowie die sich in ihr vollziehenden Prozesse und Veränderungen.[103] Durch Kennzahlen versucht man das Wesentliche oder Typische in einer Zahl zu verdichten, ohne den Anspruch auf Gültigkeit im Einzelfall zu erheben.[104] Kennzahlen sind Zahlen, die unmittelbar für betriebswirtschaftliche Entscheidungs- und Beurteilungszwecke herangezogen werden können. Ihre wesentliche Aufgabe besteht darin, sowohl die internen Vorgänge als auch externe Zusammenhänge transparent zu machen und insgesamt eine bessere Handhabbarkeit und Steuerbarkeit der öffentlichen Verwaltung und seiner Teilbereiche zu erreichen. Damit ist eindeutig, dass sich Kennzahlen keineswegs ausschließlich auf finanzwirtschaftliche monetäre Zusammenhänge beschränken müssen. Vielmehr wird heute ein Kennzahlenmix, der Kennzahlen aus unterschiedlichen Sichten der Organisation im Sinne einer ausgeglichenen Matrix (Balanced Scorecord) zur Verfügung stellt, angestrebt. Die Balanced Scorecard soll im wesentlichen Verbesserungen bei der häufig kritisierten mangelnden Verbindung zwischen strategischer Formulierung und operativer Umsetzung durchsetzen. Zum einen wird mit ihrer Hilfe die Strategie operationalisiert, indem zur Erreichung der strategischen Ziele konkrete Maßnahmen abgeleitet werden. Zum anderen bietet sie die Möglichkeit, die Strategie verständlich an die Mitarbeiter zu kommunizieren (siehe hierzu die Ausführungen zur Balanced Scorecard in der vorliegenden Schrift).

Die Eignung von Kennzahlen als internes Steuerungsinstrument im Rahmen des Controllingprozesses hängt von der Erfüllung der folgenden Anforderungen ab:

– Die Kennzahlen müssen die Ziele der öffentlichen Verwaltung sowie deren wichtigsten Bestimmungsfaktoren berücksichtigen. Dabei ist zu beachten, dass in den einzelnen Ressorts unterschiedliche Bedingungen der Leistungserstellung herrschen. So muss bei der Kennzahlenbildung in der Justiz z.B. auf die Wahrung der richterlichen Unabhängigkeit geachtet werden.
– Die Kennzahlen müssen alle steuerungsrelevanten Informationen bereitstellen. Was hierbei steuerungsrelevant ist, hängt von der jeweiligen Zielsetzung ab. Die Anzahl der Kennzahlen ist auf ein überschaubares Maß zu beschränken. Ein in der Praxis häufig auftretendes Problem der Kennzahlenbildung ist die Überflutung mit nebensächlichen oder zu detaillierten Informationen. Die Abbildung sämtlicher Grundtatbestände des Verwaltungshandelns darf nicht Zielsetzung einer Kennzahlenbildung zu Steuerungszwecken sein.

---

[102]   vgl.: Reichmann, T., Lachnit, L.: Planung, Steuerung und Kontrolle mithilfe von Kennzahlen, in: ZfbF, 28. Jg., 1976, S. 706

[103]   vgl.: Merkle, E.: Betriebswirtschaftliche Formeln und Kennzahlen und deren betriebswirtschaftliche Relevanz, in: Wirtschaftswissenschaftliches Studium, 11 Jg., 1982, S. 325

[104]   Dellmann, K.: Kennzahlen und Kennzahlensysteme, in: Küpper, H.-U., Wagenhofer, A. (Hrsg): Handwörterbuch Unternehmensrechnung und Controlling, 4. Aufl., Stuttgart, 2002, Sp. 941

- Die Kennzahlen müssen flexibel gestaltet werden, so dass neue Tatbestände Berücksichtigung finden können. Die Flexibilität von Kennzahlen ist insbesondere in Zeiten rascher Veränderungen durch Reformbemühungen nützlich.
- Die Kennzahlen müssen hinsichtlich ihrer Zusammensetzung und ihres Informationsgehaltes derart gestaltet sein, dass die Gefahr von Fehlinterpretationen seitens der Entscheidungsträger minimiert wird. Jede Fehlinterpretation und darauf zurückzuführende Fehlsteuerungen mindern die Akzeptanz und den Nutzen der Kennzahl. Hierzu sind Kennzahlen, die langwierige und komplizierte Rechengänge erfordern grundsätzlich nicht zur Steuerung in der öffentlichen Verwaltung geeignet. Kennzahlen finden dann Akzeptanz und Anwendung, wenn sie verständlich sind.
- Kennzahlen, die der Steuerung dienen sollen, müssen kontinuierlich (je nach Anwendung pro Jahr, Quartal oder Monat) zu erheben sein. Es ist nicht nur die theoretische Möglichkeit, die Ausprägung der Kennzahl zu erfassen, entscheidend, sondern es muss auch der mit der Erhebung verbundene Aufwand in einem vernünftigen Verhältnis zum Steuerungsnutzen stehen. "Exotische" Kennzahlen erzeugen in der Regel einen erheblichen Aufwand zur Erhebung und laufenden Führung. Es sollen daher möglichst vorhandene Daten, z. B. aus dem internen und externen Rechnungswesen bzw. aus anderen bestehenden Informations- und Kommunikationssystemen genutzt werden.

Mit Hilfe von Kennzahlen ist es im Verwaltungscontrolling möglich, Maßstäbe zu setzen (Operationalisierung von Zielen), Erfolgskontrolle auszuüben und ein Benchmarking (intern und extern) durchzuführen. Kennzahlen sind im Konzept der outputorientierten Steuerung Informationsträger für die zu definierenden Produkte. Diese beinhalten erstens Angaben zu den erforderlichen Kosten der Erstellung des jeweiligen Produktes sowie zweitens weitere Produktinformationen wie z.B. Mengen- und Qualitätsangaben, Bestimmung der Zielgruppe, produktspezifische Einnahmen oder auch personalwirtschaftliche und organisatorische Informationen. Um die Daten zu Quantität, Qualität und Zielerreichung aufzustellen und zu bewerten, werden geeignete Kennzahlen benötigt. Die zentrale Funktion von Kennzahlen im Rahmen eines Verwaltungscontrollings ermöglicht es nicht nur, die definierten Produkte in eine Kosten- und Leistungsrechnung zu integrieren, sondern auch Verfahren eines Kontraktmanagements sowie behörden- und ressortübergreifende Vergleiche über dieses Informations- und Steuerungsinstrument zu unterstützen.[105] Die Anwendung von Kennzahlen ist eine Voraussetzung dafür, dass im Rahmen von Controllingprozessen Produktmerkmale an vereinbarten konkreten Bezugsgrößen ausgerichtet werden können. Die Besonderheit eines kennzahlenorientierten Verwaltungscontrollings im Vergleich zur privatwirtschaftlich ausgerichteten Controllingkonzepten liegt in den Inhalten der Kennzahlen. Während in privaten Unternehmen Rentabilitätsziele die Einschätzung von Kennzahlen bestimmen, sind dies in der öffentlichen Verwaltungen eher Sachziele.[106]

---

[105] vgl.: Klages, H.: Verwaltungsmodernisierung durch neue Steuerung, in: Archiv für Kommunalwissenschaften, 34. Jg., 1995, Heft 2, S. 212
[106] vgl.: Nullmeier, F.: Kennzahlen und Indikatoren, in: S. v. Bandemer u.a. (Hrsg.), Handbuch zur Verwaltungsreform, Opladen 1998, S. 339 f.

Bei der Anwendung von Kennzahlen zur Steuerung in der öffentlichen Verwaltung ist insbesondere darauf zu achten, dass

- keine Überbetonung des Messbaren erfolgt,
- Produktbeschreibungen und die entsprechenden Kennzahlen verständlich formuliert werden,
- Produktbeschreibungen und Kennzahlen nicht zu einer unzulässigen Komplexitätsreduktion der Verwaltungswirklichkeit beitragen,
- sich die Innovations- und Veränderungsbereitschaft nicht auf die Formulierung von Produktbeschreibungen und die Ableitung von Kennzahlen beschränkt,
- Besonderheiten in der Produkterstellung und ihre Abbildung durch Kennzahlen nicht durch den Wunsch zu ressortübergreifenden Vergleichen als Marktsurrogate nivelliert werden.

Der Kennzahleneinsatz als Instrument, das schnell und einfach Informationen in konzentrierter Form bündelt, beschreibt und hilft, Ziele und Ergebnisse des Verwaltungshandelns zu operationalisieren, setzt allerdings voraus, dass der jeweilige Aspekt quantifizierbar und damit messbar ist.[107] „If you can't measure it, you can't manage it!" Damit wird der Einsatz von Kennzahlen und Kennzahlensystemen im Rahmen des Verwaltungscontrollings auf die Aufgaben beschränkt, die einer Quantifizierung zugänglich sind. Für die zielorientierte Steuerung der quantifizierbaren Aufgaben sowie die Überwachung der Wirtschaftlichkeit stellen Kennzahlen ein geeignetes Instrumentarium dar, sowohl einzelnen Mitarbeitern bei ihrer Aufgabenerfüllung als Orientierungsgrößen zu dienen, als auch im Rahmen des Verwaltungscontrollings die Diagnose von Schwachstellen und Rationalisierungsreserven zu unterstützen.

3.4.2.2 Kennzahlenarten
Die Quantifizierung der betrachteten Sachverhalte kann entweder durch Grundzahlen in Form von Einzelzahlen, Summen, Differenzen und Mittelwerten oder durch Verhältniszahlen in Form von Gliederungs-, Beziehungs-, Index- und Richtzahlen erfolgen.

Abb. 3.62:   Grundzahlen und allgemeine Verhältniszahlen

---

[107]   vgl.: Kühn, D.: Reform der öffentlichen Verwaltung. Das Neue Steuerungsmodell in der kommunalen Sozialverwaltung, Köln 1999, S. 74 ff.

Grundzahlen oder absolute Zahlen besitzen als Kennzahlen lediglich eine begrenzte Aussagekraft, da sie nur absolute Veränderungen darstellen können. Die absolute Zahl vermittelt eine Größenvorstellung von dem dargestellten Sachverhalt. Die Bedeutung dieser absoluten Zahl wird jedoch erst deutlich, wenn sie zu anderen Zahlen ins Verhältnis gesetzt wird. (z.B.: Information, dass 500 Fälle bearbeitet wurden ist wenig aussagekräftig; reichhaltiger ist die Information, dass 500 Fälle von 5 Mitarbeitern innerhalb eines Monats bearbeitet wurden.) Die begrenzte Aussagekraft der Grundzahlen führt zur Entwicklung von Verhältniszahlen.

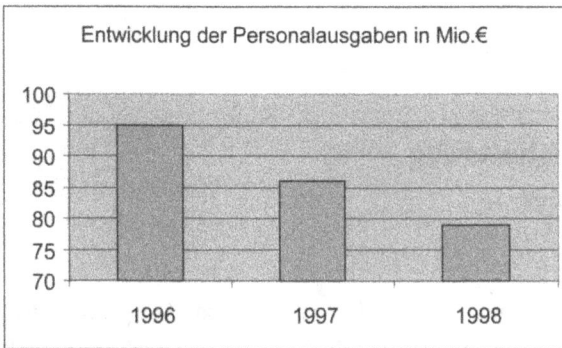

Grundzahlen

Abb. 3.63: Grundzahlen

Bei der Bildung von Verhältniszahlen werden steuerungsrelevante Größen zueinander in Beziehung gesetzt; d.h. aus zwei Grundzahlen, die einen sachlichen Bezug zueinander aufweisen, wird ein Quotient gebildet. Gliederungszahlen drücken strukturelle betriebliche Verhältnisse aus, wie zum Beispiel Lieferantenstruktur, Belegschaftsstruktur, Kostenstruktur, Leistungsstruktur und dergleichen. Die Gliederungszahl stellt eine Teilmenge ihrer zugehörigen Gesamtmenge gegenüber. Die Gesamtmenge wird hier gleich 100 gesetzt, und die einzelnen Teilmengen werden in Prozent davon ausgedrückt. Zur Klassifizierung sollte immer die absolute Größe (Grundzahl) mit angegeben werden. Interpretationsprobleme ergeben sich im Zeitvergleich, wenn sich Zähler und Nenner verändern, dies aber in der Kennzahl nicht sichtbar wird. Die verwendeten Größen müssen sich auf denselben Zeitraum beziehen.

Beispiele für Gliederungszahlen:

$$\frac{\text{Personalkosten}}{\text{Gesamtkosten}} \quad \frac{1{,}3 \text{ Mio}}{2{,}8 \text{ Mio}} = \quad 46{,}4 \text{ \%}$$

$$\frac{\text{Variable Kosten}}{\text{Gesamtkosten}} \quad \frac{0{,}7 \text{ Mio}}{2{,}8 \text{ Mio}} = \quad 25{,}0 \text{ \%}$$

$$\frac{\text{Kalk. Abschreibungen}}{\text{Kalk. Kosten}} \quad \frac{0{,}5 \text{ Mio}}{1{,}5 \text{ Mio}} = \quad 33{,}3 \text{ \%}$$

$$\frac{\text{Personalkosten Rechtspfleger}}{\text{Gesamte Personalkosten}} \quad \frac{0{,}7 \text{ Mio}}{1{,}3 \text{ Mio}} = \quad 53{,}8 \text{ \%}$$

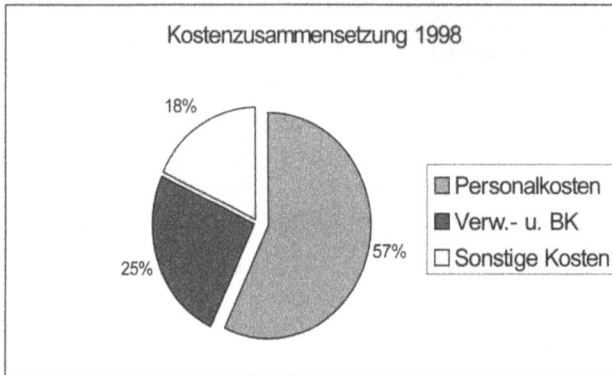

Abb. 3.64:   Gliederungszahlen

Gliederungszahl - Aufgliederung
einer Gesamtgröße in Teilgrößen

Für die Bildung von Beziehungszahlen werden Größen, die verschiedenen Gesamteinheiten angehören, zueinander in Beziehung gesetzt. Beziehungszahlen eröffnen einen umfangreichen Spielraum für die Ableitung von Kennzahlen. Mit ihnen lassen sich sehr vielfältige und ausdrucksvolle Relationen zahlenmäßig ausdrücken. Zwischen den Größen muss allerdings ein sinnvoller ökonomischer Zusammenhang bestehen. Ein sinnvoller ökonomischer Zusammenhang kann z.B. eine Zweck-Mittel-Relation sein (z.B. Verhältnis von Betriebsergebnis zu eingesetztem Kapital; Kosten pro Leistungseinheit; Output je Mitarbeiter; etc.). Durch Beziehungszahlen lassen sich Veränderungen der definierten Zweck-Mittel-Relationen darstellen. Allerdings setzt die sachgerechte Interpretation von Beziehungszahlen die genaue Kenntnis und Definition der verwendeten Größen voraus. Wie bei den Gliederungszahlen beziehen sich die gewählten Größen wiederum auf denselben Zeitraum.

Beispiele für Beziehungszahlen:

$$\frac{\text{Nettoumsatz}}{\text{Mitarbeiter}} \quad \frac{6,5 \text{ Mio}}{300 \text{ MA}} = \quad 21,6 \text{ T€ Umsatz pro Kopf}$$

$$\frac{\text{Verwaltungskosten}}{\text{Justizmitarbeiter}} \quad \frac{0,9 \text{ Mio}}{75 \text{ MA}} = \quad 12 \text{ T€ VW-Kosten je MA}$$

$$\frac{\text{Betriebsergebnis}}{\text{Gesamtkapital}} \quad \frac{1,2 \text{ Mio}}{8,0 \text{ Mio}} = \quad 15\% \text{ Gesamtkapitalrendite}$$

$$\frac{\text{Kosten des KFZ}}{\text{Kilometerleistung}} \quad \frac{30 \text{ T€}}{70 \text{ TKm}} = \quad 42,9 \text{ Cent je gefahrenem Km}$$

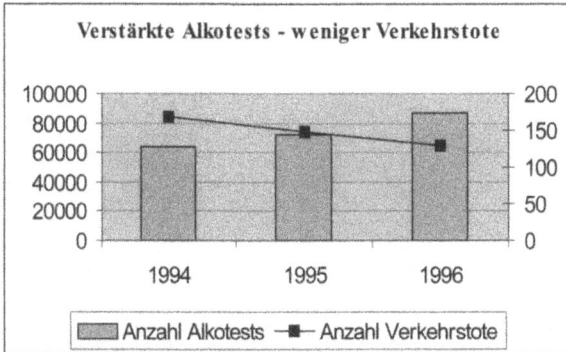

Beziehungszahlen - **verschiedenartige Daten werden zueinander in Beziehung gesetzt**

Abb. 3.65:   Beziehungszahlen

Die Ableitung von Indexzahlen verfolgt den Zweck, zeitliche Veränderungen einer Größe darzustellen. Als Vergleichsmaßstab wird ein Basiswert (Basisjahr) festgelegt (= 100%). Bei ihrer Bildung werden sowohl im Zähler als auch im Nenner gleichartige und zugleich gleichrangige Größen in Beziehung gesetzt. Die jeweiligen Messzahlen beziehen dann Größen verschiedener Zeitpunkte und Zeiträume aufeinander. Die Indexzahl gibt an, um wieviel Prozent sich die betrachtete Größe im Vergleich zum Basiswert (Basisjahr) verändert hat. Bei Indexzahlen ist die Wahl des Basiswertes (Basisjahres) von entscheidender Bedeutung, da sie den Indexwert entscheidend mitbestimmt. Um aussagekräftige Ergebnisse zu bekommen, muss bei der Wahl des Basisjahres darauf geachtet werden, dass ein Jahr mit typischem Geschäftsverlauf (möglichst geringe Abweichungen von langjährigen Durchschnittswerten) gewählt wird. Um Verzerrungen zu reduzieren, können auch Durchschnittswerte als Basiswerte definiert werden. Indexzahlen werden insbesondere zur Analyse der Entwicklung von Preisen und Kosten sowie zur Kontrolle von Verbrauchsentwicklungen gebildet.

Beispiele für Indexzahlen:

Materialpreisindex 1995 (Basisjahr) = 100% Materialpreisindex 2000 (Berichtsjahr) = 120% Veränderung Materialpreis 1995-2000 = 20%

Nutzenindex einfache Mahlzeit = 70% Nutzenindex normale Mahlzeit = 100% (Basisgröße) Nutzenindex luxuriöse Mahlzeit = 150%

Performanceindex Fälle je Mitarbeiter je Monat = 100% (Basisgröße) Performanceindex Hr. Strebsam = 135% (Berichtsgröße)

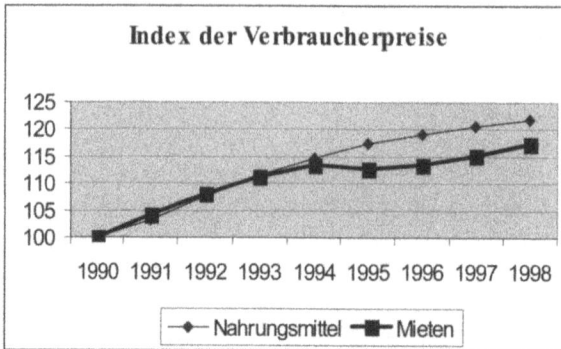

Index der Verbraucherpreise

125
120
115
110
105
100

1990 1991 1992 1993 1994 1995 1996 1997 1998

— Nahrungsmittel — Mieten

Indexzahlen

Abb. 3.66:   Indexzahlen

Der Einsatz von Richtzahlen ist ein Instrument des Behördenvergleichs. Die zu analysieren-
de Behörde wird mit einem repräsentativen Durchschnitt von Behörden des gleichen Tätig-
keitsbereichs verglichen. Dabei können allerdings Probleme in der Abgrenzung des Tätig-
keitsbereichs bestehen. Probleme bestehen zusätzlich in der Ermittlung eines repräsentativen
Durchschnitts. Richtzahlen geben Informationen über die Stellung der analysierten Organisationseinheit hinsichtlich des Branchendurchschnitts.

Beispiele für Richtzahlen:

Durchschnittliches Anlagevermögen einer Schreinerei mit 4-6 Mitarbeitern: xxx Mio

Durchschnittlicher Wasserpreis in NRW: y,yy Cent/m³

Personalkostenanteil der öffentlichen Verwaltung in Städten von 50.000 bis 80.000 Einwohnern: zz,z %

Durchschnittlicher Krankenstand der Justizmitarbeiter mit Fachstudium in NRW: xx Tage/Kalenderjahr

3.4.2.3 Kennzahlen der Wirtschaftlichkeit

Die Kennzahlen für den zentralen Begriff „Wirtschaftlichkeit" lassen sich unterteilen in
Kennzahlen der Kostenwirtschaftlichkeit, der Sparsamkeit, der Produktivität, der Rentabilität, der Effizienz, der Effektivität und der Liquidität.

3.4.2.3.1 Kennzahlen der Kostenwirtschaftlichkeit

Der Begriff der Kostenwirtschaftlichkeit engt den Wirtschaftlichkeitsbegriff auf das Verhältnis von Kosten- und Leistungsmengen ein. Die Kostenwirtschaftlichkeit bedeutet nach dem ökonomischen Min-Max-Prinzip, dass die Leistungsmenge bei vorgegebenen Kosten zu maximieren ist bzw. die Kosten bei vorgegebener Leistungsmenge zu minimieren sind.

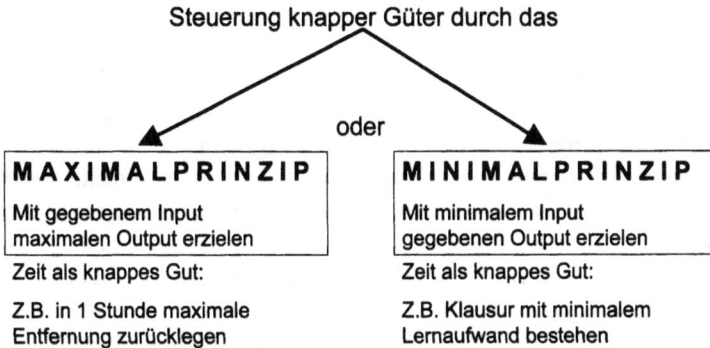

Steuerung knapper Güter durch das

oder

MAXIMALPRINZIP

Mit gegebenem Input
maximalen Output erzielen

Zeit als knappes Gut:

Z.B. in 1 Stunde maximale
Entfernung zurücklegen

MINIMALPRINZIP

Mit minimalem Input
gegebenen Output erzielen

Zeit als knappes Gut:

Z.B. Klausur mit minimalem
Lernaufwand bestehen

Abb: 3.67:   Maximal- und Minimalprinzip

Ziel der Messung der Kostenwirtschaftlichkeit ist die Kontrolle des Erreichungsgrades kostenbewussten Handelns. Häufig wird der Begriff der Wirtschaftlichkeit in der öffentlichen Verwaltung unzulässigerweise durch die reine Betrachtung der Kostenwirtschaftlichkeit verkürzt.

Die Kostenwirtschaftlichkeit (Wko1) ist der Quotient aus Leistungsmenge und Kosten. In der Praxis wird häufig die reziproke Darstellung als Quotient aus Kosten und Leistungsmenge gewählt, um die Kosten pro Leistungseinheit offenzulegen (Wko2).

$$Wko1 = \frac{\text{Leistung(smenge)}}{\text{Kosten}}$$

$$Wko2 = \frac{\text{Kosten}}{\text{Leistung(smenge)}}$$

Bei der Ermittlung und Anwendung von Kennzahlen zur Kostenwirtschaftlichkeit in der öffentlichen Verwaltung treten häufig folgende Probleme auf:

- Die Leistung der erbringenden Institution ist mengenmäßig vielfach kaum zu erfassen.
- Die Leistung ist häufig schwer monetär darstellbar, da Bewertungshilfen wie Konkurrenzprodukte, Preise und Kundenpräferenzen völlig fehlen.
- Die Leistungen müssen deshalb häufig indirekt gemessen werden, z.B. über die Anzahl der Anfragen, Anträge, Vorgänge, Fälle etc.
- Qualitative Unterschiede der Leistungserbringung sind bei indirekter Leistungsmessung über Punktbewertungsverfahren oder andere Gewichtungsverfahren zu berücksichtigen.

3.4.2.3.2 Kennzahlen der Sparsamkeit

Der „Grundsatz der Sparsamkeit" ist im staatlichen Haushaltsrecht verankert. Allerdings existiert über den materiellen Begriffsinhalt in Theorie und Praxis keine einheitliche Meinung. Sparsamkeit kann als Vermeidung unnötiger Ausgaben interpretiert werden. Wenn allerdings die Leistungskomponente unberücksichtigt bleibt, führt diese Interpretation zu einer Enthaltsamkeit bei der Übernahme von Aufgaben, was nicht zielführend sein kann. Darüber hinaus lässt diese Interpretation offen, was unnötige Ausgaben sind. Sparsamkeit im Sinne von „knausrig" kann dann höchst unwirtschaftlich sein, wenn z.B. Leistungen, die zunächst unnötig erscheinen nicht erbracht werden, diese aber in einer weiterführenden Wertschöpfungskette vorausgesetzt werden. Eine sinnvolle Interpretation des Begriffes der Sparsamkeit führt zwangsläufig zur Berücksichtigung der Leistungskomponente und sollte als Unterfall des Wirtschaftlichkeitsprinzips angesehen werden. Sparsamkeit bedeutet dann Wirtschaftlichkeit gemäß Minimalprinzip. Diese Interpretation wird hier im folgenden zugrundegelegt. Kennzahlen zur Sparsamkeit müssen, um eine sinnvolle Aussage zu ermöglichen, zwei Soll-Größen voraussetzen. Die erste Soll-Größe definiert die zu erbringende Leistungsmenge. Die zweite Soll-Größe gibt die hierfür zulässigen Kosten vor. Die Grundformel für den Sparsamkeitsgrad (SG) ist der Quotient aus Soll-Einsatz und Ist-Einsatz unter der Prämisse der Erfüllung der Soll-Leistungsmenge.

$$SG \ = \ \frac{\text{Soll-Kosten}}{\text{Ist-Kosten}}$$

Kennzahl nur Aussagekräftig bei definierter Leistungsmenge

Es gilt: SG nahe 0 bedeutet völlige Unwirtschaftlichkeit

$SG = 1$ bedeutet völlige Wirtschaftlichkeit

3.4.2.3.3 Kennzahlen der Produktivität

Die Produktivität ist ein Maß für die Leistungsfähigkeit der eingesetzten Produktionsfaktoren. Sie stellt ein Durchschnittsprodukt dar, das sich aus dem Verhältnis des gesamten Output mit dem für seine Erstellung im Bezugszeitpunkt zum Einsatz gelangenden gesamten Input ergibt. Kennzahlen der Produktivität stellen damit die **mengenmäßige Wirtschaftlichkeit** in komprimierter Form dar. Sie unterstützen die Beurteilung der mengenbezogenen Faktorergiebigkeit. Die Gesamtproduktivität der Leistungserstellung ist aufgrund der Heterogenität der Produktionsfaktoren nicht darstellbar. Aus diesem Grund werden sogenannte Teilproduktivitäten für einzelne Produktionsfaktoren (z.B. Arbeit, Material, Maschinen, Gebäude, etc.) abgeleitet. Dabei ist allerdings zu beachten, dass der betrachtete Output durch das Zusammenspiel aller eingesetzten Produktionsfaktoren bewirkt wird und folglich keine Aussage getroffen werden kann, welcher Anteil des Output durch das Wirken des untersuchten Produktionsfaktors ursächlich hervorgerufen wurde. Bei konstanter Faktorqualität wird die Produktivität (P) für einen Produktionsfaktor als Quotient aus Output (Leistungsmenge) und Input (Faktoreinsatzmenge) definiert.

$$P = \frac{\text{Output (Leistungsmenge)}}{\text{Input (Faktoreinsatzmenge)}}$$

$$\text{Arbeitsproduktivität} = \frac{\text{Arbeitsoutput}}{\text{Arbeitsinput}}$$

Je größer der Quotient ist, desto höher ist die Produktivität des Produktionsfaktors.

Die Faktoreinsatzmenge ist bei der Definition von Produktivitätskennzahlen ökonomisch sinnvoll zu quantifizieren z.B:

– Arbeitsinput: Eingesetzte Netto-Arbeitsstunden
– Maschineninput: Eingesetzte Maschinenstunden
– Gebäude/Grundstücke: Eingesetzte qm
– Kalkulatorische Abschreibungen: Geldeinheiten
– Kalkulatorische Zinsen: Geldeinheiten
– Material: Eingesetzte Kg, l, Stück etc.

Bei der Interpretation von Produktivitäts-Kennziffern ist insbesondere darauf zu achten, dass sich die Faktorqualitäten nicht verändert haben (z.B. angelernte Kraft vs. Fachkraft, etc.)

3.4.2.3.4 Kennzahlen der Rentabilität

Mit der Rentabilität wird die **wertmäßige Wirtschaftlichkeit** gemessen. Rentabilitäts-Kennzahlen drücken das Verhältnis eines monetären Ergebnisses zu dem zur Erzielung dieses Ergebnisses notwendigen Kapitaleinsatzes aus. Die Rentabilität bezieht sich immer auf einen abgegrenzten Rechnungszeitraum (Kalenderjahr, Geschäftsjahr, Quartal, etc.). Die Rentabilität kann sich auf einzelne Kapitalteile (Eigenkapitalrentabilität), auf das gesamte Kapital (Gesamtkapitalrentabilität) oder auf andere ökonomische Größen (z.B. Umsatzrentabilität) beziehen. Als Darstellung der Verzinsung des eingesetzten Kapitals sind Rentabilitätskennzahlen als betriebswirtschaftliche Basisinformation weit verbreitet.

Die Eigenkapitalrentabilität (Rek) drückt die Verzinsung des vom Leistungsersteller eingesetzten Kapitals innerhalb einer Rechnungsperiode aus. Dabei steht der Gewinn im Zähler und das eingesetzte Eigenkapital im Nenner des Quotienten.

$$\text{Rek} = \frac{\text{Gewinn}}{\text{Eigenkapital}} \times 100$$

Durch die Multiplikation des Quotienten mit 100 wird ein Prozentsatz zur Darstellung der Kapitalverzinsung generiert.

Die Gesamtkapitalrentabilität (Rgk) drückt die Verzinsung des insgesamt eingesetzten Kapitals (Eigen- und Fremdkapital) innerhalb einer Rechnungsperiode aus. Dabei wird der im Zähler stehende Gewinn um die Fremdkapitalzinsen erhöht. Das eingesetzte Gesamtkapital steht im Nenner des Quotienten.

$$Rgk = \frac{(Gewinn + FK\text{-}Zinsen)}{(EK + FK)} \times 100$$

Durch die Multiplikation des Quotienten mit 100 wird ein Prozentsatz zur Darstellung der Kapitalverzinsung generiert.

Zusätzlich zur Kapitalrentabilität wird in der Praxis häufig nach der Umsatzrentabilität (Rum) gefragt. Die Umsatzrentabilität drückt das Verhältnis zwischen dem Gewinn und dem hierfür notwendigen Umsatz aus. Der Gewinn steht im Zähler und der Umsatz im Nenner des Quotienten. Die Umsatzrentabilität ist ein Maß zur Beurteilung der Kostenintensität und drückt damit die Gewinnspanne aus.

$$Rum = \frac{Gewinn}{Umsatz} \times 100$$

Durch die Multiplikation des Quotienten mit 100 wird ein Prozentsatz zur Darstellung der Umsatzrentabilität generiert.

3.4.2.3.5 Kennzahlen der Effizienz

Effizienz ist das Erstellen einer Leistung, bzw. die zielgerichtete Tätigkeit. Im technischen Sinne wird Effizienz in erster Linie als Wirkungsgrad verwendet: Das Verhältnis von abgegebener zu aufgenommener Leistung eines Systems. In Managementzusammenhängen definiert die DIN EN ISO 9000:2000 Effizienz als das „Verhältnis zwischen dem erzielten Ergebnis und den eingesetzten Mitteln", wobei hier monetär bewertete Messgrößen eingehen. Die Effizienz drückt damit allgemein Output-Input-Relationen aus. Dabei kann es sich um wertmäßige oder mengenmäßige Relationen handeln. Die Produktivität ist ein **mengen**mäßiges Effizienzkriterium. Die Rentabilität ist ein **wert**mäßiges Effizienzkriterium.

Aufgrund der angestrebten Darstellung eines Output-Input-Verhältnisses wird bei der Effizienzkennzahl der Wirkungsgrad dem Mitteleinsatz gegenübergestellt.

$$Effizienz = \frac{Wirkungsgrad\ (Ergebnis)}{Mitteleinsatz\ (Kosten)}$$

Je größer der Quotient, desto effizienter ist das betriebliche Handeln.

3.4.2.3.6 Kennzahlen der Effektivität

Während die Effizienz eine Output-Input-Relation ausdrückt, stellt die Effektivität auf die Erreichung eines vorgegebenen Zieles ab. Das Handeln ist effektiv, wenn das vorgegebene Ziel erreicht wird. Kennzahlen zur Effektivität sind damit immer Soll-Ist-Vergleiche. Die Kennzahlen zur Sparsamkeit sind Effektivitätskriterien. Kennzahlen zur Effektivität stellen einen Zielerreichungsgrad dar. Aus diesem Grund muss in einer Effektivitätskennzahl eine Soll-Größe enthalten sein. I.d.R. steht die Zielvorgabe (angestrebtes Soll) im Zähler und der Ist-Zustand im Nenner des Kennzahlen-Quotienten.

$$\text{Effektivität} = \frac{\text{Angestrebtes Soll (-Ergebnis)}}{\text{Erreichtes Ist (-Ergebnis)}}$$

Je kleiner der Quotient, desto größer ist der Grad der Zielerreichung (Effektivität).

3.4.2.3.7 Kennzahlen der Liquidität

Die Liquidität drückt die Fähigkeit aus, seinen zwingend fälligen Zahlungsverpflichtungen jederzeit fristgerecht und im vollem Umfang nachkommen zu können. Liquidität bedeutet damit permanentes finanzielles Gleichgewicht. Die Liquidität kann sich dabei auf verschiedene Zeiträume beziehen:

- kurzfristige Verbindlichkeiten,
- mittelfristige Verbindlichkeiten,
- langfristige Verbindlichkeiten.

Die Frage ob Liquidität vorliegt, kann mit Hilfe des Liquiditätsgrades (L) beantwortet werden. Allgemein drückt der Liquiditätsgrad das Verhältnis zwischen den vorhandenen Finanzmitteln und den benötigten Finanzmitteln aus. Dabei stehen die vorhandenen Mittel im Zähler und die benötigten Mittel im Nenner des Quotienten.

$$L = \frac{\text{vorhandene flüssige Mittel}}{\text{benötigte flüssige Mittel}}$$

Ein Quotient von 1 oder größer als 1 bedeutet, daß der Betrieb im finanziellen Gleichgewicht ist.

3.4.2.4 Beispiele für controllingorientierte Kennzahlen

3.4.2.4.1 Kostenartenkennzahlen

- Plan-Ist-Relation der Höhe einer Kostenart
- ABC-Analyse nach Kostenarten
- Gesamtkosten gegliedert nach Kostenarten (in %)

- Verhältnis verschiedener Kostenarten zueinander (z.B. Anteil der Personalkosten ge-
  genüber den kalk. Kosten)
- Jährliche Durchschnittskosten je Kostenart
- Kostenartenanteile der gesamten Produktkosten (Produkt x; Produktgruppe xx)

3.4.2.4.2 Kostenstellenkennzahlen

- Plan-Ist-Relation des Kostenstellenergebnisses
- Produktmenge der Kostenstelle
- Gesamtkosten der Kostenstelle
- Gesamtkosten der Kostenstelle nach Kostenarten
- Leerkosten der Kostenstelle (Auslastungsindikator)
- Kapazität der Kostenstelle (Personalanzahl)
- Anteil fixe/variable Kosten der Kostenstelle
- Kostendeckungsgrad der Kostenstelle

3.4.2.4.3 Kostenträgerkennzahlen (Produktkennzahlen)

- Plan-Ist-Vergleich der Produktkosten
- Gesamte Produktkosten
- Durchschnittliche Produktkosten
- Grenzkosten einer zusätzlichen Produkteinheit
- Verhältnis Kostenträgereinzelkosten zu Kostenträgergemeinkosten
- Relation interne zu externen Produkte
- Prozentualer Anteil der Kostenarten an den Produktkosten

3.4.2.4.4 Kennzahlen im Zeitvergleich

Entwicklung der
- Gesamtkosten
- Kostenstruktur (Kostenarten)
- Kostenstellenkosten
- Produktkosten
pro Monat, Jahr oder Mehrjahresperiode

3.4.2.4.5 Qualitätskennzahlen

- Terminabweichungen
- Einhaltung von Ausschreibungsfristen
- Durchschnittliche Durchlaufzeit
- Aktualität
- Technische Ausstattung
- Kundenzufriedenheit
- Beratungsqualität

3.4.3 Berichtswesen

3.4.3.1 Allgemeines

Die Umstellung der Steuerung öffentlicher Verwaltungen von der Input- auf die Outputorientierung führt zu Globalhaushalten und damit zu einer reduzierten Detailsteuerung bei der Budgetbemessung. Der eigenverantwortlich von den Behörden zu gestaltende Handlungsspielraum bei der Budgetallokation und -bewirtschaftung hat Veränderungen in der Berichterstattung über Budgetverwendung und erbrachte Leistungen zur Folge. Das Berichtswesen erfüllt als Instrument des Controlling in erster Linie die Funktion Informationen für die Steuerungsprozesse innerhalb der öffentlichen Verwaltung bereit zu stellen. Mit Hilfe des Berichtswesens wird dargestellt, inwieweit die berichtenden Verwaltungseinheiten ihre Ziele erreicht haben, wo sie davon abgewichen sind, was die wichtigsten Gründe dafür sind und mit welchen Korrekturmaßnahmen die Zielerreichung vorgenommen wird. Das Berichtswesen hat in diesem Zusammenhang dafür zu sorgen, dass die für eine sachgerechte Entscheidungsfindung relevanten Informationen empfängerorientiert und aussagekräftig bereitgestellt werden. Allerdings werden Berichtsdaten häufig nur unzureichend von den Entscheidungsträgern genutzt. Die Gründe hierfür liegen oftmals darin, dass:

- die Informationen inhaltlich nicht verstanden werden,
- die Informationen fehlerhaft sind,
- die Herkunft der Informationen nicht genau bekannt ist und ihre Glaubhaftigkeit angezweifelt wird,
- die bereitgestellten Informationen für die Entscheidungssituation zu umfangreich sind und eine wirksame Fokussierung der relevanten Informationen nicht stattfindet,
- die bereitgestellten Informationen keinen direkt relevanten Steuerungsbezug aufweisen,
- konkurrierende und redundante Datenbestände vorhanden sind, die nicht konsistente Aussagen generieren.

Ein systematisches und aktuelles Berichtswesen fasst die Informationen aus allen Leistungsbereichen zusammen und verdichtet sie entscheidungsorientiert. Maßgebend ist hierbei, dass die Informationen im Sinne des Controllingkonzeptes die Steuerung der Realisierung der jeweils formulierten Ziele unterstützt. Dabei ist sicherzustellen, dass nur die Daten gesammelt und ausgewertet werden, die für die entsprechenden Entscheidungen notwendig sind (so wenig wie möglich, so viel wie nötig). Diese zusammengefassten Informationen sind nicht nur ein Steuerungsinstrument der Entscheidungsträger, sondern für alle Mitarbeiter eine Grundlage und Unterstützung bei der Erfüllung ihrer Aufgaben.

3.4.3.2 Definition des Berichtswesens

Die Entstehung von Informationen und die Verwendung derselben fallen in arbeitsteiligen Organisationen regelmäßig je nach Grad der Zentralisierung und Dezentralisierung auseinander, so dass zwischen den Stellen der Informationsentstehung und denen der Informationsverwendung Übermittlungsvorgänge stattfinden müssen, die als betriebliches Berichtswesen bezeichnet werden.[108] Das Berichtswesen umfasst alle offiziellen, materiellen und formell bestimmten Informationen, die den verantwortlichen Entscheidungsträgern zur Verfügung

---

[108] Vgl.: Horváth, P.: Controlling, 7. Aufl., München, 1998, S. 589

gestellt werden. Die Verantwortung für das Berichtswesen trägt der Controller durch seine Informationsaufgabe indem er die Daten für die Weiterleitung an die Führungsebenen aufbereitet und verdichtet.[109] In einer weiten Auslegung umfasst das betriebliche Berichtswesen „die Einrichtungen, Mittel und Maßnahmen eines Unternehmens zur Erarbeitung, Weiterleitung und Verarbeitung von Informationen über den Betrieb und seine Umwelt".[110] Da sich diese Begriffsfassung nur schwer vom Controllingbegriff abgrenzen lässt, verfolgen wir im weiteren eine engere Definition des Berichtswesens als Informationsübermittlung durch Generierung und Präsentation von Berichten. Dabei beschränkt sich das Berichtswesen auf die Informationen, die die Entscheidungsträger für eine zielorientierte Planung, Kontrolle und Steuerung benötigen. Das Berichtswesen ist als Schnittstelle des Controlling-Informationssystem zu den anderen Subsystemen der Führung (Planung, Organisation ...) zu verstehen, ohne die eine Steuerungsfunktion nicht möglich wäre. Das Controlling zeichnet sich dabei verantwortlich für die Durchführung und stimmt Informations-, Planungs- und Kontrollsystem als Regelkreis aufeinander ab. Das Berichtswesen ist zugleich als Instrument zum Nachweis von Leistungen und zur Kommunikation geeignet.

3.4.3.3 Ziele und Anforderungen an das Berichtswesen

Das Berichtswesen in der öffentlichen Verwaltung soll den aktuellen Stand der jeweiligen Zielerreichung zeitnah und prägnant darstellen. Es hat sowohl interne als auch externe Informationsbedürfnisse zu befriedigen. Die behördeninternen Steuerungsbedürfnisse beziehen sich vor allem auf die Einhaltung der vereinbarten Budgets, die Sicherstellung der Leistungserstellungseffizienz und die Kosten- und Erlössituation. Externe Steuerungsbedürfnisse zielen ab auf die Sicherstellung der Effektivität der geplanten Leistungen, die Unterstützung politischer Entscheidungen mit strategischer Dimension sowie die Rechenschaftslegung gegenüber Parlament, Finanzministerium und Öffentlichkeit.

	Rechenschafts-legung	Unterstützung der Steuerung
externes Berichtswesen	▪ Legitimation von Global-haushalten (Parlament, Öffentlichkeit) ▪ Erfolgsnachweis	▪ Bereitstellung von Informationen für Zielvereinbarungen ▪ Basis für strategische Planung
internes Berichtswesen	▪ Legitimation von Ausstattung und Mittelverteilung ▪ Nachweis des Beitrages zum Erfolg	▪ Infos für (dezentrale) Budgetentscheidungen ▪ Infos für die Strategiebildung und operative Entscheidungen

Abb. 3.68:   Ziele des internen und externen Berichtswesens

---

[109]   Vgl.: Eschenbach, R.: Controlling, 2. Aufl., Stuttgart 1996, S. 505
[110]   Blohm, H.: Berichtswesen, betriebliches, in: Management Enzyklopädie. Bd. 1, München, 1982, S. 866

Die vielfältigen Anforderungen, die an das Berichtswesen in der öffentlichen Verwaltung gestellt werden lassen sich wie folgt zusammenfassen:

Entscheidungsorientierung: Die Berichte sind inhaltlich und zeitlich auf die Bedürfnisse der jeweiligen Entscheidungsträger und die maßgebenden Zielsysteme abzustimmen. Die Berichte sind verständlich zu formulieren und mit einheitlich definierten Begriffen zu versehen, um Klarheit zu schaffen und Missverständnisse zu vermindern. Der Bericht darf nicht ausschließlich absolute Werte beinhalten. Zur Erhöhung der Aussagekraft müssen Kennzahlen, Vergleichswerte und Prognosedaten zur Relativierung der absoluten Werte bereitgestellt werden.[111] Außerdem ist es von systemimmanenter Bedeutung, dass die entscheidungsunterstützenden Berichte zeitnah und mit einer geeigneten Verdichtung der Informationen zur Verfügung gestellt werden. Der Schnelligkeit der Berichterstattung ist gegenüber einer peniblen Genauigkeit i.d.R. der Vorzug zu geben (Berichterstattung quick and dirty). Aus Steuerungssicht nutzt der detaillierteste Bericht nichts, wenn er zu spät kommt. Darüber hinaus muss die Struktur des Berichtswesen, als Pendant zum Planungssystem, identisch mit der Struktur der Planung sein, um aus der Gegenüberstellung von Soll- und Istdaten aussagefähige Informationen gewinnen zu können.[112] Die Entscheidungsqualität wird nicht durch die Menge der verfügbaren Informationen bestimmt, sondern von der Menge der aufgenommenen relevanten Informationen. Deshalb ist darauf zu achten nur relevante Informationen zur Verfügung zu stellen, damit der Entscheidungsträger nicht in einer Flut von Informationen versinkt, die er nicht mehr erfassen kann (Information Overload). Durch die Berücksichtigung des Grundsatzes „so wenig Informationen wie möglich und so viele Informationen wie nötig" bereitzustellen, werden Zahlenfriedhöfe vermieden und die Wirtschaftlichkeit der Berichterstattung verbessert.

Standardisierung und Flexibilität: Das Berichtswesen besteht aus kontinuierlich zu generierenden Standardberichten und aus fallweise anzufordernden Sonderberichten. Das Berichtswesen ist durch Formulare zu standardisieren, die für alle Organisationseinheiten eine übergeordnete und grundsätzliche Gültigkeit besitzen. Die Formulare bieten die Möglichkeit, Informationen übersichtlich anzuordnen und sich dabei auf die wesentlichen Informationen zu beschränken. Durch die Verwendung von Berichtsformularen wird erreicht, dass sich der Berichtsempfänger im Bericht schnell orientieren und die wesentlichen Informationen auf einen Blick erkennen kann. Die Standardisierung führt darüber hinaus zu einer Rationalisierung der Berichtsgenerierung, die i.d.R. durch die eingesetzte Controllingsoftware unterstützt wird (z.B. SAP, Oracle, Mach etc.).

Datenintegration: Die Daten für das Berichtswesen sollen sich einfach aus den bestehenden Kosten- und Leistungsrechnungen sowie aus den Daten der Finanzbuchhaltung und der Anlagenrechnung entnehmen und weiter verarbeiten lassen. Als schnittstellenoptimierter Zugriff auf Daten verschiedener Quellen wird seit den 80er Jahren das Data-Warehouse-Konzept entwickelt. Ein Data Warehouse (dt. Warenhaus) ist eine integrierte, strukturierte und historische Sammlung aller in einer Gesamtorganisation oder einem Teilbereich vorhandenen Daten. In dieses Datenlager fließen interne und externe Daten ein, die konsolidiert, verdichtet und analysiert werden können. Ein Data-Warehouse fasst die als verschiedene Datenquellen dienenden Informations- und Kommunikations-Verfahren einer Verwaltung

---

[111] vgl.: Jung, H.: Controlling, München, Wien, 2003, S. 153

[112] vgl.: Horváth & Partner (Hrsg.): Das Controllingkonzept – Der Weg zu einem wirkungsvollen Controllingkonzept –, 3. Aufl., München, 1998, S. 207

zusammen und hält die relevanten Daten in aggregierter und verknüpfter Form für Analyse-
tools (z.B. OnLine Analytical Processing; OLAP) vor. Mit dem Begriff OLAP bezeichnet
man Technologien, Methoden und Werkzeuge, die Auswertungen multidimensional aufbe-
reiteter Informationen unterstützen.

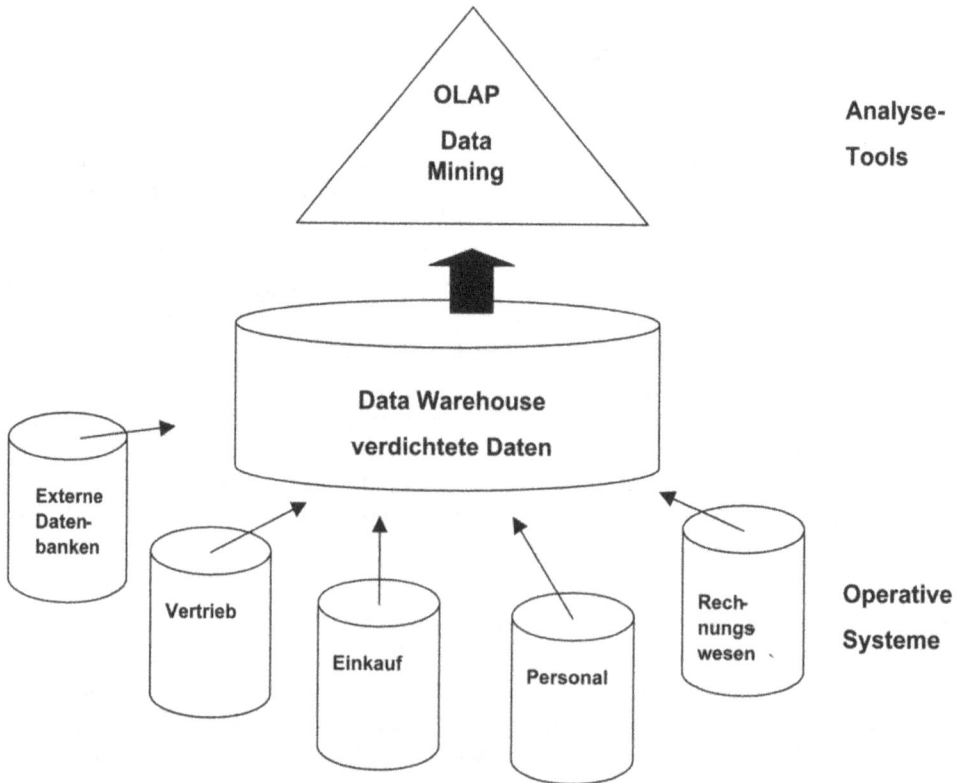

Abb. 3.69:   Grundlegender Aufbau eines Data Warehouse

Durch die offene Architektur des Data-Warehouse können stufenweise weitere Verfahren der
Informations- und Kommunikationssysteme angeschlossen und die Daten auswertbar gemacht werden. Ein Data Warehouse ermöglicht eine globale Sicht auf heterogene und ver-
teilte Datenbestände, indem die für die globale Sicht relevanten Daten aus den Datenquellen
zu einem gemeinsamen konsistenten Datenbestand zusammengeführt werden. Somit entsteht
der Inhalt von Data Warehouses durch Kopieren und Aufbereiten von Daten aus unterschiedlichen Quellen. Meist dienen sie als Basis für die Aggregation und Relativierung von betrieblichen Kennzahlen und Analysen mehrdimensionaler Beeinflussungsfaktoren, dem so genannten Online Analytical Processing (OLAP). Aus betriebswirtschaftlicher Sicht werden
Data-Warehouse-Systeme in Organisationen eingesetzt, um aus einem operativen System
eine von Detaildaten abstrahierte und historisierte Sichtweise auf die Produkte und Prozesse
der jeweiligen Organisation ableiten zu können.

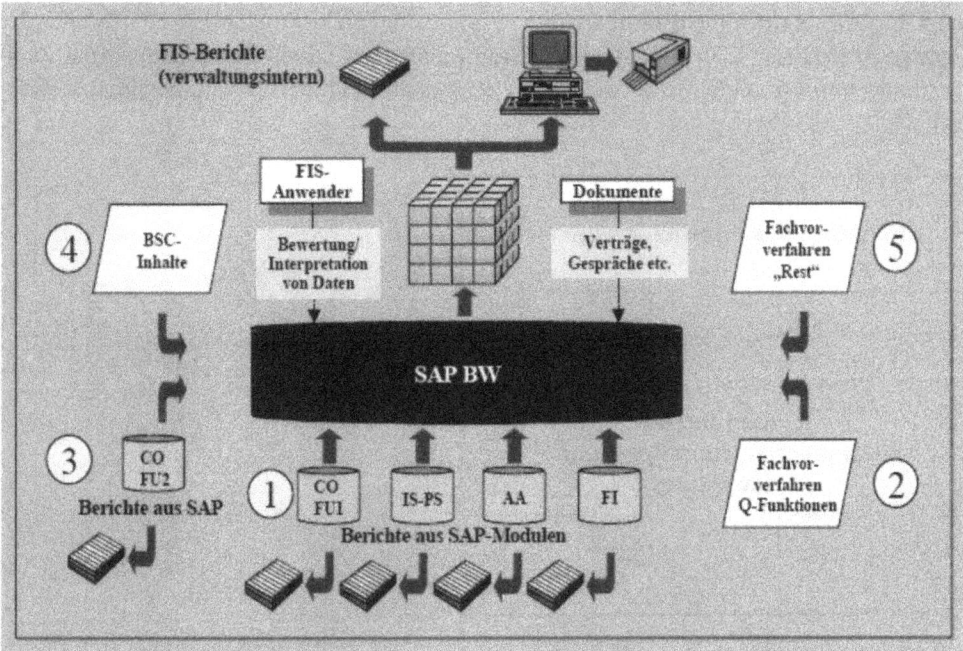

Abb. 3.70:   Data-Warehouse auf SAP-Basis[113]

An ein Data Warehouse sind aus Sicht der öffentlichen Verwaltung folgende Anforderungen im Hinblick auf die Funktionalität im Verwaltungscontrolling zu stellen:

– Datengewinnung aus den vorhandenen operativen Systemen der öffentlichen Verwal-
   tung unter Vermeidung von redundanter Datenvorhaltung;
– Konsistente, aktuelle und integrierte Datenbasis für alle Nutzer (Kostenstellenverant-
   wortliche, Behördenleitung, etc.);
– Erfüllung des intern-zentralen (Behördenleitung), intern-dezentralen (Ressortleitung,
   Fachministerium) und externen (Finanzministerium, Landtag) Informationsbedarfs;
– Erfüllung relevanter Rechnungslegungs- und Berichtsvorschriften (u.a. Haushaltsrecht,
   statistische Anforderungen, Rechenschaftsbericht);
– Behördenspezifische mehrdimensionale Leistungsabbildung und Erfolgsrechnung;
– Speicherung und Abfrage historischer Daten für Zeitreihenanalysen;
– Ermöglichung von flexiblen und individuellen Auswertungen;
– Zugriff auf Informationen nach multidimensionalen Kriterien.

Das klassische Management Information System kann dabei als Vorläufer einer Data-
Warehouse-Anwendung gesehen werden.

---

[113]   entnommen aus: Höhner, M.-A.: Führungsinformationssysteme, Erfahrungsbericht zur technischen Umsetzung
         eines FIS, in: Neues Verwaltungsmanagement, Berlin, 2003, S. C1.17 Seite 5

3.4.3.4 Aufbau eines Berichtswesens

Um den Aufbau eines behörden- und bedarfsgerechten Berichtswesens zu unterstützen, kann der Aufbauprozess mittels eines 4-stufigen sequentiellen Phasenmodells beschrieben werden.[114]

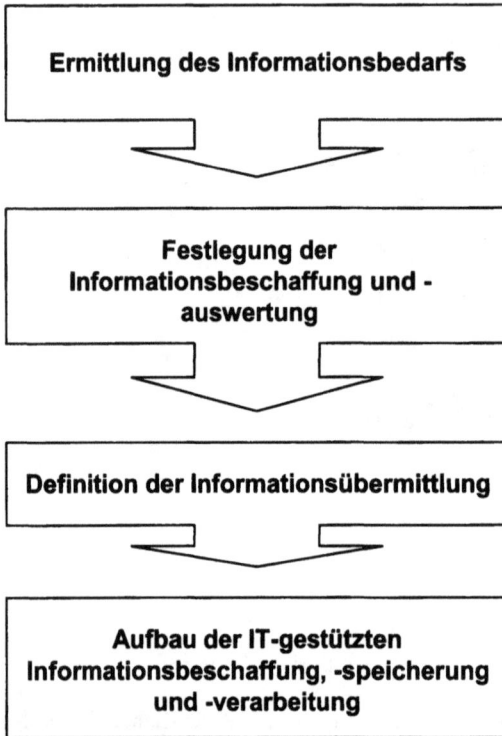

Ermittlung des Informationsbedarfs

Festlegung der Informationsbeschaffung und -auswertung

Definition der Informationsübermittlung

Aufbau der IT-gestützten Informationsbeschaffung, -speicherung und -verarbeitung

Abb. 3.71:   Phasenschema zum Aufbau eines Berichtswesens

Gerade in der öffentlichen Verwaltung ist die erste Phase des Aufbaus eines Berichtswesens, die Ermittlung des Informationsbedarfs, von besonderer Wichtigkeit, da für die Entscheidungsträger in den Behörden die Anwendung und Auswertung betriebswirtschaftlicher Informationsinstrumente (KLR, Bilanzen etc.) noch ungewohnt ist. Erst wenn der Entscheidungsträger weiß, welche Informationen er zur Steuerung benötigt, kann eine bedarfsgerechtes Berichtswesen aufgebaut werden. **Zu erheben ist, welche Informationen mit welcher Genauigkeit, welcher Aktualität und in welchem zeitlichen Abstand von welchem Entscheidungsträger benötigt werden.**[115] Insbesondere in der Aufbauphase eines Berichtswesens neigen die Berichtsempfänger dazu, sicherheitshalber möglichst viele Informationen nachzufragen, ohne die Kosten der Informationsbeschaffung zu berücksichtigen. Tatsächlicher Informationsbedarf, Informationsnachfrage und Informationsangebot sollten sich möglichst überschneiden.

---

[114]   vgl.: Horváth & Partner (Hrsg.): Das Controllingkonzept – Der Weg zu einem wirkungsvollen Controllingkonzept –, 3. Aufl., München, 1998, S. 182

[115]   vgl.: Horváth & Partner (Hrsg.): Das Controllingkonzept – Der Weg zu einem wirkungsvollen Controllingkonzept –, 3. Aufl., München, 1998, S. 184

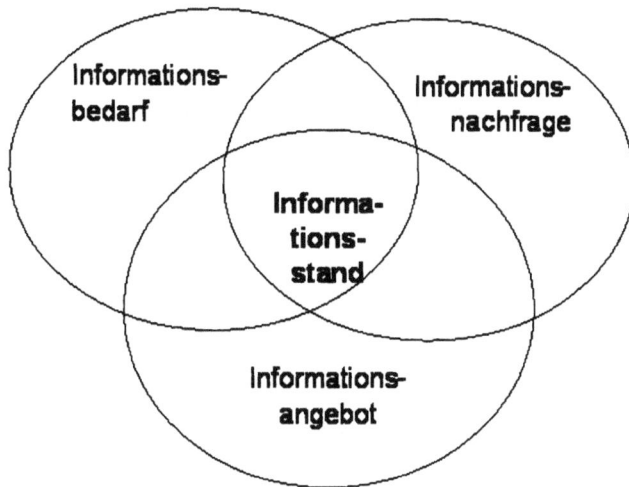

Abb. 3.71:   Informationsstand[116]

Hier muss im Rahmen einer Informationsbewertung das Kosten-Nutzen-Verhältnis der einzelnen Informationen erfasst werden und im Sinne einer ABC-Liste (A-Informationen sind
immer notwendig; B-Informationen sind im Einzelfall sinnvoll; C-Informationen sind nicht
unbedingt notwendig) eine sinnvolle Beschränkung durchgeführt werden.

Im zweiten Schritt des Aufbaus eines Berichtswesens wird bestimmt, wie die Beschaffung
und Aufbereitung der benötigten Informationen erfolgen soll. Je nach Zielrichtung der Planung (operative vs. strategische Planung) unterscheiden sich hierbei die Informationsquellen.
In dieser Phase des Aufbaus werden die Anforderungen an das Informationssystem, insbesondere an das interne Rechnungswesen (KLR, betriebliche Statistik, Wirtschaftlichkeitsrechnungen etc.) festgelegt. Darüber hinaus ist zu entscheiden, wer die zukünftigen Informationen beschafft, wer sie zielorientiert aufbereitet und wer die Koordination und Pflege des
Gesamtprozesses der Berichterstattung übernimmt.

Die konkrete Ausgestaltung des Berichtswesens erfolgt in der Phase der Definition der Informationsübermittlung (Phase 3). Hier werden die konkreten Berichtsinhalte (z.B. Kennzahlen) und die Berichtsstruktur in Anlehnung an die Planungsstruktur festgelegt sowie die
Auswahl geeigneter Formen der Visualisierung von Berichten (z.B. Tabellen, Diagramme)
vorgenommen. In der vierten Phase wird ein Pflichtenheft auf Basis der Festlegungen der
Phasen 1 bis 3 zur Auswahl der geeigneten IT-Hard- und Software erstellt.

3.4.3.5 Berichtsarten

Unter Berücksichtigung der Informationsverwendung im Steuerungsprozess werden Standardberichte, Abweichungsberichte und Sonderberichte (Bedarfsberichte) unterschieden.[117]

---

[116] vgl.: Ziegenbein, K.: Controlling, 7.Aufl., Ludwigshafen, 2002, S. 569
[117] vgl.: Horváth, P.: Controlling, 7. Aufl., München, 1998, S. 591

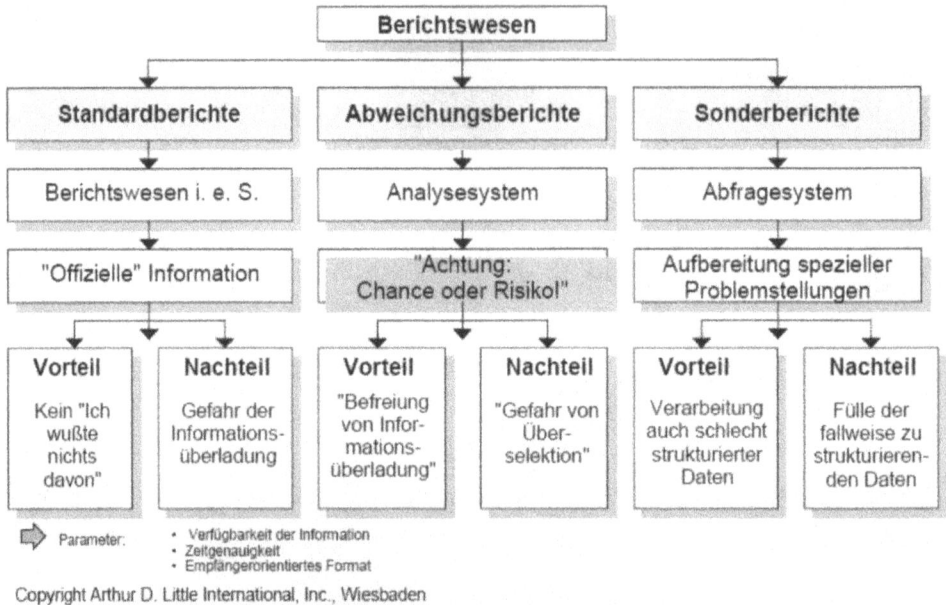

```
                          Berichtswesen

    Standardberichte      Abweichungsberichte       Sonderberichte

  Berichtswesen i. e. S.    Analysesystem            Abfragesystem

  "Offizielle" Information   "Achtung:          Aufbereitung spezieller
                             Chance oder Risiko!"    Problemstellungen

  Vorteil    Nachteil    Vorteil    Nachteil    Vorteil    Nachteil
  Kein "Ich  Gefahr der  "Befreiung "Gefahr von Verarbeitung Fülle der
  wußte      Informations- von Infor- Über-     auch schlecht fallweise zu
  nichts     überladung  mations-   selektion"  strukturierter strukturieren-
  davon"                 überladung"            Daten       den Daten
```

Parameter:
• Verfügbarkeit der Information
• Zeitgenauigkeit
• Empfängerorientiertes Format

Copyright Arthur D. Little International, Inc., Wiesbaden

Abb. 3.72:   Berichtsarten nach dem KLR-Handbuch des Bundes

Standardberichte bilden den Kern des Berichtswesens im Steuerungsprozess.[118] Standardberichte in der öffentlichen Verwaltung bedürfen der sorgfältigen Planung, da sie auf einem
weitgehend einmalig ermittelten Informationsbedarf der einzelnen Empfängergruppen ausgerichtet sind und dann i.d.R. unverändert eingesetzt werden. Die Standardberichte sollen einen
kontinuierlichen Überblick über die steuerungsrelevanten Aspekte des Verwaltungshandelns
auf der jeweiligen Entscheidungsebene vermitteln. Deshalb werden sie in regelmäßigen Berichtsintervallen (i.d.R. als Monats- oder Quartalsberichte) erstellt. Ein modifizierender Ein-
griff vom Berichtsempfänger in diesen Berichtsrhythmus oder in die inhaltliche Struktur ist
nicht planmäßig vorgesehen. Der Berichtsempfänger muss aus einer Vielzahl von Daten, die
für ihn relevanten Informationen selbst entnehmen. Da die Standardberichte gleichzeitig eine
Vielzahl von Berichtsempfängern umfassend mit Daten über das Verwaltungsgeschehen
informieren, halten sich die Kosten für diese Art der Controllingberichte in Grenzen. Die
Nachteile von Standardberichten liegen im Verzicht auf spezielle, aktuelle und detaillierte
Informationen und im potenziellen Überangebot an standardisierten Informationen.[119] Zu den
Standardberichten zählen vor allem Berichte aus der KLR wie die Kostenstellenberichte (mit
Produktinformationen), die Kostenträgerberichte aus dem Betriebsabrechnungsbogen, die
Kostenträgerberichte mit Produktinformationen, die Kostenhierarchieberichte (ABC-Ana-
lyse) und die Haushaltsübersichten mit Produktinformationen.[120]

---

[118] vgl.: Küpper, H.-U.: Controlling – Konzeption, Aufgaben, Instrumente, 4. Aufl., Stuttgart, 2005, S. 171
[119] vgl.: Jung, H.: Controlling, München, Wien, 2003, S. 143; Küpper, H.-U.: Controlling – Konzeption, Auf-
       gaben, Instrumente, 4. Aufl., Stuttgart, 2005, S. 171
[120] vgl.: Seeger, T., Walter, M., Liebe, R., Ebert, G.: Kosten-, Leistungsrechnung und Controlling – Ein Erfah-
       rungsbericht für die Praxis über die Einführung der Standard-KLR am Beispiel der Bundesverwaltung,
       Heidelberg, 1999, S. 122 ff.

Produktbericht (Beispiel auf der Grundlage des 4-Felder-Berichts des Controllervereins modifiziert für die Verwaltung Baden-Württemberg. Quelle: Innenministerium Baden-Württemberg / Horváth & Partner, Rahmenkonzeption Controlling, 1999, S. 189

Ergebnisse	Informationen per Monat (kumuliert)				Erwartung zum 31.12.				
Nr. Ergebnisse	Plan per ...	Soll	Ist per ...	Abwg.z.Plan/Soll abs. %	Jahresplan	Erwartung nächst. Q.	Erwartung restl. Zeit	Vorauss. Ist Ende	Abwg. vorauss. Ist z. Jahresplan
1 Leistungsmenge									
2 Einnahmen									
3 Gesamtkosten									
4 Zuschussbedarf									
5 Kosten / Fall									
Nr. Kostenarten	Plan per ...	Soll	Ist per ..	Abwg.z.Plan/Soll abs. %	Jahresplan	Erwartung nächst. Q.	Erwartung rest. Zeit	Vorauss. Ist	Angekündigte Abweichung
1 Personalkosten									
2 Sachkosten									
Nr. Kennzahlen	Plan per ...	Soll	Ist per ...	Abwg.z.Plan/Soll abs. %	Jahresplan	Erwartung nächst. Q.	Erwartung rest. Zeit	Vorauss. Ist	Angekündigte Abweichung
1 Widersprüche									
2 Fallbestand									
3 Verbess.vorschl.									

Wichtige Sachverhalte (in Stichworten):	Maßnahmen operativ / dispositiv in Stichworten	Zuständig	Termin
	Themenspeicher (strateg.)	wann relevant	wie zu bearbeiten

Abb. 3.73: Beispiel für eine Standardbericht in der öffentlichen Verwaltung

Beispielhaft können die Berichtinhalte für einen Kostenstellen-Standardbericht wie folgt strukturiert werden:

A. Allgemeine Daten

- Datum/Periode bzw. Berichtszeitraum
- Kostenstellenname/Nummer
- Verantwortlicher

B. Kostendaten

Jeweils für das laufende Jahr und Vorjahr (Ist-Ist Vergleich) bzw. Plan- oder Sollkosten (Plan oder Soll-Ist-Vergleich) inkl. absoluter und/oder prozentueller Abweichung.

1. Primärkosten

- Kostenartengruppen
- Darstellung der einzelnen Kostenarten
- Summe der Primärkosten

2. Sekundärkosten

- Nach Ebenen des Kostenrechnungsmodells (z.B. Sekundärkosten Ebene 1) oder
- Detailliertere Darstellung bestimmter Sekundärkosten (z.B. Sekundärkosten Gebäude, EDV, Fuhrpark, Leitungen).
- Summe der sekundären Kosten

3. Gesamtkosten (Summe primäre und sekundäre Kostenarten)

4. Entlastungen (Darstellung der Kosten, die an Leistungen und/oder andere Kostenstellen verrechnet werden)

5. Über-/Unterdeckung (Differenz zwischen Be- und Entlastungen)

C. Leistungsdaten
- Anzahl der Mitarbeiter je Mitarbeiterkategorie
- Quadratmeter
- Gefahrene Kilometer

D. Statistische Informationen

Abweichungsberichte unterscheiden sich von Standardberichten durch ihre unregelmäßige Erstellung. Sie sind in ihrer Form ebenfalls standardisiert und werden durch die Überschreitung eines kritischen Wertes aus einem Toleranzbereich ausgelöst. Dieses Vorgehen ist Ausdruck eines Führungsverhaltes durch Management by Exeption.[121] Die Auswahl der kritischen Kenngrößen, sowie die Festlegung der dazugehörigen Toleranzbereiche ist dabei eine der wichtigsten Aufgaben bei der Einrichtung von Abweichungsberichten damit eine zu häufige Berichterstattung vermieden und trotzdem die Steuerungsfähigkeit erhalten bleibt.[122] Inhaltlich beschränken sich Abweichungsberichte auf die Abweichungsgröße und auf wenige ergänzende Analysewerte. Relevante Berichtsgrößen können z. B. Kosten-, Erlös-, Budgetabweichungen oder Leistungsabweichungen sein. Die Abweichungsberichte enthalten Aussagen zu den Ursachen der Abweichungen und zu den Konsequenzen für die Zielerreichung. Während Standardberichte berichtsebenenabhängig ausgestaltet sind, werden Abweichungsberichte kennzahlenabhängig konzipiert. Der Vorteil von Abweichungsberichten liegt in seinen verhältnismäßig geringen Kosten aufgrund der geringeren Berichtsfrequenz durch Beschränkung der Berichterstattung auf signifikante Abweichungssituationen. Nachteilig

---

[121]   vgl.: Horváth, P.: Controlling, 7. Aufl., München, 1998, S. 591 und Peemöller, V.H.: Controlling: Grundlagen und Einsatzgebiete, 3. Aufl., Berlin 1997, S. 149

[122]   vgl.: Küpper, H.-U.: Controlling – Konzeption, Aufgaben, Instrumente, 4. Aufl., Stuttgart, 2005, S. 172

kann sich eine mögliche Überselektion von Daten auf den Entscheidungsprozess auswirken.[123]

Sonderberichte oder **Bedarfsberichte** werden fallweise angefordert, wenn die Informationsversorgung mit Standard- und Abweichungsberichten für die Entscheidungssituation nicht ausreichend erscheint. Sie werden zu einem speziellen Sachverhalt für einen bestimmten Berichtsempfänger erstellt. Sonderberichte dienen insbesondere zur ergänzenden Analyse von Sachverhalten, die in Abweichungsberichten angezeigt wurden. Sonderberichte sind nicht an ein festes Berichtsintervall gebunden, sondern werden ausschließlich durch ein aktuelles Informationsbedürfnis ausgelöst. Das Informationsbedürfnis des Berichtsempfängers wird durch spezielle, aktuelle und detaillierte Daten befriedigt. Allerdings ist diese Form der Berichterstattung äußerst kostenintensiv, da die Informationen nur selten aus den Standardinformationssystem generiert werden können. Typische Fragestellungen über die Sonderberichte informieren sind z.B.:

- „Wie hat sich die Kostenstruktur durch eine politische Entscheidung verändert?"
- Wie hat sich der Kostendeckungsgrad von Produkt xyz in den letzten 12 Monaten verändert (Zeitreihe)?"
- „Welche nachhaltige Kosteneinsparung hat sich durch die Zusammenlegung der Standorte A und B ergeben?"
- „Welche DCF-Rendite erwirtschaftet Projekt „Groucho"?"

3.4.3.6 Berichtsadressaten und -hierarchie

Grundsätzlich ist zu berücksichtigen, dass der relevante Informationsbedarf von den Kompetenzen und der hierarchischen Stellung der Berichtsempfänger in der öffentlichen Verwaltung abhängig ist. Dabei gilt, dass bei der empfängerbezogenen Bereitstellung von Daten berücksichtigt wird, dass eine Fülle an Informationen die Verarbeitungskapazitäten der Entscheidungsträger zunehmend belastet und bei einer Überversorgung zu einer Verschlechterung des Entscheidungsverhaltens führen kann. Aus diesem Grund ist es notwendig, Berichte adressatenkonform zu erstellen und bereitzustellen. Grundsätzlich kann man davon ausgehen, dass mit zunehmender Hierarchieebene eine größere Verdichtung der Daten sinnvoll ist. Für die Kostenstellenverantwortlichen auf Behördenebene sind etwa Kostenstellenberichte relevant, die helfen, die Leistungsfähigkeit und Kostenstruktur bzw. die Entwicklungen der Werte im Zeitverlauf der eigenen Kostenstellen zu beurteilen und im Vergleich mit ähnlichen Kostenstellen einschätzen zu können. Für Controller und Entscheidungsträger der politisch-administrativen Führungsspitze ist die Bereitstellung von Daten mit höheren Aggregation sinnvoller, da ihre Entscheidungssituationen eher strategische Sichten berühren.

---

[123] Jung, H.: Controlling, München, Wien, 2003, S. 144

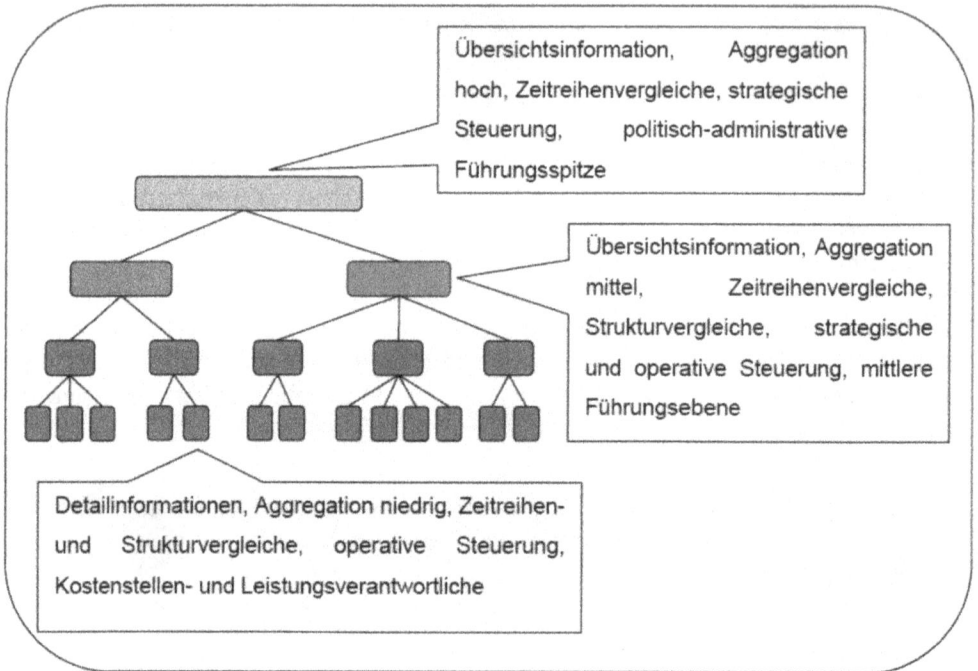

Abb. 3.75:   Hierarchische Gliederung der Berichtsempfänger

Nimmt man bei der Betrachtung der einzelnen Hierarchieebenen die Organisationseinheit „Bundesland" als maßgebend an, so lassen sich Top-down folgende Hierarchieebenen definieren:

- Landtag,
- Landesregierung,
- Ressorts,
- Verwaltungsbereiche,
- Behörden,
- Dienststellen.

Der Informationsbedarf dieser einzelnen Ebenen lässt sich grob mit Hilfe der folgenden Abbildung einteilen:

Landtag (Budgetrecht)

Qualitätsmanagement, Benchmarking und Evaluierung:
Leistungs- und Wirkungsrechnung

Ebene politisch-strategischer Steuerung:
- Globalbudgetierung
- Zielvereinbarungen und Zielvorgaben

Landesregierung

Programm- und Produkthaushalte konsolidierte Verwaltungsabschlüsse

Ergebnis-, Vermögens- und Finanzrechnung

Ebene strategischer Steuerung:
- Kostenstellenbudgetierung
- interne Zielvereinbarungen

Mandantenleitung

Erlös-Kosten-Einheiten

Wirtschaftspläne Verwaltungsabschlüsse

Kostenstellen- und Kostenträgerergebnisse Leistungen und Wirkungen

Kosten- und Erlösrechnung

Ebene operativer Steuerung:
- interne Zielvereinbarungen mit Kostenbudgets

Kostenstellen (Abteilungen)

Kostenarten Prozesse

Budgetbereich: Integration von Sach-, Personal- und Finanzverantwortung

Balanced Scorecards zur Leistungs- und Organisationssteuerung

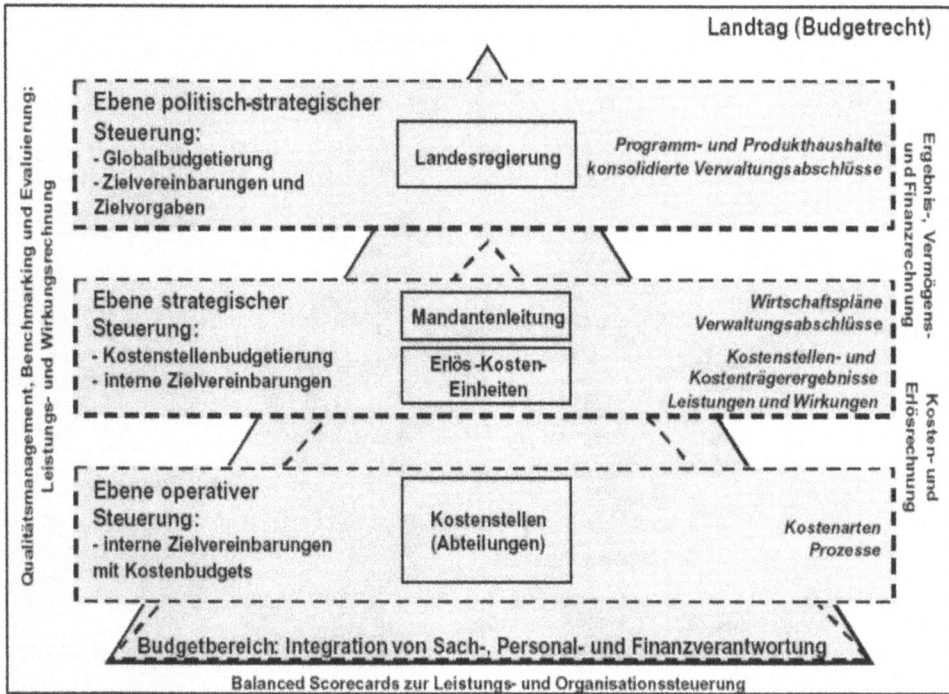

Abb. 3.77: Berichtshierarchie[124]

So benötigt die Landesregierung zur Steuerung auf der politisch-strategischen Ebene Informationen über die Programm- und Produkthaushalte sowie über konsolidierte Verwaltungsabschlüsse auf Landesebene. Ressorts- und Verwaltungsbereiche sind für die Steuerung auf strategischer Ebene verantwortlich und benötigen Informationen über die Wirtschaftspläne, die Verwaltungseinzelabschlüsse, Kostenstellen- und Kostenträgerergebnisse sowie Leistungen und Wirkungen auf Produktebene. Behörden und Dienststellen als Träger der operativen Steuerung arbeiten mit internen Zielvereinbarungen und internen Kostenbudgets und benötigen deshalb detaillierte Informationen über die Höhe und Zusammensetzung der einzelnen Kostenarten und fundierte Informationen über die internen Leistungserstellungsprozesse.

---

[124] aus: Hessisches Ministerium der Finanzen (Hrsg.): Die neue Verwaltungssteuerung in Hessen – Controlling-konzept, 1.Aufl., Dez. 2000, S. 29

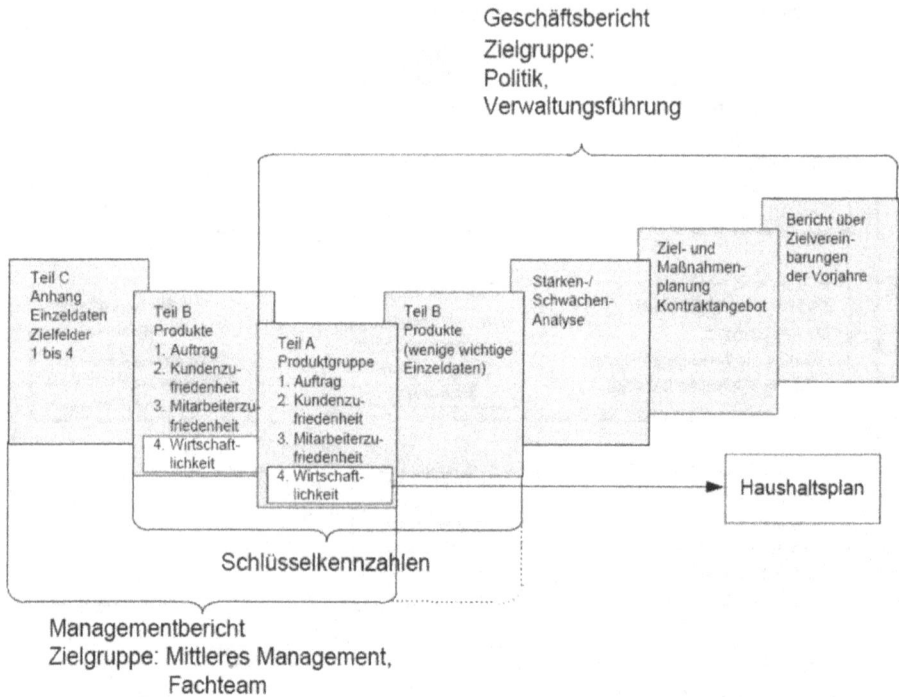

Abb. 3.78:   Empfängerorientiertes Berichtswesen in der öffentlichen Verwaltung[125]

3.4.3.7 Berichtsgestaltung

Die Gestaltung von Controllingberichten in der öffentlichen Verwaltung muss darauf ausgerichtet sein, die verschiedenen Berichtszwecke und die unterschiedlichen Informationsbedürfnisse der Berichtsempfänger optimal zu erfüllen. So stellt sich bei der Erstellung von
Controllingberichten regelmäßig die Frage nach dem Inhalt, der formalen Gestaltung, den
Berichtsintervallen und Berichtsterminen, nach den Verantwortlichkeiten für die Erstellung
der Berichte und wer sie erhalten soll.[126]

---

[125]   entnommen aus: Adamaschek, B.: Der Interkommunale Leistungsvergleich - Leistung und Innovation durch
Wettbewerb, Beitrag von Prof. Dr. Bernd Adamaschek anlässlich des Rendezvous vom 15. Juni 2001 im
Kanton Bern.

[126]   Vgl.: Koch, R.: Betriebliches Berichtswesen als Informations- und Steuerungsinstrument, Frankfurt et al.,
1994, S. 58

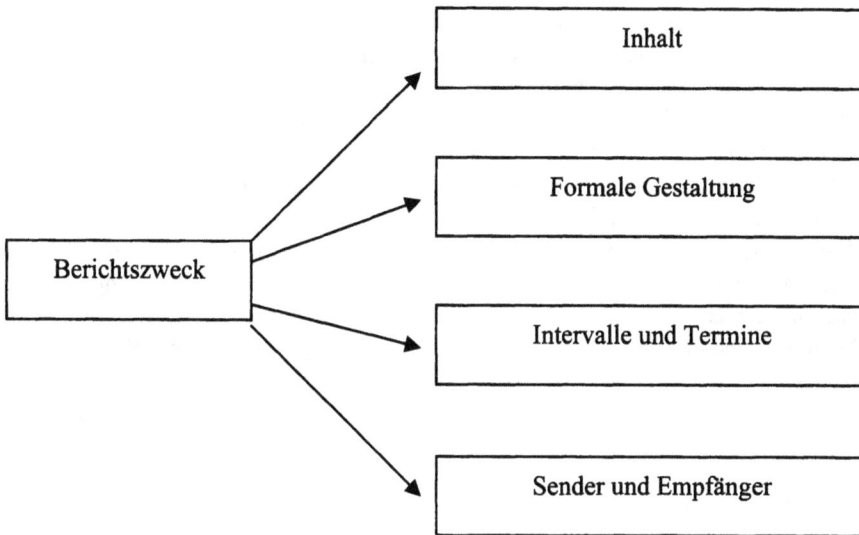

Abb. 3.79: Gestaltungsdimensionen von Controllingberichten

Inhaltliche Gestaltungsmerkmale beziehen sich auf den Informationsgegenstand der Berichte. Zur Steuerung des Handelns in der öffentlichen Verwaltung unter Einbeziehung der neuen Steuerungsmodelle werden eine Vielzahl von Informationen relevant. Dazu gehören vor allem Informationen über die wirtschaftliche Situation (Vermögens- und Ertragsrechnung, Liquiditätsrechnung, Kosten- und Leistungsrechnung, Investitionsrechnung), über die Auftraggeber und Kunden der Verwaltungsleistungen, die Leistungen und Leistungserstellungsprozesse sowie die aktuell und zukünftig benötigten Ressourcen der Berichteinheit zur Erfüllung der Zielsetzungen. Diese Berichtsinhalte werden mit einer geeigneten Operationalisierung im Konzept der Balanced Scorecard zusammengeführt.[127] Mit dieser Zusammenführung einher geht die Differenzierung der Informationen in monetäre und nicht monetäre Daten.[128] Obwohl die monetären Informationen die Hauptdomäne des Controllers darstellen, gewinnen die nicht monetären Berichtsdaten aufgrund der zunehmenden Komplexität der Erstellung von Leistungen der öffentlichen Verwaltung zunehmend an Bedeutung. Die Beurteilung der Berichtsdaten wird durch die Verwendung von Vergleichsinformationen erhöht. Dabei kann es sich z.B. um vergleichbare Größen aus vergangenen Berichtsperioden, anderen Bereichen, Prognose- oder Planwerte handeln.[129] Erst wenn Informationen zueinander in Beziehung gesetzt werden, ergeben sich Abweichungen, deren Analyse steuerungsrelevante Erkenntnisse bereitstellen kann.

Bei der formalen Gestaltung von Berichten unterscheidet man zwischen der Art der Übermittlung und der Darstellungsform. Als Übermittlungsarten kommen grundsätzlich die mündliche, schriftliche und elektronische Form in Frage. In der öffentlichen Verwaltung

---

[127] Siehe das Kapitel Balanced Scorecard in der vorliegenden Arbeit.
[128] Vgl. u.a.: Weber, J., Schäffer, U.: Einführung in das Controlling, 11. Aufl., Stuttgart, 2006, S. 214
[129] Vgl.: Küpper, H.-U.: Controlling – Konzeption, Aufgaben, Instrumente, 4. Aufl., Stuttgart, 2005, S. 176

wird das formale Berichtswesen i.d.R. schriftlich oder elektronisch übertragen. Die wichtigsten Darstellungsformen sind die verbale, die tabellarische und die grafische Darstellung. Verbale Berichte sind insbesondere bei der Beschreibung von qualitativen Sachverhalten und bei der Übermittlung nicht formalisierter Informationen vorteilhaft.[130] Die verbale Darstellung setzt dabei eine klare und verständliche Sprache voraus, um Missverständnisse zu vermeiden. Die Darstellung in Tabellenform ermöglicht die Bereitstellung einer umfangreichen Menge an Daten, wie sie z.B. bei Zeitreihen- und Entwicklungsdarstellungen vorliegen.[131] Um dem Eindruck von Zahlenfriedhöfen entgegenzuwirken, sollten Berichte mit tabellarischen Darstellungen hinsichtlich der Informationsmenge auf den Berichtsempfänger zugeschnitten sein und die Berichte sollten einen formal einheitlichen Aufbau besitzen.[132] Die grafische Darstellung bereitet die Berichtsinformationen in Diagrammen und Schaubildern auf, so dass komplizierte Sachverhalte verständlicher und besonders relevante Informationen prägnanter dargestellt werden können.[133] Für die Darstellung in Controllingberichten sind u.a. folgende Diagramme geeignet:

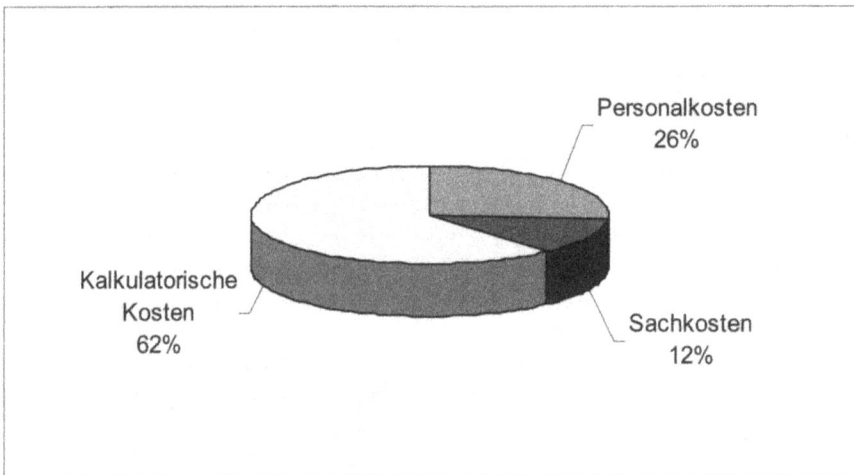

Personalkosten
26%

Kalkulatorische
Kosten
62%

Sachkosten
12%

Kreis- oder Kuchendiagramme eignen sich zur Darstellung von Größenordnungen und von Anteilen einer Teilmenge zu einer Gesamtmenge. Relative Größenvergleiche können übersichtlich mit Kreisdiagrammen dargestellt werden. Dabei muss beachtet werden, dass die Größenverhältnisse nur hinsichtlich einer einzigen Dimension dargestellt werden können. Kernaussage des obigen Beispiels: „Die kalkulatorischen Kosten sind dominant."

---

[130] Vgl.: ebenda, S. 177
[131] vgl.: Weber, J., Schäffer, U.: Einführung in das Controlling, 11. Aufl., Stuttgart, 2006, S. 215
[132] Vgl.: Horváth, P.: Controlling, 7. Aufl., München, 1998, S. 599
[133] Vgl.: Jung, H.: Controlling, München, Wien, 2003, S. 147

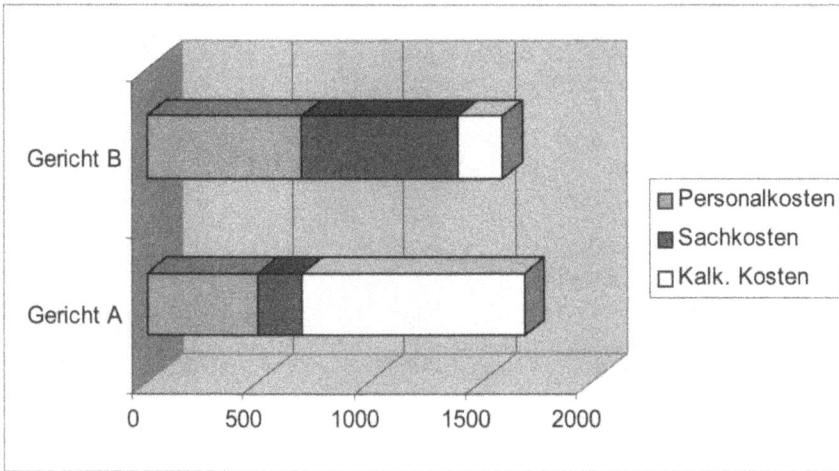

Balkendiagramme eignen sich zur Darstellung von Rangfolgen und Korrelationen sowie zur Verdeutlichung von Strukturdaten. Kernaussage des obigen Beispiels „Gericht A weist gegenüber Gericht B eine völlig andere Kostenstruktur auf."

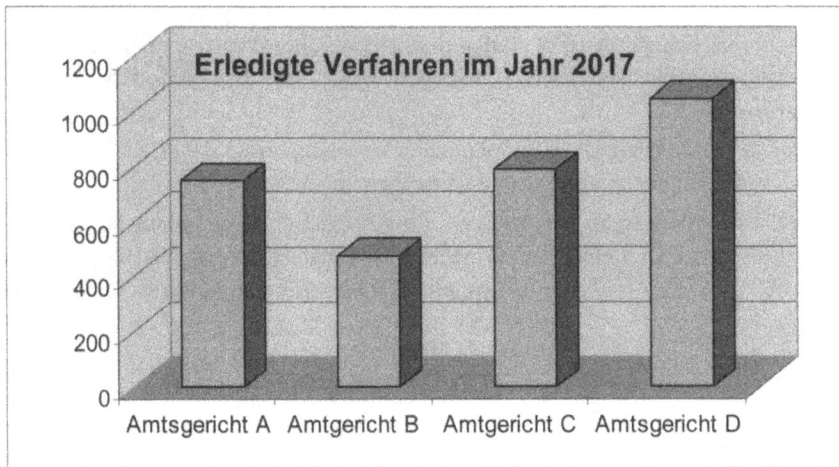

Säulendiagramme sind zur Darstellung von Häufigkeiten und Zeitreihen und zur Gegenüberstellung von Mengen geeignet. Wenn es darum geht, einen absoluten Größenvergleich darzustellen, bieten sich Säulen oder Balkendiagramme an. Wenn es erforderlich ist die genauen Werte der jeweiligen Säulen, bzw. Balken im Diagramm abzulesen, sind 2D-Diagramme den 3D-Diagrammen vorzuziehen. Außerdem können zur Klarstellung die konkreten Werte auch auf die Säulen selbst geschrieben werden. Kernaussage des obigen Beispiels: „Amtsgericht D hat in 2017 die meisten Verfahren erledigt."

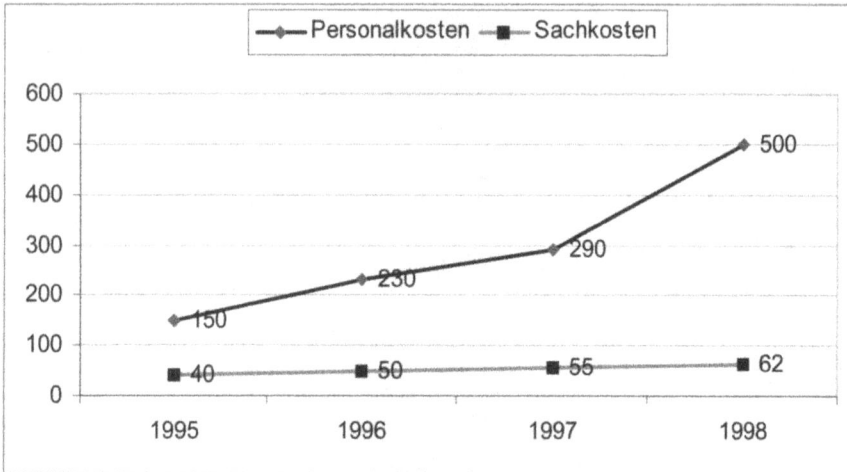

Kurvendiagramme dienen der Darstellung von Häufigkeiten, Zeitreihen und Korrelationen. Zur Darstellung von Zahlen, die sich über einen Zeitraum verändern, werden Linien- oder Kurvendiagramme benutzt. Sie stellen die Entwicklung über den Zeitverlauf eindeutig dar. Dabei können die Messpunkte (d.h. die tatsächlich vorhandenen Werte) durch entsprechende Markierungen deutlich gemacht werden. So entsteht keine Verwirrung bei der Unterscheidung zwischen kontinuierlich gemessenen Daten und zeitpunktbezogenen Größen. Kernaussage der obigen Beispielgrafik: „Die Personalkosten sind von 1995 bis 1998 stärker gestiegen als die Sachkosten."

Sofern die Möglichkeiten zu grafischen Darstellungen bestehen, sollte davon Gebrauch gemacht werden, da sie das Erkennen von Zusammenhängen unterstützen.

In zeitlicher Hinsicht ist der Berichtszeitraum und der Berichtstermin zu unterscheiden. Der Berichtszeitraum bezieht sich regelmäßig auf Monate, Quartale und das Geschäftsjahr. In Ausnahmefällen sind auch andere Zeiträume möglich, etwa bei kumulierten Betrachtungen oder bei Mehrjahresberichten. Der Berichtszeitraum sollte nicht unnötig kurz, sondern nach den Steuerungserfordernissen ausgerichtet sein. Aufgrund der geringen Marktdynamik in der öffentlichen Verwaltung dürfte der Monatsbericht den kürzesten sinnvollen Berichtszeitraum darstellen.

Der Berichtstermin sollte so gewählt werden, dass die spezifischen Steuerungsziele des Berichtes erfüllt werden können. Dabei sind regelmäßig erscheinende Berichte (Standardberichte) von unregelmäßig erscheinenden (Abweichungsberichte und Sonderberichte) zu unterscheiden. Zum Erkennen von Fehlentwicklungen und zur schnellen Einleitung von Maßnahmen müssen Controlling-Berichte zeitnah zur Verfügung gestellt werden. Für Standardberichte sind feste Berichtstermine zu definieren. Abweichungsberichte werden bei Überschreitung eines vorher definierten Schwellenwertes ausgelöst und Sonderberichte werden bei Bedarf angefertigt. Hierbei gilt der Grundsatz „je schneller, desto besser". In der Controllingpraxis werden häufig folgende Termine für Standardberichte vereinbart:

- Wochenberichte am zweiten Werktag der Folgewoche 15.00 Uhr,
- Monatsberichte am 10. Werktag des Folgemonats 12.00 Uhr,
- Quartalsberichte am 25. Werktag des Folgequartals 12.00 Uhr,
- Jahresbericht am ersten Werktag im dritten Monat 12.00 Uhr des Folgejahres,
- Mehrjahresberichte auf Anfrage.

Als praktisches Werkzeug zur Planung der Berichtstermine hat sich die Einführung eines Berichtskalenders etabliert.

Vierte Dimension der Berichtsgestaltung ist die Frage nach dem Berichtsempfänger und dem Berichtssender. Ein leistungsfähiges Berichtswesen stellt den individuellen, an der jeweiligen Verantwortlichkeit orientierten Informationsbedarf des Berichtsempfängers in den Mittelpunkt. Der Berichtsempfänger muss eindeutig erkennbar sein, sonst ist eine Bedarfsorientierung nicht realisierbar. Diese scheinbare Selbstverständlichkeit wird in der Praxis der Berichterstattung häufig vernachlässigt, mit der Folge, dass Zahlenfriedhöfe für alle denkbaren Berichtsempfänger generiert werden, die niemandem wirklich nutzen. Für eine zielführende Berichterstattung sollte darüber hinaus der Verantwortungsbereich und die Kompetenz des Berichtsempfängers bekannt sein, um die geeigneten Inhalte auswählen zu können. Der verantwortliche Entscheidungsträger als Berichtsempfänger muss möglichst frühzeitig in den Entwicklungs- und Aufbauprozess des Berichtswesens einbezogen werden.

Hinsichtlich des Senders von Controllingberichten ist zwischen dem Absender und dem Berichtspflichtigen zu unterscheiden. Der Absender des Berichtes ist die Stelle, welche den kompletten Bericht direkt an den Empfänger schickt, während der Berichtspflichtige die Organisationseinheit ist, von der die im Bericht verarbeiteten Daten stammen. Der Berichtspflichtige muss nicht mit dem Absender des Berichtes identisch sein. Die Absender können die Berichtspflichtigen selbst oder von diesen beauftragte Stellen (z.B. Controller) sein. Controller sollten von Anfang an bei der Entwicklung eines Berichtswesens eine ausführende und eine beratende Funktion ausüben.

4 Controllinginstrumente

4.1 Prozesskostenrechnung (PKR)

4.1.1 Einführung

Durch die Umstellung des kameralen Haushalts- und Rechnungswesens auf eine an die Besonderheiten der öffentlichen Verwaltung angepasste kaufmännische Buchführung (Doppik) werden die Funktionen einer Kosten- und Leistungsrechnung (KLR) für öffentliche Verwaltungen erneut thematisiert. Insbesondere die traditionelle Vollkostenrechnung steht hierbei auf dem Prüfstand.

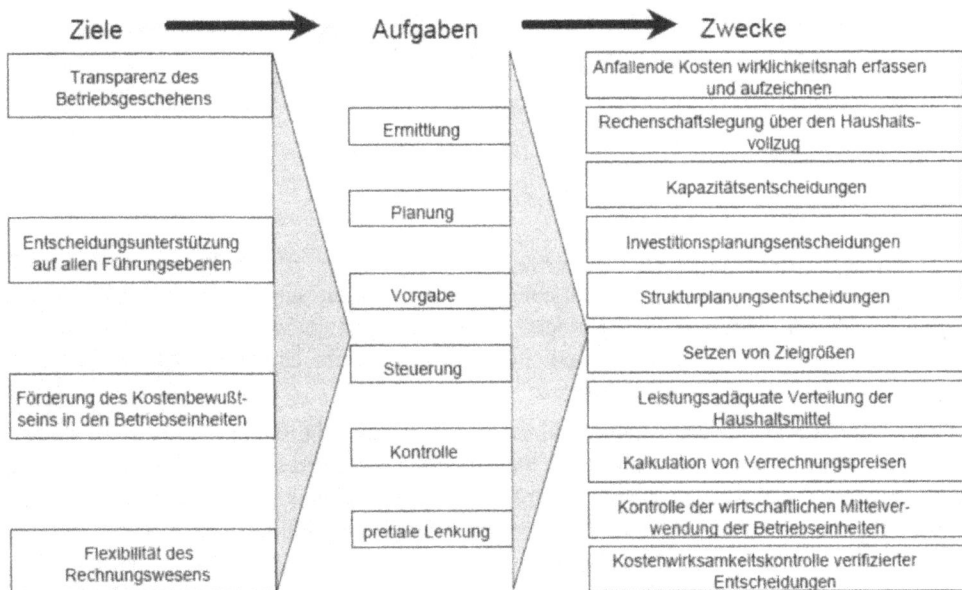

Abb. 4.1.1: Ziele, Aufgaben und Zwecke der Kostenrechnung[134]

Die Umsetzung der oben genannten Ziele einer Kostenrechnung in der öffentlichen Verwaltung bedarf der Berücksichtigung der besonderen Strukturen dieser Einrichtungen. Wichtigstes Unterscheidungsmerkmal öffentlichen Handelns im Vergleich zu erwerbswirtschaftlichem Handeln ist die Dominanz der Sachziele, d.h. die Sicherstellung der Erfüllung des öffentlichen Auftrages. Daraus ergibt sich, in Verbindung mit dem Dienstleistungscharakter der meisten öffentlichen Leistungen, die Erfordernis der Vorhaltung der notwendigen Kapa-

---

[134] Seidenschwarz, B.: Controlling für Universitäten, in: Controlling, 5. Jg., 4/1993, S. 191

zitäten, da bei Dienstleistungen mögliche Schwankungen bei der Kapazitätsauslastung nicht durch Lagerhaltung aufgefangen werden können. Dies führt zu einer höheren Fixkostenbelastung. Auf Basis einer Grundrechnung sollte die KLR sowohl Prozesskosten-Informationen als auch Teilkosten-Informationen bereitstellen. Mit diesen Informationen werden die Leistungprogramme bezüglich ihrer Effektivität und Effizienz beurteilt. Dabei sind zusätzliche nichtmonetäre Informationen wie Zeit- und Qualitätsparameter zu berücksichtigen. Vor diesem Hintergrund sollten moderne Kostenrechnungssysteme, wie die PKR, in den Methodenpool für ein Verwaltungscontrolling aufgenommen werden.

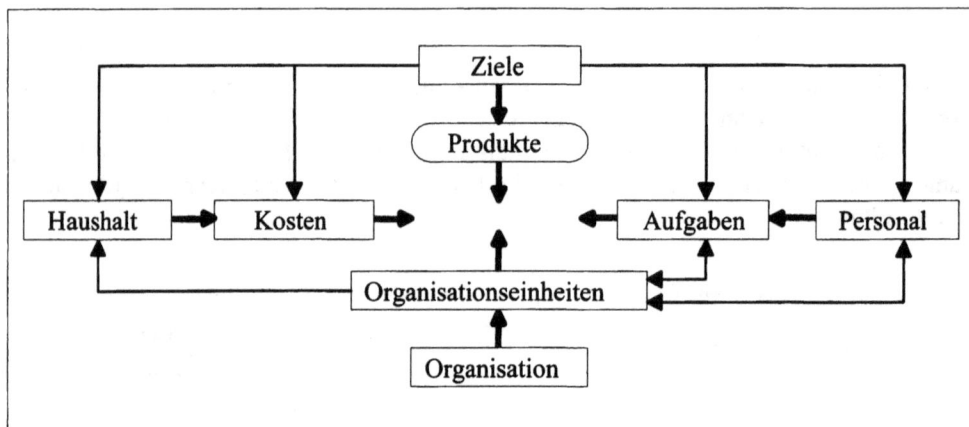

Abb. 4.1.2: Prozessorientiertes Verwaltungscontrolling

Die Prozesskostenrechnung als Controllinginstrument in der öffentlichen Verwaltung soll insbesondere für die Probleme der Gemeinkostenverrechnung und des Gemeinkostenmanagements adäquate Lösungen bereitstellen. Empirische Untersuchungen zeigen jedoch, dass die Einführung der PKR in der öffentlichen Verwaltung im Gegensatz zur traditionellen Vollkostenrechnung derzeit eher gering ist.[135]

Die traditionelle Vollkostenrechnung wurde für industrielle Fertigungsprozesse entwickelt, die durch einen hohen Anteil direkt zurechenbarer Kostenträgereinzelkosten gekennzeichnet war. Hierbei wurde eine proportionale Abhängigkeit der Gemeinkosten von den Einzelkosten unterstellt, die jedoch nicht mehr den gegenwärtigen Verhältnissen entspricht.[136] Dieser Ansatz ist in seiner jüngsten Ausprägung, der Grenzplankostenrechnung, nunmehr rd. 40 Jahre alt. Während dieser Zeit haben sich die Gemeinkosten durch veränderte Rahmenbedingungen und Wertschöpfungsstrukturen sowohl absolut als auch im Verhältnis zu den Einzelkosten dramatisch erhöht.[137] Vor allem in den indirekten Leistungsbereichen ist ein steigender Anteil von Gemeinkosten festzustellen. Der Anstieg der Gemeinkosten wird auf

---

[135]   Fischer, E., Weber, J.: Der Nutzen der Kostenrechnung in Kommunen – Eine empirische Studie in Gestaltung, Nutzung und Erfolg der Kostenrechnung; Benchmarking-Bericht für die Teilnehmer der Studie, [Kommunale Gemeinschaftsstelle für Verwaltungsvereinfachung/Wissenschaftliche Hochschule für Unternehmensführung], Vallendar, 2001, S. 8

[136]   vgl.: Horváth, P., Mayer, R.: Prozesskostenrechnung – Der neue Weg zu mehr Kostentransparenz und wirkungsvolleren Unternehmensstrategien, in: Controlling, 1.Jg., 1989, S. 215

[137]   vgl.: Franz, K.-P., Kajüter, P.: Kostenmanagement; Wertsteigerung durch systematische Kostensteuerung, 2. Aufl., Stuttgart, 2002, S. 264

die Zunahme an administrativen Tätigkeiten zurückgeführt, wobei die Endprodukte dieser Verwaltungstätigkeiten Dienstleistungscharakter besitzen.

Während in den fünfziger Jahren noch 25 %-35 % der Mitarbeiter in Gemeinkostenbereichen beschäftigt waren, stieg dieser Anteil auf 50 %-55 %. Der Anteil der Gemeinkosten an der Wertschöpfung hat mittlerweile rd. 80 % erreicht, während der Anteil der Einzelkosten auf 20 % gesunken ist.

Die herkömmliche Vollkostenrechnung mit ihrem Kalkulationsmuster der Herstellkosten zuzüglich Gemeinkostenzuschlag wird der Funktion, verursachungsorientierte Kosteninformationen zu liefern, vor diesem Hintergrund nicht mehr gerecht. Des weiteren arbeit die traditionelle Vollkostenrechnung kurzfristig. Die Fixkosten jedoch, die einen wesentlichen Anteil der Gemeinkosten ausmachen, erfordern einen mittel- bis langfristigen Betrachtungszeitraum. Die PKR schließt diese Lücken durch die verursachungsgerechte Zuordnung der Gemeinkosten auf die wertschöpfenden Aktivitäten.

4.1.2   Entwicklung der PKR

Erste Entwicklungen, in denen betriebliche Aktivitäten im Mittelpunkt kostenrechnerischer Überlegungen stehen, liegen bereits aus den 70er Jahren vor.[138] Der Durchbruch der PKR geht auf das Jahr 1985 zurück, in dem Miller und Vollmann ihre Studie „The Hidden Factory" veröffentlichten, in der ein wachsender Gemeinkostenanteil an den Gesamtkosten, verursacht durch indirekte Leistungsbereiche, nachgewiesen wurde.[139] Sie formulierten den Gedanken, dass Gemeinkosten nicht unmittelbar durch physische Produkte, sondern durch Transaktionen, welche von den Produkten in Anspruch genommen werden, verursacht sind.[140] In den USA trieben Cooper, Johnson und Kaplan aus diesen Überlegungen heraus die Entwicklung zum Activity-Based-Costing (ABC) weiter. In Deutschland wird die Thematik 1987 in einem Aufsatz von Wäscher aufgegriffen, in dem er Transaktionen als gemeinkostentreibende Faktoren identifiziert.[141] Zwei Jahre später übernimmt Horváth die führende Rolle von Veröffentlichungen über die Prozesskostenrechnung. In seiner Prozesskostenrechnung, die zwischen leistungsmengeninduzierten und leistungsmengenneutralen Prozessen unterscheidet, liegt der Betrachtungsschwerpunkt in den administrativen Leistungsbereichen.[142] Dieser Konzeption wird im weiteren Verlauf dieser Darstellung gefolgt.

4.1.3   Wesentliche Begriffe der PKR

4.1.3.1   Prozess

Das Wort bzw. der Wortstamm des Begriffs „Prozess" stammt aus dem Lateinischen von „procedere = vorangehen, vorgehen". Aufbauend auf diesem Wortstamm haben sich die unterschiedlichen Bedeutungen und Definitionen von Prozessen, je nach spezifischer Sicht-

---

[138] vgl.: Fröhling, O.: Thesen zur Prozesskostenrechnung, Zeitschrift für Betriebswirtschaft (ZfB), 1992, S. 724

[139] Miller, J.G., Vollmann, T.E.: The Hidden Factory, in: Harvard Business Review, Vol. 63, 1985, S. 142-150

[140] vgl.: Miller, J.G., Vollmann, T.E.: Die verborgene Fabrik, in: Harvard Manager, 8. Jg., 1986, S. 84 f.

[141] vgl.: Wäscher, D.: Gemeinkosten-Management im Material- und Logistik-Bereich, in: Zeitschrift für Betriebswirtschaft (ZfB), 1987, S. 297-315

[142] vgl.: Horváth, P., Mayer, R.: Prozesskostenrechnung – Der neue Weg zu mehr Kostentransparenz und wirkungsvolleren Unternehmensstrategien, in: Controlling, 1. Jg., 1989, S. 215 ff.

weise und Anwendungszweck, entwickelt. Nach DIN EN ISO 9000:2000 wird ein Prozess als eine logische Abfolge von Tätigkeiten zur Verwirklichung von (wertschöpfenden) Ergebnissen und Zielen definiert; der Prozess ist ein Satz von in Wechselbeziehung oder Wechselwirkung stehenden Tätigkeiten, der Eingaben in Ergebnisse umwandelt. Für Becker et. al. ist ein Prozess die inhaltlich abgeschlossene, zeitliche und sachlogische Folge von Aktivitäten, die zur Bearbeitung eines prozessprägenden betriebswirtschaftlichen Objektes notwendig sind.[143] In der vorliegenden Arbeit wird unter einem Prozess eine auf die Erbringung eines Leistungsoutputs gerichtete Kette von Aktivitäten verstanden.[144]

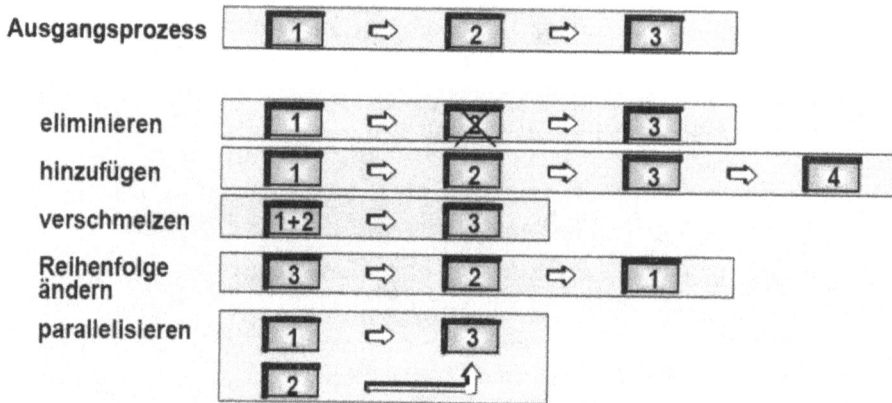

Abb. 4.1.3: Strukturierung von Prozessen

4.1.3.2 Tätigkeit
Unter einer Tätigkeit in der PKR wird die kleinste erfassbare Leistung, die in einer Gemeinkostenstelle im Hinblick auf ein Arbeitsergebnis erbracht wird, verstanden.[145]

4.1.3.3 Teilprozess
Ein Teilprozess ist eine Kette von zusammenhängenden, sachlich aufeinander bezogenen Tätigkeiten, die innerhalb einer Kostenstelle zu einem Arbeitsergebnis führt und für die eine gemeinsame Prozessgröße gefunden werden kann.[146] Teilprozesse werden in leistungsmengeninduzierte (lmi) und leistungsmengenneutrale (lmn) Prozesse unterteilt. Lmi-Teilprozesse verursachen Kosten, die mit der Leistungsmenge variieren, während lmn-Teilprozesse mengenfixe Kosten verursachen[147]

---

[143] vgl.: Becker, J., Kugeler, M., Rosemann, M.: Prozessmanagement, Ein Leitfaden zur prozessorientierten Organisationsgestaltung, Berlin, Heidelberg, New York, 2002, S. 6

[144] vgl.: Horváth, P., Mayer, R.: Prozesskostenrechnung – Konzeption und Entwicklungen, in krp, 37. Jg., Sonderheft 2/1993, S.16

[145] vgl.: Michel, R., Torspecken, H.-D., Jandt, J.: Neuere Formen der Kostenrechnung mit Prozesskostenrechnung – Kostenrechnung II -, 4. Aufl., München, Wien, 1998, S. 231

[146] vgl.: Michel, R., Torspecken, H.-D., Jandt, J.: a.a.O., S. 231

[147] vgl.: Horváth, P., Mayer, R.: Prozesskostenrechnung – Konzeption und Entwicklungen, in krp, 37. Jg., Sonderheft 2/1993, S. 216

4.1.3.4 Hauptprozess

Sachlogisch zusammengehörende Teilprozesse, die zu einem abschließenden Arbeitsergebnis führen, werden zu Hauptprozessen zusammengefasst. Für den Hauptprozess muss mindestens ein Kostentreiber existieren.[148] Die Zusammenfassung der Teilprozesse erfolgt i.d.R. kostenstellenübergreifend.

4.1.3.5 Teilprozessgröße

Die Teilprozessgröße ist die Maßgröße für die Kostenentstehung durch den Teilprozess.[149] Die Prozessgröße macht den Teilprozess mengenmäßig erfassbar. Prozessgrößen sind nur für lmi-Prozesse definierbar, da lmn-Prozesse nicht vom Leistungsvolumen abhängen und damit nicht quantifizierbar sind.

4.1.3.6 Kostentreiber (Cost-Driver)

Kostentreiber sind die Maßgrößen für die Kostenentstehung durch Hauptprozesse.[150] Mit Hilfe der Kostentreiber werden die Leistungsergebnisse der Hauptprozesse quantifiziert und die Verrechnung der Ressourceninanspruchnahme auf Produkte ermöglicht.

4.1.4   Merkmale der PKR

Die Schwächen der traditionellen Vollkostenrechnung, insbesondere die Verzerrungen durch eine Zuschlagskalkulation auf Basis der Einzelkosten (Um die gestiegenen Gemeinkosten zu verteilen, sind Zuschlagssätze von mehreren hundert Prozent auf die Einzelkosten notwendig.[151]), führte zur Entwicklung der PKR. Die PKR ist jedoch im Hinblick auf ihren Aufbau kein grundsätzlich neues System, folgt sie doch der klassischen Aufteilung in Kostenarten-, Kostenstellen- und Kostenträgerrechnung. Sie ist als Vollkostenrechnung ausgelegt, da nicht nur Einzelkosten sondern insbesondere Gemeinkosten auf die Produkte umgelegt werden.

Der elementare Unterschied der PKR zur traditionellen Vollkostenrechnung besteht darin, dass sie die Gemeinkosten über die kostenstellenübergreifende Aggregationen von Tätigkeiten zu Prozessen auf die Produkte zu verteilen sucht und nicht über willkürliche Zuschlagssätze.[152] Im Mittelpunkt der Betrachtung stehen die leistungswirtschaftlichen Tätigkeiten als Prozess der Wertschöpfung. Der Grundgedanke der PKR besteht darin, Prozesse zu eruieren und zu strukturieren (Prozessbildung), diese Prozesse unter Ermittlung der kostentreibenden Faktoren zu bewerten (Prozesskostenermittlung) und auf dieser Grundlage die Prozesskosten zu analysieren.[153]

---

[148] vgl.: Michel, R., Torspecken, H.-D., Jandt, J.: a.a.O., S. 231, S. 232
[149] vgl.: Michel, R., Torspecken, H.-D., Jandt, J.: a.a.O., S. 231, S. 232
[150] vgl.: Michel, R., Torspecken, H.-D., Jandt, J.: a.a.O., S. 231, S. 232
[151] vgl.: Coenenberg, A. G.: Kostenrechnung und Kostenanalyse, Landsberg am Lech, 1992, S. 195
[152] vgl.: Franz, K.-P.: Die Prozesskostenrechnung, in WiSt, 1992, S. 607
[153] vgl.: Michel, R., Torspecken, H.-D., Jandt, J.: Neuere Formen der Kostenrechnung mit Prozesskostenrechnung – Kostenrechnung II –, 4. Aufl., München, Wien, 1998, S. 222

Kostenartenrechnung	
• Erfassung und Abgrenzung primärer Kosten • kalkulatorische Kosten	

Kostenstellenrechnung

• Zurechnung primärer Gemeinkosten
  - direkt und Umbuchungen
• Zurechnung sekundärer Gemeinkosten
  - direkte und indirekte
    Leistungsverrechnung
• Kapazitätsrechnung (Plan-/Ist)
• Tarifermittlung für Leistungsarten

Produktdefinition + Prozeßmodellierung

Kostenträger- bzw. Prozeßrechnung
• Leistungsverrechnung auf Prozesse • Prozeßmengen • Prozeßumlagen

Leistungserfassung

Ergebnisrechnung

• Gegenüberstellung Kosten - Erlöse
  - stückbezogen
  - periodenbezogen

Berichtswesen/ Auswertungsrechnung

- Kostenarten-/Kostenstellenberichte vor und nach Umlagen
- Kostenstellenkapazität Plan und Ist
- Kostenstellentarife
- Kapazität + Leistungen
- Strukturkennzahlen
- Prozeß-/Produktberichte Kosten, Zeiten und Mengen vor und nach Umlagen
  - nach Laufbahnen
  - nach Leistungsarten
  - nach Laufbahnen und Leistungsarten
- Struktur- und Leistungskennzahlen

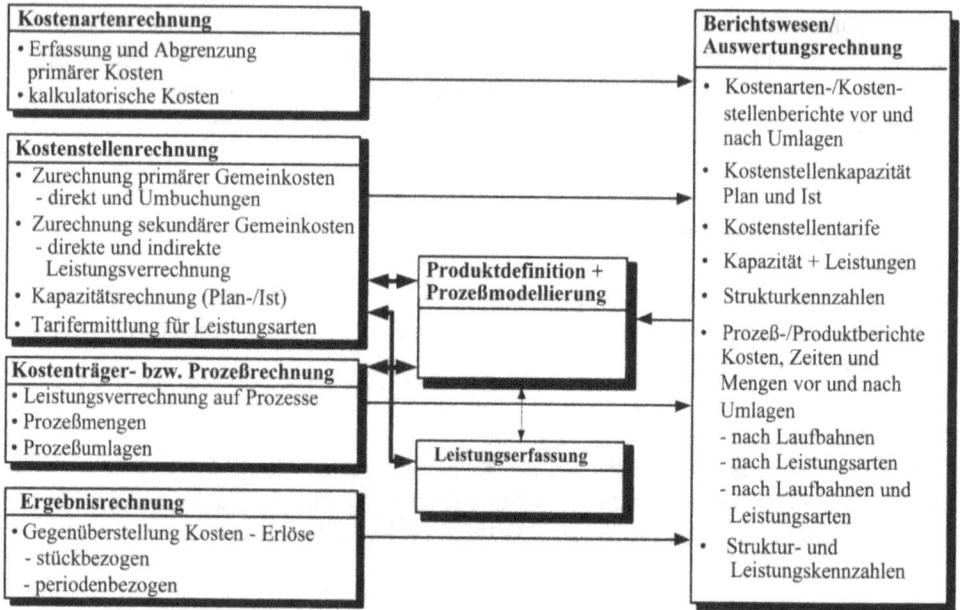

Abb. 4.1.4: Die PKR als Vollkostenrechnung

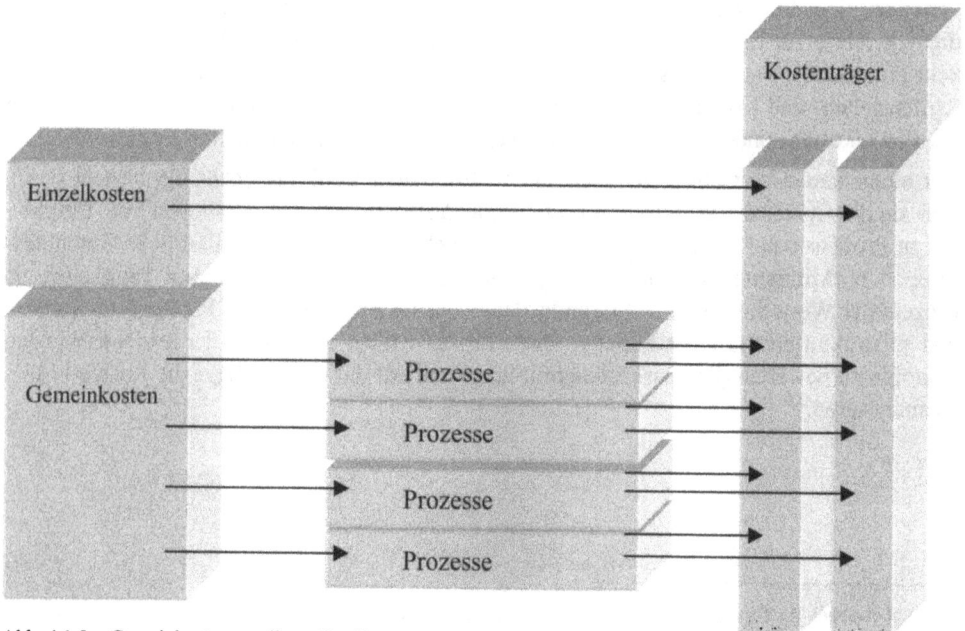

Abb. 4.1.5: Gemeinkostenverteilung über Prozesse

In der PKR wird folgender Zusammenhang unterstellt: Die durch ein Produkt verursachten Gemeinkosten sind nicht von den Einzelkosten dieses Produktes abhängig, sondern von der Anzahl der durch die Beschäftigten durchgeführten Transaktionen (Pozesshäufigkeit). Letztlich sind die betrieblichen Tätigkeiten und Prozesse verantwortlich für die Entstehung von Kosten. Um Beeinflussungspotenziale zu erkennen müssen also die Prozesse auf ihren Einfluss auf die Kostenhöhe untersucht werden. Ziel ist die Identifizierung von direkten Kosteneinflussgrößen. Diese als Kostentreiber bezeichneten Maßgrößen müssen eine direkte Abhängigkeit zum Leistungsvolumen besitzen.[154] Neben der Beschäftigung nennt Horváth als wesentliche kostenbestimmende Einflussfaktoren die Auftragsgröße (Losgröße), die Variantenvielfalt und die Produktkomplexität.[155] Die PKR weist damit eine deutlich größere Anzahl an Bezugsgrößen im Vergleich zur traditionellen Vollkostenrechnung aus.

Die PKR bietet ebenso wie die traditionelle Vollkostenrechnung grundsätzlich die Möglichkeit von Auswertungen der Ist-Kosten. Im Rahmen des Gemeinkostenmanagements ist sie jedoch in erster Linie als Plankostenrechnung konzipiert. Durch den mittel- bis langfristigen Planungszeitraum eignet sich die PKR ausgezeichnet für die Vorbereitung strategischer Entscheidungen.

Die folgende Abbildung fasst die Merkmale der PKR noch einmal zusammen:

Plankostenrechnung

Vollkostenrechnung

Prozessorientierung

Arten-, Stellen, Trägerrechnung

ProKR

Gemeinkosten-management

Bezugsgrößenvielfalt

Strategische Ausrichtung

Stellen- und bereichsübergreifend

Abbildung 4.1.6: Merkmale der PKR[156]

[154] vgl.: Freidank, C.-Ch.: Die Prozesskostenrechnung als Instrument des strategischen Kostenmanagements, in: Die Unternehmung, 1993, S. 389

[155] vgl.: Horváth, P., Mayer, R.: Prozesskostenrechnung – Der neue Weg zu mehr Kostentransparenz und wirkungsvolleren Unternehmensstrategien, in: Controlling, 1.Jg., 1989, S. 217

[156] vgl.: Reckenfelderbäumer, M.: Entwicklungsstand und Perspektiven der Prozesskostenrechnung, Wiesbaden, 1998, S. 27

4.1.5   Ziele und Anwendungsbereiche der PKR

Die Prozesskostenrechnung dient im wesentlichen dem Wertschöpfungsmanagement, der Produktkalkulation durch Gemeinkostenverrechnung und dem Gemeinkostenmanagement.[157] Wertschöpfungsmanagement bedeutet im Kern die Analyse und Optimierung der Prozesse einer Wertschöpfungskette durch Einsatz einer Kostenrechnungsform, welche die Kostensituation aktivitätsbezogen aufzeigt und das Kostenverhalten in der Wertschöpfungskette offenlegt.

Werden die Prozesskosteninformationen in die laufende interne Preisfindung und Bestandsbewertung einbezogen, so dient die PKR als Kalkulationsinstrument. Eine Kalkulation mit Hilfe der PKR ist dabei lediglich als Ergänzung der traditionellen Vollkostenrechnung anzusehen, mit der die, den einzelnen betrieblichen Teilbereichen zugrundeliegenden Kostenfunktionen besser abgebildet werden. Die Produktkalkulation wird durch die Vermeidung willkürlicher Verteilungsschlüssel bei der Gemeinkostenverrechnung aussagefähiger, da die anfallenden Gemeinkosten verursachungsgerechter auf die Kostenträger verrechnet werden können.[158] Die PKR als Instrument des Gemeinkostenmanagements, dient der Beeinflussung des Kostenverlaufs, der Kostenstruktur und des Kostenniveaus. Im diesem Einsatzfeld geht es um das Erkennen von Ineffizienzen durch eine prozessorientierte Analyse der Gemeinkostenbereiche. Die PKR als Instrument des Gemeinkostenmanagements lässt sich damit in die Gruppe der Rationalisierungsinstrumente, wie der Gemeinkostenwertanalyse oder dem Zero-Base-Budgeting einordnen. Der Einsatz der PKR im Gemeinkostenmanagement ist jedoch nicht auf die Optimierung interner Organisationsabläufe beschränkt, sondern sie wird auch als Grundlage zur Vorbereitung von strategischen Entscheidungen genutzt.[159]

Bei einer anderen Sichtweise lassen sich die Hauptziele der PKR durch die Begriffe Transparenz, Effizienz und Kalkulation definieren, die zur Ermittlung entscheidungsrelevanter Informationen und zur Vermeidung strategischer Fehlsteuerungen beitragen sollen:[160]

Transparenzziele	Effizienzziele	Kalkulationsziele
Kapazitätsauslastung	Wirtschaftlichkeitskontrolle im Hinblick auf Stellen, Prozesse und Verhaltensweisen	Strategische Ausrichtung
Ressourcenverbrauch	Realisierung von Rationalisierungspotenzialen	Verursachungsgerechtigkeit der Verteilung der Fix- und Gemeinkosten

[157] vgl.: Michel, R., Torspecken, H.-D., Jandt, J.: Neuere Formen der Kostenrechnung mit Prozesskostenrechnung – Kostenrechnung II –, 4. Aufl., München, Wien, 1998, S. 227
[158] vgl.: Götze, U.: Einsatzmöglichkeiten und Grenzen der Prozesskostenrechnung, in: Freidank, C.C. et al. (Hrsg.): Kostenmanagement – Aktuelle Konzepte und Anwendungen, Berlin et al., 1997, S. 169 f.
[159] vgl.: Küting, K., Lorson, P.: Grenzplankostenrechnung versus Prozesskostenrechnung – Quo vadis Kostenrechnung?. In: Der Betriebs-Berater, 46. Jg. (1991), S. 1426 f.
[160] vgl.: Reckenfelderbäumer, M.: Entwicklungsstand und Perspektiven der Prozesskostenrechnung, Wiesbaden, 1998, S. 26

Transparenzziele	Effizienzziele	Kalkulationsziele
Rationalisierungspotenziale	Gemeinkostenreduktion	Ermittlung tatsächlicher Selbstkosten
Verrechnungspreise	Gemeinkostenbudgetierung	Verrechnung interner Dienstleistungen
Wettbewerbsvorteile	Schnittstellenmanagement	Unterschiedlichkeit der Kalkulationsobjekte
Kosten von Produkt- und Verfahrensänderungen	Marktorientierung interner Dienstleistungen	Optimierung der Leistungsprogramme
Verhaltensweisen		Preispolitik

4.1.5.1 Transparenzziele

Durch die Erfassung, Strukturierung und Quantifizierung einzelner Tätigkeiten und abgeleiteter Prozesse wird in das Betriebsgeschehen in vielerlei Hinsicht transparenter. Die PKR ist grundsätzlich als Plankostenrechnung ausgerichtet. So lassen sich durch die Feststellung von Soll-Ist-Abweichungen, die Kapazitätsauslastung in den Gemeinkostenbereichen erkennen.[161] Darüber hinaus wird deutlich, welche Ressourcen die Gemeinkostenbereiche verbrauchen. Mit diesen Informationen lassen sich Rationalisierungspotenziale analysieren und sowohl der Auslastungsgrad als auch der Ressourceneinsatz optimieren.[162] Im Bereich der innerbetrieblichen Leistungserbringung werden die Verflechtungen durch die Verwendung von Prozesskostensätzen transparenter. Die Quantifizierung und monetäre Bewertung der Prozesse führt zu einer größeren Akzeptanz der Verrechnungspreise als bei der traditionellen Vollkostenrechnung. Eine verbesserte Kostentransparenz in den Gemeinkostenbereichen kann zu Vorteilen bei der Leistungserstellung führen, wenn z.B. der Kundennutzen durch Prozesse mit höherer Wertschöpfung optimiert wird. Die potenziellen Kosten von Veränderungen von Leistungen oder Verfahren zur Leistungserstellung lassen sich mit den Informationen der PKR bereits im Vorfeld analysieren und die möglichen Auswirkungen abschätzen. Insbesondere in öffentlichen Verwaltungen können mit Hilfe der PKR Verhaltensänderungen der Mitarbeiter angestoßen werden. Über die Bewertung interner Leistungen wird dem Mitarbeiter bewusst, dass die Inanspruchnahme dieser Dienste zu einem kostenverursachenden Ressourcenverbrauch führt.[163]

4.1.5.2 Effizienzziele

Die oben beschriebene Transparenzverbesserung kann zur Erhöhung der Effizienz in den Gemeinkostenbereichen eingesetzt werden. Mittels Prozess-Planmengen und Prozess-Kostensätzen lassen sich Wirtschaftlichkeitskontrollen in den Gemeinkostenbereichen realisie-

---

[161] vgl.: Horváth, P., Mayer, R.: Prozesskostenrechnung – Der neue Weg zu mehr Kostentransparenz und wirkungsvolleren Unternehmensstrategien, in: Controlling, 1.Jg., 1989, S. 218

[162] vgl.: Cervellini, U.: Marktorientiertes Gemeinkostenmanagement mithilfe der Prozesskostenrechnung, in Controlling, 1994, S. 65

[163] vgl.: Biel, A.: Einführung der Prozesskostenrechnung, in: Kostenrechnungspraxis, 1991, S. 87

ren, die für eine Optimierung der Relation zwischen Ressourceneinsatz und Leistungsmenge notwendig sind. Die Gemeinkosten lassen sich auf diese Weise wirksam überwachen und ggf. reduzieren. Die Erhöhung der Effizienz von Rationalisierungsvorhaben wird durch den Einsatz der PKR unterstützt, da die Maßnahmen an den wesentlichen Kostentreibern ansetzen können. Durch die integrierte Sichtweise der PKR, in der Tätigkeiten und Teilprozesse zu ganzheitlichen Prozessen verdichtet werden, wird das traditionelle Denken in Kostenstellen überwunden, wodurch die Lösung von Schnittstellenproblemen erleichtert wird. Die Sichtweise der Leistungserstellung als Kette wertschöpfender Aktivitäten verringert die Gefahr reiner Insellösungen. Durch den permanenten Einsatz der PKR ist sie als Grundlage für jährliche Kostenvorgaben und damit für eine effektive Budgetierung der Gemeinkostenbereiche geeignet. Über die Bildung von prozessorientierten Verrechnungspreisen für interne Leistungen lässt sich eine stärkere Marktorientierung für diese Leistungen realisieren, da eine willkürliche Kostenschlüsselung entfällt. Solche Verrechnungspreise besitzen i.d.R. eine größere Akzeptanz als die über Kostenschlüssel abgeleiteten.

4.1.5.3 Kalkulationsziele

Das Ziel der PKR, verursachungsgerechte Kosten zu ermitteln, bezieht sich nicht ausschließlich auf Produkte. Kalkulationsobjekt der PKR können neben den externen Produkten vor allem Verwaltungsleistungen aber auch Kunden, Standorte oder Absatzwege sein. Die PKR sieht die Kostenentstehung aus der Prozessdurchführung begründet und folgert eine Kostenzuweisung auf das Kalkulationsobjekt nach Maßgabe der von dem Kalkulationsobjekt beanspruchten Prozesse.[164] Dazu muss eine lineare Beziehung zwischen den verbrauchten Prozessmengen des kostentreibenden Faktors und der Menge des jeweiligen Kalkulationsobjektes bestehen. Dieser Zusammenhang wird nicht kurzfristig definiert, sondern begleitet die Wertschöpfungskette mittel- bis langfristig. Damit erhält die PKR einen prägnant strategisch ausgerichteten Charakter.

Zusammenfassend stellen sich die Zielsetzungen der PKR wie folgt dar:

- Erhöhung der Kostentransparenz in den indirekten Leistungsbereichen (insbesondere in der Verwaltung);
- Identifizierung der gemeinkostentreibenden Faktoren (Kostentreiber);
- Sicherstellung eines wertschöpfungsgerechten Ressourceneinsatzes;
- Erfassung und Steuerung des Wertschöpfungsprozesses in Bezug auf Zeit, Qualität, Anpassungsfähigkeit und Kosten;
- Verbesserung der Produktkalkulation hinsichtlich der Verursachungsgerechtigkeit von Kosten;
- Strategische Entscheidungsunterstützung bei Produktprogramm- und Kapazitätsveränderungen;
- Implementierung eines individuellen Verantwortungsbewusstseins für Aktivitäten, Kosten und Nutzen.

---

[164] vgl.: Michel, R., Torspecken, H.-D., Jandt, J.: Neuere Formen der Kostenrechnung mit Prozesskostenrechnung – Kostenrechnung II –, 4. Aufl., München, Wien, 1998, S. 261

4.1.5.4 Anwendungsbereich der PKR:

Zum effektiven Einsatz der PKR ist es notwendig den hierfür geeigneten Anwendungsbereich zu definieren. Geeignete Anwendungsbereiche für die PKR sind Gemeinkostenbereiche, in denen überwiegend formalisierte, im Ergebnis messbare repetitive Tätigkeiten mit einem hohen Standardisierungsgrad und geringem Entscheidungsspielraum ablaufen.[165] Gut standardisierbar sind Aufgaben, die sich häufig wiederholen, bei denen der Ressourcenbedarf einfach zu planen und der Tätigkeitsverlauf absehbar ist. Durch die Standardisierung und Strukturierung der Aufgabe lassen sich direkte Zusammenhänge zwischen den in Anspruch genommenen Prozessen und den Produkten herstellen. Sachbearbeitende und unterstützende Aufgaben in der allgemeinen Verwaltung sind am ehesten für den Einsatz der PKR zugänglich. So wäre z.B. die Einstellung von Mitarbeitern nach BAT in der Justizverwaltung ein geeigneter Anwendungsbereich, da der Prozess standardisiert und repetitiv angelegt ist, wohingegen eine richterliche Entscheidung in Strafsachen für den Einsatz der PKR wenig geeignet erscheint, da hier individuelle Entscheidungen unabdingbar sind. Die Beschränkung des Anwendungsbereichs der PKR macht deutlich, dass die PKR die traditionelle Vollkostenrechnung nicht ersetzt sondern ergänzt.

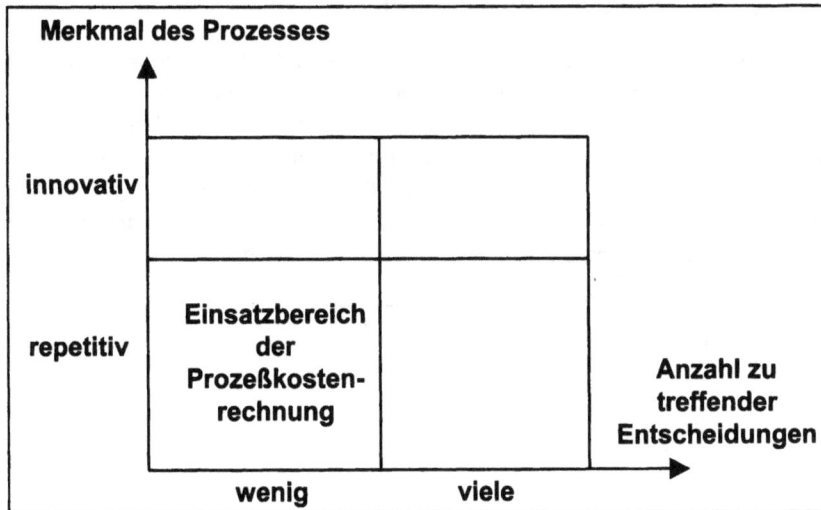

Abb. 4.1.7: Einsatzrahmen der PKR[166]

---

[165] vgl.: Berens, W., Hoffjan, A.: Controlling in der öffentlichen Verwaltung – Grundlagen, Fallstudien, Lösungen –, Stuttgart, 2004, S. 62

[166] vgl.: Coenenberg, A. G.: Kostenrechnung und Kostenanalyse, Landsberg am Lech, 1992, S. 199

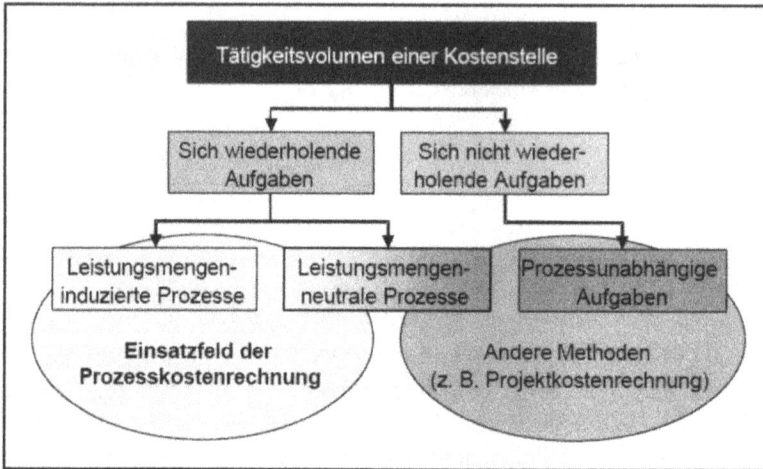

Abb. 4.1.8:   Anwendungsbereich der PKR

4.1.6   Vorgehensweise und Aufbau der PKR

Die Durchführung einer PKR basiert auf einer Kette von Verdichtungen von der einzelnen Tätigkeit einer Ressource über Teilprozesse und Hauptprozesse bis zum Produkt. Die Tätigkeiten, die in den einzelnen Kostenstellen mittels Ressourcenverbrauch erbracht werden, gehen durch Bündelung in die unterschiedlichen Teilprozesse ein. Die Teilprozesse werden zur Reduzierung der Prozesskomplexität zu kostenstellenübergreifenden Hauptprozessen verdichtet. Diese gehen als wertschöpfender Beitrag in die Erstellung der Produkte ein. Die folgende Abbildung verdeutlicht dieses Prinzip der Hauptprozessverdichtung:

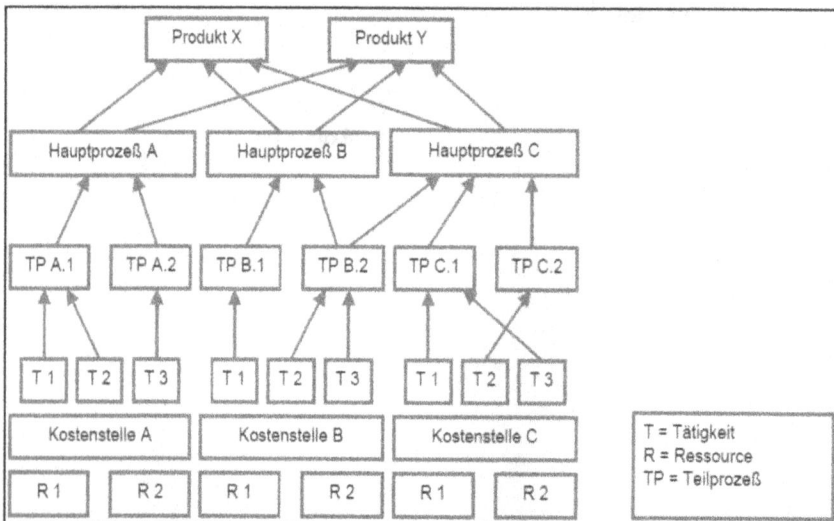

Abb. 4.1.9:   Prinzip der Hauptprozessverdichtung[167]

---

[167]   vgl.: Kaplan, R.S., Cooper, R.: Prozesskostenrechnung als Managementinstrument, Frankfurt a.M., New York, 1999, S. 117

Unter Zugrundelegung des Prinzips der Hauptprozessverdichtung hat sich aus Sicht von Theorie und Praxis die folgende Vorgehensweise zur Einführung einer PKR bewährt:[168]

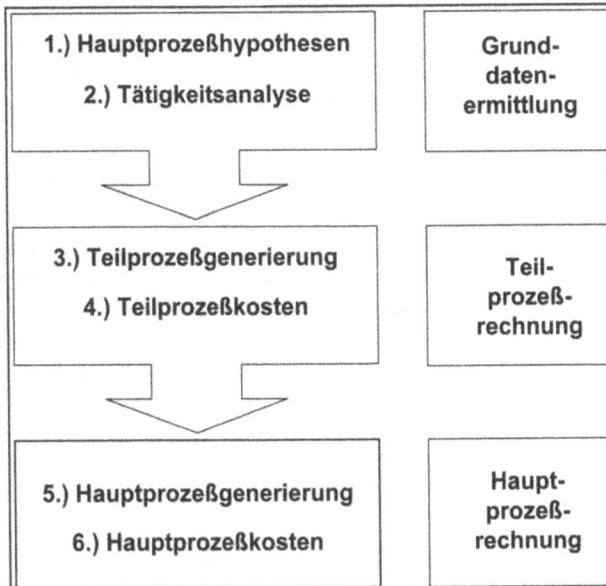

```
┌─────────────────────────────────────────────────────────┐
│  ┌──────────────────────────┐   ┌────────────────────┐   │
│  │ 1.) Hauptprozeßhypothesen│   │     Grund-         │   │
│  │                          │   │     daten-         │   │
│  │  2.) Tätigkeitsanalyse   │   │   ermittlung       │   │
│  └──────────────────────────┘   └────────────────────┘   │
│              │                                            │
│              ▽                                            │
│  ┌──────────────────────────┐   ┌────────────────────┐   │
│  │ 3.) Teilprozeßgenerierung │   │     Teil-          │   │
│  │                          │   │    prozeß-         │   │
│  │  4.) Teilprozeßkosten    │   │   rechnung         │   │
│  └──────────────────────────┘   └────────────────────┘   │
│              │                                            │
│              ▽                                            │
│  ┌──────────────────────────┐   ┌────────────────────┐   │
│  │ 5.) Hauptprozeßgenerierung│   │     Haupt-         │   │
│  │                          │   │    prozeß-         │   │
│  │  6.) Hauptprozeßkosten   │   │   rechnung         │   │
│  └──────────────────────────┘   └────────────────────┘   │
└─────────────────────────────────────────────────────────┘
```

Abb. 4.1.10: Vorgehensweise der PKR

Der Ablauf einer PKR lässt sich in die Grunddatenermittlung, die Teilprozessrechnung und die Hauptprozessrechnung einteilen.[169] Nach der Festlegung der grundlegenden Zielsetzung der einzuführenden PKR und der Auswahl der hierfür zu untersuchenden betrieblichen Bereiche werden zur Richtungsorientierung erste Hypothesen über Hauptprozesse und ihrer Kostentreiber aufgestellt. In der im Anschluss stattfindenden Tätigkeitsanalyse werden Tätigkeiten definiert und quantifiziert um sie zu kostenstellenbezogenen Teilprozessen zu bündeln. Die kostenstellenbezogenen Teilprozesse werden schließlich zu kostenstellenübergreifenden Hauptprozessen verdichtet und über ihre Kostentreiber und Prozessmengen kostenrechnerisch quantifiziert.

4.1.6.1 Formulierung von Hauptprozesshypothesen und ihrer Kostentreiber

Die Einrichtung einer Prozesskostenrechnung im Unternehmen erfordert konkrete betriebliche Grunddaten in Form von Tätigkeitsbeschreibungen und -quantifizierungen. Im Rahmen der Vorarbeiten zur Erhebung von PKR-Grunddaten werden zunächst mittels Brainstroming oder Workshops abteilungsübergreifende Hauptprozesse und deren Kostentreiber definiert. Dem Kostentreiber kommt eine Doppelfunktion zu: Er ist sowohl Messgröße für die Kostenverursachung als auch Messgröße für den Leistungsoutput.[170] Damit die Grunddaten zielfüh-

---

[168] vgl.: Horváth, P., Mayer, R.: Konzeption und Entwicklungen der Prozesskostenrechnung. In: Männel, W. (Hrsg.): Prozesskostenrechnung, Wiesbaden, 1995, S. 70 ff.

[169] vgl.: Michel, R., Torspecken, H.-D., Jandt, J.: Neuere Formen der Kostenrechnung mit Prozesskostenrechnung – Kostenrechnung II –, 4. Aufl., München, Wien, 1998, S. 231

[170] vgl.: Horváth, P., Mayer, R.: Prozesskostenrechnung – Konzeption und Entwicklungen, in krp, 37. Jg., Sonderheft 2/1993, S.18

rend und mit vertretbarem Aufwand erhoben werden können, sind folgende Vorarbeiten zweckmäßig:

- Die verfolgten Hauptziele müssen festgelegt werden.
- Die in die Prozesse einzubeziehenden Bereiche sind als Untersuchungsfeld abzugrenzen.
- Hypothesen über Hauptprozesse und Kostentreiber sind aufzustellen.[171]

Die vorläufigen Hauptprozesse dienen dazu, die nachfolgende umfangreiche Tätigkeitsanalyse und Teilprozessanalyse auf eine vorstrukturierte Basis zu stellen und den Untersuchungsbedarf sachgerecht einzuschränken. Die Hypothesen sind Arbeitserleichterungen. Sie können sich durch erweiterte Kenntnisse im Laufe der Untersuchung ändern. Die Hypothesen können aus der konkreten Arbeitsstruktur und den wesentlichen Entscheidungssituationen der Organisation im Rahmen von Workshops oder durch Methoden des Brainstorming abgeleitet werden.[172] Vorläufige Hauptprozesse und Kostentreiber in der öffentlichen Verwaltung können z.B. sein:

Vorläufiger Hauptprozess	Vorläufiger Kostentreiber
Erste Sichtung von Steuererklärungen	Anzahl der Steuererklärungen
Beschaffung von IuK-Technologie	Anzahl der Ausschreibungen
Einstellung von Mitarbeitern	Anzahl Stellenausschreibungen
Mündliche Anträge aufnehmen	Anzahl Anträge; Gesprächsdauer
Reisekostenabrechnungen	Anzahl Anträge

4.1.6.2 Tätigkeitsanalyse

Die Tätigkeitsanalyse in den Kostenstellen stellt die wesentliche Grundlage für den Aufbau der PKR dar. Ziel der Tätigkeitsanalyse ist die art- und mengenmäßige Erfassung des Arbeitsvolumens einer Kostenstelle. Hierbei sollen vor allem die Tätigkeiten identifiziert werden, die einen hohen Zeiteinsatz und/oder Ressourceneinsatz erfordern. Das Ergebnis der Tätigkeitsanalyse ist eine nach Kostenstellen differenzierte Liste von Tätigkeiten, die Auskunft über die Art der Tätigkeit, die Maßgrößen, die Mengen und die benötigten Zeitanteile gibt. Im Mittelpunkt des Interesses stehen Tätigkeiten mit weitgehend formalisierten, wiederholendem und homogenem Charakter, deren Ergebnisse direkt messbar sind. Probleme bei der Tätigkeitsanalyse in einer Kostenstelle ergeben sich beider Abgrenzung der Tätigkeiten und der technischen Erfassung der einzelnen Tätigkeiten. Vereinfachend wird von einer eigenständigen Tätigkeit ausgegangen, wenn:

- unterschiedliche Technologien zum Einsatz kommen,
- unterschiedliche wirtschaftliche Konsequenzen resultieren,
- unterschiedliche Bearbeitungsobjekte vorliegen,
- ein bestimmter zeitlicher Umfang gegeben ist.

---

[171] vgl.: Michel, R., Torspecken, H.-D., Jandt, J.: Neuere Formen der Kostenrechnung mit Prozesskostenrechnung – Kostenrechnung II –, 4. Aufl., München, Wien, 1998, S. 235

[172] vgl.: Horváth, P., Mayer, R.: Prozesskostenrechnung – Konzeption und Entwicklungen, in krp, 37. Jg., Sonderheft 2/1993, S. 21

Zur Erfassung der Tätigkeiten und ihrer Quantifizierungen lassen sich folgende Möglichkeiten unterscheiden:

- Strukturierte Interviews mit den Kostenstellenleitern,
- Selbstaufschreibung der Kostenstellenmitarbeiter,
- Rückgriff auf bestehende Unterlagen wie Stellenbeschreibungen, Arbeitsanweisungen, Organisationspläne, Ergebnisse von Gemeinkostenwertanalysen etc,
- Kombination der o.g. Verfahren.[173]

Im Rahmen einer Tätigkeitsanalyse sollten die folgenden Punkte erfasst werden:

- **Wer** (welche Person);
- **Was** (welche Tätigkeiten);
- **Wann** (in zeitlicher Abfolge);
- **Wo** (in welcher Abteilung, an welchem Arbeitsplatz);
- **Womit** (mit welchen Sachmitteln und Personen);
- **Wie lange** (mit welcher zeitlichen Beanspruchung);
- **Für wen oder was** macht. (für welche Dienstleistung oder welchen Prozess)

Die folgende Tabelle zeigt die beispielhafte Darstellung der Ergebnisse einer Tätigkeitsanalyse für die Kostenstelle „Beschaffung"

Lfd. Nr.	Tätigkeit	Bezugsgröße	Anzahl pro Jahr	Zeitbedarf / Jahr in %	Zeitbedarf / Jahr Arbeitstage
1	Bestellungen schreiben (Rahmenvertrag)	Anz. Bestellungen	10.000	10,1%	112
2	Bestellungen schreiben (Einzelvertrag)	Anz. Bestellungen	2.000	7,0%	77
3	Bestellungen ausdrucken	Bestellungen	12.000	4,0%	44
4	Unterschriften einholen	Bestellungen	2.200	2,0%	22
5	Kopieren und verteilen der Bestellformulare	Bestellungen	12.000	4,0%	44
6	Lieferantenanfragen telefonisch bearbeiten	Anz. Anrufe	3.000	3,2%	35
7	Lieferanten telefonisch anmahnen	Anz. Mahnungen	700	1,6%	18
8	Lieferanten schriftlich anmahnen	Anz. Mahnungen	300	2,0%	22
...	...	...	...	...	...
n	Abteilung leiten	-	-	15,0%	160

Abb. 4.1.11: Tätigkeitsanalyse der Kostenstelle „Beschaffung"

---

[173] vgl.: Michel, R., Torspecken, H.-D., Jandt, J.: Neuere Formen der Kostenrechnung mit Prozesskostenrechnung – Kostenrechnung II –, 4. Aufl., München, Wien, 1998, S. 237

4.1.6.3 Teilprozessgenerierung

Nachdem die Tätigkeiten definiert, abgegrenzt und quantifiziert sind, besteht der nächste Schritt, in der Zusammenfassung sachlogisch zusammenhängender Tätigkeiten zu kostenstellenbezogenen Teilprozessen.[174] Ein Teilprozess beschreibt damit ein bestimmtes Tätigkeitsgebiet innerhalb einer Kostenstelle. Einzelne Tätigkeiten sind zu umfangreich, um sie als Basis für die Gemeinkostenverrechnung zu verwenden. Darüber hinaus vernachlässigen einzelne Tätigkeiten innerhalb einer Kostenstelle funktionale Zusammenhänge im Arbeitsablauf. Aus Sicht der PKR besteht damit die Notwendigkeit zur Zusammenfassung von Tätigkeiten. Diese Tätigkeitsaggregation erfolgt unter Berücksichtigung der vorläufigen Hauptprozesshypothesen. Die Anzahl der pro Kostenstelle zu bildenden Teilprozesse hängt ab von der Komplexität der Tätigkeiten, der Anzahl differenzierter Tätigkeiten und dem gewünschten Genauigkeitsgrad der Kosteninformationen.

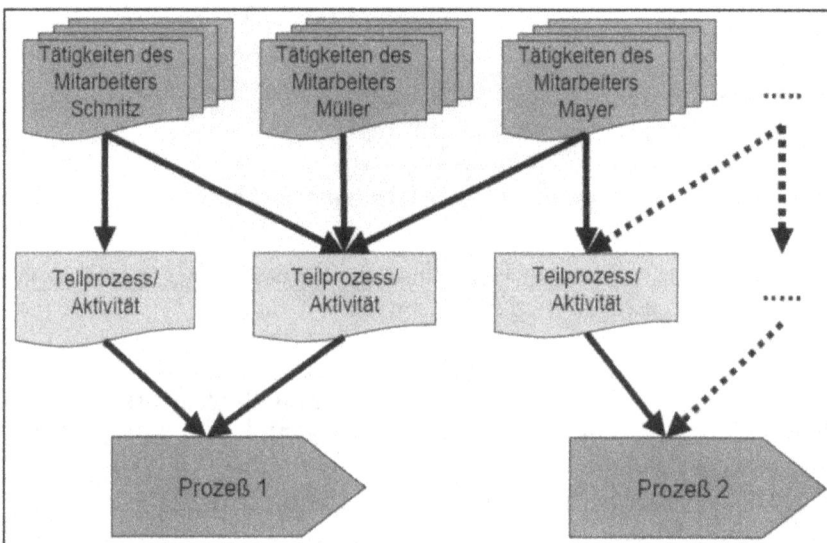

Abb. 4.1.12: Generierung von Teilprozessen

Gegenstand der Teilprozessgenerierung können neben physischen Aktivitäten der Mitarbeiter auch wertmäßige Vorgänge wie kalkulatorische Abschreibungen oder kalkulatorische Verzinsungen des Working-Capital oder von betrieblichen Anlagegütern sein.[175] Zur Ableitung von Teilprozessen lassen sich einige grundsätzliche Kriterien formulieren:

- Der Teilprozess stellt ein messbares Arbeitsergebnis innerhalb der Kostenstelle dar;
- Der Teilprozess ist für die Kostenstelle eigenständig, d.h. seine Realisierung ist auch dann sinnvoll, wenn andere Teilprozesse nicht durchgeführt werden;
- Der Teilprozess umfasst Tätigkeiten, die in einer erkennbaren Arbeitsfolge stehen.

---

[174] vgl.: Remer, D.: Einführen der Prozesskostenrechnung – Grundlagen, Methodik, Einführung und Anwendung der verursachungsgerechten Gemeinkostenzurechnung, Stuttgart, 1997, S. 108
[175] vgl.: Horváth, P., Mayer, R.: Prozesskostenrechnung – Der neue Weg zu mehr Kostentransparenz und wirkungsvolleren Unternehmensstrategien, in: Controlling, 1. Jg., 1989, S. 216

So lassen sich z.B. die folgende Tätigkeiten in der Kostenstelle „Beschaffung" zu einem Teilprozess „Material über Einzelvertrag bestellen" zusammengefassen:

- Bestellung schreiben (Einzelvertrag)
- Bestellung ausdrucken
- Unterschrift einholen
- Kopieren und verteilen der Bestellformulare

Als weitere Teilprozesse der Kostenstelle „Beschaffung" lassen sich ableiten:

- „Material über Rahmenvertrag bestellen"
- „Reklamationen bearbeiten"
- „Abteilung leiten"

Die abgeleiteten kostenstellenbezogenen Teilprozesse werden im Hinblick auf ihre Abhängigkeit vom geforderten Leistungsvolumen klassifiziert. Teilprozesse, die sich mengenvariabel zur Kostenstellenleistung verhalten, werden leistungsmengeninduziert (lmi) genannt.[176] Die Kosten dieser Teilprozesse verhalten sich proportional zum erbrachten Leistungsvolumen. Das bedeutet, dass die Kosten, die ein Teilprozess verursacht, davon abhängig sind, wie oft er durchgeführt wird. Je öfter dieser Teilprozess in einer Periode durchlaufen wird, desto mehr Kosten verursacht er. Teilprozesse, deren Kosten nicht steigen, wenn Sie häufiger durchgeführt werden, sind mengenfix und damit unabhängig von der Leistungsmenge; sie werden leistungsmengenneutral (lmn) genannt. So werden sich z.B. Leitungsfunktionen oder Planungsprozesse nur schlecht bzw. eher willkürlich mittels Mengengrößen quantifizieren lassen.[177] Für lmn-Teilprozesse lassen sich keine geeigneten Bezugsgrößen definieren. Die folgende Tabelle zeigt Beispiele für lmi- und lmn-Teilprozesse der Kostenstelle „Beschaffung":

Teilprozess	Klassifizierung
Material bestellen – Rahmenverträge	leistungsmengeninduziert
Material bestellen – Einzelverträge	leistungsmengeninduziert
Reklamationen bearbeiten	leistungsmengeninduziert
Abteilung leiten	leistungsmengenneutral

Für die leistungsmengeninduzierten Teilprozesse sind die Prozessgrößen zu definieren, die den Teilprozess mengenmäßig abbilden. Sie ermöglichen die Messung der Teilprozessmengen sowie die Zuordnung der Gemeinkosten auf die Teilprozesse.[178] Dabei wird unterstellt,

---

[176] vgl.: Horváth, P., Mayer, R.: Prozesskostenrechnung – Der neue Weg zu mehr Kostentransparenz und wirkungsvolleren Unternehmensstrategien, in: Controlling, 1. Jg., 1989, S. 116

[177] vgl.: Reichmann, Th.: Controlling mit Kennzahlen und Managementberichten, 1995, S. 169 f. und Remer, D.: Einführen der Prozesskostenrechnung – Grundlagen, Methodik, Einführung und Anwendung der verursachungsgerechten Gemeinkostenzurechnung, Stuttgart, 1997, S. 39

[178] vgl.: Freidank, C.Ch., Götze, U., Huch, B., Weber, J. (Hrsg.): Kostenmanagement – Aktuelle Konzepte und Anwendungen, Berlin, Heidelberg, New York, Barcelona, Budapest, Hongkong, London, Mailand, Paris, Santa Clara, Singapur, Tokio, 1997, S. 148

dass zwischen der Prozessgrößenmenge und dem Ressourcenverbrauch eines Lmi-Teil-prozesses eine **proportionale Beziehung** besteht.[179] Für jeden Teilprozess wird eine eigene Prozessgröße definiert. Aus diesem Grund werden in einer Kostenstelle häufig mehrere un-terschiedliche Prozessgrößen verwendet, um die Gemeinkosten dieser Kostenstelle auf die Teilprozesse zu verteilen. Mit Hilfe der Prozessgrößen soll die maximale Leistungsfähigkeit der betrachteten Kostenstelle ermittelt und ihrer tatsächlichen Leistung gegenüber gestellt werden können.[180] Prozessgrößen sind nur für lmi-Prozesse definierbar, da lmn-Prozesse nicht vom Leistungsvolumen abhängen und damit nicht quantifizierbar sind.

An die Prozessgrößen sind zur leichteren Ableitung folgende Anforderungen zu stellen:

– Durchschaubarkeit,
– Verständlichkeit,
– Direkte Ableitbarkeit,
– Proportionales Verhältnis zur Ressourcenbeanspruchung.[181]

Kostenstelle Beschaffung		
Teilprozeß	**Prozeßgröße**	**Prozeßmenge**
Material bestellen - Rahmenverträge	Abrufe aus Rahmenvertrag	4.200
Material bestellen - Einzelverträge	Einzelbestellungen	2.400
Reklamationen bearbeiten	Reklamationen	340
Abteilung leiten	-	-

4.1.6.4 Teilprozesskosten

Nachdem die Prozessgrößen definiert sind, ist die zugehörige Prozessmenge als konkrete zahlenmäßige Ausprägung der Prozessgröße zu bestimmen. Die Prozessmenge ist die Anzahl der Durchführungen des lmi-Teilprozesses, dargestellt durch die Prozessgrößenmenge. Da-mit der Aufwand nicht unnötig erhöht wird, ist eine Schätzung der Prozessmengen auf der Basis von Vergangenheitswerten zu empfehlen. Die folgende Tabelle zeigt ein Beispiel für die Definition von Prozessgrößen und -mengen von Teilprozessen der Kostenstelle „Be-schaffung" für die Abrechnungsperiode:

Nachdem die Teilprozesse abgeleitet, die Prozessgrößen definiert und die Prozessmengen erhoben sind, können die Teilprozesskosten ermittelt werden. Jeder Teilprozess, unabhängig ob es sich um einen lmi- oder lmn-Teilprozess handelt ist mit Kosten zu bewerten. Die Per-sonalkosten haben in den Gemeinkostenbereichen i.d.R. die größte Bedeutung. Die Plankos-ten können pro Teilprozess erhoben und auf die geplanten Teilprozessmengen verteilt wer-

---

[179]   vgl.: Glaser, H.: Prozesskostenrechnung – Darstellung und Kritik, in: ZfbF, 44. Jg., 3/1992, S 279 und Remer, D.: Einführen der Prozesskostenrechnung – Grundlagen, Methodik, Einführung und Anwendung der verursa-chungsgerechten Gemeinkostenzurechnung, Stuttgart, 1997, S. 50
[180]   vgl.: Reckenfelderbäumer, M.: Entwicklungsstand und Perspektiven der Prozesskostenrechnung, Wiesbaden, 1998, S. 60
[181]   vgl.: Michel, R., Torspecken, H.-D., Jandt, J.: Neuere Formen der Kostenrechnung mit Prozesskostenrechnung – Kostenrechnung II –, 4. Aufl., München, Wien, 1998, S. 240

den. Die Prozesskosten von lmi-Teilprozessen können aber auch ermittelt werden, indem die gesamten Personalkosten einer Kostenstelle auf die Anzahl der Mitarbeiter umgerechnet und mit der zeitlichen Inanspruchnahme der Teilprozesse multipliziert werden. Das folgende Beispiel aus der Kostenstelle „Beschaffung soll das Vorgehen der Ermittlung der Teilprozesskosten verdeutlichen.

Gesamte Kostenstellenkosten				400 T€				
Teilprozeß	Prozeßgröße		MJ	Prozeßkosten (T€/Jahr)			Prozeßkost.-satz (€/ME)	
	Art	Menge	Anzahl	lmi	lmn-Umlage	gesamt	lmi	gesamt
Material bestellen - Rahmenverträge	Abrufe	4.200	1,25	125	17,9	142,9	29,76	34,0
Material bestellen - Einzelverträge	Einzelbe-stellungen	2.400	1,75	175	25,0	200,0	72,92	83,3
Reklamationen bearbeiten	Reklama-tionen	340	0,5	50	7,1	57,1	147,1	168,1
Abteilung leiten	-	-	0,5	-	-	-	-	-
Total			4	350	50	400		

Die Prozessmengen und der hierfür notwendige Ressourceneinsatz, ausgedrückt in Mannjahren (MJ) werden auf der Basis von Vergangenheitswerten geplant. Das Budget der Kostenstelle wurde auf 400.000 € festgelegt. Zur Kostenverteilung dient der Verteilungsschlüssel auf Basis der geplanten Mannjahre. So ergeben sich beispielsweise für den Teilprozess „Material bestellen über Rahmenverträge" leistungsmengeninduzierte Prozesskosten in Höhe von 125.000 € (400.000/4 · 1,25). Insgesamt ergeben sich über die lmi-Teilprozesse leistungsmengeninduzierte Prozesskosten in Höhe von 350.000 €. Die verbleibenden 50.000 € entfallen auf den leistungsmengenneutralen Teilprozess „Abteilung leiten", die über eine lmn-Umlage auf die lmi-Teilprozesse verteilt werden müssen. Dazu werden die lmn-Prozesskosten in Höhe von 50.000 € durch die Summe der Mannjahre der lmi-Teilprozesse dividiert und mit den Mannjahren des Teilprozesses multipliziert (50.000/3,5 · 1,25). Durch Addition der lmi-Prozesskosten und der lmn-Umlage ergeben sich die Gesamtprozesskosten je Teilprozess.

Nach Bestimmung der Teilprozesskosten und -mengen ist die Berechnung der Teilprozesskostensätze möglich. Berechnet werden kann der lmi-Teilprozesskostensatz und der Gesamt-Teilprozesskostensatz. Beide Teilprozesskostensätze zeigen die Kosten für eine Durchführung eines leistungsmengeninduzierten Teilprozesses auf. Sie unterscheiden sich durch den Zähler der Division. Für die Ermittlung der lmi-Teilprozesskostensatzes werden die lmi-Teilprozesskosten durch die Teilprozesskostenmenge dividiert. Zur Berechnung des Gesamt-Teilprozesskostensatzes werden die Gesamt-Teilprozesskosten durch die Teilprozesskostenmenge dividiert. So entstehen in unserem Beispiel für die Durchführung eines Teilprozesses „Material bestellen über Rahmenverträge" leistungsmengeninduzierte Prozesskosten in Höhe von 29,76 € und Gesamt-Teilprozesskosten in Höhe von 34,00 €.

Die folgende Abbildung fasst das Vorgehen bei der Ermittlung der Teilprozesskosten und
-kostensätze noch einmal zusammen:

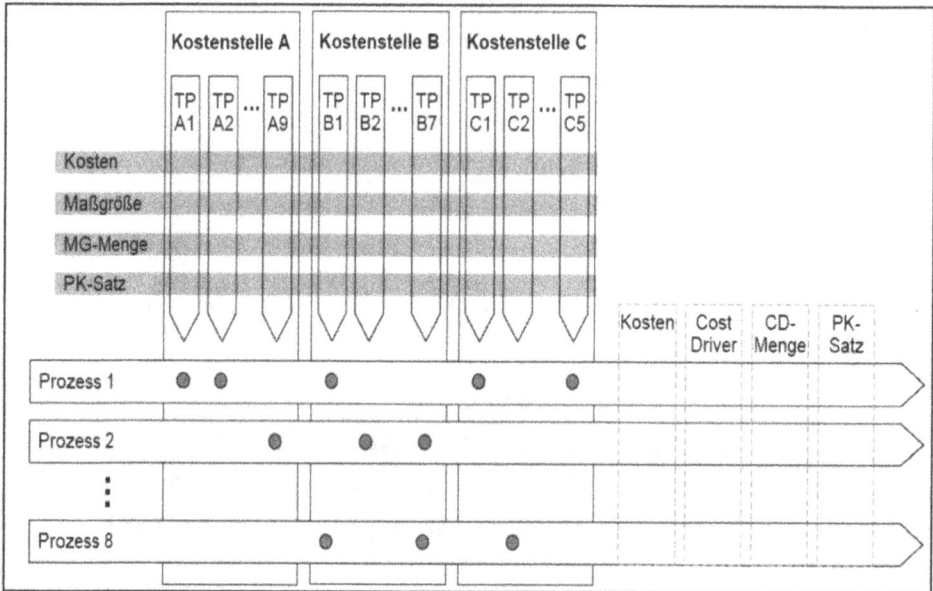

Abb. 4.1.13: Ermittlung der Teilprozesskosten und Teilprozesskostensätze

4.1.6.5 Hauptprozessgenerierung

Unter Berücksichtigung der Hauptprozesshypothesen und der im bisherigen Verfahren gewonnenen Erkenntnisse, werden die kostenstellenbezogenen leistungsmengeninduzierten
Teilprozesse zu wenigen kostenstellenübergreifenden Hauptprozessen verdichtet. Ein Hauptprozess ist eine Kette von Teilprozessen, die demselben Kosteneinflussfaktor (Kostentreiber)
unterliegen und für die Prozesskosten ermittelt werden sollen. Die zu gewinnenden Hauptprozesse beschränken sich auf einzelne Funktionsbereiche und somit auf bestimmte Ab-
schnitte der Wertschöpfungskette wie z.B. Kundenauftrag abwickeln, Material beschaffen,
Leistungsvarianten betreuen, etc. Ziel dieser Verdichtung ist, die Anzahl der betrachteten
Prozesse überschaubar zu halten und die wesentlichen Kostentreiber zu erkennen. Die ver-
dichteten Hauptprozesse werden zum Gegenstand des Gemeinkostenmanagements.

Zur Verdichtung von Teilprozessen zu Hauptprozessen eröffnen sich verschiedene Möglichkeiten:

– Mehrere Teilprozesse unterschiedlicher Kostenstellen bilden einen Hauptprozess,
– Mehrere Teilprozesse einer einzigen Kostenstelle bilden einen Hauptprozess,
– Ein Teilprozess einer Kostenstelle geht in mehrere Hauptprozesse ein,
– Ein einzelner Teilprozess einer Kostenstelle ist gleichzeitig ein Hauptprozess (unechter
   Hauptprozess).[182]

---

[182]   vgl.: Michel, R., Torspecken, H.-D., Jandt, J.: Neuere Formen der Kostenrechnung mit Prozesskostenrechnung
        – Kostenrechnung II –, 4. Aufl., München, Wien, 1998, S. 245

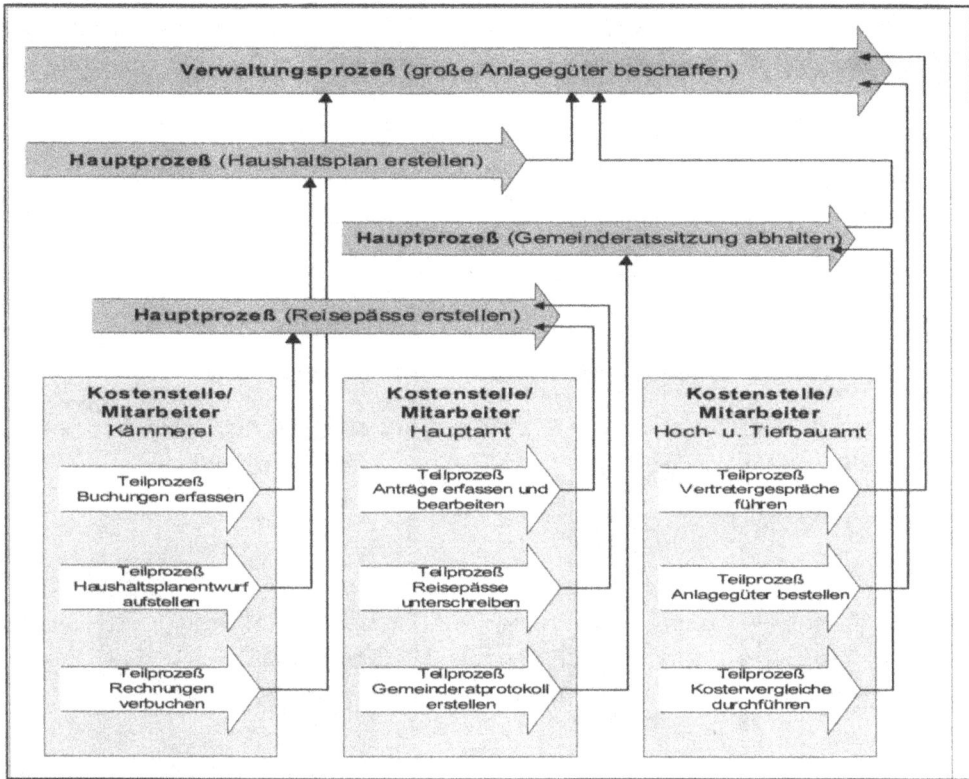

Abb. 4.1.14: Beispiel für die Hauptprozessgenerierung

Im typischen Fall setzt sich ein Hauptprozess aus mehreren Teilprozessen verschiedener Kostenstellen zusammen.[183] Ein Hauptprozess zeichnet sich durch die folgenden Eigenschaften aus:

- Der Hauptprozess führt Teilprozesse zu kunden- oder produktbezogenen Arbeitspaketen zusammen;
- Der Hauptprozess wird durch eine Bottom-Up-Verdichtung (von unten nach oben) erreicht;
- Für den Hauptprozess ist ein wesentlicher Kostentreiber erkennbar;
- Der Hauptprozess ist eine wertschöpfungsrelevante Kernfunktion;
- Der Hauptprozess lässt sich von anderen Hauptprozessen durch unterschiedliche Kostentreiber und unterschiedliche Prozessergebnisse abgrenzen.[184]

---

[183] vgl.: Freidank, C.Ch., Götze, U., Huch, B., Weber, J. (Hrsg.): Kostenmanagement – Aktuelle Konzepte und Anwendungen, Berlin, Heidelberg, New York, Barcelona, Budapest, Hongkong, London, Mailand, Paris, Santa Clara, Singapur, Tokio, 1997, S. 150

[184] vgl.: Michel, R., Torspecken, H.-D., Jandt, J.: Neuere Formen der Kostenrechnung mit Prozesskostenrechnung – Kostenrechnung II –, 4. Aufl., München, Wien, 1998, S. 245

Unser Beispiel aus der Kostenstelle Materialbeschaffung wird durch die Verdichtung zum Hauptprozess „Material bestellen und verwalten" fortgeführt:

- Hauptprozess: Material bestellen und verwalten
- Teilprozesse: Material bestellen über Rahmenverträge (Kostenstelle 220: Beschaffung)
  Kreditoren buchen (Kostenstelle 282: Rechnungswesen)
  Material lagern und verwalten (Kostenstelle 112: Materiallager)

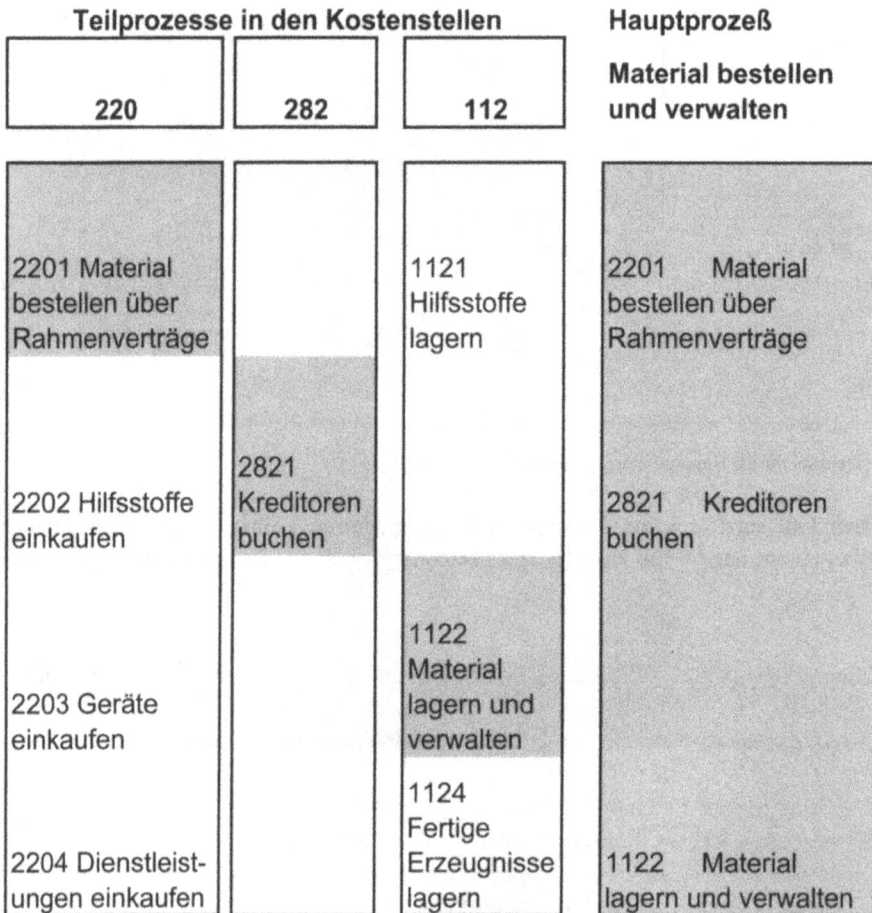

Teilprozesse in den Kostenstellen — Hauptprozeß

Material bestellen und verwalten

220	282	112	
2201 Material bestellen über Rahmenverträge		1121 Hilfsstoffe lagern	2201 Material bestellen über Rahmenverträge
2202 Hilfsstoffe einkaufen	2821 Kreditoren buchen		2821 Kreditoren buchen
2203 Geräte einkaufen		1122 Material lagern und verwalten	
2204 Dienstleistungen einkaufen		1124 Fertige Erzeugnisse lagern	1122 Material lagern und verwalten

4.1.6.6 Hauptprozesskosten

Im nächsten Schritt der PKR sind für alle Hauptprozesse Kostentreiber abzuleiten. Der Kostentreiber hat, wie die Prozessgrößen der Teilprozesse, eine Doppelfunktion inne; er dient zur Messung des quantitativen Leistungsvolumens und zur Verrechnung der Gemeinkosten durch die Inanspruchnahme des Hauptprozesses durch Produkte. Der Kostentreiber des Hauptprozesses und die Prozessgrößen der Teilprozesse müssen in einem Abhängigkeitsverhältnis zueinander stehen. Ist dies nicht der Fall, kann das Gemeinkostenvolumen nicht über den Hauptprozess abgebildet werden. Nur im Ausnahmefall werden alle Prozessgrößen der Teilprozesse mit dem Kostentreiber des Hauptprozesses identisch sein. Das Auffinden eines geeigneten Kostentreibers wird problematischer, wenn die Prozessgrößen der Teilprozesse eine starke Heterogenität aufweisen. Ein Anhaltspunkt für die schwierige Auswahl des Kostentreibers kann die Kostendominanz eines der zugehörigen Teilprozesse und seiner Prozessgröße liefern.[185] Im vorliegenden Beispiel wird die Prozessgröße „Lieferscheinpositionen" als kostendominant angenommen und als Kostentreiber für den Hauptprozess „Material bestellen und verwalten" festgelegt.

Hauptprozeß	Kosten-treiber	Haupt-prozeß-menge	Teilprozess	Quelle (Kosten-stelle)	Prozeß-größe	Teil-prozeß-menge	Menge in Haupt-prozeß	Prozent in Haupt-prozeß
Material bestellen u. verwalten	Lieferschein-positionen	100.000	Material bestellen über Rahmenvertrag	220	Anzahl Abrufe	25.000	25.000	100%
			Kreditoren buchen	282	Anzahl Bestel-lungen	8.345	8.345	100%
			Material lagern und verwalten	112	Lieferschein-positionen	100.000	100.000	100%

Nach Festlegung des Kostentreibers wird die Hauptprozessmenge als Anzahl der Hauptprozessdurchführungen erhoben. Der Zeitraum für die Erhebung der Hauptprozessmengen beträgt i.d.R. 12 Monate.

Zur Bestimmung der Kosten der Hauptprozesse werden die Kosten der im Hauptprozess enthaltenen Teilprozesskosten eingesetzt. Die Summe der in den Hauptprozess vollständig oder anteilig eingehenden Teilprozesskosten ergibt die Hauptprozesskosten. Die Hauptprozesskosten sollen für die Hauptprozesskosten (lmi) und die Hauptprozesskosten gesamt (inkl. Umlage der lmn-Prozesskosten) gezeigt werden.

Entsprechend der Teilprozesskostenrechnung werden für die Hauptprozesse Kostensätze ermittelt. Dieser Hauptprozesskostensatz zeigt die je Durchführung eines Hauptprozesses über die Kostentreiber gemessenen Kosten an.

Dabei kann der Hauptprozesskostensatz die leistungsmengeniduzierten Kosten (lmi) oder die gesamten prozessverbundenen Kosten aufzeigen:

- Hauptprozesskostensatz (lmi)
  = Hauptprozesskosten (lmi)/Hauptprozessmenge

- Hauptprozesskostensatz (gesamt)
  = Hauptprozesskosten (gesamt)/Hauptprozessmenge

---

[185] vgl.: Remer, D.: Einführen der Prozesskostenrechnung – Grundlagen, Methodik, Einführung und Anwendung der verursachungsgerechten Gemeinkostenzurechnung, Stuttgart, 1997, S. 132 f.

Hauptprozeß	Kosten-treiber	Haupt-prozeß-menge	Teilprozeß	Teil-prozeß-menge	Menge in Haupt-prozeß	Imi-Kosten (€)	Gesamt-kosten (€)
Material bestellen u. verwalten	Lieferschein-positionen	100.000	Material bestellen über Rahmenvertrag	25.000	25.000	125.000	142.900
			Kreditoren buchen	8.345	8.345	40.000	45.000
			Material lagern und verwalten	100.000	100.000	59.000	75.000
Hauptprozesskosten (€)						224.000	262.900
Hauptprozessmenge						100.000	100.000
Hauptprozesskostensatz (€ / ME)						2,24	2,63

4.1.7   Zur Leistungsfähigkeit der PKR in der öffentlichen Verwaltung

Die PKR ist, in Ergänzung zur traditionellen Vollkostenrechnung, ein sehr komplexes und prozessorientiertes Informationssystem, das aufwendig und zielorientiert in die öffentliche Verwaltung eingeführt werden muss. Zur reibungslosen Implementierung der PKR in der öffentlichen Verwaltung und Ausschöpfung der Nutzenpotenziale der PKR sollten folgende Rahmenbedingungen berücksichtigt werden:

- In der öffentlichen Verwaltung muss eine Kostenartenrechnung auf Basis einer kaufmännischen Buchhaltung vorhanden sein, um die gesamten Kosten der Behörden erfassen, systematisieren und bewerten zu können.
- Die Verwaltung muss über eine Kostenstellenrechnung verfügen, da die innerhalb der PKR wichtigen Teilprozesskosten auf dieser Aggregationsebene ermittelt werden. Zudem ist die Kostenstelle der Ort für die grundlegende Tätigkeitsanalyse.
- Der Produkt – und Leistungskatalog aus der Sicht der jeweiligen Verwaltungseinheit muss in ausreichendem Detaillierungsgrad vorliegen, damit sinnvolle Kalkulationsobjekte im weiteren Verlauf der PKR definiert werden können.
- Die PKR sollte nicht sofort flächendeckend in der öffentlichen Verwaltung eingeführt werden, sondern zunächst auf einen geeigneten Teilbereich der Verwaltung beschränkt bleiben, um die notwendigen Erfahrungen mit diesem Controllinginstrument zu sammeln.
- Die Pflege der PKR erfordert eine kontinuierliche Datenversorgung mit prozessorientierten Daten. Hierzu sollte ein zweckmäßiger organisatorischer Ablauf institutionalisiert werden.

Problematisch für eine PKR in der öffentlichen Verwaltung wird die Verletzung der Annahme, dass die Kosten- und Leistungsstruktur der öffentlichen Verwaltung derjenigen in den Gemeinkostenbereichen von privatwirtschaftlichen Unternehmen entspricht. Dieser Annahme kann die öffentliche Verwaltung vor dem Hintergrund der Heterogenität ihrer Produkte im allgemeinen nicht gerecht werden. Von ähnlichen Kosten- und Leistungsstrukturen kann deshalb lediglich bei standardisierten Verwaltungsabläufen ausgegangen werden. Diese sind im Einzelfall in den in betrachteten Behörden zu identifizieren.

Während Kalkulationsziele für die öffentliche Verwaltung in den Hintergrund rücken, gewinnen Transparenz- und Effizienzziele der PKR an Bedeutung. Die öffentliche Verwaltung kann ihr Produkt- und Leistungsprogramm nicht nach wirtschaftlichen Gesichtspunkten gestalten, sondern ist hierbei von gesetzlichen Auflagen determiniert. Dadurch rückt die effiziente und wertschöpfende Erstellung dieser Produkte und Dienste in den Vordergrund. Durch die Analyse und Strukturierung von Arbeitsabläufen im Rahmen der PKR lassen sich ineffiziente oder überflüssige Tätigkeiten erkennen. Die dabei entdeckten organisatorischen Schwachstellen dienen als Anhaltspunkte für die Neugestaltung oder Teiloptimierung der betrachteten Geschäftsprozesse. Die Aufdeckung der Ursachen eines ineffizienten Ressourceneinsatzes, bedingt den Vergleich der tatsächlichen Gemeinkostenverteilung mit der durch die PKR ermittelten planmäßigen Gemeinkostenbelastung. Dadurch kann dann als Ergebnis ein ineffizienter Einsatz von Mitteln aufgezeigt werden. Sofern im Rahmen der Verwaltungsreform noch keine zufriedenstellende Produkt- und Leistungskataloge entwickelt wurden, dient die Prozessanalyse der PKR als geeigneter Ausgangsinformation.

Durch die Tätigkeitsanalyse und der Auswertung der in den einzelnen Analyse- und Verdichtungsschritten gewonnenen Informationen sollte sich eine offene und konstruktive Kommunikation zwischen den betroffenen Mitarbeitern des Untersuchungsbereichs und den für die Einrichtung der PKR betauten Mitarbeitern entwickeln. Diese gemeinschaftliche Diskussion kann den Mitarbeitern der betrachteten Kostenstellen die bisher eher fremdartig erscheinenden betriebswirtschaftlichen Denkmodelle und Instrumente näher bringen und zu einer höheren Anwendungsakzeptanz verhelfen. Die PKR führt zu einer höheren Akzeptanz administrativer Maßnahmen bei den Mitarbeitern in der öffentlichen Verwaltung, da die zugrundeliegende Verwaltungsarbeit durch die Erhebung und Strukturierung der Tätigkeiten, Teilprozesse und Hauptprozesse leichter nachvollziehbar und die Entscheidungsgrundlage transparenter wird.

Als wesentlicher Vorteil einer PKR in der öffentlichen Verwaltung ist in Zeiten permanenter und akuter Finanzmittelknappheit die Bereitstellung von führungsrelevanten Kosteninformationen zu nennen. Die durch das PKR-Verfahren bereitgestellten Informationen über die Prozesskostensätze können wichtige Grundlagen für die Beurteilung von Verwaltungsmaßnahmen sein. Insbesondere Entscheidungen, die mit einem Aufbau hoher Fixkostenbelastungen verbunden sind, lassen sich mit dem Instrument der PKR bereits im Planungsstadium auf ihre Auswirkungen hin untersuchen. Darüber hinaus sind Prozesskosteninformationen für verschiedene Arten des Benchmarking geeignet. Durch den Vergleich mehrerer Kostenstellen lassen sich die Ursachen für unterschiedliche Prozesskostensätze aufdecken und beseitigen. PKR-Informationen sind bei Make-or-Buy-Entscheidungen in der öffentlichen Verwaltung ebenso nützlich wie bei Outsourcing-Entscheidungen.

4.1.8 Anwendungsbeispiel PKR „Abschluss befristeter Arbeitsverträge in der Justizverwaltung"

Im folgenden soll anhand eines konkreten Beispiels aus der Justizverwaltung die Erstellung einer Prozesskostenrechnung dargestellt werden.[186] Dabei werden zunächst Teilprozesse

---

[186] Beispiel entnommen aus: Coordt, C.: Ist die Prozesskostenrechnung für öffentliche Unternehmen geeignet? Eine Untersuchung am Beispiel der Justizverwaltung am Amtsgericht, unveröffentlichte Diplomarbeit an der Fachhochschule Dortmund im Fachbereich Wirtschaft, Erstprüfer Prof. Dr. A., Tauberger, WS 2002/2003

anhand der inhärenten Tätigkeiten mit den zugehörigen Prozessgrößen beschrieben. Anschließend werden die Teilprozesse zu einem Hauptprozess mit Kostentreiber verdichtet. Schließlich wird unter Einsatz einer Kostenstellenübersicht mit Informationen über die eingesetzten Mitarbeiter und ihrer Bruttovergütungen die Teil- und Hauptprozesskostensätze ermittelt.

Teilprozesse mit Tätigkeitskatalog
Beispielvorgang "Abschluß befristeter Arbeitsverträge"

	Bezeichnung Teilprozess/Tätigkeit	Art der Tätigkeit/ des Prozesses		Prozessgröße Anzahl der ...
		Autonom	Integrativ	
Kostenstelle Sachbearbeitung gehobener Dienst				
1	Personal für die zur Verfügung stehenden Stellen auswählen	x		imn
1.01	In Betracht kommende Beschäftigte ermitteln	x		
1.02	Persönliche Interessen der Justizangestellten erfragen		x	
1.03	Leistungsbild der Justizangestellten vergleichen		x	
1.04	Personalauswahl, Stellenzuweisung	x		
2	Beteiligung der Interessenvertretungen		x	befristeten Arbeitsverträge
2.01	Personalvertretung um Zustimmung bitten		x	befristeten Arbeitsverträge
2.02	Gleichstellungsbeauftragte anhören		x	befristeten Arbeitsverträge
2.03	Rückmeldungen der Interessenvertretungen bearbeiten		x	befristeten Arbeitsverträge
3	Vertragsabschluss einschließlich Folgeverfügung		x	befristeten Arbeitsverträge
3.01	Vertragsinhalt festlegen	x		befristeten Arbeitsverträge
3.02	Vertragsabschluss		x	befristeten Arbeitsverträge
3.03	Folgeverfügung treffen	x		befristeten Arbeitsverträge
3.04	LBV-Mitteilung gegenzeichnen		x	befristeten Arbeitsverträge
Kostenstelle Sachbearbeitung mittlerer Dienst				
4	Mitteilungen an das LBV	x		befristeten Arbeitsverträge
4.01	notwendige Angaben für Mitteilung an das LBV ermitteln	x		befristeten Arbeitsverträge
	a) persönliche Daten der Justizangestellten			
	b) Beschäftigungsumfang			
	c) Dauer der Befristung			
	d) Haushaltskapitel, -titel			
	e) Datum des Vertragsabschlusses			
4.02	Mitteilung an das LBV fertigen	x		befristeten Arbeitsverträge
4.03	berichten: interne Verwaltungskontrolle -ggf. vorab per Fax oder	x		befristeten Arbeitsverträge
4.04	Rückmeldung des LBV kontrollieren		x	befristeten Arbeitsverträge
5	Stellenplan führen	x		befristeten Arbeitsverträge
5.01	betroffene Stellen aus Stellenzuweisung ermitteln	x		befristeten Arbeitsverträge
5.02	Beschäftigungsumfang, Dauer der Befristung der beanspruchenden Justizangestellten eintragen	x		befristeten Arbeitsverträge
6	Organisation des Geschäftsgangs	x		befristeten Arbeitsverträge
6.01	Vorlage der Personalakten an den Sachbearbeiter	x		befristeten Arbeitsverträge
6.02	Stellungnahmen der Interessenvertretung vorlegen	x		befristeten Arbeitsverträge
6.03	LBV-Mitteilungen zur Gegenzeichnung vorlegen	x		befristeten Arbeitsverträge
6.04	Verfügungen (einschl. Folgeverfügung) des Sachbearbeiters ausführen	x	x	befristeten Arbeitsverträge
	a) Kanzleimäßige Erledigung veranlassen			
	b) Vorlagen an Sachbearbeiter nach Anordnungen in der Folgeverfügung			
	c) Fristen notieren, überwachen, vorlegen			
	d) Kenntnisnahmen veranlassen			
	e) Retent der Personalakte bei Weiterleitung der LBV-Mitteilung anlegen bzw. später auflösen			
	f) Vorgang foliieren und abheften			
7	Kanzleimäßige Erledigung der Verfügung	x		befristeten Arbeitsverträge
7.01	Anschreiben an Interessenvertretungen fertigen	x		befristeten Arbeitsverträge
7.02	Arbeitsverträge -je zweifach- in Reinschrift erstellen	x		befristeten Arbeitsverträge
7.03	Abdrucke der Personalvorlagen und Personalratsbeschlüsse sowie der Stellenzuweisungen für die Personalakten fertigen	x		befristeten Arbeitsverträge

Hauptprozeßübersicht

Beispielvorgang "Abschluß befristeter Arbeitsverträge"

Hauptprozess: Personalbereitstellung, Abschluss von befristeten Arbeitsverträgen
Kostentreiber: Anzahl der befristeten Arbeitsverträge
Hauptprozessmenge: Summe der befristeten Arbeitsverträge, die im Untersuchungszeitraum abgeschlossen wurden
Produkt: Personalangelegenheiten der Angestellten

Kostenstelle	Teilprozesse		Prozessgröße Anzahl der ...	Anteil der Teilprozesse im Hauptprozess
	Nr.	Bezeichnung		
Sachbearbeitung gehobener Dienst	2	Beteiligung der Interessenvertretungen	befristeten Arbeitsverträge	anteilig
	3	Vertragsabschluss einschließlich Folgeverfügung	befristeten Arbeitsverträge	anteilig
Sachbearbeitung mittlerer Dienst	4	Mitteilungen an das LBV	befristeten Arbeitsverträge	anteilig
	5	Stellenplan führen	befristeten Arbeitsverträge	anteilig
Verwaltungs- geschäftsstelle, Vorzimmer/ Kanzlei	6	Organisation des Geschäftsgangs	befristeten Arbeitsverträge	anteilig
	7	Kanzleimäßige Erledigung der Verfügung	befristeten Arbeitsverträge	anteilig

Kostenstellenübersicht

Beteiligte Kostenstellen des Untersuchungsbereichs:

1. Sachbearbeitung gehobener Dienst
2. Sachbearbeitung mittlerer Dienst
3. Verwaltungsgeschäftsstelle, Vorzimmer/ Kanzlei

Normalkapazität je Mitarbeiter in Minuten / Jahr: 95.660
Untersuchungszeitraum 01.01.2001bis 31.12.2001

	Kostenstelle	Mitarbeiter		Personalkosten (€ / Jahr)	Sachkosten (€ / Jahr)	Gesamt (€ / Jahr)	Gesamt (€ / Minute)	Durchschnitt- liche Gesamt- kosten der Kostenstelle (€ / Minute)
		Anzahl	Besoldungs-/ Vergütungs- gruppe					
1	2	3	4	5	6	7	8	9
1.	Sachbearbeitung gehobener Dienst	1	A 13	65.473,08 €	19.641,92 €	85.115,00 €	0,89 €	0,89 €
2.	Sachbearbeitung mittlerer Dienst	2	A 8	42.449,46 €	12.734,84 €	55.184,30 €	0,58 €	0,62 €
			A 9 AZ	49.150,45 €	14.745,14 €	63.895,59 €	0,67 €	
			Gesamtkosten der Kostenstelle			119.079,88 €		
3.	Verwaltungsge- schäftsstelle, Vorzimmer/	3						
a)	Verwaltungsge- schäftsstelle	2	A 6	31.150,47 €	9.345,14 €	40.495,61 €	0,42 €	0,47 €
			A 7	38.253,03 €	11.475,91 €	49.728,94 €	0,52 €	
b)	Kanzlei	1	VII BAT	34.240,90 €	10.272,27 €	44.513,17 €	0,47 €	0,47 €
			Gesamtkosten der Kostenstelle			134.737,72 €		0, 47 €

Teilprozesskostenblatt mit Tätigkeitskatalog

Beispielsvorgang "Abschluss befristeter Arbeitsverträge"

Kostenstellen:
Sachbearbeitung gehobener Dienst
Sachbearbeitung mittlerer Dienst
Verwaltungsgeschäftsstelle, Kanzlei/ Vorzimmer

Teilprozess/Tätigkeit		Prozessgröße		Mitarbeiterkapazität in Minuten		Teilprozesskosten (€ / Jahr)			Teilprozesskostensatz (€ / Teilprozessgröße)	
Nr.	Bezeichnung	Art	Menge	je Teilprozess	gesamt	lmi	lmn-Umlage	gesamt	lmi	gesamt
1	2	5	6	7	8	9	10	11	12	13
	Kostenstelle Sachbearbeitung gehobener Dienst									
1	Personal für die zur Verfügung stehenden Stellen auswählen									
1.01	In Betracht kommende Beschäftigte ermitteln									
1.02	Persönliche Interessen der Justizangestellten erfragen	lmn			120		106,77 €	/		
1.03	Leistungsbild der Justizangestellten vergleichen									
1.04	Personalauswahl, Stellenzuweisung									
2	Beteiligung der Interessenvertretungen									
2.01	Personalvertretung um Zustimmung bitten	befristete Arbeitsverträge	28	15	420	373,70 €	53,39 €	427,09 €	13,35 €	15,25 €
2.02	Gleichstellungsbeauftragte anhören									
2.03	Rückmeldungen der Interessenvertretungen bearbeiten									
3	Vertragsabschluss einschließlich Folgeverfügung									
3.01	Vertragsinhalt festlegen	befristete Arbeitsverträge	28	15	420	373,70 €	53,39 €	427,09 €	13,35 €	15,25 €
3.02	Vertragsabschluss									
3.03	Folgeverfügung treffen									
3.04	LBV-Mitteilung gegenzeichnen									
	Teilprozesse lmi der Kostenstelle				840	747,40 €	106,77 €	854,18 €		
	Teilprozesse lmn der Kostenstelle				120		106,77 €			
	sonstige Teilprozesse der Kostenstelle				94700	84.260,83 €		84.280,83 €		
	Gesamtkosten der Kostenstelle				95660	85.008,23 €	106,77 €	85.115,00 €		
	Kostenstelle Sachbearbeitung mittlerer Dienst									
4	Mitteilungen an das LBV									
4.01	notwendige Angaben für Mitteilung an das LBV ermitteln									
	a) persönliche Daten der Justizangestellten									
	b) Beschäftigungsumfang									
	c) Dauer der Befristung	befristete Arbeitsverträge	28	15	420	261,41 €	/	261,41 €	9,34 €	9,34 €
	d) Haushaltskapitel, -titel									
	e) Datum des Vertragsabschlusses									
4.02	Mitteilung an das LBV fertigen									
4.03	berichten: interne Verwaltungskontrolle ggf. vorab per Fax oder telefonisch-									
4.04	Rückmeldung des LBV kontrollieren									
5	Stellenplan führen									
5.01	betroffene Stellen aus Stellenweisung ermitteln	befristete Arbeitsverträge	28	15	420	280,54 €	/	280,54 €	10,02 €	10,02 €
5.02	Beschäftigungsumfang, Dauer der Befristung der beanspruchenden Justizangestellten eintragen									
	Teilprozesse lmi der Kostenstelle				840	541,95 €	0,00 €	541,95 €		
	Teilprozesse lmn der Kostenstelle				0	0,00 €		0,00 €		
	sonstige Teilprozesse der Kostenstelle				190.480	118.557,06 €	0,00 €	118.557,06 €		
	Gesamtkosten der Kostenstelle				191.320	119.099,01 €	0,00 €	119.099,01 €		
	Kostenstelle Verwaltungsgeschäftsstelle, Kanzlei/ Vorzimmer									
6	Organisation des Geschäftsgangs									
6.01	Vorlage der Personalakten an den Sachbearbeiter									
6.02	Stellungnahmen der Interessenvertretungen vorlegen									
6.03	LBV-Mitteilungen zur Gegenzeichnung vorlegen									
6.04	Verfügungen (einschl. Folgeverfügung) des Sachbearbeiters ausführen									
	a) Kanzleimäßige Erledigung veranlassen									
	b) Vorlagen an Sachbearbeiter nach Anordnungen in der Folgeverfügung	befristete Arbeitsverträge	28	30	840	396,14 €	/	396,14 €	14,15 €	14,15 €
	c) Fristen notieren, überwachen, vorlegen									
	d) Kenntnisnahmen veranlassen									
	e) Retent der Personalakte bei Weiterleitung der LBV- Mitteilung anlegen bzw. später auflösen									
	f) Vorgang foliieren und abheften									
7	Kanzleimäßige Erledigung der Verfügung									
7.01	Anschreiben an Interessenvertretungen fertigen									
7.02	Arbeitsverträge -je zweifach- in Reinschrift erstellen	befristete Arbeitsverträge	28	15	420	197,19 €		197,19 €	7,04 €	7,04 €
7.03	Abdrucke der Personalratsvorlagen und Personalratsbeschlüsse sowie der Stellenzuweisungen für die Personalakten fertigen									
	Teilprozesse lmi der Kostenstelle				1260	593,33 €	0,00 €	593,33 €		
	Teilprozesse lmn der Kostenstelle				0	0,00 €	0,00 €	0,00 €		
	sonstige Teilprozesse der Kostenstelle				285.720	134.146,15 €	0,00 €	134.146,15 €		
	Gesamtkosten der Kostenstelle				286980	134.739,47 €	0,00 €	134.739,47 €		

Hauptprozesskostenblatt

Beispielsvorgang "Abschluss befristeter Arbeitsverträge"

Hauptprozeß: Personalbereitstellung, Abschluß von befristeten Arbeitsverträgen
Kostentreiber: Anzahl der befristeten Arbeitsverträge
Hauptprozeßmenge: 28

Teilprozess			Prozeßgröße im Hauptprozeß		Teilprozeß-kostensatz		Teilprozeß-kosten im Hauptprozeß (€ / Jahr)	
Nr.	Bezeichnung				lmi	gesamt	lmi	gesamt
1	2		3		4	5	6	7
	Kostenstelle Sachbearbeitung gehobener Dienst		Art	Menge				
2	Beteiligung der Interessenvertretungen		befristete Arbeitsverträge	28	13,35 €	15,25 €	373,80 €	427,00 €
3	Vertragsabschluss einschließlich Folgeverfügung		befristete Arbeitsverträge	28	13,35 €	15,25 €	373,80 €	427,00 €
	Kostenstelle Sachbearbeitung mittlerer Dienst							
4	Mitteilungen an das LBV		befristete Arbeitsverträge	28	9,34 €	9,34 €	261,52 €	261,52 €
5	Stellenplan führen		befristete Arbeitsverträge	28	10,02 €	10,02 €	280,56 €	280,56 €
	Kostenstelle							
6	Organisation des Geschäftsgangs		befristete Arbeitsverträge	28	14,15 €	14,15 €	396,20 €	396,20 €
7	Kanzleimäßige Erledigung der Verfügung		befristete Arbeitsverträge	28	7,04 €	7,04 €	197,12 €	197,12 €
	Hauptprozeßkosten pro Jahr						1.883,00 €	1.989,40 €
	Hauptprozeßkostensatz € / Hauptprozeß						67,25 €	71,05 €

4.2 ABC-Analyse

4.2.1 Allgemeines

Die ABC-Analyse ist ein Instrument mit dem der Controller Schwerpunkte erkennen und darstellen kann. Sie unterstützt die Strukturierung komplexer Sachverhalte durch die Schaffung von Transparenz der **quantitativen Zusammenhänge**. Diese Sachverhalte können z.B. Kostenarten, -stellen, -träger, Erträge, Faktoreinsatzmengen, -zeiten, Kunden, Lieferanten, etc sein. Durch die Strukturierung können controllingrelevante Maßnahmen auf die Schwerpunktbereiche konzentriert werden. Dadurch verbessert sich die Effizienz dieser Maßnahmen.

4.2.2 Anwendung und Durchführung

Die Strukturierung eines Sachverhaltes mittels ABC-Analyse besteht darin, dass drei Bereiche (A, B und C) definiert werden, die hinsichtlich Mitteleinsatz und Zielerreichung gegenläufig ausgeprägt sind. Die Bereiche werden hinsichtlich ihres Wirkungsgrades und ihrer Bedeutung bewertet, so dass eine optimaler Ressourceneinsatz geplant werden kann. Dabei können folgende Bereichsgrenzen fixiert werden[187]:

---

[187] vgl.: Koppelmann, U.: Beschaffungsmarketing, 3. Auflage, Berlin, 2000, S. 186 und Bichler, K.: Beschaffungs- und Lagerwirtschaft, 7. Auflage, Wiesbaden 1997, S. 92 f.

Bereich	Mitteleinsatz	Zielerreichung	Wirkungsgrad	Bedeutung
A-Bereich	5–20 %	70–80 %	hoch	groß
B-Bereich	20–50 %	10–20 %	mittel	mittel
C-Bereich	50–80 %	5–10 %	niedrig	gering

Die ABC-Analyse wird folgendermaßen durchgeführt:

1.) Für die zu untersuchende Problematik wird ein geeignetes Auswertungskriterium fest-gelegt (z.B. Liefervolumen, Wertbeitrag, Kostenhöhe, Leistung etc.).
2.) Die berücksichtigten Elemente werden nach diesem Kriterium entsprechend ihres an-teiligen Wertes in absteigender Rangfolge sortiert.
3.) Die Einzelwerte werden – ausgehend vom Höchstwert – solange kumuliert, bis als erste Grenze etwa 70-80 % des Gesamtwertes erreicht ist (= A-Bereich). Die nächste Grenze liegt dann bei ca. 90 bis 95 % (= Gruppe B), die restlichen Positionen bilden die Gruppe C.

4.2.3   Beispiel zur ABC-Analyse

Die Anwendung der ABC-Analyse soll an folgenden Beispiel verdeutlicht werden: „Zur Verbesserung der Zusammenarbeit zwischen externen IT-Beratern und den Behörden plant das Ministerium den Einsatz eines Client-Partners. Um die Effizienz dieser Maßnahme sicherzustellen sollen lediglich die IT-Berater betreut werden, die einen kumulierten jährli-chen Auftragswert in Höhe von 80 % des gesamten jährlichen Auftragsvolumens erreichen."

Bereich	Lfd. Nr.	Firma	Anteil beteiligte Firmen	Auftrags-volumen	kumuliert	Gesamt-volumen	Anteil am Ge-samtvolumen
A	1	x	5 %	2.000	2.000	5.000	40,0 %
	2	y	10 %	1.500	3.500	5.000	70,0 %
	3	z	15 %	500	4.000	5.000	**80,0 %**
B	4	aa	20 %	300	4.300	5.000	86,0 %
	5	bb	25 %	280	4.580	5.000	91,6 %
	6	cc	30 %	100	4.680	5.000	93,6 %
	7	dd	35 %	50	4.730	5.000	94,6 %
	8	ee	40 %	30	4.760	5.000	**95,2 %**
	9	ff	45 %	28	4.788	5.000	95,8 %
	10	gg	50 %	22	4.810	5.000	96,2 %

Bereich	Lfd. Nr.	Firma	Anteil beteiligte Firmen	Auftrags- volumen	kumuliert	Gesamt- volumen	Anteil am Ge- samtvolumen
	11	hh	55 %	21	4.831	5.000	96,6 %
	12	ii	60 %	20	4.851	5.000	97,0 %
	13	jj	65 %	20	4.871	5.000	97,4 %
C	14	kk	70 %	20	4.891	5.000	97,8 %
	15	ll	75 %	20	4.911	5.000	98,2 %
	16	mm	80 %	20	4.931	5.000	98,6 %
	17	nn	85 %	20	4.951	5.000	99,0 %
	18	oo	90 %	20	4.971	5.000	99,4 %
	19	pp	95 %	20	4.991	5.000	99,8 %
	20	qq	100 %	9	5.000	5.000	**100,0 %**

Abb. 4.3.1: Beispiel zur ABC-Analyse

Die ABC-Analyse ergibt, dass mit 15 % der beauftragten Firmen 80 % des gesamten Bera-
tungsvolumens abgedeckt werden. Der Client-Partner wird seine Betreuung auf die Firmen
x, y und z (A-Bereich) konzentrieren.

Für die Analyse der Kostenstruktur stellt die ABC-Analyse ein leicht zu handhabendes Instrument dar. Bei geplanten Kostensenkungsprogrammen bietet sich die ABC-Analyse als
Strukturierungsinstrument an, da solche Kostenarten identifiziert werden, bei denen die größten Einspareffekte möglich sind.

Beispiel:

Die Sachkosten einer Behörde müssen um 5 % reduziert werden. Alternative 1: Alle Sach-
kostenarten werden um 5 % reduziert. Alternative 2: Die Kosten der wichtigsten Kostenarten
werden gesenkt, bis insgesamt mindestens eine 5 %ige Sachkostenreduktion erreicht ist. Mit
Hilfe der ABC-Analyse wird festgestellt, dass 70 % der Sachkosten Tonerkosten für Drucker
sind. Mittels Umstellung der Verbrauchstoner auf mehrfach auffüllbare Produkte wäre eine
Kosteneinsparung um 10 % bei den Tonerkosten realisierbar. Durch die Konzentration der
Kostensenkung auf den Hauptkostenverursacher wäre damit eine Sachkostenreduzierung um
7 % (10 % von 70 %) möglich ohne auf eine pauschale Reduzierung der Sachkosten zurück-
zugreifen.

Der Nachteil der ABC-Analyse liegt in seiner Eindimensionalität des Entscheidungskri-
teriums. Dadurch besteht die Gefahr, dass wichtige Ursache-Wirkungszusammenhänge bei
der Entscheidungsfindung unberücksichtigt bleiben. Vorteilhaft wirkt sich die objektivierte
Darstellung komplexer Sachverhalte sowie die intuitiv einfache Handhabung der Methode
aus.

4.3   Nutzwertanalyse (NWA)

4.3.1   Allgemeines

Die Nutzwertanalyse (häufige Synonyme sind Scoring-Modelle, Utility-Analysis oder Punktbewertungsverfahren) ist eine Methode zur Entscheidungsfindung bei der Auswahl von komplexen Handlungsalternativen (z.B. Projekt-, Investitions-, Produkt-, Konzept- oder Maßnahmenalternativen). Alternativen im Verwaltungshandeln entziehen sich häufig einer monetären Bewertung. Um dennoch eine nachvollziehbare Entscheidungsgrundlage schaffen zu können müssen jedoch alle Alternativen im Hinblick auf ihre Zielwirksamkeit bewertet werden. Mit Hilfe der NWA werden Maßnahmen, die durch eine Vielzahl entscheidungsre-levanter, jedoch nicht quantifizierbarer Kriterien, gekennzeichnet sind, systematisch vergli-chen. Zentraler Gegenstand der Nutzwertanalyse ist die subjektiv nachvollziehbare Bewer-tung von Handlungsalternativen mittels Wertpunkten. Bei Anwendung der Nutzwertanalyse wird auf die Umrechnung nicht monetärer Nutzen in Geldgrößen (z.B. bei schwer zu quanti-fizierenden Eigenschaften wie Versorgungssicherheit, Anpassungsfähigkeit, etc.) verzichtet. Statt dessen erfolgt eine Gewichtung der berücksichtigten Nutzengrößen nach ihrer Bedeu-tung. Die Nutzwertanalyse ist grundsätzlich für Entscheidungsprobleme aller Art verwend-bar, bei denen qualitative, nichtmonetäre Aspekte die Auswahl beeinflussen. Dadurch ist das Verfahren besonders für den Einsatz in administrativen Bereichen geeignet. Allerdings be-steht durch die stark subjektive Ausrichtung des Verfahrens die Gefahr von Fehlurteilen. Um die Aussagekräftigkeit der Ergebnisse der NWA zu erhöhen, ist eine Sensitivitätsanalyse, d.h. die Variation wesentlicher Kriterien und die Prüfung ihrer Auswirkungen auf die Bewer-tungsergebnisse, sinnvoll.

4.3.2   Ablauf der NWA

Der Ablauf einer Nutzwertanalyse lässt sich sequentiell wie folgt darstellen:

1. Aufstellen des Kriteriensystems
2. Gewichtung der Kriterien
3. Aufstellen der Wertetabellen
4. Bestimmung und Bewertung der Alternativen
5. Ermittlung der Nutzwerte und ihrer Rangfolge
6. Sensitivitätsanalyse der Rangfolge bei veränderter Gewichtung
7. Beurteilung und Darstellung der NWA-Ergebnisse

Die Ableitung eines Kriteriensystems erfolgt aus dem bestehenden Zielsystem. Dabei werden sukzessive Ziele operationalisiert, wobei eine hierarchische Kriterienstruktur durch Über- und Unterordnung der Ziele vorteilhaft ist. Die Kriteriengewichte geben die relative Bedeu-tung jedes einzelnen Kriteriums im Hinblick auf die Summe aller relevanten Bewertungskri-terien an. Die Gewichtung der einzelnen Bewertungskriterien ist bei der Anwendung der Nutzwertanalyse problematisch, da subjektive Wertvorstellungen in ein eindeutiges Gewich-tungssystem projiziert werden müssen. Um geeignete Gewichtungssysteme zu entwickeln, werden in der Praxis systematische Konzepte wie die direkte Gewichtung, die absolute Ge-wichtung oder das Matrixverfahren angewendet.

Bei der direkten Gewichtung werden die Bewertungskriterien in eine Rangfolge gebracht. Danach werden sie gemäß ihrer subjektiven Bedeutung gewichtet.

Bei der absoluten Gewichtung werden zunächst Maßstäbe für die Gewichtung formuliert. Danach werden die Kriterien im Hinblick auf ihre Wichtigkeit beurteilt und entsprechend gewichtet.

Beim Matrixverfahren werden die einzelnen Bewertungskriterien paarweise miteinander verglichen. Das wichtigere Bewertungskriterium wird notiert. Aus dem Verhältnis der Nennungen eines Bewertungskriteriums und der Gesamtzahl aller Nennungen wird die Gewichtung dieses Kriteriums abgeleitet.

Durch Multiplikation der Punkte des Bewertungskriteriums mit seiner Gewichtung errechnet sich der Teilnutzen je Bewertungskriterium. Die Addition aller Teilnutzen ergibt den Nutzwert der Alternative. Die Alternative mit dem höchsten Nutzwert wird bevorzugt.

4.3.3 Fallbeispiele zur NWA

Fallbeispiel NWA 1:

Zur Verringerung von Forderungsausfällen soll ein neues IT-gestütztes Mahnwesen eingesetzt werden. Drei Angebote kommen in die engere Auswahl. Angebot 1 hat den höchsten Nutzwert und bekommt den Zuschlag.

Bewertungs-kriterium	Gewich-tung	Angebot 1		Angebot 2		Angebot 3	
		Punkte	Teilnutzen	Punkte	Teilnutzen	Punkte	Teilnutzen
Qualität	50	10	500	8	400	7	350
Dokumentation	20	8	160	7	140	10	200
Schulung	20	7	140	9	180	5	100
Service	10	5	50	7	70	9	90
Nutzwert			**850**		**790**		**740**

Fallbeispiel NWA 2:

Das Ministerium möchte zwei Behörden verschmelzen und die neu entstehende Behörde an einem neuen Standort ansiedeln. Es kommen drei Standorte in Frage, welche nach fünf verschiedenen Kriterien mit jeweils unterschiedlichem Gewichtungen bewertet werden. Jeder Standort wird bezüglich der einzelnen Kriterien auf einer Skala von 1 (schlecht) bis 9 (sehr gut) bewertet. Standort 1 hat den höchsten Nutzwert und wird bevorzugt.

Bewertungs-kriterium	Gewich-tung	Standort 1		Standort 2		Standort 3	
		Punkte	Teilnutzen	Punkte	Teilnutzen	Punkte	Teilnutzen
Mitarbeiter-akzeptanz	25	9	225	5	125	6	150
Infrastruktur	25	6	150	6	150	5	125
Entfernung Kunden	20	3	60	4	80	4	80
Erreichbarkeit	15	7	105	4	60	6	90
Entfernung Lieferanten	15	3	45	4	60	6	90
Nutzwert			585		475		535

4.4   Wertanalyse (WA)

4.4.1   Allgemeines

Als Richtlinie für die Wertanalyse, im folgenden WA genannt, kann die DIN 69 910[188] (neu: EN 1325-1) angesehen werden, wonach Wertanalyse ein organisierter und kreativer Ansatz ist, der einen funktionsorientierten und wirtschaftlichen Gestaltungsprozess mit dem Ziel der Wertsteigerung eines WA-Objektes zur Anwendung bringt. Nach DIN 69910 ist auch der Wertbegriff definiert: Wert ist der Grad des Nutzens, um ein bestimmtes Bedürfnis zu befriedigen bzw. der Grad der Fähigkeit, ein vorgegebenes Ziel zu erreichen. Die Methode der Wertanalyse wurde in den späten 40er Jahren erstmalig in der Einkaufsabteilung von General Electric von Lawrence D. Miles, dem Chefeinkäufer, entwickelt. Miles definiert die WA als organisierte Anstrengung, die Funktion eines Produktes mit den niedrigsten Kosten zu erstellen, ohne dass die erforderliche Qualität, Zuverlässigkeit und Marktfähigkeit des Produktes negativ beeinflusst wird. Ausgangspunkt der Überlegungen war, dass bei der Suche nach Material- oder Handlungsalternativen häufig Ersatzlösungen gefunden werden, die kostengünstigere Lösungen darstellen und darüber hinaus häufig sogar höheren Ansprüchen genügen. In Europa wird die Wertanalyse seit Ende der 50er Jahre angewendet, zunächst in der Kraftfahrzeug- und der Elektroindustrie. Seit 1973 gibt es in Deutschland eine Wertanalyse-Norm (DIN 69910), die seither mehrfach überarbeitet wurde. In Deutschland wurde die Wertanalyse durch Pilotprojekte staatlich gefördert. In letzter Zeit wird an Stelle des Begriffes Wertanalyse häufig der Begriff **„Value Management"** verwendet. In der Reihe der Controllinginstrumente nimmt die WA eine herausragende Stellung ein, da sie ein systematisches Durchdringen von Produkten, Prozessen und Funktionen fordert.[189]

---

[188] DIN 69.910: Wertanalyse, Berlin, 1987

[189] vgl.: Rösgen, K.: Investitionscontrolling - Konzeption eines lebenszyklusorientierten Controllings von Sachanlagen, Frankfurt a.M., 2000, S. 111 ff., Specht, D., Mieke, C.: Die Wertanalyse, in: Das Wirtschaftsstudium, Jg. 34, Heft 2, 2005, S. 182

Die Wertanalyse ist anwendungsneutral. Sie kann in den unterschiedlichsten Bereichen der öffentlichen Verwaltung angewendet werden; z.B. bei:

- Sach- und Dienstleistungen,
- Organisations- und Verwaltungsabläufen,
- Informationsinhalten und Informationsprozessen.

Die Zielsetzung der WA ist die Identifizierung optimaler Lösungen für:

- Kostensenkung bei bestehenden Produkten und Dienstleistungen,
- Kostenvermeidung in der Entwicklungsphase von Produkten und Dienstleistungen,
- Erhöhung des Gebrauchswertes,
- Erhöhung des Geltungswertes,
- Leistungssteigerung,
- Qualitätssicherung / -verbesserung.

4.4.2   Ablauf der WA

Der Arbeitsplan der WA nach DIN 69 910 besteht aus sechs aufeinander folgenden Grundschritten:

Grundschritte	Teilschritte
1.) WA – Projekt vorbereiten	- Moderator benennen - Auftrag Übernehmen, Grobziel mit Bedingungen festlegen - Team bilden - Untersuchungsrahmen abgrenzen - Projektorganisation festlegen - Projektablauf planen
2.) WA-Objekt analysieren	- Objekt- und Umfeld- Informationen beschaffen - Kosteninformationen beschaffen - Funktionen ermitteln - Lösungsbedingte Vorgaben ermitteln - Kosten den Funktionen zuordnen
3.) Soll-Zustand beschreiben	- Informationen auswerten - Soll-Funktionen festlegen - Lösungsbedingte Vorgaben ermitteln - Kostenziele den Soll-Funktionen zuordnen - Aufgabenstellung prüfen
4.) Ideen entwickeln	- Vorhandene Ideen sammeln - Neue Ideen entwickeln

Grundschritte	Teilschritte
5.) Lösungen festlegen	– Bewertungskriterien festlegen – Lösungen bewerten – Ideen zu Lösungsansätzen verdichten – Lösungsansätze bewerten – Lösungen ausarbeiten – Lösungen bewerten – Entscheidungsvorlage erstellen – Entscheidungen herbeiführen
6.) Lösungen umsetzen	– Realisierung im Detail planen – Realisierung einleiten – Realisierung überwachen – Projekt abschließen

Abb. 4.5.1:   Arbeitsplan Wertanalyse

4.4.2.1   WA – Projekt vorbereiten

Zu Beginn des WA-Projektes wird ein Projektmoderator von der Behördenleitung benannt. Er sollte folgende Qualifikationsmerkmale erfüllen:

– Rationalisierungserfahrung,
– Branchenerfahrung,
– Moderationsfähigkeit,
– Analytisches Denkvermögen,
– Systematische Vorgehensweise,
– Konsequente Team- und Projektleitung.

Ein weiterer wesentlicher Vorbereitungsschritt ist die Definition des WA-Objektes und die Abgrenzung des zu untersuchenden Bereichs. Anschließend wird das Grobziel der Untersuchung formuliert. Zu den Grobzielen, die zu diesem Zeitpunkt festgelegt werden, gehören Kosten-, Funktions- und Mengenziele, sowie Qualitäts- und Leistungsziele, die soweit wie möglich quantifiziert werden. Eventuell zu beachtende Randbedingungen, werden durch die Unternehmungspolitik, Gesetze und Vorschriften festgelegt und gegebenenfalls in einem Pflichtenheft niedergeschrieben. Die Rahmenbedingungen und Entscheidungsstellen werden festgelegt. Das für die Durchführung der WA notwendige Team wird unter Berücksichtigung fachlicher und persönlicherer Aspekte gebildet. Ein WA-Team sollte fünf bis sieben Mitarbeiter umfassen. Die Inhalte der Aufgabenstellung sollten fachlich durch die Mitarbeiter des WA-Teams abgedeckt sein. Die heterogene Zusammensetzung der Gruppe soll zu einer Gruppenleistung befähigen, die größer ist als die durchschnittliche Einzelleistung. Je nach Problemstellung können fallweise weitere Spezialisten hinzugezogen werden. Die Anzahl der WA-Mitarbeiter sollte nicht zu umfangreich geplant werden, da sonst die Projekteffizienz durch umfangreiche Meetings und Zerredungen reduziert wird. Auf Basis der WA-Objekte und der formulierten Grobziele wird der weitere Ablauf der WA geplant.

4.4.2.2 WA-Objekt analysieren

Um eine Basis für eine zuverlässige WA zu erhalten sind WA-Objekt-[190] und Umfeldinformationen vom WA-Team oder von einem anderen Beauftragten zu beschaffen. Das Sammeln, Ordnen und Verarbeiten von Informationen, die aus der Sicht der gestellten Aufgabe und des gestellten Zieles notwendig sind, soll dazu beitragen, Schwerpunkte für die Arbeit zu erkennen, Erkenntnisse zu formulieren, und systematische Zusammenhänge aufzuzeigen. Zu den zu erhebenden relevanten Informationen gehören z.B. Anwender-, Markt-, Unternehmens-, Wettbewerbsdaten und z. B. einschlägige Sicherheitsvorschriften und ähnliches. Darüber hinaus sind Kosteninformationen zu beschaffen bzw. zu erstellen. Zur umfassenden WA-Ist-Analyse gehört weiterhin die Bestimmung der Funktionen des untersuchten WA-Objektes. Die Funktionen eines WA-Objektes sind die Eigenschaft, die notwendig sind, damit es den Erwartungen potentieller Abnehmer entsprechend funktioniert. Dieses „Denken in Funktionen", also das Abstrahieren von der konkreten Gestalt einer existierenden oder vorgestellten technischen oder organisatorischen Lösung ist das wesentliche Kennzeichen der wertanalytischen Vorgehensweise. Die Funktionen der WA-Objekte lassen sich in Haupt- und Nebenfunktionen gliedern. Die Frage nach einer Hauptfunktion lautet „Was soll das Objekt?", die nach den untergeordneten Funktionen „Wie wird diese übergeordnete Funktion erfüllt?" oder genauer: „Welche Funktionen müssen erfüllt werden, um die übergeordnete Funktion marktkonform anbieten zu können?"[191] Durch diese Hierarchie der Funktionen wird das WA-Objekt für potentielle Rationalisierungen transparent. Die folgende Abbildung zeigt eine vereinfachte Hierarchie der Funktionen für ein Textverarbeitungsprogramm:

Hauptfunktion (1. Stufe)	Nebenfunktion (2. Stufe)	Nebenfunktion (3. Stufe)
Texterstellung	Text erfassen	Text mit Tastatur eingeben Textbausteine verwenden Texte importieren
	Text formatieren	Schrift verändern Seitenränder verändern Zeilenabstände verändern
	Text drucken	Drucker einrichten Papierformat ändern Handzettel drucken

Abb. 4.5.2:   Hierarchie der Funktionen

Neben erwünschten Funktionen können auch unerwünschte Funktionen auftreten. Diese lassen sich in vermeidbare und unvermeidbare Funktionen differenzieren. Als vermeidbare Nebenfunktion eines Textverarbeitungsprogramms ist z.B. der Verlust der Arbeitsergebnisse durch Systemabsturz zu nennen. Eine unvermeidbare Nebenfunktion der Textverarbeitung ist der Stromverbrauch durch die benötigte Hardware.

---

[190]   WA-Objekte können z.B. sein: Erzeugnisse, Dienstleistungen, Produktionsmittel und -verfahren, Organisations- und Verwaltungsabläufe, Informationsinhalte und -prozesse.

[191]   Voigt, C.-D.: Systematik und Einsatz der Wertanalyse, Berlin, München, 1974, S. 30 f.

Im Anschluss an die Ermittlung der Haupt- und Nebenfunktionen erfolgt die Analyse der Funktionserfüllung durch das WA-Objekt. Hierbei unterscheidet man übererfüllte Funktionen (Funktionserfüllungsgrad größer als 100 %), erfüllte Funktionen (Funktionserfüllungsgrad 100 %), untererfüllte Funktionen (Funktionserfüllungsgrad kleiner als 100 %) und unnötige Funktionen. Den Abschluss der Objektanalyse bildet die Zuordnung von Kosten zu den festgestellten Funktionen.

4.4.2.3 Soll-Zustand beschreiben

Nachdem im Analyseschritt die bestehende Funktionen und die entsprechenden Kostenzuordnungen analysiert wurden, sollen im nächsten Schritt Einsparungspotenziale definiert werden. Es werden Soll-Funktionen gesucht und diesen Soll-Funktionen werden Kostenziele zugeordnet. Die Soll-Funktion wird dadurch determiniert, dass die Nutzenanforderungen potentieller Abnehmer monetär durch die Produktionskosten bewertet werden. In dieser Phase sollten auch die Kriterien für die spätere Beurteilung der Lösungsmöglichkeiten festgelegt werden. Das frühzeitige Festlegen von Beurteilungsbedingungen trägt zu einer objektiveren Bewertung der Lösungsansätze bei. Beispiele für Beurteilungskriterien sind:

– Geringste Kosten,
– Geringste Gesamtkosten
– Originalität der Lösung,
– Umweltverträglichkeit etc.

Die formulierten Funktions- und Kostenziele werden mit den Beurteilungsbedingungen unter Berücksichtigung der Aufgabenstellung und den Grobzielen dargestellt.

4.4.2.4 Ideen entwickeln

Unter Anleitung eines Moderators sucht das WA-Team nach Alternativen um die geforderten Produktfunktionen zu erfüllen. Das Schwergewicht liegt dabei auf der Entwicklung von Ideen für eine rationellere Erbringung der notwendigen Funktionen, während überflüssige Funktionen abgebaut werden können.[192] Zentraler Grundsatz in dieser WA-Phase ist die strikte Trennung zwischen der kreativen Phase der Lösungssuche und der bewertenden Phase der Lösungsauswahl. Damit soll die Anzahl möglicher Lösungsansätze erhöht werden, denn viele Ideen erhöhen die Wahrscheinlichkeit, eine qualitativ hochwertige Lösung zu finden. Der Moderator muss deshalb die Kreativität aller Teammitglieder fördern und sämtliche Informationsquellen zur Ideensuche nutzen. Die Ideensuche kann durch die Anwendung von sogenannten Kreativitätstechniken erheblich unterstützt werden. Zu den in der Praxis am häufigsten eingesetzten Methoden zählen das Brainstorming, die Methode 635, die morphologische Methode, Fragenkataloge und Checklisten sowie die Analogiemethode. Darüber hinaus können als Hilfe für die Ideensuche auch die Analyse erfolgreicher Produkte und Lösungen anderer Branchen und Organisationen oder auch die Information von Spezialisten herangezogen werden.

---

[192] Küpper, H.-U.: Controlling – Konzeption, Aufgaben, Instrumente, 4. Aufl., Stuttgart, 2005, S. 350 f.

4.4.2.5 Lösungen festlegen

Nachdem die Lösungsalternativen gesammelt wurden, muss mit Hilfe eines mehrstufigen Bewertungsprozesses eine Auswahlentscheidung getroffen werden. Zunächst werden doppelte oder ähnliche Ideen ausgesondert. Unrealistische Ideen werden ebenfalls eliminiert. Die verbleibenden Lösungsideen werden weiterentwickelt, indem sie auf ihre Zielerfüllung überprüft und anschließend nach ihrer Umsetzungsfähigkeit und -risiko gelistet werden. Die Entscheidung über den Einsatz gefundener Lösungen wird bei gleicher Funktionserfüllung von den Kosten abgeleitet.[193]

4.4.2.6 Lösungen umsetzen

Den Abschluss des WA-Projektes bildet die Umsetzung der verabschiedeten Lösungsvorschläge. Die Realisierung der Lösungsvorschläge wird detailliert geplant und ihre Durchführung eingeleitet und überwacht. Die Detailplanung enthält Arbeitsabläufe, Personalplanungen, Budgets, Kapazitäten, Termine, Zuständigkeiten und Informationswege. Alle von den Maßnahmen betroffenen Stellen und Institutionen müssen zeitnah informiert werden. Das WA-Projekt endet mit einem Abschlussbericht und der Auflösung der Projektorganisation.

4.5   Gemeinkosten-Wertanalyse (GWA)

4.5.1   Überblick

Gemeinkosten können im Gegensatz zu Einzelkosten einem Bezugsobjekt (Produkt, Kostenstelle) nicht eindeutig bzw. verursachungsgerecht zugeordnet werden. Die öffentliche Verwaltung ist durch eine Vielzahl von zentralen Diensten und Produkten stark durch das Auftreten von Gemeinkosten geprägt. Diese Gemeinkostenbereiche werden von den Leistungserstellern externer Produkte lediglich als Kostenverursacher wahrgenommen. Um die Leistungserstellung in den Gemeinkostenbereichen effektiver und effizienter zu gestalten bedarf es eines Controllinginstrumentes wie der Gemeinkosten-Wertanalyse, die zu einer Optimierung der Leistungserstellung in den Gemeinkostenbereichen und zu einer Unterstreichung der Serviceeigenschaft dieser Bereiche beitragen kann.

Die Gemeinkostenwertanalyse ist ein Instrument des operativen Gemeinkostencontrolling, basierend auf der in den USA von der Unternehmensberatungsgesellschaft McKinsey entwickelten Methode der Overhead-Value-Analysis. In Deutschland wird die Methode seit den 70er Jahren erfolgreich in der Privatwirtschaft eingesetzt, um die ständig ansteigenden Gemeinkosten, insbesondere in der Verwaltung (Overhead) zu beherrschen. Der Einsatz der GWA in der öffentlichen Verwaltung bietet sich aufgrund der auch in diesem Sektor stetig wachsenden Gemeinkostenanteile an.

4.5.2   Zielsetzung

Im Mittelpunkt der GWA steht das Erkennen und die Entwicklung von Potenzialen zur nachhaltigen Reduzierung von Kosten in den Gemeinkostenbereichen (z.B.: allgemeine Verwaltung, Beschaffungswesen, Personalwesen, zentrale Dienste etc.). Es wird untersucht, ob die

---

[193]   Voigt, C.-D.: Systematik und Einsatz der Wertanalyse, Berlin, München, 1974, S. 12

in den indirekten Bereichen (Gemeinkostenbereichen) erbrachten Leistungen notwendig sind und ob sie wirtschaftlich erbracht werden. Die GWA verfolgt das Ziel, systematisch und kreativ, die Kosten und Nutzen von Leistungen indirekter Bereiche zu beurteilen und nutzlose Kosten hierfür zu eliminieren.[194] Wie bei der Wertanalyse wird das Kosten-Nutzen-verhältnis der Gemeinkostenbereiche analysiert. Auf diese Weise soll festgestellt werden, bei welchen Verwaltungsleistungen Kosten ohne Nutzenverlust eingespart werden können.[195] Mit dem Einsatz der GWA wird also ausdrücklich eine Leistungsreduktion in den Gemein-kostenbereichen angestrebt. **Hierbei gilt der Grundsatz, dass alles Unnötige nicht mehr durchgeführt wird; nicht jedoch, dass etwas unnötiges wirtschaftlicher erbracht wird!**[196] Überflüssige und unnötig perfekte Leistungen bzw. solche mit nicht vertretbarem Kosten-Nutzen-Verhältnis werden im Sinne einer Vollzugskritik abgebaut.[197] Im Rahmen einer GWA werden die Leistungen auf ihre Effektivität und Effizienz untersucht. Leistungen sind effektiv, wenn sie für den externen oder internen Kunden den erwarteten Nutzen stiften und zur Zielerreichung beitragen. Es werden dann die richtigen Leistungen erbracht. Die Untersuchung auf Effizienz hingegen stellt darauf ab, ob die Leistungserstellung wirtschaft-lich erfolgt. Es wird zuerst die Effektivität und danach die Effizienz untersucht, da die effi-ziente Erstellung einer nicht effektiven Leistung nicht zielführend wäre.

Als Vorteile der Gemeinkostenwertanalyse werden genannt:

– Die Förderung der Akzeptanz der Gemeinkostenbereiche, da Leistungen statt Personen analysiert werden;
– Die Gegenüberstellung des Aufwandes der Leistungserstellung und dem Nutzen für den Leistungsempfänger;
– Die positiven Auswirkungen auf die Reorganisation von Arbeitsabläufen und den Per-sonalbedarf;
– Die Generierung von unterschiedlichen kreativen Ideen zur Kostenreduzierung;
– Die Schaffung einer Unterlage für die Kostenbudgetierung und die Entwicklung von Personalentwicklungskonzepten.[198]

Die GWA mobilisiert für eine kurze Zeit die von der Gemeinkostenproblematik betroffenen Führungskräfte, um mit Know-how und kreativen Ideen ein möglichst niedriges Kosten-niveau in den Gemeinkostenbereichen zu realisieren; dabei ist die Einbeziehung folgender Kräfte notwendig:

---

[194] vgl.: Roever, M.: Gemeinkosten-Wertanalyse – Erfolgreiche Antwort auf die Gemeinkosten-Problematik, in: ZfB, 1980, S. 686-690
[195] vgl.: Hagen, K.: Gemeinkostenwertanalyse, in: Klein, A., Vikas, K., Zehetner, K. (Hrsg.): Der Controlling-Berater, Loseblatt-Sammlung, Freiburg 2002, S. 4/1
[196] vgl.: Peemöller, V.H.: Controlling: Grundlagen und Einsatzgebiete, 3. Aufl., Berlin 1997, S. 197
[197] vgl.: Schmidt, H.-J.: Betriebswirtschaftslehre für die Verwaltung, 4. Aufl., Heidelberg, 1998, S. 367
[198] vgl.: Schierenbeck, H.: Ertragsorientiertes Bankmanagement. Band 1, 8. Auflage, Wiesbaden 2003, S. 628 f.

- Die Leiter der Gemeinkostenbereiche (Leistungsersteller),
- Führungskräfte, die sich als Kunden der indirekten Bereiche verstehen (Leistungsnutzer),
- Verwaltungs-Controller als Moderator,
- Verwaltungsinterne Experten für spezielle Kostenfragen,
- Gegebenenfalls externe GWA-Experten als Methoden-Berater.[199]

Das Verfahren bezieht die betroffenen Mitarbeiter aktiv ein, wobei die Gemeinkosten-Wertanalyse eher kurzfristig stark ambitionierte Ziele setzt und damit in Krisensituationen eingesetzt werden kann. Der Ablauf des Verfahrens soll in systematischer Weise die Kreativität der Beteiligten fördern, um unnötige Kosten und Leistungen zu reduzieren. Für eine erfolgreiche GWA ist der Einsatz der oben beschriebenen Kräfte obligatorisch, da sie insgesamt die notwendigen Kenntnisse besitzen, um sachgerechte Kürzungen von Gemeinkostenbereichen vorzunehmen ohne Schaden für die Gesamtorganisation anzurichten. Darüber hinaus ist es notwendig, dass die oberste Führungsebene als Machtpromoter hinter der Durchführung einer GWA steht.

4.5.3   Ergebnisse der GWA

Die Ergebnisse einer erfolgreichen GWA können z.B. sein:[200]

- Eliminierung der Leistung
- Outsourcing von Leistungen
- Reduzierung der Leistungshäufigkeit,
- Reduzierung des Leistungsumfangs
- Reduzierung der Leistungsqualität
- Eliminierung nicht notwendiger Führungsebenen,
- Änderung des Führungsstils (z.B. Einführung eines Management by Objectives),
- Änderungen im Sachmittelbereich (z.B. Umstellung von Einzelbüros auf Großraumbüro),
- Änderungen in der Aufbauorganisation (z.B. Zentralisierung der Leistungserstellung, Zusammenlegung von Leistungserstellungseinheiten),
- Änderungen im Leistungserstellungsprozess (z.B. Bereinigung um redundante Tätigkeiten),
- Personalmaßnahmen (Veränderung von Mitarbeiteranzahl, -qualifikation, -einsatz, Arbeitszeiten; Abbau von Überstunden; Abbau von Stellen durch Fluktuation; Versetzungen)

---

[199] vgl.: Horváth, P.: Controlling, 7. Aufl., München, 1998, S. 259

[200] vgl.: Hagen, K.: Gemeinkostenwertanalyse, in: Klein, A., Vikas, K., Zehetner, K. (Hrsg.): Der Controlling-Berater, Loseblatt-Sammlung, Freiburg 2002, S. 4/8 ff.

4.5.4   Vorgehensweise

Die GWA wird in drei Schritten durchgeführt:[201]

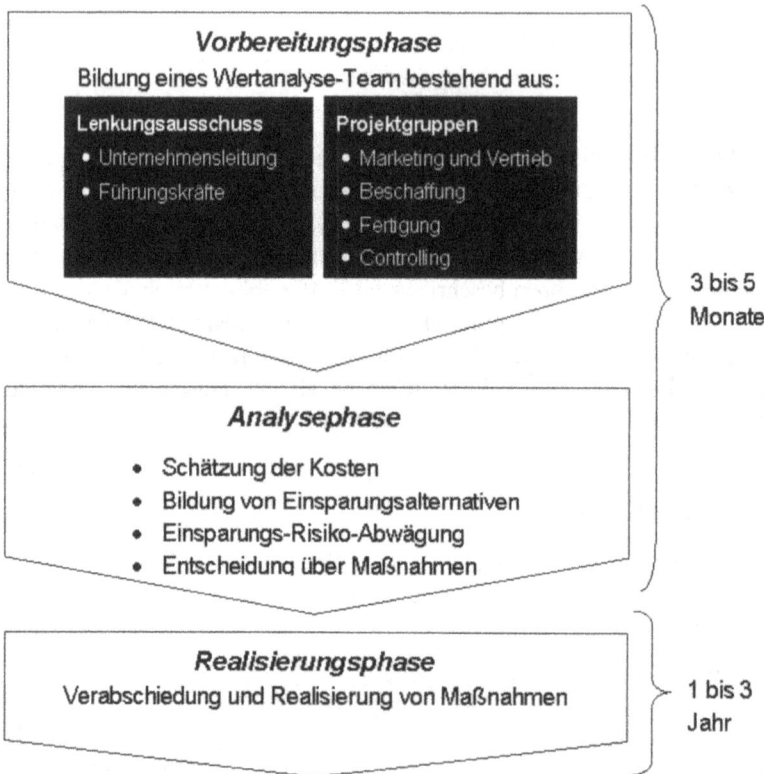

Abb. 4.5.1:   Vorgehensweise der Gemeinkosten-Wertanalyse

4.5.4.1 Vorbereitungsphase

In der Vorbereitungsphase wird die Aufgabenstellung definiert, das Projektteam zusammen-
gestellt, die Zielsetzungen und Ablaufplanung für das Projekt in einem Kick-Off-Meeting
spezifiziert sowie alle notwendigen Gremien über den Ablauf und die Ziele der GWA informiert. Darüber hinaus soll die Vorbereitungsphase durch ein Schulungsprogramm anwen-
dungsbezogenes Wissen über die Durchführung der GWA vermitteln.[202]

4.5.4.2 Analysephase

Die anschließende Analysephase dient der detaillierten Ermittlung der Kosteneinsparpoten-
ziale, die sich über vier Schritte vollzieht.

---

[201]   vgl.: Schulte, C.: Lexikon des Controlling. München, 1996, S. 280 ff, der von vier Phasen der Gemeinkosten-
wertanalyse ausgeht: 1. Vorbereitung der Gemeinkostenwertanalyse, 2. Maßnahmenfindung, 3. Umsetzung der
erarbeiteten Maßnahmen, 4. Kontrolle der Umsetzung und der erreichten Wirkung.

[202]   vgl.: Busch, U.: Produktivitätsanalyse, 3. Auflage, Berlin, 1991, S. 73

4.5.4.2.1 Ermittlung der Ist-Kosten

Im ersten Schritt der Analysephase werden die Kosten, die auf die Gemeinkostenbereiche entfallen, ermittelt. Hierzu ist es erforderlich, dass jeder Kostenstellenverantwortliche:

1. Eine Aufstellung seiner gemeinkostenverursachenden Endleistungen anfertigt und die Empfänger dieser Leistungen benennt;
2. Die Leistungen anderer Kostenstellen benennt, die er zu für die Erstellung seiner Leistungen verbraucht;
3. Für jede von ihm erstellte gemeinkostenverursachende Leistung die primären und sekundären Kosten schätzt.[203]

Die Schätzung der Kosten sollte, um den Aufwand vertretbar zu halten, durch Selbstaufschreibung der an der Erstellung von gemeinkostenverursachenden Endleistungen beteiligten Mitarbeitern erfolgen. Insbesondere die Tätigkeitsstruktur und -dauer sind zu erfassen. Hieraus lassen sich die relevanten Kosten ausreichend genau schätzen. Ein Vergleich der Aufstellung der erbrachten gemeinkostenverursachenden Leistungen und deren Kosten mit den originären Aufgaben der Kostenstelle erbringt in vielen Fällen bereits erste Abweichungen und damit Potenziale zur Kostensenkung.

Gemeinkostenwertanalyse					
Tätigkeitsstruktur des Arbeitsplatzes Nr.:					
Die Gesamttätigkeit ist in mindestens 10 verschiedene Tätigkeitsarten zu gliedern. Die jahresdurchschnittliche Verteilung der zeitlichen Aufwendungen für die einzelnen Tätigkeiten ist an einer repräsentativen, theoretischen Arbeitswoche darzustellen. Die Summe aller Tätigkeiten entspricht 100%. Eine Tätigkeit, die einen Block von 10% einer 40-Stunden-Woche einnimmt, ist dann mit 4 Stunden einzutragen. Bei der Einteilung der Tätigkeit ist auf eine eindeutige Abgrenzung zu achten. Als Tätigkeiten sind nicht Arbeitstechniken, wie Schriftgut erstellen, telefonieren, besprechen usw. anzugeben, sondern erfüllte Aufgaben wie Ersatzteilbestellung, Lohndateneingabe, Auftragseinplanung usw. einzutragen. Zu jeder Tätigkeit ist, soweit möglich und sinnvoll eine Mengenangabe, bezogen auf eine durchschnittliche Kalenderwoche anzugeben (z.B. 3000 Bestellungen).					
Name Arbeitsplatzinhaber	Personal-Nr.	Abteilung / Gruppe	Seite von Seiten		Prüfdatum von UE
Folge-Nr.	Tätigkeiten		Menge/ Woche	Stunden/ Woche	Leistungs-Empfänger

Abb. 4.5.2: Erfassungsbogen für die Selbstaufschreibung von Tätigkeitsstruktur und -dauer

---

[203] vgl.: Peemöller, V.H.: Controlling: Grundlagen und Einsatzgebiete, 3. Aufl., Berlin 1997, S. 198 f.

4.5.4.2.2 Entwicklung von Einsparmaßnahmen

Im zweiten Schritt der Analysephase werden konkrete Alternativen zur Kostenreduktion erarbeitet. Hierfür arbeiten Leistungsersteller und Leistungsempfänger eng miteinander zusammen. Aufgabe dieser Arbeitsgruppe ist die Formulierung möglicher Einsparpotenziale, von der Reduzierung des Leistungsumfangs, der Leistungsqualität, der Leistungshäufigkeit bis zur kompletten Abschaffung einer Leistung.[204] Bei der Entwicklung von Einsparmaßnahmen müssen **alle** Ist-Leistungen und Aufwendungen in Frage gestellt werden. Damit soll erreicht werden, dass möglichst viele Einsparideen entwickelt werden. Diese Phase ist problematisch, weil eine Kollision zwischen Projekt-, Abteilungs- und Individualzielen auftreten kann. Zur Lösung des Problems werden häufig quantitative Zielvorgaben, wie das Ausmaß einer prozentualen Kostensenkung, die in allen Untersuchungseinheiten erreicht werden soll, vorgegeben. Die Durchführbarkeit der potentiellen Einsparungsmaßnahmen wird zu diesem Zeitpunkt noch nicht bewertet.

Beispiele für Einsparungsmaßnahmen können sein:

Eliminierungen:	– Einsparung von Berichten
	– Vermeidung von Doppelkontrollen
	– Keine Mehrfachdatenerfassung
Genauigkeit:	– Schätzungen statt exakte Rechnungen
	– Geringere Kontrollen bei kleineren Geschäftsvorfällen
	– Handschriftliche statt maschinengeschriebene Dokumentation
Umfang:	– Beschränkung unnötiger Detaillierung
	– Ergebniskontrolle statt Ablaufkontrolle
	– Stichproben statt Vollerfassung
Frequenz:	– Quartals- statt Monatsberichte
	– Fallweise bedarfsorientierte Ausarbeitungen statt laufende
	– Weniger Besprechungen
Zentralisierung:	– Schreibkräfte-Pool
	– Auftragsannahme
	– Vermeidung redundanter Datenhaltung
	– Einsatz von Checklisten
	– Standardisierung/-Pauschalfestlegungen statt Ermittlungen
Dezentralisierung:	– Direkte Texteingabe statt Diktat
	– Distributed Processing
	– Abbau von Überkonsultationen
	– Schnittstellenoptimierung
	– Einsatz von Checklisten
Kapazitätsnutzung:	– Verbesserung der -Personalaustausch zwischen den Abteilungen
	– Personaleinsatz gemäß Fähigkeit und Eignung
	– Abbau von Leistungsspitzen

---

[204] vgl.: Peemöller, V.H.: Controlling: Grundlagen und Einsatzgebiete, 3. Aufl., Berlin 1997, S. 199

4.5.4.2.3 Bewertung und Auswahl geeigneter Maßnahmen

Der dritte Schritt der Analysephase dient der Risikoabschätzung und Auswahl der geeigneten Kostenreduzierungsalternativen:[205] Zunächst wird spezifiziert, wie hoch die Reduzierung des Arbeitsaufwandes und der Kosten für jede Alternative sein wird; anschließend werden die negativen Konsequenzen der einzelnen Alternativen dargelegt; schließlich werden von der Arbeitsgruppe vorläufige Einsparempfehlungen formuliert und in eine nach Attraktivität ausgerichtete Rangfolge gebracht. Die Einsparempfehlungen werden in Verantwortung des Leiters der untersuchten Organisationseinheit mit den Leistungsempfängern nach ihrer sachlichen Realisierbarkeit bewertet. Eine Idee gilt als sachlich realisierbar, wenn sie folgenden Bedingungen erfüllt:

- Es wird eine Netto-Einsparung durch die Maßnahme erwirtschaftet;
- Die Maßnahme ist rechtlich, technisch und wirtschaftlich möglich;
- Die Maßnahme erfüllt die definierten Rahmenbedingungen;
- Das Risiko der Maßnahme ist kalkulierbar und akzeptabel;
- Die Maßnahme kann spätestens in 1 Jahr nach Beendigung des GWA-Projektes umgesetzt werden.

4.5.4.2.4 Entscheidung über die umzusetzenden Maßnahmen

Den Abschluss der Analysephase bildet die endgültige Entscheidung über die durchzuführenden Maßnahmen der beschlossenen Alternativen. Die verschiedenen Ideen werden in eine Rangfolge gebracht, bei der sowohl die positiven als auch die negativen Auswirkungen der Maßnahmen aufgelistet werden. Hiernach werden die Einsparungsideen in folgende Kategorien eingeteilt:

- A-Maßnahmen: Ohne großen Aufwand realisierbar
- B-Maßnahmen: Weitere Untersuchungen sind notwendig
- C-Maßnahmen: Realisierung für GWA nicht vorgesehen (spätere Realisierung denkbar)

Damit werden nur Ideen der Kategorien „A" und „B" für die GWA weiter verfolgt. Für Maßnahmen der Kategorie „B" werden zur Beurteilung der Realisierbarkeit häufig Informationen von Stellen außerhalb der untersuchten Organisationseinheit benötigt.

4.5.4.3 Realisierungsphase

Das Ende einer erfolgreichen GWA wird durch die Umsetzung der verabschiedeten Maßnahmen eingeleitet. Insbesondere Alternativen mit marginalen Nebenwirkungen werden zeitnah umgesetzt. Man unterscheidet in der Realisierungsphase zwischen Personalmaßnahmen und Sachmaßnahmen. Aufgrund der Bedeutung des Einsatzfaktors Personal in den administrativen Bereichen kommen den Personalmaßnahmen eine zentrale Rolle zu. Unter die Personalmaßnahmen lassen sich alle Instrumente fassen, die das personelle Leistungspotential beeinflussen. Dazu gehören in der öffentlichen Verwaltung insbesondere:

---

[205] vgl.: Peemöller a.a.O., S. 200

– Reduzierung der Arbeitszeit,
– Erhöhung der Arbeitszeit,
– Interne Versetzungen,
– Vorzeitige Versetzung in den Ruhestand,
– Aus- und Fortbildungsmaßnahmen,
– Einzelentlassungen,
– Massenentlassungen.[206]

Die Erhöhung der Personalkapazität bereitet bis auf die Bereitstellung der notwendigen Stellen im allgemeinen geringe Schwierigkeiten. Bei Maßnahmen zur Verminderung der Personalkapazität muss berücksichtigt werden, dass Freisetzungen zwar zur Reduzierung der laufenden Personalkosten führen, aber auch Kosten in Form von Abfindungen oder aufgrund von Sozialplänen nach sich ziehen können. Umsetzungen sind meist mit Einarbeitungs- und Schulungskosten verbunden. Je nach Arbeitsmarktlage und Qualifikation der betroffenen Mitarbeiter muss damit gerechnet werden, dass sie nur durch zusätzliche finanzielle Anreize oder verbesserte Aufstiegsmöglichkeiten einer internen Versetzung zustimmen.

4.6   Balanced Scorecard

4.6.1   Einleitung

> *„Nachdem wir die Richtung*
> *aus den Augen verloren*
> *hatten, ruderten wir mit*
> *verstärkter Anstrengung."*
> (Mark Twain)

Moderne Managementkonzeptionen wie die Balanced Scorecard haben sich inzwischen nicht nur in privatwirtschaftlichen Unternehmen etabliert. Die öffentliche Verwaltung sieht sich heute zunehmend veranlasst, über eine Optimierung der Steuerung ihrer Abläufe nachzudenken. Allerdings kann ein für die Privatwirtschaft konzipiertes Managementmodell wie die Balanced Scorecard nicht ohne weiteres auf die öffentliche Verwaltung übertragen werden. Dies funktioniert deshalb nicht, weil in der öffentlichen Verwaltung eine Vielzahl von Besonderheiten aufweist. Öffentliche Institutionen sind durch eine höhere Komplexität gekennzeichnet, weisen u.a. eine größere Interessenvielfalt bei der Entscheidungsfindung auf; bei der Entscheidungsfindung dominieren Sachziele vor Formalzielen; sie besitzen komplexe Bürger/Kunden-Beziehungen; sind in politische Rahmenbedingungen eingebunden und weisen ein hohes Stabilitäts- und Sicherheitsstreben der Mitarbeiter auf. Diesen Rahmenbedingungen ist beim Einsatz einer Balanced Scorecard als Steuerungsinstrument in der öffentlichen Verwaltung Rechnung zu tragen.

---

[206]   vgl.: Homann, K.: Verwaltungscontrolling, Wiesbaden, 2005, S.105

Eine Balanced Scorecard enthält eine Reihe von Kennzahlen, die nach dem Prinzip der Ausgewogenheit („Balanced") ausgewählt werden. Der Schwerpunkt liegt hierbei auf der Ausgewogenheit, die sich durch die Einbeziehung von monetären und nicht monetären sowie leistungs- und Ergebnisindikatoren zeigt. Die Kennzahlen werden jedoch nicht als reine Kontrollinstrumente verstanden, sondern auch als **zukunftsorientierte Planungsgrößen** eingesetzt. Dabei soll sich die Scorecard auf die Informationen beschränken, die zur Steuerung wirklich notwendig sind, um das weitverbreitete Überangebot an Informationen („Information Overflow") einzudämmen.

4.6.2   Motive für den Balanced Scorecard Einsatz

Die Umsetzung einer übergeordneten Strategieformulierung in die Realität der Organisation ist einer der herausragenden Gründe, die Balanced Scorecard einzusetzen. Auch die weitreichende Kritik an traditionellen (finanzorientierten) Kennzahlensystemen ist ein gewichtiges Argument für die Anwendung und ursprüngliche Entwicklung der Balanced Scorecard. Die im betrieblichen Rechnungswesen verankerten finanzorientierten Kennzahlen beschreiben i.w. lediglich die Vergangenheit und verhindern durch den ausschließlichen Blick auf Gewinne und Kosten bzw. auf Cashflows, die Berücksichtigung anderer Faktoren, die für den Zukunftserfolg ebenso maßgeblich, vielleicht sogar wichtiger sind. Als weitere Motive für den Einsatz der Balanced Scorecard werden genannt:[207]

- **Entwirrung des Berichtswesens:** Das operative Controlling liefert umfangreiche, häufig unübersichtliche Informationen aus dem internen Rechnungswesen ohne nennenswerte Steuerungsrelevanz auf der Führungsebene.
- **Vereinfachung des Planungsprozesses:** Der Zeitbedarf für strategische und operative Planung ist zu groß, um schnell auf neue Situationen reagieren zu können. Der Ressourceneinsatz von Planungsstäben und Linienmanagern im Planungsprozess ist höher als der resultierende Nutzen. Die formulierten Pläne werden eher als administratives Übel denn als Leitfaden zur Ausrichtung des Handeln empfunden. Die Balanced Scorecard verkürzt den operativen Planungsprozess und übersetzt die häufig abstrakten Zielformulierungen in ausführbares Handeln.
- **Verbesserung der externen Berichterstattung:** Rein finanzielle Kennzahlen reichen für die externe Berichterstattung nicht mehr aus. Nicht finanzielle Kennzahlen werden zunehmend als aussagekräftige Indikatoren für die tatsächliche wirtschaftliche Lage der betrachteten Organisation angesehen. Insbesondere strategische Potenziale und Entwicklungsmöglichkeiten der Organisationen werden durch den Einsatz der Balanced Scorecard erkennbar.

Für die öffentliche Veraltung ist es darüber hinaus von großer Bedeutung, dass die Balanced Scorecard konkrete Handlungsanweisungen für die Mitarbeiter bereitstellen kann. Dadurch lassen sich etwa Zielvereinbarungen („Mangement by Objectives") unkompliziert mit der Balanced Scorecard verbinden. Durch die Verbindung von Zielvereinbarungen mit der Balanced Scorecard wird der Beitrag des Mitarbeiters zur Erreichung der Zielformulierungen transparent und dokumentiert.

---

[207]   vgl.: Horváth & Partner (Hrsg.): Balanced Scorecard umsetzen, 2. Aufl., Stuttgart, 2001, S. 4 ff.

4.6.3   Balanced Scorecard nach Kaplan und Norton

Die BSC wurde 1992 vom Harvard Business School Professor Robert S. Kaplan und vom Unternehmensberater David P. Norton als **mehrdimensionale Performance-Measurement-**Kennzahl zur Messung und Steuerung der aktuellen und zukünftig erwarteten Unternehmensleistung eingeführt.[208] Ziel der BSC ist es, die Lücke zwischen der Strategieformulierung und deren Umsetzung zu schließen und damit die strategischen Ziele stärker als bisher zu operationalisieren und messbar zu machen. Grundgedanke ist die Transformation von Vision und Strategie einer Organisation in ein Bündel qualitativer und quantitativer Zielsetzungen und Kennzahlen. Die Balanced Scorecard erweitert ein auf reine finanzwirtschaftliche Messgrößen ausgerichtetes Kennzahlensystem um qualitative Messgrößen. Finanzwirtschaftliche Messgrößen sind vergangenheitsorientierte Formalziele und damit zur zukünftigen strategischen Steuerung weniger geeignet als vorauslaufende Indikatoren. Als vorauslaufende Indikatoren (zukunftsgerichtete Potenzialfaktoren) werden Messgrößen auf der Kundenebene, der unternehmensinternen Prozessebene und auf der Mitarbeiterebene definiert. Nichtmonetäre Zielgrößen wie die Sachziele werden verwendet, weil die aus den formalen Finanzzielen abgeleiteten Ergebniskennzahlen nachlaufende Indikatoren (lagging indicators) sind, die mit einer zeitlichen Verzögerung (time lag) immer erst nach dem Abschluss einer Aufgabe vorliegen, wenn es i.d.R. bereits zu spät für korrigierende Steuerungsmaßnahmen ist.[209] Je zeitintensiver die Aufgabe ist, desto eher werden Vorsteuerungsgrößen benötigt, die sich als vorlaufende Indikatoren (Sachziele) eignen.

Die Balanced Scorecard nach Kaplan und Norton ist ein integriertes Managementinstrument, das im wesentlichen die folgenden Führungsaufgaben unterstützt:

- Formulierung und Kommunikation der Visionen und Strategien in der Organisation,
- Planung von strategiekonformen Zielen und Vorgabewerten auf allen Hierarchieebenen,
- Periodische und systematische Kontrolle der Vorgabewerte.
- Kontinuierliche Lernprozesse initiieren und ausbauen,
- Aufdeckung von Potenzialen zur Strategieverbesserung.[210]

Grundsätzlich besteht das Grundkonzept der Balanced Scorecard aus drei Komponenten. Vision und Strategie, deren Betrachtung aus vier verschiedenen Perspektiven, sowie den im Unternehmen festgestellten Ursache-Wirkungs-Zusammenhängen. Kaplan und Norton unterscheiden in ihrem Grundkonzept folgende Standardperspektiven für einen ausgewogenen Berichtsbogen: Lern- und Entwicklungsperspektive, interne Prozessperspektive, Kundenperspektive und finanzwirtschaftliche Perspektive. Es wird ausdrücklich darauf hingewiesen, dass die Perspektiven in jeder Organisation, je nach Unternehmenszweck, unterschiedlich sein können. Die vier Perspektiven des Grundkonzeptes stehen in einer Zweck-Mittel-Beziehung zueinander und sind aus der Strategieformulierung abgeleitet.

---

[208] Kaplan, R. S., Norton, D. P.: „The Balanced Scorecard – Measures That Drive Performance", Harvard Business Review, Jan-Feb 1992, S. 77 ff.

[209] Gladen, W.: Performance Measurement – Controlling mit Kennzahlen, 3. Aufl., Wiesbaden, 2005, S. 49

[210] Kaplan, R. S.; Norton, D. P.: Balanced Scorecard, Stuttgart 1997, S. 7 ff.

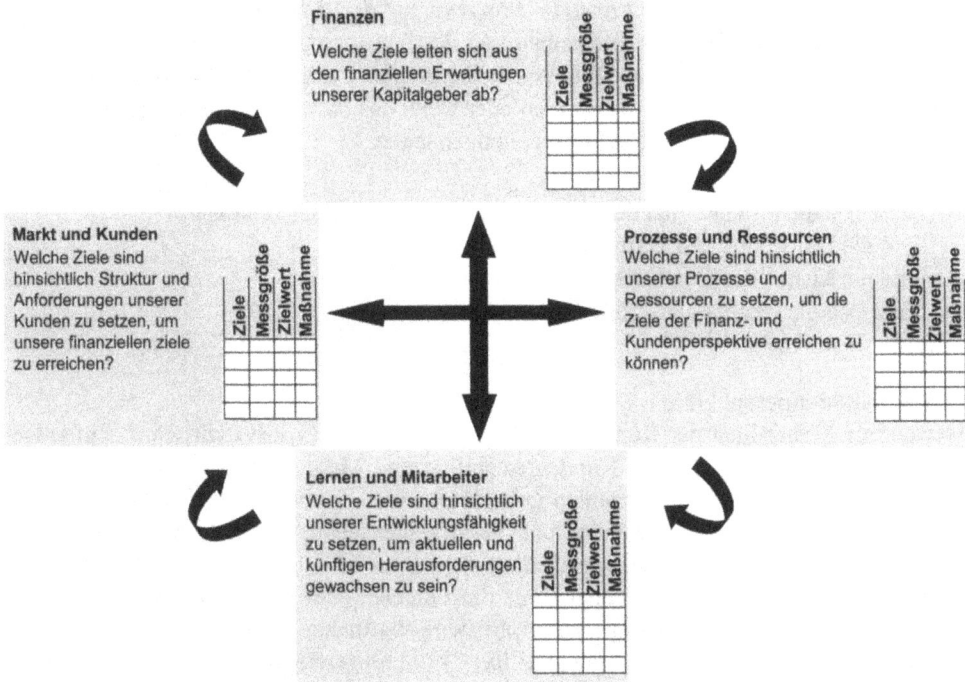

Abb. 4.6.1:   Balanced Scorecard als mehrdimensionales Mess- und Bewertungsinstrument[211]

4.6.3.1 Lern- und Entwicklungsperspektive

Diese Perspektive beinhaltet stark zukunftsorientierte und auf langfristige Wirkungen ausgerichtete Indikatoren für den Geschäftserfolg wie Motivation, Qualifikation und Weiter-
bildung der Mitarbeiter, die Informationsinfrastruktur und das Wissensmanagement. Die
Messung und Entwicklung von Verbesserungsmöglichkeiten in dieser Perspektive legt die
infrastrukturelle Basis für die Zukunftsentwicklung der Organisation fest. Ziel- und ergeb-
niskonforme Investitionen in die Aus- und Fortbildung der Mitarbeiter und in die Infrastruk-
tur sind Voraussetzungen, um die aktuelle und zukünftige Anpassungsfähigkeit der Organisation an interne und externe Veränderungen herzustellen. Zentrale Fragen der Lern- und
Entwicklungsperspektive sind etwa:

– Wo muss das Know-how und Verhalten der Mitarbeiter verbessert werden?
– Sind die Mitarbeiter umfassend und nachhaltig motiviert?
– Unterstützt das Arbeitsklima Veränderungsprozesse?
– Sind die Informations- und Kommunikaltionssysteme effektiv und effizient?

4.6.3.2 Interne Prozessperspektive

Innerhalb der internen Prozessperspektive sollen die für den Geschäftserfolg verantwortlichen Kernprozesse erkannt und überwacht werden. Kaplan und Norton schlagen hier die
Differenzierung in Innovations-, Betriebs- und Kundendienstprozesse vor. Die Kennzahlen

---

[211]   vgl.: Kaplan, R. S.; Norton, D. P.: Balanced Scorecard, Stuttgart, 1997, S. 9;

konzentrieren sich dabei auf die internen Prozesse, die den größten Einfluss auf die Erreichung von Zielen der Kundenzufriedenheit und der finanzwirtschaftlichen Perspektive ausüben. Darüber hinaus können neue Prozesse in die Balanced Sorecard aufgenommen werden,
wenn neue Aufgaben übernommen werden oder wenn das bestehende Leistungsangebot neu
ausgerichtet werden soll. Typische Fragestellungen lauten:

- Lässt sich die Produktivität der Kernprozesse organisatorisch verbessern?
- Sind die Durchlauf- und Wartezeiten optimal?
- Sind die Kosten der Geschäftsprozesse zu hoch?
- Lässt sich die Qualität der Prozesse anpassen?

4.6.3.3 Kundenperspektive

Als zentrale Kennzahlen der Kundenperspektive werden in der Privatwirtschaft Zufriedenheit, Marken- und Produkttreue, Kundenrentabilität und Marktanteil gemessen. Die Kennzahlen lassen sich in Grundkennzahlen (z.B. Marktanteil, Kundenzufriedenheit) und Leis-
tungstreiberkennzahlen (z.B. Produkt- und Serviceeigenschaften, Kundenbeziehungen und
Image) einteilen. Der Einsatz der finanziellen Mittel, der Mitarbeiter und die Geschäftsprozesse der Organisation sollen in erster Linie dazu dienen, dem Kunden Lösungen für seine
Probleme anzubieten. Im Gegensatz zu erwerbswirtschaftlichen Unternehmen, die Kunden-
und Marktsegmente zur Aufrechterhaltung ihrer Konkurrenzfähigkeit entwickeln, steht bei
öffentlichen Verwaltungen die Zufriedenheit der Kunden im Mittelpunkt. Der Kunde als
Abnehmer von Leistungen der öffentlichen Verwaltung ist zumeist Zwangsabnehmer dieser
Leistungen ohne das er Qualität oder die Angemessenheit der Preise durch Substitution beeinflussen kann. Deshalb ist die Messung der Kundenzufriedenheit für die öffentliche Verwaltung im Sinne eines Produktfeedbacks wichtig. Innerhalb der Kundenperspektive kann
eine Outcome-Messung die Ausrichtung zukünftiger Aktivitäten auf die Strategieziele
verbessern helfen. Kundenansprüche betreffen Zeit, Qualität, Produktleistung bzw. Service
und Preis. Bedeutende Themen für öffentliche Verwaltungen:

- Welche Erwartungen haben die Kunden?
- Wie können diese Erwartungen erfüllt werden?
- Wie kann der richtige Umfang der Leistungen sichergestellt werden?
- Wie gewährleisten wir die richtige Produktqualität?
- Wie erzielen wir die beabsichtigten Wirkungen?

4.6.3.4 Finanzwirtschaftliche Perspektive

Die Finanzperspektive zeigt an, ob die Umsetzung einer Strategie insgesamt zu einer ökonomischen Ergebnisverbesserung führt. Dabei nehmen im Grundmodell die Kennzahlen in
der Finanzperspektive eine Doppelrolle ein: Sie definieren einerseits die finanzielle Leistung,
die von einer Strategie erwartet wird. Andererseits stellen sie durch entsprechende Ursache-
Wirkungsbeziehungen die Bezugsgrößen für alle anderen Perspektiven der BSC dar. In erwerbswirtschaftlichen Unternehmen bietet die Finanzperspektive ein Bündel von Kennzahlen an, das die wirtschaftlichen Konsequenzen früheren unternehmerischen Handelns verdeutlicht. Im wesentlichen behandeln diese Kennzahlen den Gewinn, Rentabilitäten, Wert-
steigerungen und die Veränderung von Finanzströmen (Cash-flows). Im öffentlichen Bereich

ist die Finanzsituation nicht Ergebnis des Verwaltungshandelns. Vielmehr ist sie Rahmenbedingung und bildet Restriktionen für die Produkterstellung. Obwohl die finanzwirtschaftliche Perspektive keine dominante Bedeutung in öffentlichen Verwaltungen besitzt, liegen hier deutliche messbare strategische Vorgaben in Form von Konsolidierungs- und Einsparprogrammen. Monetäre Kennzahlen erinnern daran, dass operative Verbesserungen Wege zum Ziel sind, aber nicht das Ziel selbst.[212] In der finanziellen Perspektive werden die finanziellen Zielgrößen festgelegt. Zugleich wird definiert, anhand welcher Kennzahlen die finanzielle Situation gemessen und überwacht werden soll. Grundfrage ist hier: „Welche finanziellen Ziele müssen wir erreichen, um unsere Anteilseigner zufrieden zu stellen?" Der wirtschaftliche Erfolg gründet sich auf Einflussfaktoren, die hinter den finanziellen Größen stehen und ursächlich für die Zielerreichung sind. Die finanzwirtschaftliche Perspektive im öffentlichen Bereich zielt entsprechend auf folgende Fragestellungen:

– Wie kann der finanzielle Handlungsspielraum bewahrt werden?
– Wie lassen sich Einnahme-Ausgaben-Relationen verbessern?
– Wie werden die knappen Ressourcen ökonomisch eingesetzt.

4.6.4   Mission, Vision und Strategie

---

[212]   Gladen, W.: Performance Measurement – Controlling mit Kennzahlen, 3. Aufl., Wiesbaden, 2005, S. 358

Die **Mission**, auch Leitbild der Organisation genannt, formuliert das Selbstverständnis des Handelns. Sie gibt eine Antwort auf die Frage „Warum sind wir hier?". Die Mission der Organisation beschreibt, was sie ausmacht und wie sie in der Öffentlichkeit gesehen werden möchte, sie weist auf den höheren Organisationszweck hin, ist die grundsätzliche Leitlinie des Handels nach außen und nach innen, und sollte sämtliche Aktivitäten der Organisation umfassen. Die Arbeit am Leitbild erfüllt demnach wichtige Funktionen der Orientierung, Identifikation, Sinnfindung und Motivation sowie der Integration in ein gemeinsames Ganzes.[213] Die Formulierung der Mission sollte in einem einzigen Satz erfolgen, der für alle verständlich ist. Eine prägnante Formulierung für eine Mission ist das Beispiel von Walt Disney: „To make people happy!". Bei allen bisherigen Leitbildprozessen hat sich gezeigt, dass es zwar auch wichtig ist, was drinsteht im Leitbild, aber noch wichtiger, wie es zustande kommt und wie es umgesetzt wird.[214]

Die **Vision**, die sich aus der Mission ableitet, beantwortet die Frage „Wo wollen wir hin?". Die zu steuernde Organisationseinheit benötigt ein Bild davon, was sie langfristig erreichen möchte. Die Vision stellt in wenigen Worten das Zukunftsbild der Organisation dar, sie verdeutlicht jedem Mitarbeiter, worum es langfristig geht und ermöglicht eine Koordination der Handlungen aller Mitarbeiter auf ein gemeinsames Ziel. Diese Vorstellung vom langfristig zu Erreichenden ist i.d.R. eine undetaillierte und nicht direkt operationalisierbare Zielformulierung. Je größer und komplexer die zu steuernde Organisation ist, desto abstrakter erscheint die Vision für den einzelnen Mitarbeiter. In großen Organisationen mit einem stark arbeitsteiligen Leistungserstellungsprozessen ist der Zusammenhang zwischen den einzelnen Tätigkeiten der Mitarbeiter und der Vision meistens unklar.

Aus diesem Grund muss die Vision durch ein Bündel strategischer Zielformulierungen konkretisiert werden. Die **Strategie** beantwortet die Frage „Welchen Weg verfolgen wir und wie erreichen wir unser Ziel?". Sie bietet die Grundlage für die weitere „Übersetzung" der obersten Organisationsziele zu operationalisierten Handlungszielen für die Mitarbeiter. Die Balance Scorecard schließt damit die methodische Lücke zwischen der Strategie und dem operativen Geschäft und bietet zugleich die Möglichkeit, den strategischen Erfolg der Organisation zu messen.

---

[213] Hill, H.: Leitbilder und strategische Behördenziele, Vortrag bei der Preisverleihung zum niedersächsischen Wettbewerb „Innovative Behörde" am 18. April 2001 in Hannover
[214] ebenda

Abbildung 4.6.2: Mission, Vision und Strategie

Zur weiteren Verdeutlichung der Unterschiede zwischen Mission, Vision und Strategie sei folgendes einfache Beispiel angeführt:

Mission: *Ich bin Bergsteiger.*
Vision: *Ich möchte den K2 besteigen.*
Strategie: *Die schnellste Route führt über der Ostgrat.*

Das Denken in Visionen und Strategien ist bei den meisten Führungskräften in der öffentlichen Verwaltung noch nicht vollständig ausgeprägt. Auch heute noch sind häufig Führungskulturen vorhanden, die eher eine reine Abarbeitung von Verwaltungsaufgaben darstellen als ein zukunftsorientiertes Management. Für die Entwicklung einer Balanced Scorecard ist die Formulierung von Mission, Vision und Strategie eine notwendige Voraussetzung, da sie grundsätzlich ein Instrument zur Strategie**umsetzung** und nicht zur -formulierung ist.

4.6.5 Übertragbarkeit der Balanced Scorecard auf die öffentliche Verwaltung

In den Vereinigten Staaten von Amerika wird die Balanced Scorecard in der öffentlichen Verwaltung bereits seit Jahren erfolgreich eingesetzt.[215] Der Einsatz der Balanced Scorecard wird durch den Government Performance and Results Act von 1993 gefördert, der alle US-bundesstaatlichen Stellen zur Einführung von Performance Measurement verpflichtet.[216] In Deutschland ist der Ansatz des Management-by-Objectives (MbO) und erst recht die Ver-

---

[215] vgl.: Kaplan, R. S.; Norton, D. P.: The Strategy- Focused Organization. Boston 2001, S. S. 137 ff., S. 178 ff. und S. 307

[216] vgl.: Thor, C. G.: The Evolution of Performance Measurement in Government. In: Journal of Cost Management. Mai–Juni 2000

bindung von Kennzahlen mit einer strategischen Stoßrichtung im Sinne einer Balanced Scorecard in der öffentlichen Verwaltung noch relativ neu.

Die Balanced Scorecard scheint als Steuerungsinstrument für die öffentliche Verwaltung besonders geeignet zu sein, da sie nicht ausschließlich auf die finanzielle Perspektive ausgerichtet ist. Trotzdem machen die Besonderheiten der öffentlichen Verwaltung eine Anpassung in drei Bereichen erforderlich:[217]

- Relative Gewichtung der jeweiligen Perspektiven in der Scorecard,
- Inhaltliche Gestaltung jeder einzelnen Perspektive,
- Entwicklung etwaiger neuer Perspektiven.

Die Balanced Scorecard in der in der baden-württembergischen Landesverwaltung erprobten Form bildet ihre strategischen Ziele in fünf anstatt der vier im Grundmodell dargestellten Perspektiven ab:[218] Leistungsauftrags-Perspektive, Finanzperspektive, Kundenperspektive, Lern- und Entwicklungsperspektive und Prozessperspektive.

Die Balanced Scorecard ist ein flexibles Instrument das die Dominanz der Finanzperspektive des Grundmodells leicht überwinden kann. In der öffentlichen Verwaltung steht nicht die finanzielle Sichtweise im Mittelpunkt, sondern die Bürger bzw. der Gemeinwohlgedanke rückt in den Vordergrund. Aus diesem Grund ist ein besonderer Anpassungsbedarf bei der finanziellen Perspektive angeraten. Die öffentliche Verwaltung muss zwar Wirtschaftlichkeitskriterien einhalten, dies ist jedoch mehr eine Rahmenbedingung des öffentlichen Handeln als ein primäres Ziel. Inhaltlich geht es in der finanziellen Perspektive der öffentlichen Verwaltung um die Erreichung von Budgetzielen, Realisierung von Einsparpotenzialen, Sicherung der Basis für Steuereinnahmen, Erhaltung der Kreditwürdigkeit etc.. Die finanzielle Perspektive in der öffentlichen Verwaltung soll sicherstellen, dass die Aufgaben nicht nur effektiv sondern auch effizient erfüllt werden. Deshalb bietet es sich an, die Finanzperspektive durch eine Perspektive „Wirtschaftlichkeit und Gesetzmäßigkeit" und die Kundenperspektive durch eine Perspektive „Gemeinwohlorientierung/Bürgerperspektive" zu ersetzen.[219] In der Perspektive „Gemeinwohlorientierung/Bürgerperspektive" geht es um die Frage: „Welche Ziele müssen wir für /bei unsere(n) Bürgern erreichen, um unsere politische Vision zu verwirklichen?" Diese Perspektive definiert die Leistungen der Verwaltung gegenüber den Bürgern aus der Perspektive der Leistungsempfänger. Wie im Grundmodell der Balanced Scorecard für Unternehmen der Privatwirtschaft, müssen auch in der öffentlichen Verwaltung die Perspektiven „Interne Verwaltungsprozesse" sowie „Lernen und Entwicklung" ausreichend berücksichtigt werden. Das Perspektiven-Modell für die öffentliche Verwaltung könnte dann folgendermaßen aussehen:[220]

[217] vgl.: Behrens, W., Karlowitsch, M., Mertes, M.: Die Balanced Scorecard als Controllinginstrument in Non-Profit-Organisationen, in: Controlling, 12. Jg., 2000, S. 25 ff.

[218] Munding, M.: Balanced Scorecard als Steuerungsinstrument für die öffentliche Verwaltung?, 2004, S. 19 ff.

[219] Scherer, G.: Strategische Steuerung und Blanced Scorecard, INFO 1694 des Bundesverwaltungsamtes, Juli 2002, S. 18 f.

[220] Scherer, G.: Strategische Steuerung und Blanced Scorecard, INFO 1694 des Bundesverwaltungsamtes, Juli 2002, S. 18

Restr.: Wirtschaftlichkeit und Gesetzmäßigkeit

Welche wirtschaftl. und rechtl. Restriktionen müssen wir einhalten, um unseren gesetzlichen /politischen Auftrag zu erfüllen?

Ziele | Kennzahlen | Vorgaben | Maßnahmen

Gemeinwohlorient./Bürgerperspektive

Welche Ziele müssen wir für/bei unsere(n) Bürger(n) erreichen, um unsere politische Vision zu verwirklichen?

Ziele | Kennzahlen | Vorgaben | Maßnahmen

Politische Vision

Interne Verwaltungsprozesse

Wie müssen wir die internen Verwaltungsprozesse ausgestalten, um die Interessen unserer Bürger zu befriedigen?

Ziele | Kennzahlen | Vorgaben | Maßnahmen

Lernen und Entwicklung

Wie können wir unsere Prozesse laufend verbessern und weitere politische Spielräume zur Erhöhung des Gemeinwohls aufbauen?

Ziele | Kennzahlen | Vorgaben | Maßnahmen

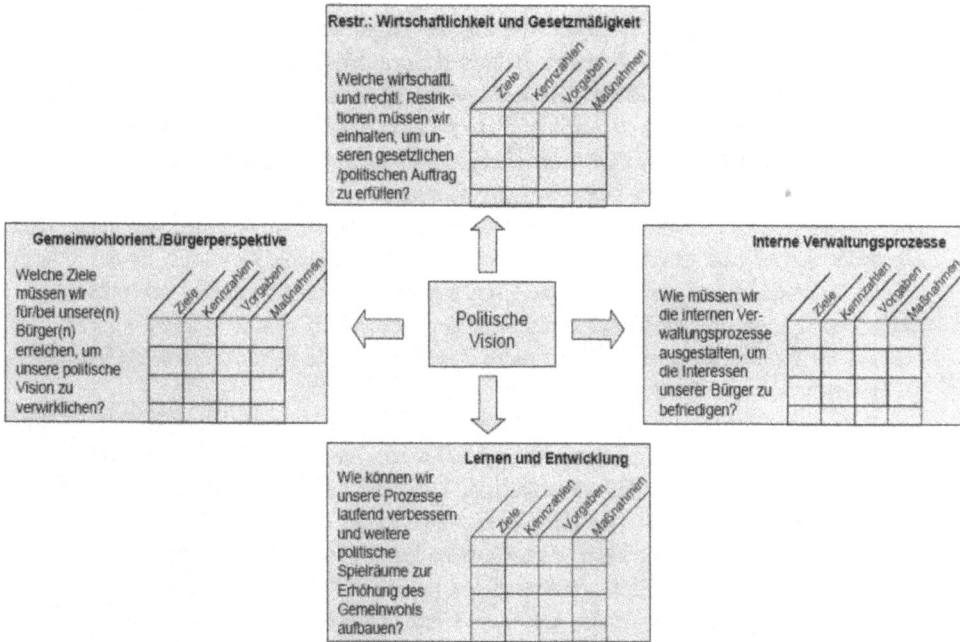

Abb. 4.6.3: Perspektiven-Modell für die öffentliche Verwaltung

Der Einsatz der Balanced Scorecard als Steuerungsinstrument bringt einige Problembereiche in der Anwendung mit sich, die bereits aus der Privatwirtschaft bekannt sind und die erfolgreiche Implementierung erschweren. Diese Probleme lassen sich auch für die öffentliche Verwaltung beschreiben:[221]

1. Die Balanced Scorecard basiert auf der Annahme, dass eine Strategie bereits formuliert ist. Dies ist in vielen Fällen, insbesondere in öffentlichen Verwaltungen nicht immer gegeben. Unter diesen Umständen muss erst ein Prozess über die Entwicklung des strategischen Kurses in Gang gesetzt werden, bevor die Maßnahmen und Kennzahlen bestimmt werden können, die der Umsetzung dieses Kurses dienen sollen. Gleichwohl könnte die Balanced Scorecard den Strategieformulierungsprozess als kommunikatives Instrument unterstützen.
2. Bei der Balanced Scorecard handelt es sich um ein formalisiertes Planungs- und Controlling-Instrument. Aus der Literatur zum strategischen Management ist hinlänglich bekannt, dass eine Formalisierung nicht notwendigerweise zum Erfolg des Planungsprozesses beiträgt. Es ist deshalb darauf zu achten, dass im Zuge der Entwicklung einer Balanced Scorecard erfolgversprechende Initiativen und Innovationen nicht unterdrückt werden.
3. Die Balanced Scorecard tendiert dazu, eine Top-Down-Perspektive zu bevorzugen, auch wenn im Ansatz von Kaplan und Norton die Beteiligung nachgeordneter Führungsebenen immer wieder eingefordert wird. Hier ist darauf zu achten, dass nachgeordnete Führungsebenen auch tatsächlich in die Entscheidungsprozesse involviert und zum kritischen Mitdenken motiviert werden.

---

[221] ebenda, S. 20 ff.

4. Die BSC neigt dazu, einer Bürokratisierung der Organisation weiter Vorschub zu leisten. Es besteht die Gefahr, dass der Balanced Sorecard-Prozess zu einer Routine verkommt. Darüber hinaus sollte darauf geachtet werden, dass kein unnötig umfangreiches Kennzahlensystem entwickelt wird und dass keine Maßnahmen und Regeln definiert werden, die letztlich zu einer Übersteuerung der Organisation führen und damit Flexibilität und Öffnung gegenüber Neuerungen verhindern.

5. Die in der Balanced Scorecard definierten Ursache-Wirkungs-Zusammenhänge sind allenfalls Annahmen über bestehende Erfolgsrezepte. Sie müssen sich in der praktischen Anwendung auf ihre Richtigkeit hin bewähren. Bei Abweichungen müssen die Gründe analysiert und die Zusammenhänge gegebenenfalls neu formuliert werden. Der Einsatz der Balanced Scorecard darf nicht dazu führen, die in ihr definierten Vorgaben völlig unkritisch umzusetzen.

6. Die Koppelung der Balanced Scorecard mit dem formalen Anreizsystem bzw. dem Entlohnungssystem soll die Mitarbeiter dazu motivieren, die in der Balanced Scorecard definierten Ziele auch tatsächlich umzusetzen. Dies birgt aber zugleich die Gefahr, dass die Organisationsmitglieder bei aller Konzentration auf die vorgegebenen Zielsetzungen dieselben nicht mehr kritisch hinterfragen. Im Sinne einer lernenden Organisation ist die Hinterfragung von Zielformulierungen jedoch stets zu fordern, da nicht zwangsläufig davon ausgegangen werden kann, dass die gewählten Strategien und getroffenen Maßnahmen in jedem Falle richtig sind. Darüber hinaus ist bekannt, dass es bei starker extrinsischer Motivation zu Fehlsteuerungen kommen kann; dies zum Beispiel dann, wenn Tätigkeiten vernachlässigt werden, die nicht entlohnt werden bzw. entlohnt werden können oder wenn die intrinsische Motivation der Mitarbeiter durch extrinsische Anreize, z.B. aufgrund eines an Balance Scorecard-Kennzahlen orientierten Leistungslohns, verdrängt wird. Außerdem wirft die Koppelung des Anreizsystems an Kennzahlen in der öffentlichen Verwaltung insbesondere beamtenrechtliche Probleme auf.

7. Die Anreizproblematik ist auch verknüpft mit einem Operationalisierungsproblem der Zielformulierungen. Viele Aufgaben oder Zielsetzungen in der öffentlichen Verwaltung lassen sich nicht oder nur schwer quantifizieren. Die Gefahr besteht hier, dass solche Aufgaben zugunsten leicht operationalisierbarer und messbarer Aufgaben vernachlässigt werden.

8. Schließlich muss festgehalten werden, dass es sich bei der Implementierung einer Balanced Scorecard nicht um die Einführung eines weiteren neuen Steuerungsinstrumentes handelt, sondern vielmehr soll mit der Balanced Scorecard ein komplexer Organisationsentwicklungsprozess in Gang gesetzt werden, der eine entsprechende Umgestaltung der Organisationsstruktur und der personalpolitischen Instrumente erforderlich macht. Dies betrifft zum einen den Abbau bürokratischer Strukturen, zum anderen die Einführung eines modernen Personalmanagements, das die Organisationsmitglieder in die Lage versetzt, ihr Humanpotenzial zu entwickeln und in Strategieformulierungs- und -umsetzungsprozesse einzubringen.

Insbesondere die Akzeptanz der Balanced Scorecard in der öffentlichen Verwaltung entscheidet für ihre Wirksamkeit. Im folgenden werden verwaltungsspezifische Probleme der Einführung einer Balanced Scorecard unter besonderer Berücksichtigung von Akzeptanzproblemen aufgezeigt:

a)   Häufig besteht bei den Mitarbeitern der öffentlichen Verwaltung die Befürchtung, dass die Operationalisierung von Zielen und die Messung der Zielerreichung von Führungskräften als persönliche Kontrolle missbraucht wird. Zielverfehlung wird als persönliches Versagen interpretiert. Im Balanced Scorecard Konzept sollen aber, im Gegensatz dazu, die Ursachen für die Zielverfehlung erkannt werden. Die Nichterreichung von Zielen kann ein Bündel verschiedener Ursachen haben; z.B. fehlerhafte Zielformulierung, falsche Zieloperationalisierung, fehlerhafte Maßnahmenplanung, ungenügender Ressourceneinsatz etc.. Die Mitarbeiter und Führungskräfte der öffentlichen Verwaltung müssen verinnerlichen, dass die Nichterreichung eines Zieles nicht mit persönlichem Versagen gleichbedeutend ist. Lernprozesse werden ansonsten kaum in Gang gesetzt werden können. Unterstützung zur Änderung der Einstellungen zu Ergebniskontrollen können Informations- und Schulungsveranstaltungen sowie die permanente Anregung zu Kommunikation und zur Kommentierung der Ergebnisse sein.

b)   Die Gültigkeitsdauer von Verwaltungsinnovationen wird häufig durch die Dauer der Legislaturperiode beeinflusst. Vielfach werden bei einem Regierungswechsel die Projekte und Programme der Vorgängerregierung abgebrochen und neue Vorhaben gestartet. Vor diesem Hintergrund wird es verständlich, dass auch Reformwillige bei neuen Reformvorschlägen zurückhaltend reagieren, da sie befürchten, viel Zeit, Geld und Mühe in ein Projekt zu investieren, dass womöglich nicht zuende gebracht wird oder bereits nach wenigen Jahren ersetzt wird. Für umfangreiche Projekte wie der Einführung der Balanced Scorecard bedarf es fortwährender und eindeutiger Stellungnahmen der obersten Führungskräfte. Auch die Verabschiedung von Gesetzen, die Reformprojekte vorschreiben, kann die notwendige Planungssicherheit leisten.

c)   Vielfach ist bei Mitarbeitern und Führungskräften der öffentlichen Verwaltung ein massives Misstrauen gegenüber allen Managementmethoden vorhanden, die aus der Privatwirtschaft stammen. Häufig wird argumentiert, dass die öffentliche Verwaltung dem Gemeinwohl diene und nicht der Gewinnmaximierung und deshalb privatwirtschaftliche Managementmethoden zur Steuerung in der öffentlichen Verwaltung ungeeignet seien. Hinter einer solchen Argumentation kann sich die Furcht vor möglichen Nachteilen durch Veränderungen verbergen. Hier kann eine offensive Informationspolitik in der öffentlichen Verwaltung ebenfalls zum Abbau von Ängsten beitragen. Ferner kann auch ein Blick über den Atlantik hilfreich sein: in den Vereinigten Staaten haben bereits mehrere Verwaltungen positive Erfahrungen mit der Balanced Scorecard gemacht – und dort sind aufgrund der Gesetzeslage nahezu alle Kennzahlen von der Öffentlichkeit einsehbar.[222]

d)   In den meisten öffentlichen Verwaltungen existiert noch keine unmittelbare Notwendigkeit zu Veränderungen. Einen Druck durch Existenzbedrohung wie er in der Privatwirtschaft vorherrscht gibt es in der öffentlichen Verwaltung nicht. Ineffektives und ineffizientes Verhalten führen nicht zwangsläufig zur Elimination. Allerdings kommen in Zeiten zurückgehender öffentlicher Einnahmen immer mehr Einsparungsforderungen auf die öffentliche Verwaltung zu, so dass eine Balanced Scorecard den Führungsverantwortlichen helfen kann, die Verwendung ihrer Mittel objektiv nachvollziehbar zu dokumentieren.

---

[222]   Niven, P. R.: Balanced Scorecard – Schritt für Schritt. Weinheim, 2003, S. 406

e) Die Mitarbeiter öffentlicher Verwaltungen verfügen i.d.R. über ein hohes Maß an fachspezifischem Wissen. Der Umgang mit Instrumenten zur Analyse von Zielerreichungen (Controlling) ist jedoch neu, da diese in Verwaltungen bisher nicht eingesetzt waren. Auch hier helfen Informationen und Schulungen, den Mangel abzumildern.

f) Ein weiteres Akzeptanzproblem bei der Einführung einer Balanced Scorecard kann durch eine falsche Erwartungshaltung der Beteiligten hervorgerufen werden. Der in der öffentlichen Verwaltung gepflegte „Hang zum Perfektionismus" kann dazu führen, dass in der Initiierungsphase des Projektes zu viele Gremien und Führungskräfte mitwirken, mit der Folge, dass sich der gesamte Prozess dermaßen verkompliziert, dass von einer Realisierung bald Abschied genommen wird. An dieser Stelle sei noch mal an den Grundsatz „Simple is beautiful", oder auf Deutsch „weniger ist mehr" erinnert. Es liegt in der Natur des Entwicklungsprozesses einer Balanced Scorecard, dass zunächst mit unvollständigen Daten begonnen wird und Annahmen im Laufe der Zeit revidiert und angepasst werden.

Neben den Akzeptanzproblemen stellt sich die Frage nach der Hierarchiestufe für die eine Balanced Scorecard eingerichtet werden soll. Die Stellung der jeweiligen Verwaltung, für die eine Balanced Scorecard erarbeitet werden soll, ist zu bedenken.[223] Die Ansiedlung der betroffenen Behörde in der Hierarchie bestimmt bzw. begrenzt unter Umständen die Gestaltungsspielräume und die Kompetenzen der Einrichtung einer Balanced Scorecard.

Für die Auswahl der Balanced Scorecard-Inhalte sind auf jeder Verwaltungsebene die folgenden drei Fragen zu klären:[224]

1. Wie gewährleistet die Behörde den Einbezug der übergeordneten Stellen (Politik, Ministerium, Mittelbehörde)? Auf allen Behördenebenen muss diese Schnittstelle über ein Gremium eingerichtet werden, um die Umsetzbarkeit der Strategieformulierung zu unterstützen. Je autonomer die betrachtete Behörde, desto einfacher gestaltet sich der Balanced Scorecard-Entwicklungsprozess, da vorwiegend „intern" diskutiert werden kann. Reibungsverluste durch Abstimmungsprozesse lassen sich dadurch minimieren. Gegebenenfalls kann auf die Balanced Scorecard einer übergeordneten Behörde zurückgegriffen werden. Unabdingbar ist die regelmäßige Information und Abstimmung mit den übergeordneten Institutionen.

2. Wie groß ist der strategische Handlungsspielraum der Behörde und auf welche Handlungsfelder bezieht sich dieser Spielraum? Der Handlungsrahmen für die betrachtete Behörde ist klar zu definieren. Teilbereiche für die keine Entscheidungskompetenz in der Behörde vorhanden ist (z.B. Personalpolitik), sind auszuschließen. Aufgaben und Produkte, die für die Behörde obligatorisch sind, und für die es einen gesetzlichen Auftrag gibt, sind in keiner Weise zu hinterfragen oder zur Disposition zu stellen.

---

[223] Horváth & Partner (Hrsg.): Balanced Scorecard umsetzen, 2. Aufl., Stuttgart, 2001, S. 389

[224] ebenda, S. 392

3. Kann für die Behörde eine alle Perspektiven umfassende Balanded Scorecard entwickelt werden und wie wird der strategische Handlungsbedarf in der Organisation kommuniziert? Bei der Entwicklung einer Balancd Scorecard für einen Teilbereich der Gesamtorganisation (Behörde, Sparte) trifft man auf einen eingeschränkten strategischen Gestaltungsspielraum. Die Prüfung aller Zielformulierungen auf Umsetzbarkeit und Verantwortlichkeit im betrachteten Teilbereich ist ein unverzichtbarer Arbeitsschritt im Balanced Scorecard-Projekt. Gegebenenfalls muss auf die Abbildung aller Perspektiven zugunsten einer eingeschränkten aber umsetzbaren Auswahl verzichtet werden. Im Ergebnis sollte eine Dokumentation von Handlungsfeldern und möglichen strategischen Ausrichtungen der betrachteten Behörde entstehen. Die Balanced Scorecard-Diskussion muss auf die Ebene der Gesamtorganisation, der übergeordneten Behörde und der Politik ausgedehnt werden.

4.6.6   Einführung einer Balanced Scorecard

Der Leitsatz für die Einführung einer Balanced Scorecard sollte lauten: „Think Simple!"[225] Gerade in der öffentlichen Verwaltung wird diese Grundhaltung durch einen ausgeprägten Perfektionismus ersetzt. Die Balanced Scorecard soll jedoch ein Führungsinstrument für die öffentliche Verwaltung sein und kein Zahlenfriedhof. Demzufolge gilt es, für jede Perspektive lediglich eine Handvoll (3-5) Kennzahlen zu finden, welche die Strategie am besten abbilden („Twenty is plenty").

Das in der Privatwirtschaft eingesetzte Fünf-Phasen-Modell der Balanced Scorecard-Implementierung von Horváth & Partner ist grundsätzlich auch für die öffentliche Verwaltung geeignet, da es sich in seiner Grundstruktur um ein aufgabenlogische und analytisches Konstrukt handelt.[226] Die Umsetzung eines Balanced Scorecard-Projektes in der öffentlichen Verwaltung folgt der formalen sach- und aufgabenlogischen Struktur des Fünf-Phasen-Modells. Allerdings sollten die einzelnen Phasen inhaltlich im Vergleich zum Vorgehen in der Privatwirtschaft teilweise unterschiedlich gestaltet werden.[227] Das Einführungsmodell für die Balance Scorecard beinhaltet folgende Teilschritte:

---

[225]   Weber, J.; Schäffer, U.: Balanced Scorecard & Controlling. Implementierung – Nutzen für Manager und Controller – Erfahrungen in deutschen Unternehmen. Wiesbaden, 2000, S. 71

[226]   Horváth & Partner (Hrsg.): Balanced Scorecard umsetzen, 2. Aufl., Stuttgart, 2001, S. 61 ff. und S. 395

[227]   ebenda, S. 395 ff.

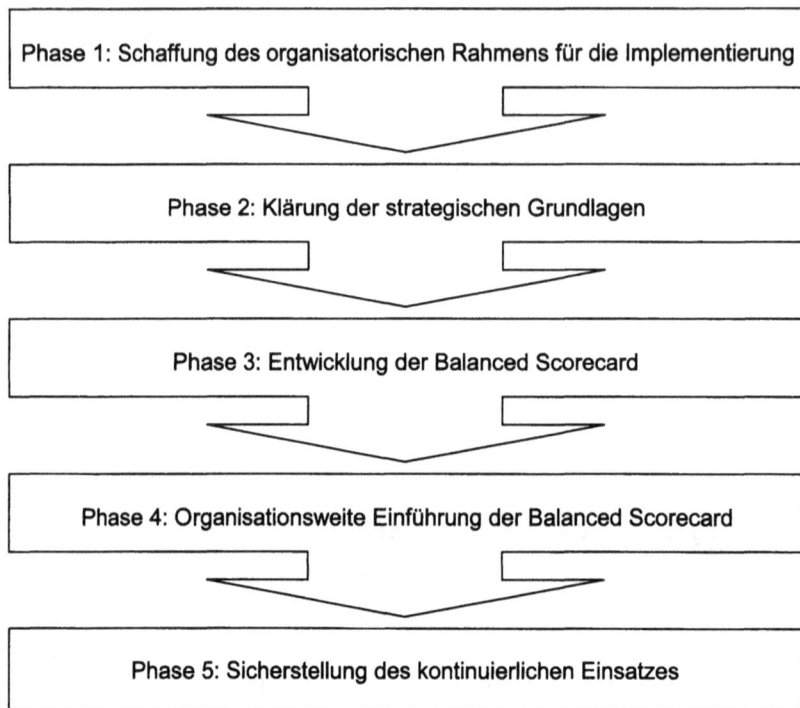

Abb. 4.6.4: Einführungsmodell für die Balanced Scorecard

4.6.6.1 Schaffung des organisatorischen Rahmens für die Implementierung

In dieser Implementierungsphase ist zunächst festzulegen, welche Organisationseinheiten mit der Balanced Scorecard geführt werden sollen und welche Zusammenhänge zwischen diesen Einheiten bestehen. Im Idealfall werden alle Einheiten, die zum Erreichen der strategischen Ziele beitragen können, mit der Balanced Scorecard gesteuert. Um den zwangsläufig anfallenden Abstimmungsaufwand zwischen den einzelnen Organisationseinheiten zu optimieren, sollte das Implementierungsprojekt von der obersten Führungsebene initiiert und begleitet werden. Balanced Scorecard-Implementierungen sind i.d.R. komplexe Projekte, die nach den Methoden des Projektmanagements durchgeführt werden sollten. Hierzu gehört vor allem die sorgfältige Besetzung des Projektteams und die frühzeitige Erstellung einer detaillierten Ablaufplanung mit Festlegung von Arbeitsschritten, Verantwortlichen und Terminen. Das Projektteam besteht aus Mitarbeitern, die das Konzept der Balanced Scorecard methodisch und inhaltlich verstanden haben; das Team sollte während der Projektlaufzeit nicht verändert werden.

In dieser ersten Phase wird auch entschieden, ob die Durchführung eines Pilotprojektes sinnvoll ist. Der Vorteil eines Pilotprojekts besteht darin, dass bei einem erfolgreichen Projektverlauf und -abschluss eine „Erfolgsstory" kommuniziert werden kann, die eine Umsetzung in der gesamten Organisation unterstützt. Darüber hinaus sollten bereits die zu betrachtenden Balanced-Scorecard-Perspektiven definiert werden. Hierbei ist die Mitwirkung der obersten Führungsebene sinnvoll, da die Balanced Scorecard die Strategie der Gesamtorganisation dokumentiert und als Managementinstrument für die oberste und nachfolgende Führungsebenen Anwendung finden soll.

Besondere Sorgfalt bei der Implementierung einer Balanced Scorecard in der öffentlichen Verwaltung erfordert die Informationspolitik zu Beginn des Projektes. Steuerungsrelevante Projekte werden von den Mitarbeitern in der öffentlichen Verwaltung häufig in Frage gestellt („Wir haben einen gesetzlichen Auftrag und keine Strategie") und aus weiterer Gründen abgelehnt (Angst vor Kontrolle, Veränderung, Versagen, Mehrarbeit). Organisatorischer Wandel in der öffentlichen Verwaltung bedeutet stets eine langanhaltende und nachhaltige Überzeugungsarbeit. Dabei reicht eine reine Darstellung der Vorteile einer Balanced Scorecard nicht aus. Vielmehr müssen auch emotionale Hemmnisse, die aus der Misstrauenskultur der öffentlichen Verwaltung stammen, überwunden werden. Aus diesem Grund kommt der Informationsarbeit auf allen Ebenen der Verwaltungsführung eine besondere Bedeutung zu.

4.6.6.2 Klärung der strategischen Grundlagen

Aufgabe einer Balanced Scorecard ist die Unterstützung bei der Umsetzung einer Strategie. Die Entwicklung der Strategie selbst gehört jedoch nicht zum eigentlichen Aufgabenfeld der Balanced Scorecard. Finden Strategieentwicklung und -implementierung jedoch parallel statt, können Perspektiven und Ziele bereits während der Strategieentwicklung bestimmt werden. Die Voraussetzung für die Bestimmung einer Balanced Scorecard ist somit das Vorhandensein einer Strategie. Die BSC ersetzt nicht die Strategie, sondern ist ein wichtiges Bindeglied zwischen Strategie und operativer Durchführung. Deswegen muss vor der eigentlichen Implementierung der Balanced Scorecard eine Klärung der strategischen Grundlagen vorgenommen werden. Ziel dieser Überprüfung ist festzustellen, ob die Strategie vollständig und in sich konsistent ist. Ohne diese Überprüfung wäre es ist denkbar, eine ungeeignete Strategie mit einer Balanced Scorecard korrekt zu implementieren. Für die strategische Analyse und für die Strategieentwicklung existieren eine Vielzahl von Ansätzen; insbesondere für die Positionierung von Wettbewerbern im marktwirtschaftlichen Umfeld. Zentrale Größen sind bestehende Wettbewerbsvor- oder -nachteile gegenüber Konkurrenten. Die in diesem Kontext ermittelten strategischen Positionen, Rahmenbedingungen und Ziele werden meistens durch monetäre Größen (Gewinn und Umsatz), oder aus ihnen abgeleitete Kennzahlen (z. B. Marktanteil) dargestellt. Solche Ansätze sind allerdings für die öffentliche Verwaltung weniger sinnvoll, da sich die strategischen Optionen hier kaum auf monetäre Größen beziehen. Für die Analyse der strategischen Grundlagen in der öffentlichen Verwaltung sind damit nur Methoden geeignet, die eine spezielle Anpassung an die Gegebenheiten der öffentlichen Verwaltung zulassen ohne an Aussagekraft zu verlieren. Hierfür eignen sich insbesondere der Strategiecheck und die SWOT-Analyse[228].

---

[228] Die SWOT-Analyse wird ausführlich unter Punkt „3.1.2.3.2 Strategische Analyse" in der vorliegenden Arbeit dargestellt

Im Rahmen des Strategiechecks sollten folgende Punkte abgearbeitet bzw. Fragen beant-wortet werden:[229]

- Gibt es schon eine verabschiedete Vision und Strategie für die Organisation?
- Deckt diese alle Aufgabenfelder ab? Sind die nicht abgedeckten Bereiche strategisch ohne Bedeutung? Als Grundlage zur Überprüfung der Vollständigkeit kann z.B. ein Produktkatalog dienen.
- Wurden bereits früher Strategierunden/-klausuren durchgeführt? Welche Ergebnisse kamen heraus, wie wurden diese umgesetzt?
- Welche übergeordneten Vorgaben sind zu berücksichtigen? (Regierungserklärung, Ko-alitionsvereinbarung, Arbeitsprogramm, Leitbild, Führungsgrundsätze, Zielvorgaben für den nachgeordneten Bereich)
- Welche Vorgaben sind innerhalb der Organisation zu beachten? (Ergebnisse aus voran-gegangenen Klausuren, Arbeitsprogramm, Arbeitsschwerpunkte, Leitlinien, Produkt-plan, Ergebnisse aus diversen Umfragen – Kunden, Mitarbeiter)
- Ist die Strategie bekannt und wird sie von allen Führungskräften und Mitarbeitern gleich interpretiert?
- Wie ist die Führungskultur?
- Sind die Kunden eindeutig und unstrittig? Wer sind diese?
- Welche wichtigen Projekte laufen aktuell? Welche davon werden als strategisch rele-vant eingestuft?
- Wie sieht das aktuelle Berichtswesen aus?
- Gibt es bereits bestimmte Schlüsselkennzahlen, mit denen gesteuert wird?

Durch Einsatz von Erhebungsmethoden wie der Dokumentenanalyse und strukturierten In-terviews sowie der Durchführung von Workshops lässt sich der strategische Ist-Zustand erheben, dokumentieren und ggf. entwickeln. Dieser Strategiecheck wird in sechs Teilschrit-ten durchlaufen:[230]

1. Dokumentenanalyse (Protokolle von Strategie-Workshops, Pressemitteilungen, Haus-zeitschriften, Kundeninformationen, Geschäftsberichten, sonstige Veröffentlichungen, etc.),
2. Teilstrukturierte Strategieinterviews mit der Führungsebene,
3. Visualisierung des unterschiedlichen Strategieverständnisses und -bildes,
4. Diskussion der aktuellen strategischen Optionen,
5. Zusammenfassung der Erkenntnisse im Rahmen eines Workshops,
6. Ableiten und Verabschieden der strategischen Stoßrichtung.

Der Strategiecheck in der oben beschriebenen Weise bietet die Möglichkeit, die Erfassung der strategischen Grundlagen mit einer Strategientwicklung zu verbinden.

---

[229] vgl.: Weise, F., Wöhler, B.: Eine BSC entwickeln – Eine Anleitung für professionelle Vorbereitung, Durchfüh-rung und nachhaltige Implementierung (Teil 3) in: Neues Verwaltungsmanagement, Berlin, 2003, S. 9

[230] Horváth & Partner (Hrsg.): Balanced Scorecard umsetzen, 2. Aufl., Stuttgart, 2001, S. 106

4.6.6.3 Entwicklung der Balanced Scorecard

Diese Phase bildet den elementaren Kern der Implementierung einer Balanced Scorecard. Die Entwicklung der Balanced Scorecard vollzieht sich in fünf Schritten:[231]

1. Ableitung der strategischen Ziele
2. Aufbau der Ursache-Wirkungszusammenhänge
3. Auswahl geeigneter Messgrößen
4. Festlegung der Zielwerte
5. Formulierung der strategischen Aktionen

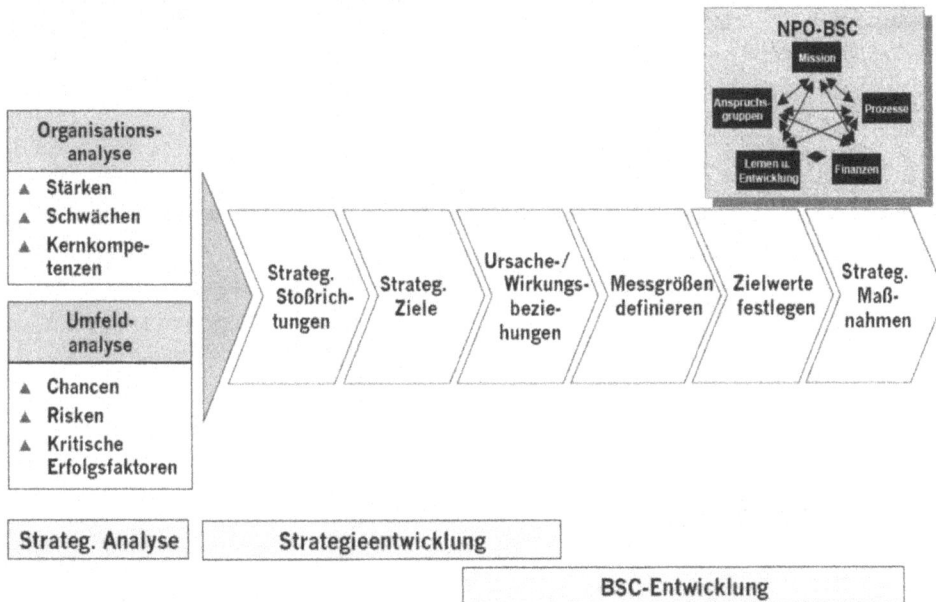

Abb. 4.6.5: Balanced Scorecard Entwicklung

4.6.6.3.1 Ableitung der strategischen Ziele

Die strategische Zielformulierung und -selektion sind der zentrale Schritt bei der Entwicklung einer Balanced Scorecard. Ausgehend von der in der vorangehenden Phase festgelegten strategischen Stoßrichtung dienen die strategischen Ziele der Konkretisierung dieser Überlegungen. Die Ableitung der strategischen Ziele hat eine entscheidende Bedeutung für den Einsatz der Balanced Sorecard, da die besten Messgrößen untauglich sind, wenn die zugrunde liegenden Ziele die Strategie nicht richtig und vollständig wiedergeben. Bei der Zielformulierung sollte auf die Handlungsorientierung geachtet werden, da sich solche Zielformulierungen leichter kommunizieren lassen. Für eine prägnante Formulierung von Zielen eignet sich eine Kombination aus Substantiv und Verb (z.B. Mitarbeiterpotenziale ausbauen, Leistungsprozesse transparent machen, Kundenzufriedenheit erhöhen, etc.). Beim Selektionsprozess werden die ausgearbeiteten strategischen Ziele der ausgewählten Balanced Scorecard

---

[231] Horváth & Partner (Hrsg.): Balanced Scorecard umsetzen, 2. Aufl., Stuttgart, 2001, S. 141 ff.

Perspektiven hinsichtlich ihres Potenzials zur Umsetzung der Strategie beurteilt. Für die Beurteilung lassen sich Kriterien wie die strategische Bedeutung, das Verbesserungspotential, die Messbarkeit und die Umsetzbarkeit heranziehen.

Die Ergebnisse der Zielformulierungen lassen sich auf einem Dokumentationsblatt zusammenfassen:

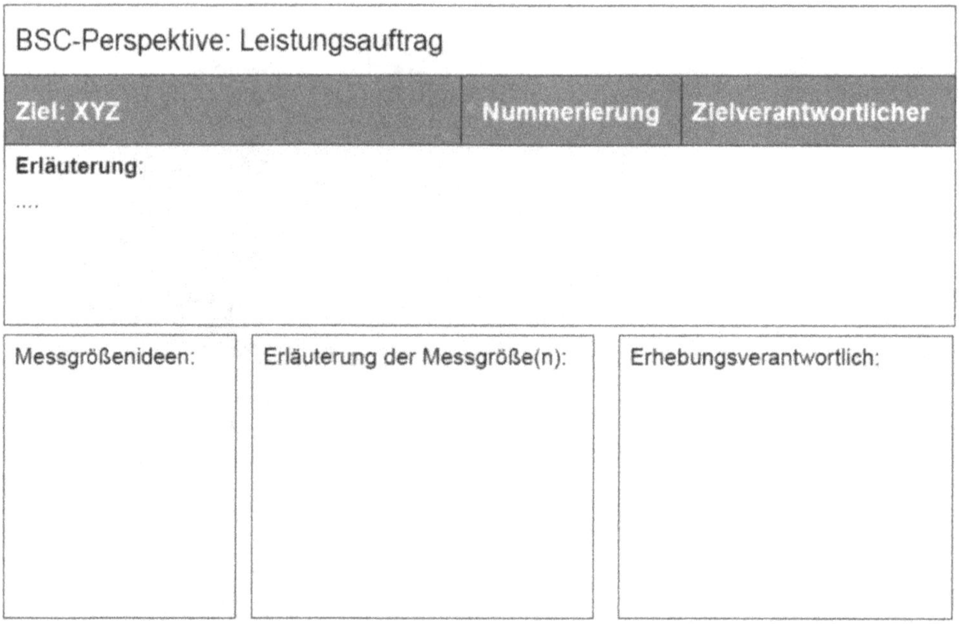

BSC-Perspektive: Leistungsauftrag		
Ziel: XYZ	**Nummerierung**	**Zielverantwortlicher**
Erläuterung:		
Messgrößenideen:	Erläuterung der Messgröße(n):	Erhebungsverantwortlich:

Abb. 4.6.6: Zieldokumentationsblatt[232]

Zu den Inhalten einer vollständigen Dokumentation zählen:

- Die betroffene Balanced Scorecard Perspektive;
- Die Zielformulierung;
- Die Zielerläuterung (Was soll erreicht werden? Was ist mit bestimmten Ausdrücken gemeint?);
- Der Verantwortliche für das Ziel (Koordinator, Prozesstreiber, Pate). Er hat die höchste fachliche Affinität zu dem Ziel und kümmert sich in der Nachbearbeitung um die Ausformulierung. Er soll in der Vorbereitung für den Messgrößen-Workshop auch schon Ideen liefern, wie man das Ziel messen kann.[233]

---

[232] entnommen aus: Weise, F., Wöhler, B.: Eine BSC entwickeln – Eine Anleitung für professionelle Vorbereitung, Durchführung und nachhaltige Implementierung (Teil 3) in: Neues Verwaltungsmanagement, Berlin, 2003, S. 30

[233] vgl.: ebenda, S. 31

4.6.6.3.2 Aufbau der Ursache-Wirkungszusammenhänge

„A strategy is a set of hypothese about cause and effect. ... A properly constructed scorecard should tell the story of the business units strategy through such a chain of cause-and-effect relationships."[234]

Ein weiteres wichtiges Element bei der Entwicklung einer Balanced Scorecard ist die Erstellung und Dokumentation von Ursache-Wirkungs-Zusammenhängen („Strategy Map") zwischen den strategischen Zielen. Sie zeigen das Ineinandergreifen der einzelnen Strategieziele der unterschiedlichen Balanced Scorecard Perspektiven. Die strategischen Ziele stehen nicht losgelöst und unabhängig nebeneinander, sondern sind miteinander verknüpft und beeinflussen sich gegenseitig.[235] Hat ein Ziel keine Verbindung mit anderen Zielen, so ist seine Aufnahme in die Balanced Scorecard zu hinterfragen. Bestehen Konflikte zwischen einzelnen Zielen können diese durch die Transparenz, die hier durch die Balanced Scorecard geschaffen wird, im Sinne der Gesamtstrategie gelöst werden.[236] Die Ursache-Wirkungs-Zusammenhänge sind Grundlage für die Suche nach Vorlaufindikatoren für nachlaufende Ergebnisindikatoren und der Versuch, die Beziehungsstärke und Reaktionszeit zwischen Veränderungen der betrachteten Größen abzuschätzen.[237] Dabei ist zu beachten, dass hierbei nicht der Versuch unternommen wird, das Handeln von Politik und öffentlicher Verwaltung vollständig abzubilden. Im Schritt des Aufbaus der Ursache-Wirkungszusammenhänge können sich nochmals Veränderungen bei den strategischen Zielformulierungen ergeben, denn durch Ursache-Wirkungszusammenhänge werden die Beziehungen zwischen den Zielen transparent. Ziele der verschiedenen Perspektiven müssen in der Balanced Scorecard aufeinander aufbauen und sollen letztlich dem Erreichen **eines finalen Zieles** dienen.

Eine ganzheitliche Strategie besteht aus Annahmen über Ursachen und deren Wirkungen. Dabei wird die ganzheitliche Betrachtung durch die Berücksichtigung aller relevanten Balanced Scorecard Perspektiven sichergestellt. Hinsichtlich der Beziehungen zwischen den einzelnen Strategiezielen werden Annahmen gemacht, die sich aus der Kenntnis der Leistungsverflechtungen ableiten lassen. Anhand dieser Beziehungen können verschiedene Ursache-Wirkungs-Zusammenhänge in der Organisation dargestellt werden. Kern der Ursache-Wirkungs-Zusammenhänge ist die Wertschöpfungskette, eine Darstellung der wertschöpfenden Aktivitäten, die zwischen der Produktdefinition und der Erfüllung der Kundenwünsche liegt.[238] Diese Zusammenhänge sind immer in Abhängigkeit von der formulierten Vision zu bewerten. Jedes Ziel, das in den einzelnen Perspektiven der Balanced Scorecard aufgenommen wird, sollte in einem solchen Ursache-Wirkungs-Zusammenhang mit einem Ziel der finalen Perspektive stehen. Die Ursache-Wirkungs-Zusammenhänge dienen der Ableitung strategischer Kennzahlen und operativer Maßnahmen. Die Orientierung an den operativen Maßnahmen verbessert allerdings nur dann die übergeordnete Kennzahl, wenn die unterstell-

---

[234] Kaplan, R. S., Norton, D. P.: The Balanced Scorecard. Translating Strategy into Action, Boston 1996, S. 149

[235] Horváth & Partner (Hrsg.): Balanced Scorecard umsetzen, 2. Aufl., Stuttgart, 2001, S. 179 ff.

[236] vgl.: Dusch, M., Möller, M.: Praktische Anwendung der Balanced Scorecard – Ein neuer Ansatz zur Fabriksteuerung in der Philips Bildröhrenfabrik Aachen, in: Controlling, 8, 1997, S. 120

[237] Steinle, C., Thiem, H., Lange, M.: Die Balanced Scorecard als Instrument zur Umsetzung von Strategien, in: controller magazin, 2001, S. 34

[238] vgl.: Gladen, W.: Performance Measurement – Controlling mit Kennzahlen, 3. Aufl., Wiesbaden, 2005, S. 291

ten Ursache-Wirkungs-Zusammenhänge der Realität entsprechen. Beispielhaft könnte folgender Ursache-Wirkungs-Zusammenhang formuliert werden, der zunächst lediglich einen hochverdichteten Überblick über die Beziehungen erfolgskritischer Kennzahlen gibt:

1. Die Stärkung der Verzinsung des eingesetzten Kapitals (Return on Capital Employed; ROCE) ist zu verbessern.
2. Die Kundentreue übt einen maßgeblichen Einfluss auf die Höhe des ROCE aus.
3. Die Pünktlichkeit der Lieferungen hat einen großen Einfluss auf die Kundentreue.
4. Die Pünktlichkeit der Lieferungen wird durch die Prozessqualität und die Prozessdurchlaufzeit determiniert.
5. Das Fachwissen der Mitarbeiter hat entscheidende Auswirkungen auf die Prozessqualität und die Prozessdurchlaufzeit.

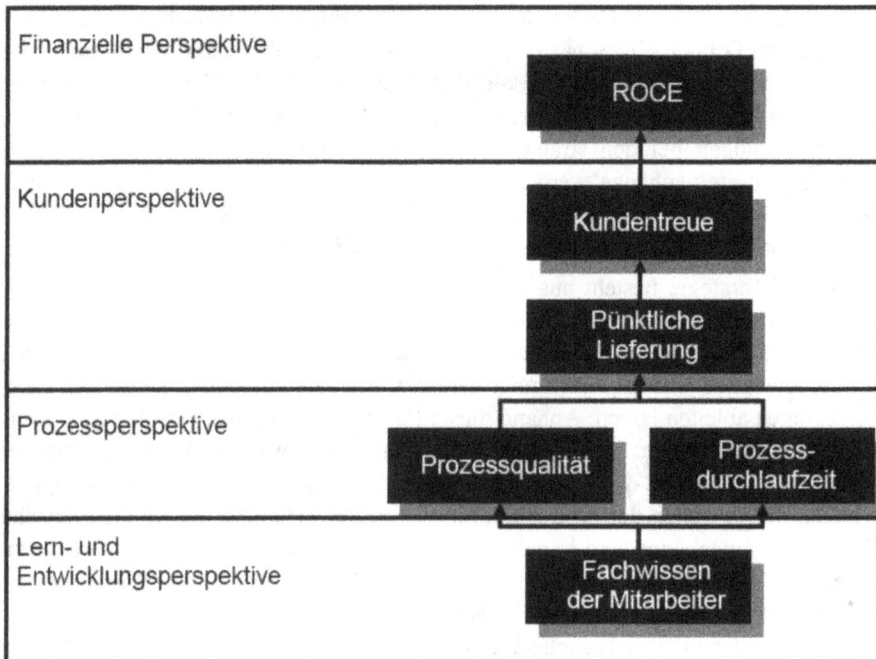

Abb. 4.6.7: Ursache-Wirkungs-Zusammenhänge[239]

Ursache-Wirkungszusammenhänge besitzen eine wichtige kommunikative Komponente indem sie auf allen Führungsebenen in der öffentlichen Verwaltung das Bewusstsein über die Zusammenhänge und Bedeutung verschiedener Ziele schaffen und ein gemeinsames Verständnis von der gesamten Strategie fördern. Sie stellen dar, wie die unterschiedlichen Bereiche, die durch die einzelnen Balanced Scorecard Perspektiven abgebildet werden, zusam-

---

[239] Kaplan, R. S., Norton, D. P.: Balanced Scorecard, Stuttgart, 1997, S. 29

menwirken müssen, um die Strategie realisieren zu können. Darüber hinaus liefern Ursache-Wirkungszusammenhänge ein Erklärungsmodell für den strategischen Erfolg. Dabei sollten, um den dynamischen Charakter der Strategie zu erhalten, auf die Formulierung von quantitativen Ursache-Wirkungs-Zusammenhängen verzichtet werden. Dargestellt werden Ursache-Wirkungszusammenhänge der Perspektiven einer Balanced Scorecard mit Hilfe einer „Strategy Map".

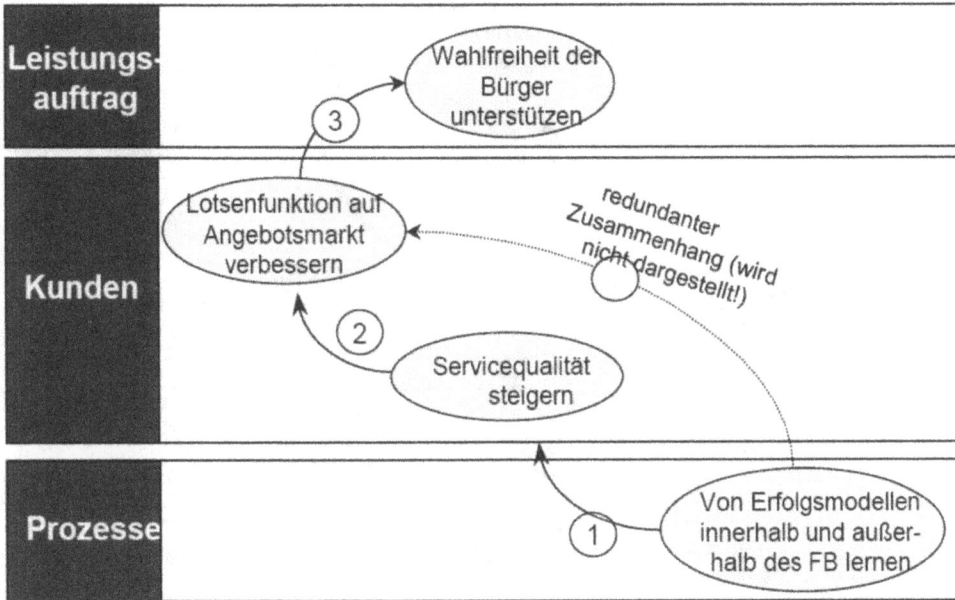

Abbildung 4.6.8: Beispiel einer Strategy Map 1[240]

Die Strategy Map ermöglicht die Beschreibung der strategischen Zusammenhänge in einer leicht verständlichen Sprache. Die Ursache-Wirkungs-Zusammenhänge zwischen den strategischen Zielen werden durch die Strategy Map explizit und testbar, da die Wirkungsbeziehungen transparent werden.

---

[240] entnommen aus: Weise, F., Wöhler, B.: Eine BSC entwickeln – Eine Anleitung für professionelle Vorbereitung, Durchführung und nachhaltige Implementierung (Teil 3) in: Neues Verwaltungsmanagement, Berlin, 2003, S. 33

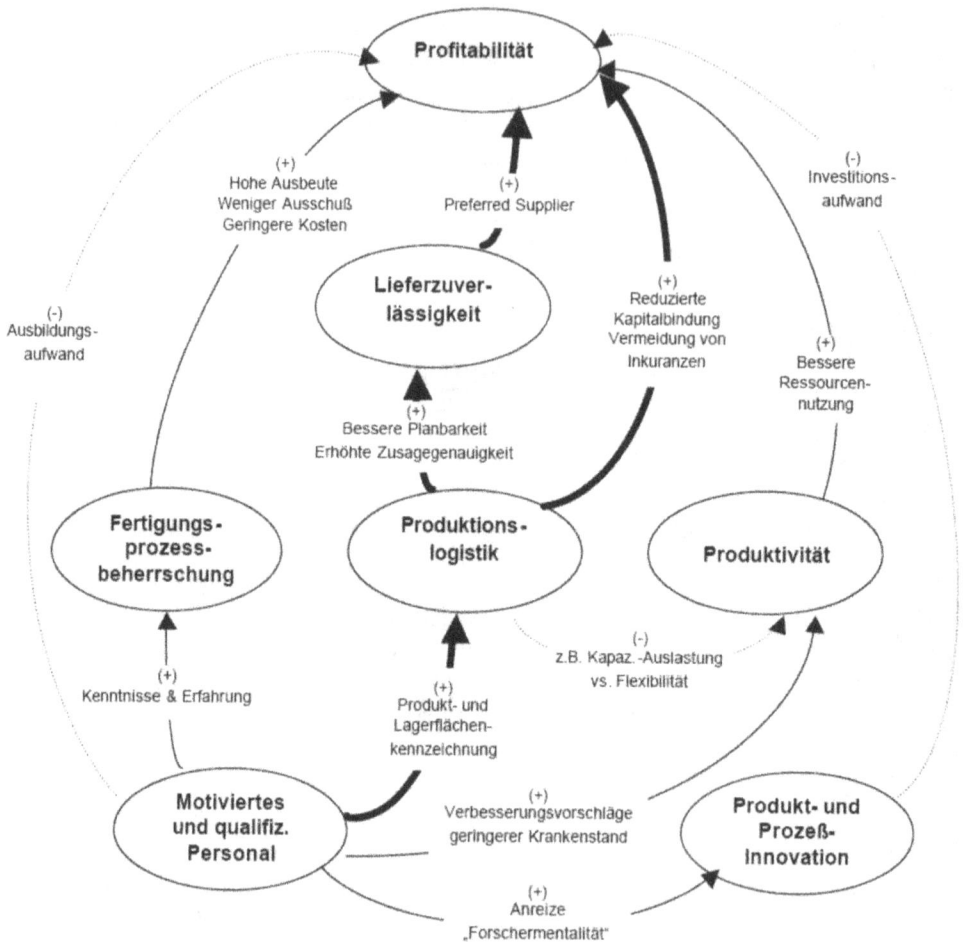

Abb. 4.6.9: Beispiel einer Strategy Map 2[241]

4.6.6.3.3 Auswahl geeigneter Messgrößen

Messgrößen helfen, die strategischen Ziele zu operationalisieren und den Zielerreichungs-grad darzustellen. Messgrößen präzisieren die strategischen Ziele und sollten den Charakter des betreffenden strategischen Ziels wiedergeben. Um die Eindeutigkeit bei der Beurteilung der Zielerreichung zu gewährleisten, wird vorgeschlagen, nicht mehr als **zwei bis drei** Mess-größen für jedes strategische Ziel festzulegen.[242]

An die Auswahl von Messgrößen sind mehrere Anforderungen zu stellen, um die Frage nach der Zielerreichung beantworten zu können. Zur Feststellung der Eignung einer Messgröße sollten die folgenden Kriterien herangezogen werden:

---

[241] entnommen aus: Dusch, M., Möller, M.: Praktische Anwendung der Balanced Scorecard – Ein neuer Ansatz zur Fabriksteuerung in der Philips Bildröhrenfabrik Aachen, in: Controlling, 8, 1997, S. 119

[242] vgl.: Horváth & Partner (Hrsg.): Balanced Scorecard umsetzen, 2. Aufl., Stuttgart, 2001, S. 198; Preißner, A.: Balanced Scorecard anwenden – Kennzahlengestützte Unternehmenssteuerung, 2. Aufl., München, Wien, 2007, S. 64

- Lässt sich mit der Messgröße der Grad der Realisierung des angestrebten Ziels bestimmen?
- Lässt sich die Messgröße eindeutig interpretieren?
- Wie aufwendig ist die Erhebung der Messgröße; lässt sie sich aus dem bestehenden Informationssystemen ableiten? Stehen Kosten und Nutzen der Messgrößenerhebung in einem angemessenen Verhältnis?
- Kann das Verhalten der Mitarbeiter mit der Messgröße dergestalt beeinflusst werden, dass sie vermehrt zur Zielerreichung beitragen?
- Kann der Zielverantwortliche die Ausprägung der Messgröße beeinflussen oder wird sie überwiegend von externen Einflussgrößen bestimmt?[243]

Nachdem geeignete Messgrößen für die Zielmessung gefunden sind, müssen sie in das bestehende Informations- und Berichtssystem implementiert werden. Hierfür haben sich im wesentlichen fünf Aspekte als wichtig erwiesen:

- Das Vorhandensein der Messgröße (Ableitbarkeit aus den bereits erhobenen Informationen),
- Die Kosten der Messgrößenerhebung,
- Die Akzeptanz der Messgröße auf allen Führungsebenen,
- Die Standardisierungsmöglichkeiten der Messgröße,
- Die Festlegung der Erhebungsfrequenz und des Erhebungsverantwortlichen.[244]

Die implementierten Messgrößen besitzen im laufenden Einsatz der Balanced Scorecard eine entscheidende Bedeutung, da sie die Soll-Ist-Berichterstattung sicherstellen. Um die Akzeptanz dieser Messgrößen zu erhöhen sollte der entsprechende Zielverantwortliche bei der Messgrößenableitung beteiligt werden. Allerdings muss auf eine konsequente Disziplin bei der Anzahl der Messgrößen geachtet werden. Gerade in öffentlichen Verwaltungen in denen sich professionelle Berichts- und Managementinformationssysteme noch im Aufbau befinden ist die Versuchung groß, möglichst viele Messgrößen zu implementieren, um eine unzureichende systematische Informationsversorgung zu kompensieren. Dies ist jedoch im Hinblick auf die Zielsetzung der Balanced Scorecard als Managementinstrument kontraproduktiv.

Zwischen der Zielformulierung und der Ableitung von Messgrößen besteht ein direkter Zusammenhang. Ist das Ziel zu unspezifisch und heterogen formuliert, so wird dies während der Ableitung der entsprechenden Messgröße offensichtlich. Dann muss überlegt werden, ob das Ziel nicht konkreter zu formulieren ist, oder ob man bei der Messgrößenauswahl nur einen Teilaspekt des avisierten Zieles berücksichtigt, der dann als repräsentativ für das gesamte Ziel angenommen wird. Falls zu einem Ziel keine Messgrößen gefunden werden, muss das Ziel aus der Balanced Scorecard entfernt werden, da nur mit einem messbaren Ziel gesteuert werden kann („If you can't measure it, you can't manage it!").

---

[243] vgl.: Horváth & Partner (Hrsg.): Balanced Scorecard umsetzen, 2. Aufl., Stuttgart, 2001, S. 200
[244] vgl.: ebenda, S. 201

In der öffentlichen Verwaltung besteht häufig ein zusätzliches Problem darin, dass die strategischen Ziele qualitative Ziele sind. Solche Ziele lassen sich nicht direkt mit einer einzigen Messgröße abbilden sondern benötigen ein Bündel von mehreren Indikatoren zur Operationalisierung. Die Indikatoren messen die Zielerreichung indirekt. Hierbei kommt es auf eine Auswahl von Indikatoren an, die das Gesamtziel möglichst umfassend abbilden.

4.6.6.3.4 Festlegung der Zielwerte

Zur Bestimmung des Grades der Realisierung strategischer Ziele reichen Messgrößen alleine nicht aus. Vielmehr müssen diese Messgrößen mit konkreten Zielwerten (Planwerten) belegt werden, um ein strategisches Ziel vollständig zu beschreiben („What gets measured gets done!"). Zielwerte sind anspruchsvoll aber erreichbar zu formulieren.[245] Unrealistische Zielwertvorgaben führen nicht zu den gewollten Motivationsanreizen und entsprechenden Verhaltensänderungen.[246] Dabei sind insbesondere die Ausgangssituation eines schon vorhandenen Wertes (Vergangenheitsdaten), entsprechende interne und externe Benchmarks, Ergebnisse aus Kunden- und Mitarbeiterbefragungen etc. für die Zielwertfindung heranzuziehen, sowie die benötigten Investitionen zur Zielerreichung zu beachten. Die Findung und Vorgabe von Zielwerten ist ein Top-Down-Prozess. Die Zielwerte müssen durch die Leitung der jeweiligen Organisationseinheit festgelegt werden, da sie den Führungsverantwortlichen zugleich als Vorgaben für die eigenen Zielvereinbarungen dienen.[247]

Die Zielwerte sind die konkrete festgelegte Ausprägung des strategischen Zieles mit detailliertem Zeitbezug. So wird etwa das Ziel „Qualifikation der Mitarbeiter verbessern" mit der Messgröße „Anzahl der fachbezogenen Fortbildungstage" abgebildet und durch den Zielwert „mindestens 3 Fortbildungstage pro Mitarbeiter je Quartal" konkretisiert. Durch diese Konkretisierung kann der Zielerreichungsgrad genau bestimmt werden.

Die Wirkung der strategischen Maßnahmen während des Zeithorizonts der strategischen Planung von drei bis fünf Jahren darf nicht erst am Ende der Planungsperiode gemessen werden, sondern muss in einzelne Messperioden zerlegt werden. Die Zielerreichung kann am besten verfolgt werden, wenn für jede operative Planungsperiode (i.d.R. das Geschäftsjahr) ein Zielwert bestimmt wird. Dazu werden unter Beachtung der zugrundeliegenden Ursache-Wirkungszusammenhänge nach der Festlegung des Endwertes abgestuft für jedes einzelne Jahr drei bis fünf Schwellenwerte pro Kennzahl bestimmt. Die folgende Abbildung zeigt ein Beispiel für verschiedene Zielwertverläufe:

[245] Kaplan, R. S.; Norton, D. P.: Die strategiefokussierte Organisation – Führen mit der Balanced Scorecard, Stuttgart, 2001, S. 296
[246] „Wenn Wünsche Pferde wären, säßen die Bettler hoch zu Roß", altes Sprichwort
[247] vgl.: Weise, F., Wöhler, B.: Eine BSC entwickeln – Eine Anleitung für professionelle Vorbereitung, Durchführung und nachhaltige Implementierung (Teil3) in: Neues Verwaltungsmanagement, Berlin, 2003, S. 38

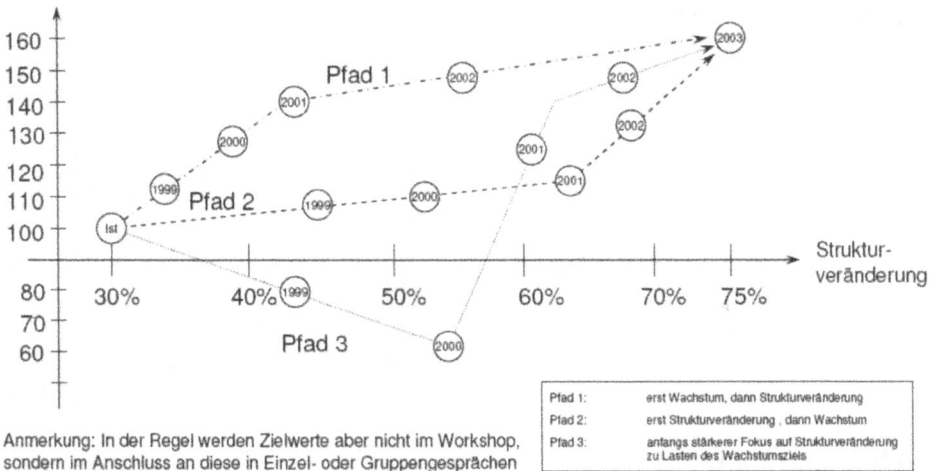

Anmerkung: In der Regel werden Zielwerte aber nicht im Workshop, sondern im Anschluss an diese in Einzel- oder Gruppengesprächen festgelegt und ggf. in einem späteren Workshop nochmals diskutiert.

Pfad 1:	erst Wachstum, dann Strukturveränderung
Pfad 2:	erst Strukturveränderung , dann Wachstum
Pfad 3:	anfangs stärkerer Fokus auf Strukturveränderung zu Lasten des Wachstumsziels

Abb. 4.6.10: Zielwertverläufe[248]

4.6.6.3.5 Formulierung der strategischen Aktionen

Mit der Strategy Map, Messgrößen und Zielwerten ist die Strategie der Organisation detailliert beschrieben, dokumentiert und verständlich kommunizierbar. Die Balanced Scorecard trägt hiermit entscheidend zu Klarheit und Konsens der Strategieausrichtung bei. Allerdings reicht diese einheitliche Strategieausrichtung zur Umsetzung noch nicht aus. Erst die Tätigkeiten der Mitarbeiter führen zur Umsetzung der geplanten Ziele. Um die strategischen Ziele konsequent verfolgen zu können, bedarf es einer Zuordnung konkreter Maßnahmen („From strategy to action"). Dabei sind zwei zentrale Fragen sind zu klären:

- Reichen die getroffenen Maßnahmen aus, um die quantifizierten Ziele zu erreichen?
- Kann die Organisation diese Maßnahmen umsetzen?

Zunächst sind laufende Projekte daraufhin zu überprüfen, ob sie von strategischer Bedeutung sind. Konkurrierende Projekte mit strategischen Bezug sind einzustellen; unterstützende Projekte werden in die Umsetzung aufgenommen. Für eine sachgerechte Prioritätenbildung für strategische Aktionen wird der grob geschätzte Ressourcenaufwand der Bedeutung der strategischen Aktion für die Balanced Scorecard gegenübergestellt. Auf diese Weise soll eine Überbeanspruchung von Ressourcen verhindert werden.

---

[248] Quelle: Horváth & Partner

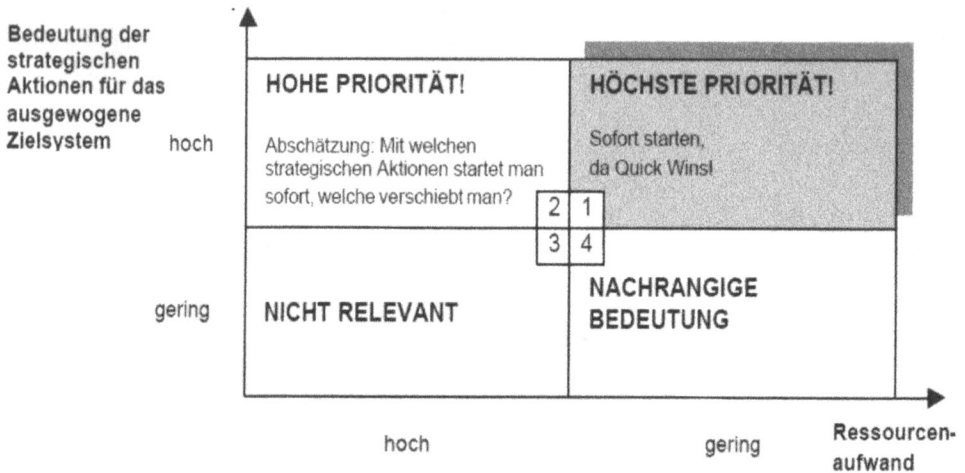

Vor der Auswahl geeigneter Maßnahmen und Projekte ist der jeweilige Ressourcenbedarf mit den verfügbaren Budgets abzustimmen, um die Durchführung zu gewährleisten. Höchste Priorität besitzen Maßnahmen und Projekte mit geringem Ressourcenaufwand und großer Bedeutung für das Erreichen der strategischen Zielpositionen. Sie sollten sofort mit dem vollen Mitteleinsatz begonnen werden, da sie schnelle Erfolge versprechen. Eine geringere Dringlichkeit weisen strategische Aktionen auf, die durch einen hohen Verbrauch an Ressourcen gekennzeichnet sind und gleichzeitig eine große Bedeutung für die Realisierung der Ziele in der Balanced Scorecard besitzen. Hier muss abgeschätzt werden, welche Aktionen sofort gestartet und welche zunächst verschoben werden. Aktionen und Projekte, die nicht strategierelevant sind, werden auf ihre Notwendigkeit hin überprüft.

4.6.6.4 Organisationsweite Einführung der Balanced Scorecard (Roll-out)

Grundsätzlich erfolgt die Balanced Scorecard-Einführung in horizontaler (Ausdehnung des Balanced Scorecard-Einsatzes auf weitere Organisationseinheiten auf gleicher Hierarchieebene) und in vertikaler (Ausdehnung des Balanced Scorecard-Einsatzes auf weitere Hierarchieebenen durch „herunterbrechen") Richtung. Wie bereits oben beschrieben sollte ein Balanced Scorecard Projekt von der Verwaltungsspitze initiiert werden. Dieser Top-down-Ansatz der vertikalen Zielintegration muss, um erfolgreich zu sein, über die notwendige Unterstützung der obersten Führungsebene verfügen. Bei der organisationsweiten Einführung einer Balanced Scorecard in der öffentlichen Verwaltung ist die Gewinnung von Machtpromotoren von entscheidender Bedeutung. Dabei gilt, dass die Balanced Scorecard umso stärke Promotoren benötigt, je innovativer ihre Anwendung in der öffentlichen Verwaltung ist.[250] Um eine strategischen Steuerung zu etablieren, werden Ziele und strategischen Aktionen aus organisatorisch übergeordneten Einheiten auf untergeordnete Organisationseinheiten heruntergebrochen. Für das Herunterbrechen der Balanced Scorecard stehen in Abhängigkeit von der speziellen Organisationssituation verschiedene Methoden zur Verfügung. Die folgende Abbildung zeigt diese Methoden im Überblick:

---

[249] Horváth & Partner (Hrsg.): Balanced Scorecard umsetzen, 2. Aufl., Stuttgart, 2001, S. 229

[250] Horváth & Partner (Hrsg.): Balanced Scorecard umsetzen, 2. Aufl., Stuttgart, 2001, S. 403

Methode 1	Methode 2	Methode 3	Methode 4	Methode 5	Methode 6
Sind die Einheiten sehr heterogen, d.h. verfolgen sie jeweils eine eigene Strategie.	*Weisen die Einheiten große Ähnlichkeiten auf.*			*Besitzt eine Einheit keine eigenständige Strategie und auch keinen eigenständigen Wertschöpfungsprozess.*	
Eigenständige Strategie- und Zielformulierung (unter Berück - sichtigung des strategischen Handlungs - rahmens und der konkreten Vor- gaben durch die vorgelagerte Einheit). Im Ergebnis entsteht eine eigenständige aber kompatible BSC für den Bereich.	**Strikte Zielableitung.** Aus der übergeordneten BSC werden die- jenigen Ziele herausgenommen, die der jeweilige Betrachtungsberei ch unterstützen kann. Die Ziele konkretisiert man über die BSC- Fragetechnik und überführt sie in die Perspektiven.	**Standard BSC (in der nur die Ziele stehen) mit Anpassung der Zielwerte und/oder der strategischen Aktionen durch die Bereiche.**	**Kombination von Standardzielen mit individuellen Zielen.** Aus der über- geordneten BSC übernimmt man die Ziele, die unterstützt werden. Daneben werden weitere eigen- ständige Ziele festgelegt, die für den Betrachtungs- bereich von Bedeutung sind.	**Direkte Ableitung strategischer Aktionen.** Zu jenen Zielen die der Betrachtungs - bereich unter- stützen kann werden strateg. Aktionen festgelegt. Das Ergebnis ist eine Vereinbarung von strategischen Aktionen.	**Reine Kommunikation.** Die Ausrichtung der Beteiligten auf die Umsetzung der Strategie erfolgt nicht durch die Vereinbarung von Zielen oder strategischen Aktionen, sondern auf Grundlage offener Kommunikation der BSC.

groß	←	BEREICHSGRÖSSE (relativ)	→	klein
sehr hoch	←	ZUKÜNFTIGE STRATEGISCHE BEDEUTUNG	→	niedrig
groß	←	UNABHÄNGIGKEIT INNERHALB DER GESELLSCHAFT	→	gering
hoch	←	UNTERSCHIEDLICHKEIT DES GESCHÄFTES	→	gering
flache Hierarchien wenig komplex	←	ORGANISATION DES BEREICHES	→	viele Hierarchie- stufen komplex
extern	←	LEISTUNGSBEZIEHUNGEN	→	eher intern

Abb. 4.6.12: Methoden zum Herunterbrechen der Balanced Scorecard[251]

Im Hinblick auf eine horizontale Zielintegration werden kleinere Organisationen eine einzige Balanced Scorecard für ihre Strategieumsetzung implementieren. Größere Organisationen mit unterschiedlichen Geschäftsbereichen richten ein Netzwerk von Balanced Scorecards ein. Ziele und strategische Aktionen organisatorisch auf gleicher Ebene stehender Einheiten können durch Balanced Scorecards aufeinander abgestimmt werden. Dabei sind weitere Balanced Scorecard Detaillierungen für Abteilungen und sogar einzelne Teams denkbar. Bei der Balanced Scorecard-Implementierung sollte berücksichtigt werden, dass sich jeder Mit- arbeiter an erreichbaren strategischen Zielen orientieren kann.

---

[251] vgl: ebenda, S. 254

4.6.6.5 Sicherstellung des kontinuierlichen Einsatzes der Balanced Scorecard

Erst durch die kontinuierliche Anwendung und Integration mit anderen Management-Tools entfaltet die Balanced Scorecard ihren Nutzen als Managementinstrument.[252] Hierzu gehören insbesondere:

- die Verknüpfung der Balanced Scorecard mit dem operativen Controlling, das die Zielerreichung im Tagesgeschäft verfolgt,
- die Abbildung der Balanced Scorecard im Berichtswesen zur kontinuierlichen internen und externen Information und Dokumentation; ggf. ist das Berichtswesen völlig neu zu strukturieren, um der stärkeren Zukunftsorientierung zu genügen,
- die Einbindung der Balanced Scorecard in den Planungsprozess, um die strategische Planung effektiver und die operative Planung effizienter zu gestalten,
- die Abstimmung der Balanced Scorecard mit der Budgetierung,
- die Verknüpfung der Balanced Scorecard mit der Personalentwicklung und -führung durch Auswirkungen auf Zielvereinbarungen und Anreizsysteme,
- die Abstimmung der Balanced Scorecard mit der Projektsteuerung.

Da in der öffentlichen Verwaltung i.d.R. noch nicht alle Management-Tools voll entwickelt sind, empfiehlt sich eine Bestandsaufnahme und Dokumentation der bereits eingesetzten Systeme.

4.7 Benchmarking

4.7.1 Ausgangslage und Definition des Benchmarking

Im System unserer Marktwirtschaft werden die Entscheidungen privater Wirtschaftsunternehmen maßgeblich durch den Markt bestimmt, d.h. die Gesetze und Mechanismen des freien Marktes erfordern die ständige Optimierung der Leistungen hinsichtlich Kosten und Qualität. Dieses Prinzip wird als Motor für Wettbewerb, Flexibilität und Innovation der Wirtschaft angesehen. Für öffentliche Verwaltungen als Non-Profit Organisationen, die diesem Wettbewerb nicht ausgesetzt sind, ist es schwierig, Ansatzpunkte für Leistungsverbesserungen zu finden. Durch den mangelnden Wettbewerbsmechanismus fehlt der öffentlichen Verwaltung ein objektiviertes Bewertungsinstrument für eine effektive und effiziente Ressourcenallokation. Öffentliche Verwaltungen handeln i.d.R. als Angebotsmonopolisten und weitgehend marktfern. Daraus entsteht eine Tendenz der öffentlichen Verwaltung die eigenen Interessen in den Vordergrund zu rücken. Sie unterliegen nicht den Kontrollmechanismen des Marktes, sondern eigenen Mechanismen, die sich nur vereinzelt und fragmentarisch an Nachfrage, Effizienz und Effektivität ausrichten und vielmehr vergangenheits- und bedarfsorientiert sind. Dies wirkt sich nicht nur auf die Kosten, sondern auch auf die Qualität der Leistungen negativ aus. Auch die Beurteilung der einzelnen Leistungen der öffentlichen Verwaltung ist aufgrund fehlenden Wettbewerbs und damit sachlicher Vergleichsmaßstäbe problematisch. Für die öffentlichen Verwaltungen wird die Schaffung echten Wettbewerbs kaum möglich sein. Mit Hilfe der Methode des Benchmarking, insbesondere durch den ver-

---

[252] vgl.: Horváth & Partner (Hrsg.): Balanced Scorecard umsetzen, 2. Aufl., Stuttgart, 2001, S. 276

gleichenden Aspekt dieses Instruments, lassen sich jedoch Ineffektivitäten und Ineffizienzen auch ohne die konventionellen Marktmechanismen aufdecken, analysieren und beseitigen. Somit kann durch Benchmarking ein Wettbewerbssurrogat beziehungsweise ein Quasi-Wettbewerb im Bereich öffentlicher Dienstleistungen geschaffen und etabliert werden.[253] Die Anwendung des Benchmarkingprinzips in der öffentlichen Verwaltung basiert jedoch auf Freiwilligkeit, da ein externer Handlungsdruck in der öffentlichen Verwaltung lediglich latent vorhanden ist und das Optimierungspotenzial, das Benchmarking bietet, häufig nicht erkannt und ausgeschöpft wird.[254]

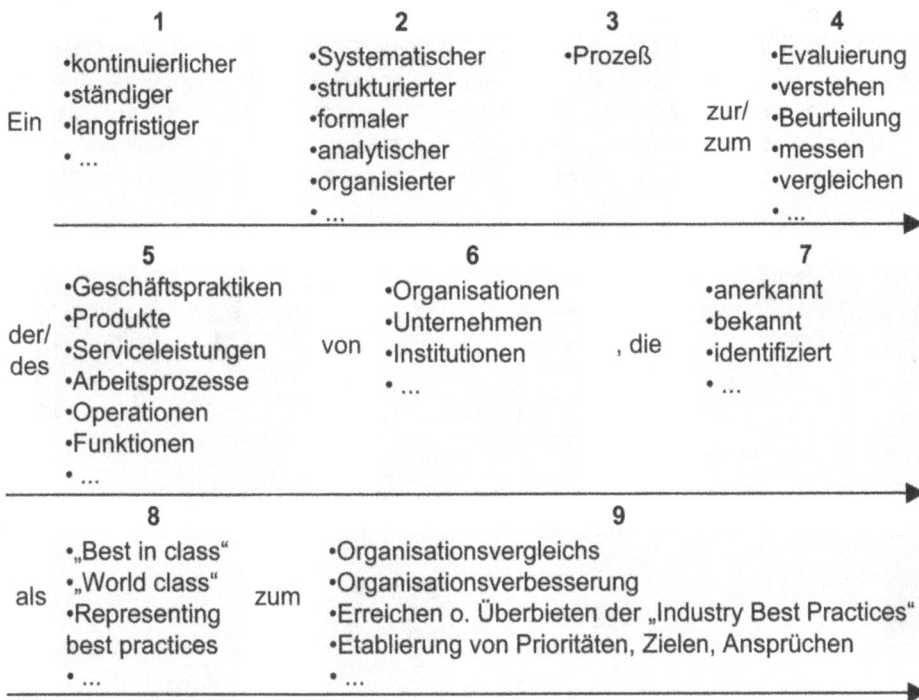

	1	2	3	4
Ein	•kontinuierlicher •ständiger •langfristiger • ...	•Systematischer •strukturierter •formaler •analytischer •organisierter • ...	•Prozeß	zur/ zum	•Evaluierung •verstehen •Beurteilung •messen •vergleichen • ...

	5		6		7
der/ des	•Geschäftspraktiken •Produkte •Serviceleistungen •Arbeitsprozesse •Operationen •Funktionen • ...	von	•Organisationen •Unternehmen •Institutionen • ...	, die	•anerkannt •bekannt •identifiziert • ...

	8		9
als	•„Best in class" •„World class" •Representing best practices • ...	zum	•Organisationsvergleichs •Organisationsverbesserung •Erreichen o. Überbieten der „Industry Best Practices" •Etablierung von Prioritäten, Zielen, Ansprüchen • ...

Abbildung 4.7.1: Das Benchmarking-Menü nach Spendiolini[255]

Der Begriff des Benchmarking stammt ursprünglich aus dem Vermessungswesen. Benchmarks dienten hierbei als Orientierungsgrößen zur Bestimmung von Höhenunterschieden. Seit Beginn der achtziger Jahre werden Benchmarks auch als Maßgrößen für den Erfolg unternehmerischen Handelns verwendet. Konzipiert wurde Benchmarking bei einem Hersteller von Kopiergeräten (Rank Xerox). Hier wurden erstmals Leistungsdefizite wahrgenommen, die zum Branchenführer bestanden. Maßgebend geprägt wurde das Benchmarkingkonzept von Dr. Robert Camp, der 20 Jahre bei Xerox für die Logistik verantwortlich war. Er

[253] Grieble, O., Scheer, A.-W.: Grundlagen des Benchmarkings öffentlicher Dienstleistungen, in: Scheer, A.-W. (Hrsg.): Veröffentlichungen des Instituts für Wirtschaftsinformatik, Nr. 166, Saarbrücken, Universität des Saarlandes, 2000, S. 5

[254] Grieble, O.: Prozessorientiertes Vorgehensmodell für das Benchmarking von Dienstleistungen, in: Scheer, A.-W. (Hrsg.): Veröffentlichungen des Instituts für Wirtschaftsinformatik, Nr. 172, Saarbrücken, Universität des Saarlandes, 2003, S. 1

[255] Spendolini, M. J.: The benchmarking book. New York [u.a.]: American Management Ass., 1992

beschreibt den Benchmarkingbegriff wie folgt: „Benchmarking is the search for industry best practices that lead to superior performance."[256] „Benchmarking ist ein kontinuierlicher Prozess, bei dem Produkte, Dienstleistungen und insbesondere Prozesse und Methoden betrieblicher Funktionen über mehrere Unternehmen hinweg verglichen werden. Dabei sollen die Unterschiede zu anderen Unternehmen offengelegt, die Ursachen für die Unterschiede und Möglichkeiten zur Verbesserung aufgezeigt sowie wettbewerbsorientierte Zielvorgaben ermittelt werden. Der Vergleich findet dabei mit Unternehmen statt, die die zu untersuchende Methode oder den Prozess hervorragend beherrschen."[257] Benchmarking ist damit ein branchenneutraler, fortlaufender und systematischer Prozess zur Bewertung von Organisationen, Prozessen, Produkten und Dienstleistungen, der die besten Lösungen finden soll, um überdurchschnittliche Leistungen zu ermöglichen.[258] Benchmarking bedeutet das Erreichen von Bestleistungen und die ständige Suche nach besseren Lösungen durch einen systematischen Vergleich mit anderen (Lernen vom Klassenbesten um selbst der Beste zu werden!). Dabei darf nicht übersehen werden, dass das unreflektierte Kopieren von Methoden und Strukturen des Besten i.d.R. zu Misserfolgen führt, wenn sie der eigenen Situation nicht gerecht werden.

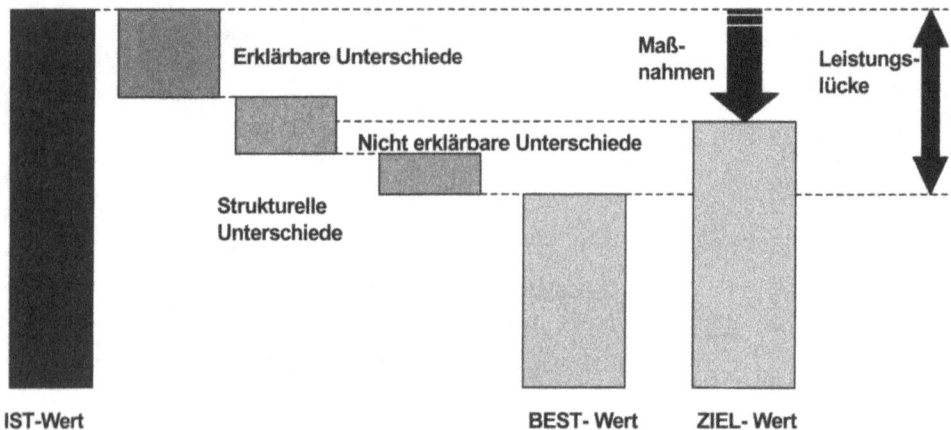

Abb. 4.7.2:   Lernen vom Klassenbesten

Das Benchmarking schlägt keine statische „Best-of"-Problemlösung vor, sondern bietet der öffentlichen Verwaltung die Möglichkeit, eigene Schwachstellen und Verbesserungspotenziale kontinuierlich zu erkennen und dieses Verständnis in Veränderungs- und Verbesserungsprozessen umzusetzen.

---

[256] Camp, R.C.: Benchmarking – The search for industry best practices that lead to superior performance, Milwaukee (Wisconsin), 1989, S. 10

[257] Horváth, P., Herter, R.N.: Benchmarking – Vergleich mit den Besten der Besten, in: Controlling, Heft 4, 1992, S. 4-11

[258] vgl.: Schmelzer, H.J., Sesselmann, W.: Geschäftsprozessmanagement in der Praxis, 3. Aufl., München, Wien, 2003, S. 14

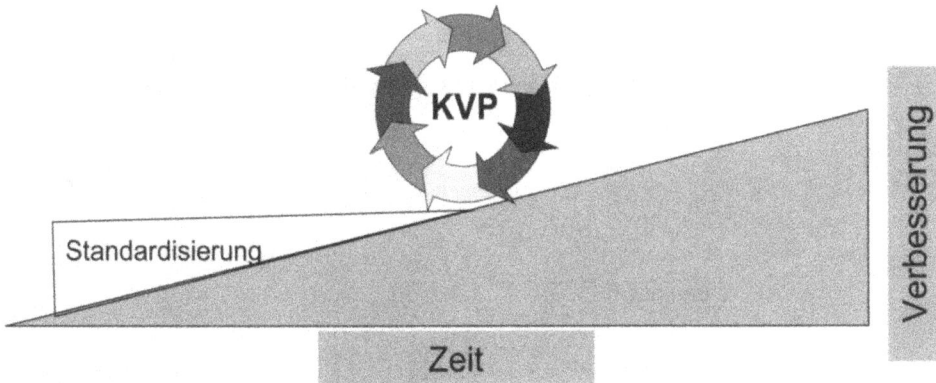

Abbildung 4.7.3: Kontinuierlicher Verbesserungsprozess

Häufig bleibt diese Chance in der öffentlichen Verwaltung jedoch mit dem Hinweis auf die Einmaligkeit von Leistungen und Rahmenbedingungen der Leistungserstellung und die damit verbundene Unvergleichbarkeit ungenutzt. Das Argument vom Vergleich von Äpfeln und Birnen wird im Zusammenhang von Benchmarking-Untersuchungen in der öffentlichen Verwaltung ständig genannt. Es greift vielfach zu kurz, denn viele Leistungen können verglichen werden, selbst wenn unterschiedliche Voraussetzungen vorliegen. Die Kunden der öffentlichen Verwaltung haben, ungeachtet eventueller unterschiedlicher Voraussetzungen, Anspruch auf gleichermaßen gute und preisgünstige Verwaltungsleistungen. Es kommt daher hauptsächlich auf das Ergebnis des Verwaltungshandelns an und deswegen ist auf dieser Basis die Vergleichbarkeit in der Regel gegeben.[259] Bei der Einführung eines Benchmarking in der öffentlichen Verwaltung lassen sich noch weitere Hindernisse identifizieren:

a) Die Verwaltungskultur ist durch den Gleichheitsgedanken geprägt. Individuelle Verantwortung habe deshalb einen eher geringen Stellenwert und hervorstechende Verbesserungen würden oft mehr politisch als betriebswirtschaftlich bewertet;

b) Abläufe sind i.d.R. auf dem Verordnungswege geregelt (Legalitätsprinzip), so dass sich Lernprozesse nur langsam implementieren lassen;

c) Verwaltungsmitarbeiter sind mit ihrem Pensum mehr als ausgelastet, was dazu führt, dass die Anwendung des Benchmarking von der Routine- und anderen Sachgeschäften verdrängt wird.[260]

An dieser Stelle stellt sich die Frage, welche Bereiche der öffentlichen Verwaltungen für ein Benchmarking geeignet sind. Geeignet sind alle Bereiche in denen Massenprodukte auf Basis standardisierter Produktbeschreibungen erstellt werden (wie z.B. Baugenehmigungen, Bearbeitung von Steuerbescheiden, Erstellung von Beihilfebescheiden oder Eintragungen ins Handelsregister).

---

[259] vgl.: Rede von Prof. Dr. Adamaschek vom Institut für Organisations- und Strategieentwicklung Herten auf der 4. Tagung der Behördenleitungen des Bundes „Wettbewerb in strategischen Politikfeldern als Quelle für Leistung und Innovation" am 14.09.2004

[260] vgl.: Schedler, K.: Ansätze einer wirkungsorientierten Verwaltungsführung, Bern, Stuttgart, Wien, 1995, S. 202

4.7.2   Funktionen des Benchmarking

Benchmarking besitzt 4 Funktionen, die zum Teil in der öffentlichen Verwaltung bisher nur unzureichend wahrgenommen werden:

- Messung der Leistung des Verwaltungshandelns,
- Bewertung der Leistungen,
- Schaffung von Anreizen,
- Unterstützung aller Beteiligten.[261]

Der Erfolg des Benchmarking hängt von der Festlegung geeigneter Leistungsmessungsgrößen für Benchmarkingobjekte ab. Die Leistungen der Verwaltungseinheiten müssen definiert und operationalisiert werden. Quantifizierbare Leistungen erhöhen das Verständnis für die eigene Leistungserstellung und damit die Möglichkeiten für Schwachstellenanalysen.[262]

Die isolierte Messung der Leistung reicht nicht aus, um Steuerungsimpulse zu bewirken. Leistungen müssen auch bewertet und relativiert werden. Die Einführung einer Kostenrechnung ohne Leistungsvergleiche und Benchmarking bleibt in ihrer Wirkung unzureichend, da unbekannt ist, ob die Leistungserstellung weiter optimiert werden kann. Wie ist z.B. das Ergebnis der Kostenrechnung zu interpretieren, dass die Herstellung eines Beihilfebescheides in der Behörde X Vollkosten in Höhe von 163,50 EURO verursacht? Ist die Herstellung effizient oder nicht? Erst die Kenntnis von Vergleichsmaßstäben hilft, die betrachtete Leistung einzuordnen. Wenn bekannt ist, dass die Herstellkosten in der Behörde Y, 477,80 EURO und in der Behörde Z 640,00 EURO betragen kann die Leistung der Behörde X bewertet werden. Durch diesen operativen Leistungsvergleich wird die Bandbreite der erhobenen Vollkosten innerhalb der Benchmarkingteilnehmer für das betrachtete Produkt erkennbar.

Allerdings führen diese Ergebnisse noch nicht zwangläufig zu Verhaltensänderungen. Es müssen noch Anreize hinzukommen, die eine Überprüfung und Änderung der bisherigen Leistungserstellung unterstützen. Für Unternehmen in der Privatwirtschaft sorgen Sanktionen des Marktmechanismus für die notwendigen Anreize. Bei öffentlichen Verwaltungen, die eine Sanktionierung suboptimaler Prozesse und Produkte durch den Markt nicht kennen, wird der Veränderungsanreiz zum Problem. Hier kann die Veröffentlichung der Benchmarkingergebnisse hilfreich sein. Die öffentliche Meinung soll den Marktdruck ersetzen. Die Anreizfunktion der öffentlichen Meinung wirkt wie die Sanktionen des Marktes. Hierbei ist allerdings zu beachten, dass die Veröffentlichung von Benchmarkingergebnissen durch eine problemadäquate Darstellung der Verbesserungspotenziale und -maßnahmen erfolgt und nicht durch pauschale Kritik und Vorverurteilung der schwächeren Benchmarkingpartner. Dann wäre keiner mehr zum Benchmarking bereit. „Da diese Vergleiche bisher eher zu der

---

[261]   vgl.: Sabisch, H.: Benchmarking als notwendiger Bestandteil des Innovationsmanagements in Unternehmen, in: Sabisch, H., Tintelnot, C. (Hrsg.): Benchmarking – Weg zu unternehmerischen Spitzenleistungen, Stuttgart 1997, S. 3

[262]   vgl. Berens, W., Hoffjan, A.: Controlling in der öffentlichen Verwaltung – Grundlagen, Fallstudien, Lösungen –, Stuttgart, 2004, S. 236

Herausstellung von Missständen geführt hat, soll im Rahmen des Benchmarking genau umgekehrt vorgegangen werden und das Positive, die Bestleistung, herausgestellt werden. Und da jede Behörde in dem einen oder anderen Bereich ihre Erfahrungen zum gegenseitigen Nutzen einbringen kann, gibt es auch keine Gewinner und Verlierer wie bei herkömmlichen Studien."[263]

Schließlich kann Benchmarking in seiner Unterstützungsfunktion als Modell für eine Kooperation zwischen Behörden angesehen werden.[264] Durch den Austausch von Informationen über Leistungsprozesse und Strukturen können die beteiligten Behörden neue Lösungen für ihre Probleme erkunden. Dies setzt allerdings die Offenheit der beteiligten Partner voraus, was nicht als Selbstverständlichkeit angenommen werden kann. Hindernisse für den Erfahrungsaustausch liegen häufig in persönlichen Vorbehalten der Führungsverantwortlichen und Mitarbeiter(„Bei uns ist sowieso alles anders" , „Wer garantiert die Einhaltung der richterlichen Unabhängigkeit" oder „Es sollen doch nur Schuldige gesucht werden" etc.). Hier ist die politische Ebene angesprochen, um verbindliche Vorgaben und Anreize für die Anwendung des Benchmarking in der öffentlichen Verwaltung zu setzen. Ohne konsequente und durchgreifende Top-Down-Unterstützung hat das Benchmarking in der öffentlichen Verwaltung keine Chance.

4.7.3   Dimensionen des Benchmarking

Zur Erfassung der Vielschichtigkeit des Benchmarkingbegriffs werden im folgenden die verschiedenen Dimensionen des Benchmarking erläutert. Durch die reichhaltigen Ausprägungen der Benchmarking-Dimensionen hat sich eine Fülle von unterschiedlichen Benchmarking-Varianten herausgebildet. Für die Entwicklung einer Benchmarking-Methode, die besonders für die Verwendung in der öffentlichen Verwaltung zweckmäßig ist, bedarf es der Isolierung der Bestandteile der bestehenden Benchmarking-Methoden. Hier setzt das Projekt BENEFIT (Benchmarkingmethoden und -verfahren für öffentliche Dienstleistungen) an. Das Projekt wird vom Bundesministerium für Bildung und Forschung (BMBF) unterstützt und vom Institut für Wirtschaftsinformatik (IWi) an der Universität des Saarlandes koordiniert. Es wird vom IWi gemeinsam mit den Projektpartnern Bertelsmann Stiftung, Hessisches Ministerium der Finanzen, Kommunale Gemeinschaftsstelle (KGSt), Stadt Mannheim, sowie dem DIN durchgeführt. Das Projekt hat das Ziel, Grundsätze für ein ordnungsgemäßes Benchmarking von öffentlichen Dienstleistungen zu entwickeln und in der praktischen Anwendung zu erproben. Die folgende Abbildung schafft einen ersten Überblick über die relevanten Fragestellungen und Parameter.

---

263   Arthur D. Little: Handbuch der Standard-KLR des Bundes,1997, Teil III 3.3
264   vgl. Watson, G.H.: Benchmarking – Vom Besten lernen, Landsberg am Lech, 1993, S. 32 ff.

Benchmarking-
Ziele

Benchmarking-
Form

Benchmarking-
Partner

Benchmarking-
Objekte

Merkmale des
Benchmarking

Vorgehensweise

Benchmarking-
Kriterien

Benchmarking-
Instrumente

METHODE

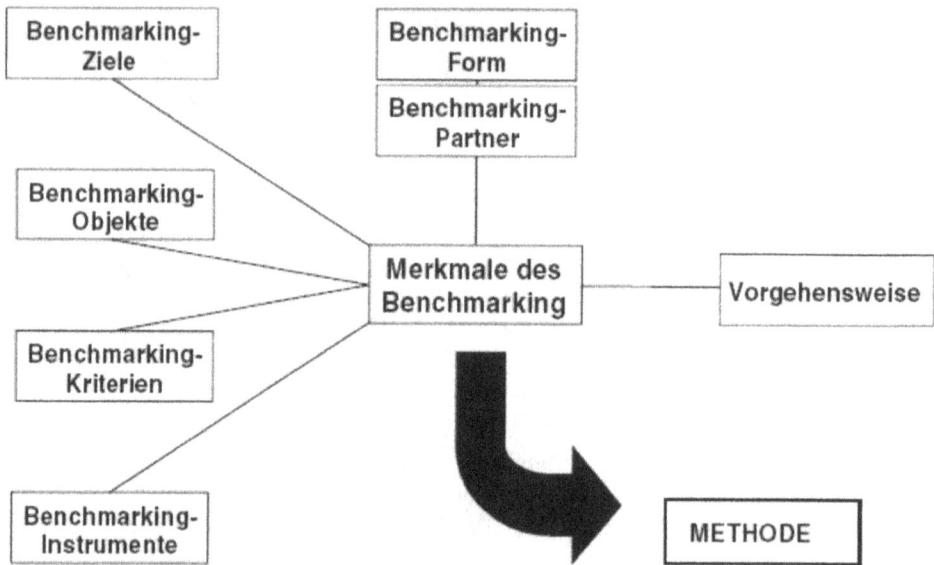

Abb. 4.7.4: Dimensionen des Benchmarking[265]

4.7.3.1 Benchmarking-Ziele

Mit der Formulierung der Benchmarking-Ziele wird die grundlegende Ausrichtung des Benchmarking-Prozesses festgelegt. Benchmarking-Ziele können eine strategische oder operative Ausrichtung aufweisen.[266] Hierbei ist zu beachten, dass operative Zielbetrachtungen auf Basis einer zweckmäßigen Zielhierarchie von den strategischen Zielformulierungen abhängen, da die operativen Ziele zur Erreichung der definierten Strategie beitragen sollen.

Die strategische Ausrichtung von Benchmarkingprozessen hat i.d.R. allgemeine Veränderungsmaßnahmen der Gesamtorganisation zum Gegenstand. Hierzu gehören insbesondere die Organisationsstruktur sowie der Output (Produkte) auf einer hohen Aggregationsebene (z.B. auf Ebene der Produktbereiche oder strategischer Geschäftseinheiten). Strategisches Benchmarking soll insbesondere das Erkennen und die Nutzung von Erfolgspotenzialen unterstützen sowie die Handlungsfähigkeit der Organisation erhalten. Es ist damit stark zukunftsorientiert. Benchmarkingprozesse auf strategischer Ebene rücken die Frage der Effektivität der Leistungserstellung in den Vordergrund. Damit sind strategische Benchmarkingprojekte Aufgabe der obersten Führungsebenen.

---

[265] Grieble, O., Scheer, A.-W.: Grundlagen des Benchmarkings öffentlicher Dienstleistungen, in: Scheer, A.-W. (Hrsg.): Veröffentlichungen des Instituts für Wirtschaftsinformatik, Nr. 166, Saarbrücken, Universität des Saarlandes, 2000, S. 8

[266] vgl.: Meyer, J.: Benchmarking – Ein Prozess zur unternehmerischen Spitzenleistung, in Meyer, J. (Hrsg.): Benchmarking, Stuttgart, 1996, S. 10

Abb. 4.7.5: Hierarchie der Vergleichsmaßstäbe

Bei der Formulierung von operativen Zielen für Benchmarkingprozesse werden kurz- bis mittelfristige Steuerungsgrößen für das Verwaltungshandeln elementar. Solche Benchmarkingprozesse sind aufgrund ihres inhaltlichen und zeitlichen Bezuges stark umsetzungsorientiert. Zentrales Erkenntnisinteresse operativer Benchmarkingprozesse ist die Effizienz der Leistungserstellung und die konkreten Maßnahmen zur Erhöhung der Wirtschaftlichkeit des Verwaltungshandelns.

Strategische und operative Orientierungen von Benchmarkingprozessen gehen in der Praxis oft ineinander über. Operative Zielsetzungen leiten sich aus strategischen Zielen ab. Bei der Initiierung eines Projekts ist jedoch die Frage wesentlich, ob das Instrument zur Verbesserung einzelner Leistungen (im Rahmen des operativen Benchmarking) oder als langfristig ausgerichtetes Steuerungsinstrument (im Sinne eines strategischen Benchmarking) für die Verwaltungsführung verwendet wird. Darüber hinaus lässt sich ein Zusammenhang zwischen dem Benchmarking-Ziel und dem Benchmarking-Objekt beobachten. Die folgende Abbildung verdeutlicht diesen Zusammenhang auf der Produkt- und Prozessebene:

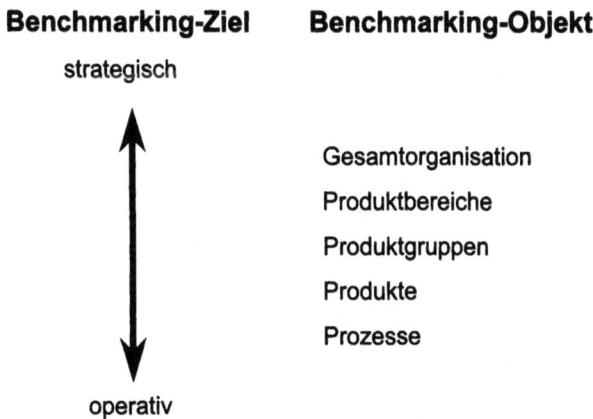

Benchmarking-Ziel   **Benchmarking-Objekt**

strategisch

Gesamtorganisation

Produktbereiche

Produktgruppen

Produkte

Prozesse

operativ

Abb. 4.7.6: Abhängigkeit des Benchmarking-Objektes vom Benchmarking-Ziel

4.7.3.2 Benchmarking-Objekte

Die Benchmarking-Objekte stellen den eigentlichen Gegenstand von Benchmarking-Prozessen dar. Sie lassen sich in die vier Kategorien Prozesse, Produkte, Methoden und Verfahren, sowie Strategien einordnen.[267]

Im Zentrum des Erkenntnisinteresses des Benchmarking stehen in der Regel das Produkt und die Prozesse, die diesem Produkt zugrunde liegen.[268] Durch die Zusammenfassung von Produkten auf unterschiedlichen Aggregationsstufen lässt sich das Benchmarking-Objekt „Produkt" weiter differenzieren. Die Prozessebene sollte gedanklich zusammen mit der Produktebene behandelt werden, da sie im operativen Leistungserstellungsprozess ebenfalls verbunden sind. Wenn man diesem Gedanken weiter folgt, dann lassen sich vier, in der Benchmarkingpraxis bewährte, produkt- und prozessbezogene Aggragationsstufen als Benchmarking-Objekte definieren:

- Prozesse,
- Produkte,
- Produktgruppen,
- Produktbereiche (Politikfeld-Strategie),
- Gesamtorganisation.[269]

Das Benchmarking-Objekt „Prozess" ist für Benchmarking-Projekte, die sich auf einen Prozessteilbereich konzentrieren zu weit gefasst. Hier ist die Definition der Methoden und Verfahren, die bei der Leistungserstellung eingesetzt werden, als weiteres Benchmarking-Objekt sinnvoll.[270] Obwohl Strategien bereits Ende der 80er Jahre als denkbare Benchmarking-Objekte verstanden wurden, werden sie aufgrund der hohen Komplexität der durchzuführenden Untersuchungen bislang eher vereinzelt betrachtet. Grundsätzlich kommen sowohl Unternehmensstrategien als auch Geschäftsbereichs- und Funktionsbereichsstrategien als Untersuchungsgegenstand in Betracht. Die Durchführung derartiger Benchmarking-Projekte gestaltet sich allerdings schwierig, weil nur selten geeignete Benchmarking-Partner gefunden werden können.[271]

---

[267] vgl.: Horváth, P., Herter, R.N.: Benchmarking – Vergleich mit den Besten der Besten, in: Controlling, Heft 4, 1992, S. 7

[268] vgl.: Sabisch, H.: Benchmarking als notwendiger Bestandteil des Innovationsmanagements in Unternehmen, in: Sabisch, H., Tintelnot, C. (Hrsg.): Benchmarking – Weg zu unternehmerischen Spitzenleistungen, Stuttgart 1997, S. 4

[269] vgl.: Grieble, O., Scheer, A.-W.: Grundlagen des Benchmarkings öffentlicher Dienstleistungen, in: Scheer, A.-W. (Hrsg.): Veröffentlichungen des Instituts für Wirtschaftsinformatik, Nr. 166, Saarbrücken, Universität des Saarlandes, 2000, S. 14

[270] vgl.: Böhnert, A.-A.: Benchmarking – Charakteristik eines aktuellen Managementinstruments. Hamburg 1999, S. 71

[271] Böhnert, A.-A.: Benchmarking – Charakteristik eines aktuellen Managementinstruments. Hamburg 1999, S. 73 ff.

Gesamtorganisation / Gesamtverwaltung
Zusammenfassung aller Produktbereiche.

Produktbereich

Ein Produktbereich umfaßt die Produktgruppen, die aus inhaltlicher und strategischer Sicht zusammen gehören. Er gibt einen Gesamtüberblick über das Leistungsspektrum der nachgeordneten Produktgruppen.

Produktgruppe

Eine Produktgruppe faßt alle Produkte zusammen, die aus der Sicht des Nachfragers miteinander in Zusammenhang stehen..

Produkt

Ein Produkt umfaßt eine Leistung oder eine Gruppe von Leistungen, die von Stellen außerhalb der jeweils betrachteten Organisationseinheit (innerhalb oder außerhalb der Verwaltung) benötigt wird und für die in der Regel ein Preis zu zahlen wäre.

Es werden nicht die „Objekte" des Verwaltungshandelns (z. B. Personalausweis) als Produkt dargestellt, sondern die ausgebrachte Dienstleistung (z. B. Ausstellen eines Personalausweises).

Prozeß
Zu einem Produkt gehörende Einzelleistungen. Zusammengehörende Abfolge von Unternehmensverrichtungen zum Zweck einer Leistungserstellung.

Abb. 4.7.7: Prozess- und produktorientierte Benchmarking-Objekte

4.7.3.3 Benchmarking-Partner und -Formen
Die Auswahl des geeigneten Benchmarking-Partners gestaltet sich stellt sich in Abhängigkeit von der Auswahl eines sinnvollen Benchmarking-Typs. Camp unterscheidet zwischen internem, wettbewerbsorientiertem, funktionalem sowie generischem Benchmarking.[272] Eine stark auf den Benchmarking-Partner ausgerichtete Differenzierung des Benchmarking-Typs ist die Unterscheidung zwischen internem und externem Benchmarking.[273] Das externe Benchmarking lässt sich dabei weiter in ein horizontales, vertikales, intersektorales und internationales Benchmarking gliedern.

4.7.3.3.1 Internes Benchmarking
Das interne Benchmarking bildet i.d.R. den Einstieg in komplexere Benchmarking-Projekte, bei dem die Beteiligten mit dem Instrument vertraut gemacht werden und erste Erfahrungen für weitere Benchmarking-Aktivitäten gesammelt werden.[274] Die Vergleichspartner sind

---

[272] Camp, R.C.: Benchmarking – The search for industry best practices that lead to superior performance, Milwaukee (Wisconsin), 1989, S. 58 ff.
[273] vgl.: Siebert, G.; Kempf, S.: Benchmarking – Leitfaden für die Praxis, München, 1998, S. 35
[274] vgl.: Karlöf, B., Östblom, S.: Das Benchmarking-Konzept, München, 1994, S. 62 f.

dabei interne Organisationseinheiten. Die Führungsverantwortlichen vergleichen zuerst ihre eigenen Leistungen, bevor sie den externen Vergleich wagen.[275] Die Zielsetzung des internen Benchmarking besteht im wesentlichen darin, wertschöpfende Aktivitäten zu optimieren, nicht-wertschöpfende Aktivitäten zu eliminieren und die Bereiche zu ermitteln, in denen Leistungsverbesserungen erforderlich sind.[276] Allerdings werden beim internen Benchmarking lediglich geringe Verbesserungspotenziale ausgeschöpft, da die notwendigen innovativen externen Impulse fehlen.

Behörde xyz

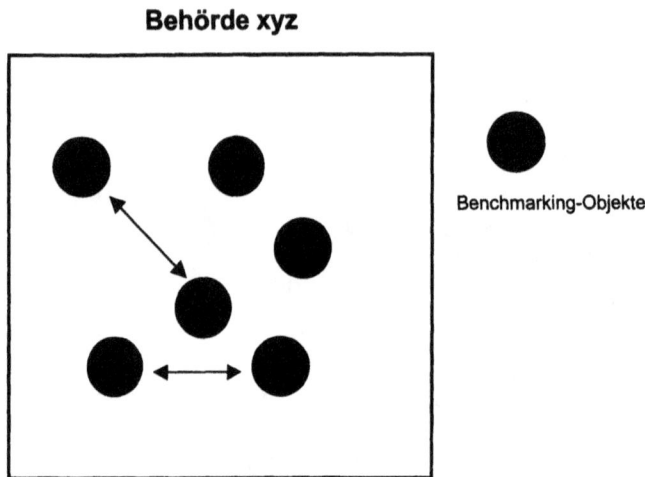

Abb. 4.7.8:   Internes Benchmarking

Das interne Benchmarking weist folgende Vor- und Nachteile auf:[277]

Kriterien	Vorteile	Nachteile
Informationsbeschaffung	Einfach	Widerstand gegen Preisgabe eigener Vorteile, Ressortegoismus
Anwendungsbereich	Auf alle Objekte anwendbar	–
Messgrößendefinition	Einfach	u.U. Abstimmungsschwierigkeiten durch Einwirken der Hierarchieebenen
Kontaktaufnahme	Einfach	–
Austausch	Einfach	Abstimmung der Kompetenzen

---

[275]   vgl.: Leibfried, K., McNair, C.J.: Benchmarking – Von der Konkurrenz lernen, die Konkurrenz überholen, Freiburg i.Br., 1993, S. 45

[276]   vgl.: Reichmann, Th.: Controlling mit Kennzahlen und Managementberichten, 1995, S. 507

[277]   vgl.: Siebert, G.; Kempf, S.: Benchmarking – Leitfaden für die Praxis, München, 1998, S. 39

Kriterien	Vorteile	Nachteile
Positionierung	Aufzeigen interner Best-leistungen	Kein Vergleich mit Externen möglich
Vergleichbarkeit	Hoch	Interne Vorurteile möglich
Übertragbarkeit	Relativ einfach	–
Wettbewerbsproblematik	Offenlegung aller Daten möglich; keine Gefahr der Weitergabe von Betriebsge-heimnissen an Externe	–
Akzeptanz	Wirkt dem Widerstand nach Veränderung entgegen	Angst vor Schuldzuweisungen

4.7.3.3.2 Wettbewerbsorientiertes Benchmarking

Beim wettbewerbsorientierten Benchmarking wird der Vergleich zwischen direkten Wettbe-werbern in den Vordergrund gestellt. In der öffentlichen Verwaltung gibt es i.d.R. keine direkten Wettbewerber; eine Wettbewerbsorientierung ist nicht möglich. Allerdings kann das wettbewerbsorientierte Benchmarking mit dem externen horizontalen Benchmarking im öffentlichen Bereich gleichgesetzt werden. Das externe horizontale Benchmarking zielt auf einen Leistungsvergleich zwischen vergleichbaren Einrichtungen derselben Verwaltungs-ebene ab (z.B. Grundbucheintragungen in unterschiedlichen Oberlandesgerichtsbezirken oder Ausstellung von Reisepässen in unterschiedlichen Kommunen). Horizontales Bench-marking zielt auf die Formulierung und Überprüfung von Leistungsmaßstäben in der öffent-lichen Verwaltung ab. Darüber hinaus dient es dem Erkennen von aktuellen Trends in der jeweiligen Verwaltungspraxis.

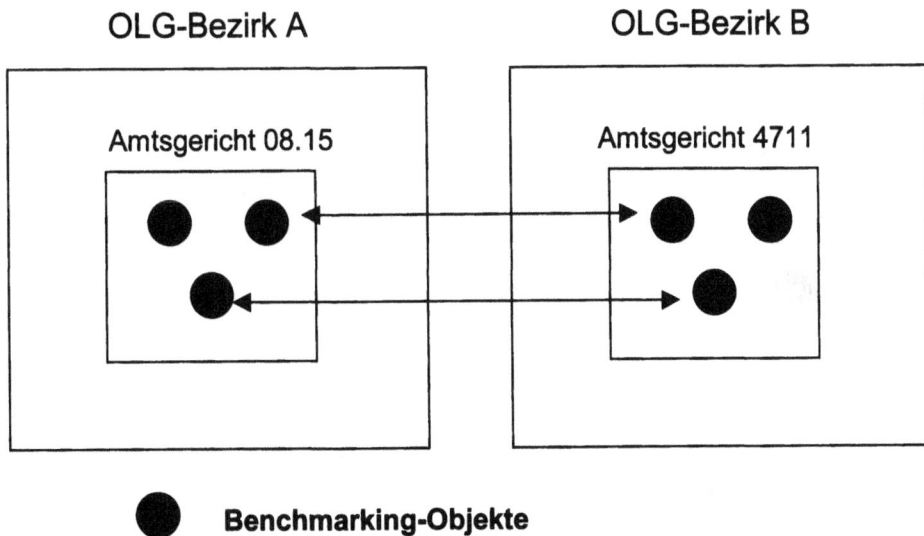

Abb. 4.7.9: Externes horizontales Benchmarking

Die Durchführung eines wettbewerbsorientieren bzw. horizontalen Benchmarkings setzt einen hohen Grad an Vergleichbarkeit der Benchmarking-Objekte voraus. Außerdem kann der Austausch von sensiblen Daten problematisch sein.

4.7.3.3.3 Externes vertikales Benchmarking

Unter einem externen vertikalen Benchmarking wird der Leistungsvergleich von öffentlichen Einrichtungen und Behörden verstanden, die auf unterschiedlichen (unter- oder übergeordneten) Hierarchieebenen vertreten sind, wie z.B. der Vergleich einer Landes- mit einer Bundes- oder einer Kommunalbehörde.[278] Problematisch könnte der Datenaustausch beim vertikalen Benchmarking werden, wenn die hierarchisch untergeordnete Behörde ihrer übergeordneten Behörde nicht vertraut.

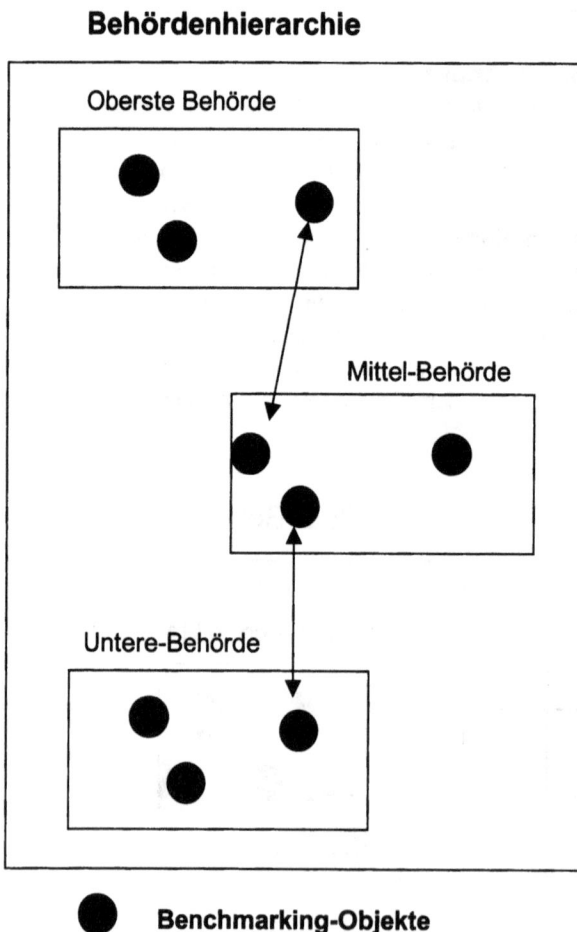

Abb. 4.7.10: Externes vertikales Benchmarking

---

[278]   vgl.: Grieble, O., Scheer, A.-W.: Grundlagen des Benchmarkings öffentlicher Dienstleistungen, in: Scheer, A.-W. (Hrsg.): Veröffentlichungen des Instituts für Wirtschaftsinformatik, Nr. 166, Saarbrücken, Universität des Saarlandes, 2000, S. 12

4.7.3.3.4 Generisches Benchmarking

Das generische Benchmarking ist ein Leistungsvergleich, der konsequent auf die Suche von Spitzenleistungen ausgerichtet ist. Dabei ist es völlig unerheblich aus welcher Branche und in welchem Markt die Benchmarking-Partner tätig sind. Generisch bedeutet in diesem Zusammenhang, dass das Benchmarking nicht durch die Gleichartigkeit der Vergleichspartner eingeschränkt wird, sondern die Suche nach neuen Ideen für Verbesserungen folgerichtig umgesetzt wird. Für die öffentliche Verwaltung lässt sich hierfür der Begriff des externen intersektoralen Benchmarking einführen. Es ist der Vergleich von Organisationen der Verwaltung mit Organisationen anderer Branchen, v.a. der Privatwirtschaft mit dem Ziel, ungeachtet der prinzipiellen Ausrichtung oder Aufgabe eines Unternehmens, besonders gute Verfahren und Prozesse zu identifizieren und auf die eigene Organisation zu adaptieren.[279] Beispiel hierfür ist der Vergleich einer Behörde (interne Aus- und Fortbildungseinheit mit Übernachtungsmöglichkeit) mit einem privaten Dienstleister (Hotelkette). Das intersektorale Benchmarking schafft große Innovationspotenziale.

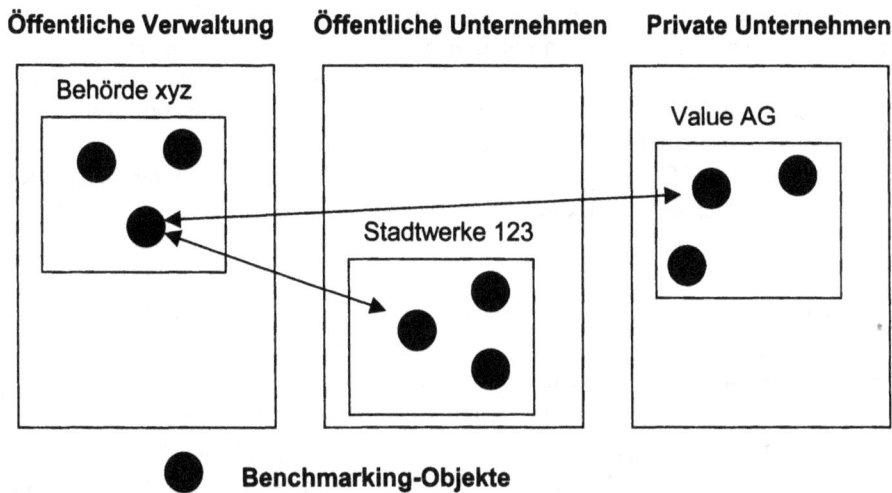

Abb. 4.7.11: Externes intersektorales Benchmarking

4.7.3.3.5 Weitere Benchmarkingformen

Externes Benchmarking (horizontal, vertikal und intersektoral) kann sowohl national als auch international durchgeführt werden. So bieten sich für die öffentliche Verwaltung Benchmarking-Projekte auf EU-Ebene an. Internationales Benchmarking kann durch kulturelle Unterschiede weitere Innovationspotenziale schaffen. Die Umsetzung internationaler Benchmarking-Ergebnisse kann aber durch Adaptionsprobleme beschränkt sein.

Als weitere spezielle Form des externen Benchmarking kann das funktionale Benchmarking angesehen werden. Beim funktionalen Benchmarking wird eine bestimmte betriebliche Funktion einer Organisation mit derselben Aufgabe in einem oder mehreren anderen Organi-

---

[279] vgl.: Grieble, O., Scheer, A.-W.: Grundlagen des Benchmarkings öffentlicher Dienstleistungen, in: Scheer, A.-W. (Hrsg.): Veröffentlichungen des Instituts für Wirtschaftsinformatik, Nr. 166, Saarbrücken, Universität des Saarlandes, 2000, S. 12

sationen verglichen. Die folgende Tabelle zeigt verschiedene Beispiele für betriebliche Funktionen mit entsprechenden Branchen für potentielle Benchmarking-Partner:

Benchmarking-Objekt *Betriebliche Funktion*	*Branchen mit Best Practices*
Kundenservice	First-Class-Hotels, Fluggesellschaften
Personalentwicklung	Personalberatungsgesellschaften
Logistik	Speditionen, Paketzustelldienste
Innovationsmanagement	IT-Branche
Telefonische Beratung	Call-Center

4.7.3.4 Benchmarking-Kriterien

Der Erfolg und die Leistungsfähigkeit des Benchmarking basiert auf der Definition und Festlegung geeigneter Leistungsbeurteilungsmaßstäbe für alle Benchmarking-Objekte. Sie sind notwendig, um den Leistungsvergleich zu objektivieren. Benchmarking-Kriterien bilden die verschiedenartigen Aspekte, nach denen ein Benchmarking-Objekt bewertet werden kann. Sobald die Benchmarking-Kriterien, die in einem Benchmarking-Projekt berücksichtigt werden sollen, bestimmt sind, können Indikatoren oder Kennzahlen als operative Messgrößen definiert werden. Für das Benchmarking sind eindimensionale Bewertungskriterien aufgrund der Komplexität der Leistungserstellung in der öffentlichen Verwaltung ungeeignet. Mehrdimensionale und ganzheitlich ausgerichtete Bewertungssysteme wie der Balanced-Scorecard-Ansatz stellen ein umfassendes Paket für die Ableitung von Benchmarking-Kriterien zur Verfügung.

Folgt man dem Grundgedanken, der für öffentliche Verwaltungen angedachten „Neuen Steuerungsmodelle", dann soll das Management vier Zielebenen (Erfüllung des spezifischen Leistungsauftrags, wirtschaftliche Ressourcenverwendung, Mitarbeiterzufriedenheit und Kundenorientierung) im Rahmen ihres Verwaltungshandelns ausgewogen berücksichtigen.[280]

Das BSC-Konzept kann den Führungsverantwortlichen in der öffentlichen Verwaltung ein umfassendes und ausgewogenes (balanced) Kennzahlensystem (scorecard) zur Verfügung stellen, um die Bewertung von Leistungen im Rahmen von Benchmarking-Projekten systematisch zu unterstützen.

Für das Benchmarking in der öffentlichen Verwaltung lassen sich auf der Grundlage des Balanced-Scorecard-Konzeptes folgende relevante Benchmarking-Kriterien ableiten:

❑   Kosten (Finanzwirtschaftliche Perspektive)
❑   Qualität (Kundenperspektive)
❑   Termintreue (Kundenperspektive)
❑   Kundenzufriedenheit (Kundenperspektive)
❑   Produktivität (Interne Prozessperspektive)
❑   Mitarbeiterzufriedenheit (Lern- und Entwicklungsperspektive)
❑   Mitarbeiterqualifikation (Lern- und Entwicklungsperspektive)

---

[280]   vgl.: Tauberger, A., Wilfinger, P.: Lebendige Strategien – Die Umsetzung des Balanced-Scorecard-Konzeptes in der Justiz des Landes NRW, in: Controlling und Management, 3/2003, S. 215

4.7.3.5 Durchführung des Benchmarking und Vorgehensweise

Beim Deutschen Institut für Normung (DIN) hat sich ein projektübergreifender Kooperationsverbund gebildet, welcher eine „Publically Available Specification" (PAS) herausgegeben hat, die zur Standardisierung des Benchmarkingprozesses beitragen soll. Die Normungsinhalte betreffen insbesondere die Vereinheitlichung des Vorgehensmodells, um eine einheitliche und damit vergleichbare Durchführung des Benchmarking auf breiter Basis zu sichern. Die Ergebnisse der Arbeitsgruppe wurden als Leitfaden in der DIN PAS 1014 veröffentlicht. Er beschreibt ein Vorgehensmodell, welches für alle Dienstleistungsbereiche, insbesondere für öffentliche Dienstleistungen, konzipiert ist. Das Vorgehensmodell zum Dienstleistungsbenchmarking besteht aus Phasen, die sich an den PDSA-Zyklus (Plan, Do, Study, Act) von Deming anlehnen. Der PDSA-Zyklus lässt sich als Basis für ein allgemeingültiges Benchmarking-Vorgehensmodell verwenden. Die Einhaltung dieser Phasen soll eine systematische Durchführung komplexer Benchmarking-Projekte unterstützen.

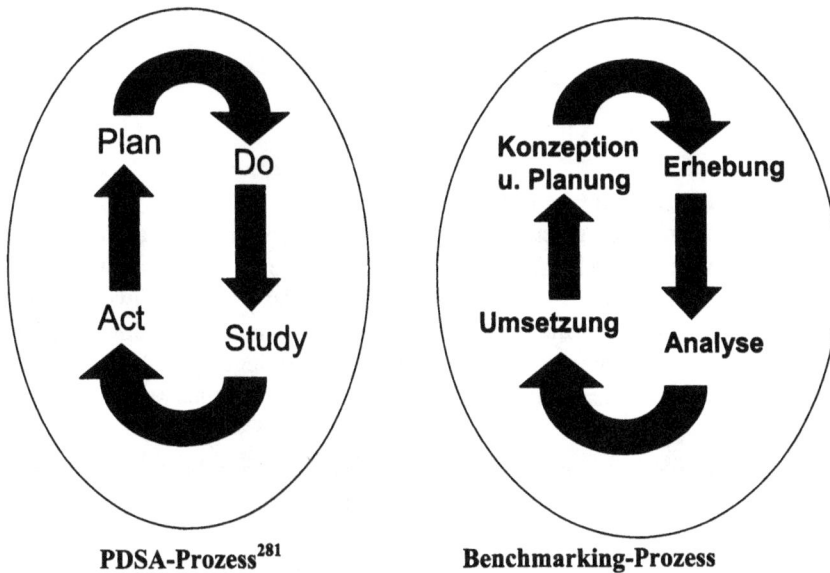

PDSA-Prozess[281]   Benchmarking-Prozess

Abb. 4.7.13: Übertragung des PDSA-Ansatzes auf das Benchmarking

Das Benchmarking von öffentlichen Dienstleistungen sieht vier Phasen mit jeweils mehreren Schritten vor. Die einzelnen Phasen werden sequentiell durchlaufen, d.h. nach Beendigung der ersten Phase wird mit Phase zwei begonnen etc. Die Reihenfolge des Vorgehens innerhalb der einzelnen Phasen ist nicht festgelegt. Hier sollen die Aktivitäten situativ an das konkrete Benchmarking-Projekt angepasst werden. Die im Vorgehensmodell für das Benchmarking von Dienstleistungen dargestellte Reihenfolge stellt einen Empfehlung dar, der gefolgt werden kann. Die folgende Abbildung zeigt die einzelnen Schritte der vier Phasen im Überblick:

---

[281] siehe: Deming, E.W.: Out of the Crisis, 2. Aufl., Cambridge, 1986, S. 88

Konzeption und Planung ➡	Erhebung ➡	Analyse ➡	Umsetzung
Benchmarking-Ziele Verantwortliche Identifikation der Benchmarking-Objekte Ressourcenprüfung Auswahl von Benchmarkingart und -partnern Operationalisierung Konkretisierung und Projektplan	Abgrenzung u. Beschreibung der Benchmarking-Objekte Messung Zusammenführung der Messergebnisse	Vergleich und Beurteilung von Differenzen? Analyse von Ursache-Wirkungs-Beziehungen? Ableitung von Verbesserungs-vorschläge? Entscheidung über Maßnahmen	Planung Umsetzung Erfolgskontrolle

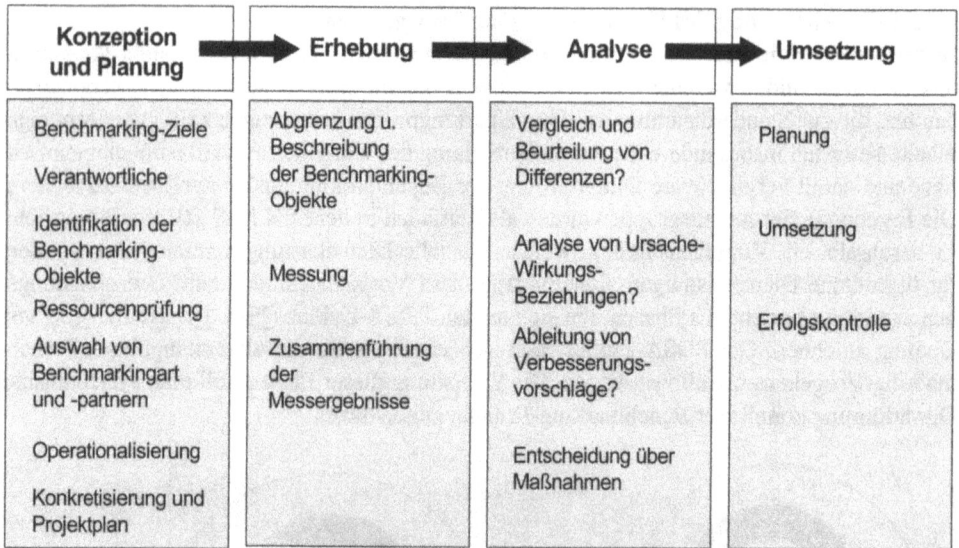

Abb. 4.7.14: Vorgehensmodell nach DIN PAS 1014[282]

4.7.3.5.1 Konzeptionierungs- und Planungsphase

In der ersten Phase werden die Voraussetzungen für ein erfolgreiches Benchmarking-Projekt in der öffentlichen Verwaltung geschaffen. Die sieben Schritte der ersten Phase weisen inhaltliche Interdependenzen auf, so dass sie in der Reihenfolge flexibel und teilweise mehrfach iterativ durchlaufen werden, bis alle projektrelevanten Festlegungen endgültig getroffen werden können. Dadurch wird sichergestellt, dass die Rahmenbedingungen für das Projekt bestmöglich und individuell definiert und die jeweiligen Aspekte inhaltlich aufeinander abgestimmt sind.[283]

Zu Beginn der Konzeptionierungs- und Planungsphase steht die Formulierung der Benchmarking-Ziele. Dabei ist zu beachten, dass die Benchmarking-Ziele unter Berücksichtigung der Benchmarking-Objekte und der zur Verfügung stehenden Ressourcen formuliert werden. Nach der Bestimmung eines geeigneten Projektleiters und eines kompetenten Benchmarking-Teams sollten die zuerst formulierten strategischen oder operativen Benchmarking-Ziele operationalisiert werden, um die konkreten Kriterien und Kennzahlen für den Leistungsvergleich bestimmen zu können. Anschließend können, unter enger Einbeziehung der Benchmarking-Ziele, Überlegungen zur Festlegung der eigentlichen Benchmarking-Objekte, und Benchmarking-Form stattfinden sowie erste Benchmarking-Partner ausgewählt und geworben werden. Diese Schritte werden vor dem Hintergrund der zur Verfügung stehenden Ressourcen und Budgets durchgeführt. Den Abschluss der ersten Phase bildet die mit allen Benchmarking-Partnern abgestimmte Festlegung des gemeinsamen Vorgehens, das sich durch die Erstellung eines konkreten Projektplans, in dem Ressourcen, Verantwortlichkeiten, Inhalte und Termine verbindlich fixiert werden, manifestiert.

---

[282] siehe: Brumby, L., Grieble, O., Hans, S., Pässler, K., Spiegel, T.: Vorgehensmodell für das Benchmarking von Dienstleistungen, in: Deutsches Institut für Normung e.V.(Hrsg.): PAS 1014, Berlin, 2001

[283] vgl.: Grieble, O.: Prozessorientiertes Vorgehensmodell für das Benchmarking von Dienstleistungen, in: Scheer, A.-W. (Hrsg.): Veröffentlichungen des Instituts für Wirtschaftsinformatik, Nr. 172, Saarbrücken, Universität des Saarlandes, 2003, S. 13

4.7.3.5.2 Erhebungsphase

Die Erhebungsphase besteht aus drei Schritten, die streng in ihrer Reihenfolge abzuarbeiten sind. Der Abgrenzung und Beschreibung des Benchmarking-Objekts folgt zwangläufig die Bewertung des Benchmarking-Objekts mittels der definierten Benchmarking-Kriterien und ihrer Kennzahlen. Anschließend erfolgt die Zusammenführung der Messergebnisse in einer für allen Benchmarking-Partner zugänglichen gemeinsamen Datenbasis.

Leistungen in der öffentlichen Verwaltung haben i.d.R. immateriellen Charakter. Aus diesem Grund empfiehlt sich eine prozessorientierte Darstellung der Benchmarking-Objekte. Es werden diejenigen Geschäftsprozesse ausgewählt, die einen signifikanten Einfluss auf die Benchmarking-Objekte aufweisen. Anschließend sollten die in der ersten Phase festgelegten Benchmarking-Kriterien und Kennzahlen nach einmal überprüft und an die detaillierte Benchmarking-Objektabgrenzung angepasst werden. Die Benchmarking-Kriterien und Kennzahlen bilden die Grundlage für die nachfolgenden Leistungsvergleich. Für die Kriterien und Kennzahlen werden konkrete Werte ermittelt und überprüft, ob die Kriterien und Kennzahlen tatsächlich zur Beurteilung der definierten Benchmarking-Objekte geeignet sind. Durch die Zusammenführung der Ergebnisse wird die zweite Benchmarking-Phase abgeschlossen. Die Daten aller Benchmarking-Partner werden in eine gemeinsame Datenbasis eingestellt und auf Vollständigkeit überprüft.

4.7.3.5.3 Analyse-Phase

Der eigentliche Vergleich der Benchmarking-Objekte findet in der aus vier Schritten bestehenden Analyse-Phase statt. Sie umfasst den „Vergleich und die Beurteilung der Differenzen", die „Analyse der Ursache-Wirkungs-Beziehungen", die „Ableitung von Verbesserungsvorschlägen" sowie die „Entscheidung für Maßnahmen". In der Praxis des Benchmarking in der öffentlichen Verwaltung wird die Analyse-Phase häufig vernachlässigt, da das Benchmarking-Projekt nach der Messung und dem Kennzahlenvergleich i.d.R. abgeschlossen war. Gerade in der öffentlichen Verwaltung sollte jedoch besondere Aufmerksamkeit auf die Analyse Phase gelenkt werden, da hier die Analyse der Ursache-Wirkungsbeziehungen stattfindet. Die durch die Datenerhebung erkennbar gewordenen Leistungsunterschiede zwischen den Benchmarking-Partnern sind zu vergleichen und zu bewerten, damit sie im nächsten Schritt im Rahmen der Ursache-Wirkungsanalyse kritisch hinterfragt werden können. Dieser Analyseschritt trägt wesentlich zum Verständnis der Zusammenhänge der Leistungserstellung der öffentlichen Verwaltung bei und unterstützt die Fähigkeit zum gegenseitigen Lernen. Erst an dieser Stelle des Benchmarkingprozesses lernen die Benchmarking-Partner welche Erfolgspotenziale andere Methoden, Strukturen und Abläufe enthalten. Auf dieser Verständnisgrundlage lassen sich für das betrachtete Benchmarking-Objekt potenzielle Verbesserungsverschläge ableiten. Aus dem Pool potenzieller Verbesserungsvorschläge werden im nächsten Schritt konkrete Maßnahmen ausgewählt und mit operativen Zielsetzungen versehen.

4.7.3.5.4 Umsetzungs-Phase

In der letzten Phase des Benchmarking-Prozesses werden die ausgewählten Verbesserungsmaßnahmen in detaillierte Aufgaben konkretisiert. Diese Umsetzungsplanung sollte so detailliert wie möglich erfolgen und mit messbaren Zielen verbunden werden, damit sie mit Hilfe des Controlling sachgerecht realisiert werden kann. Mindestbestandteile der Umsetzungsplanung sind die Beschreibungen der einzelnen Aufgaben, die verantwortlichen Mitarbeiter, die notwendigen Ressourcen, Termine für Milestones und das Endergebnis. Die Durchführung der geplanten Maßnahmen wird durch ein begleitendes Umsetzungscontrolling unterstützt. Nach der Umsetzung wird die Realisierung des Gesamtziels des Benchmarking-Projektes überprüft. Diese Erfolgskontrolle liefert zunächst Informationen für das laufende Benchmarking-Projekt, ist jedoch zur Ableitung von Verfahrensverbesserungen für kommende Benchmarking-Projekt sinnvoll. Mit einer erfolgreichen Erfolgskontrolle wird der Benchmarking-Prozess abgeschlossen oder neu angestoßen.

LITERATURVERZEICHNIS

Adamaschek, B.: Der Interkommunale Leistungsvergleich – Leistung und Innovation durch Wettbewerb, Beitrag von Prof. Dr. Bernd Adamaschek anlässlich des Rendezvous vom 15. Juni 2001 im
Kanton Bern

Ansoff, H. I.: Managing Surprise and Discontinuity – Strategic Response to Weak Signals, in: Zeitschrift für betriebswirtschaftliche Forschung 28 (1976), S. 129–152

Anthony, R. N.: Planning and Control Systems – A Framework for Analysis, Boston, 1965

Arthur D. Little: Handbuch der Standard-KLR des Bundes, 1997, Teil III 3.3

Bals, H.J.: Der Produkthaushalt – Wege zur Integration von Finanz- und Leistungssteuerung, ZKF
Zeitschrift für Kommunalfinanzen, 53. Jg. (2003), Heft 12, S. 321–329

Becker, J., Kugeler, M., Rosemann, M.: Prozessmanagement, Ein Leitfaden zur prozessorientierten
Organisationsgestaltung, Berlin, Heidelberg, New York, 2002

Behrens, W., Karlowitsch, M., Mertes, M.: Die Balanced Scorecard als Controllinginstrument in Non-
Profit-Organisationen, in: Controlling, 12. Jg., 2000

Berens, W., Hoffjan, A.: Controlling in der öffentlichen Verwaltung – Grundlagen, Fallstudien, Lösungen –, Stuttgart, 2004

Bichler, K.: Beschaffungs- und Lagerwirtschaft, 7. Auflage, Wiesbaden 1997

Bidlingmaier, J.: Unternehmensziele und Unternehmensstrategien, Wiesbaden, 1973

Biel, A.: Einführung der Prozesskostenrechnung, in: Kostenrechnungspraxis, 1991

Blohm, H.: Berichtswesen, betriebliches, in: Management Enzyklopädie. Bd. 1, München, 1982

Böhnert, A.-A.: Benchmarking – Charakteristik eines aktuellen Managementinstruments. Hamburg,
1999

Braun, G.E.: Ziele in öffentlicher Verwaltung und privatem Betrieb, Baden-Baden, 1988

Brede, H.: Grundzüge der öffentlichen Betriebswirtschaftslehre, München, Wien, 2001

Brüggemeier, M.: Controlling in der öffentlichen Verwaltung: Ansätze, Probleme und Entwicklungstendenzen eines betriebswirtschaftlichen Steuerungskonzeptes, 3. Aufl., München, 1998

Brumby, L., Grieble, O., Hans, S., Pässler, K., Spiegel, T.: Vorgehensmodell für das Benchmarking
von Dienstleistungen, in: Deutsches Institut für Normung e.V.(Hrsg.): PAS 1014, Berlin, 2001

Budäus, D./Buchholz, K.: Konzeptionelle Grundlagen des Controlling in öffentlichen Verwaltungen,
in: DBW, 1997 S. 322–337

Budäus, D., Oechsler, W.A.: Die Steuerung von Verwaltungseinheiten, in: Lüder , K. (Hrsg.):
Betriebswirtschaftliche Organisationstheorie und öffentliche Verwaltung, Speyer, 1985

Budäus, D.: Public Management: Konzepte und Verfahren zur Modernisierung der öffentlichen Verwaltung, 4. Aufl., Berlin, 1998

Bunce, P., Fraser, R., Hope, J.: Beyond Budgeting – The Barrier Breakers, in: Horváth, P. (Hrsg.):
Strategien erfolgreich umsetzen, Stuttgart, 2001, S. 55–77

Busch, U.: Produktivitätsanalyse, 3. Auflage, Berlin, 1991

Burger, A., Ulbrich, P.R.: Beteiligungscontrolling, München, Wien, 2005

Camp, R.C.: Benchmarking – The search for industry best practices that lead to superior performance, Milwaukee (Wisconsin), 1989

Cervellini, U.: Marktorientiertes Gemeinkostenmanagement mit Hilfe der Prozesskostenrechnung, in Controlling, 1994

Coenenberg, A.G.: Kostenrechnung und Kostenanalyse, Landsberg am Lech, 1992

Coenenberg, A.G., Baum, H.-G.: Strategisches Controlling, Stuttgart, 1987

DIN 69.910: Wertanalyse, Berlin, 1987

DIN EN 1325-1: Value Management, Wertanalyse, Funktionenanalyse Wörterbuch. Teil 1: Wertanalyse und Funktionenanalyse, Berlin, 1996

Daum, J.: Von der Budgetsteuerung zum Beyond Budgeting: Motivation, Fallbeispiele der Pioniere und Zukunftsperspektiven, in: „Controlling & Management/krp-Kostenrechnungspraxis", Sonderheft 1/2003, S.77–93

Däumler, K.D., Grabe, J.: Kostenrechnung 3: Plankostenrechnung; 6. Aufl., Herne, Berlin, 1998

Dellmann, K.: Kennzahlen und Kennzahlensysteme, in: Küpper, H.-U, Wagenhofer, A. (Hrsg): Handwörterbuch Unternehmensrechnung und Controlling, 4. Aufl., Stuttgart, 2002

Deming, E.W.: Out of the Crisis, 2. Aufl., Cambridge, 1986

Deyhle, A.: Controller-Praxis, Band I.: Unternehmensplanung und Controller-Funktion, 10. Aufl., München, 1994

Deyhle, A.: Controller-Praxis, Band II.: Soll-Ist-Vergleich und Führungs-Stil, 10. Aufl., München, 1994

Dusch, M., Möller, M.: Praktische Anwendung der Balanced Scorecard – Ein neuer Ansatz zur Fabriksteuerung in der Philips Bildröhrenfabrik Aachen, in: Controlling, 8, 1997

Eschenbach, R.: Controlling, 2. Aufl., Stuttgart 1996

Fischer, E., Weber, J.: Der Nutzen der Kostenrechnung in Kommunen – Eine empirische Studie in Gestaltung, Nutzung und Erfolg der Kostenrechnung; Benchmarking-Bericht für die Teilnehmer der Studie, [Kommunale Gemeinschaftsstelle für Verwaltungsvereinfachung/Wissenschaftliche Hochschule für Unternehmensführung], Vallendar, 2001

Foltys-Schmidt, C.: Prozessorientiertes Kosten- und Produktivitätsbenchmarking in der kommunalen Versorgungswirtschaft, in: Controller Magazin. Nr. 6/2000, S. 555–561

Franz, K.-P., Kajüter, P.: Kostenmanagement; Wertsteigerung durch systematische Kostensteuerung, 2. Aufl., Stuttgart, 2002

Freidank, C.-Ch.: Die Prozesskostenrechnung als Instrument des strategischen Kostenmanagements, in: Die Unternehmung, 1993, S. 387–388

Freidank, C.Ch., Götze, U., Huch, B., Weber, J. (Hrsg.): Kostenmanagement – Aktuelle Konzepte und Anwendungen, Berlin, Heidelberg, New York, Barcelona, Budapest, Hongkong, London, Mailand, Paris, Santa Clara, Singapur, Tokio, 1997

Frese, E.: Kontrolle, Organisation der, in: Grochla, E. (Hrsg.): Handwörterbuch der Organisation, 2. Aufl., Stuttgart, 1980

Frese, E.: Grundlagen der Organisation – Konzept, Prinzipien, Strukturen –, 7. Aufl., Wiesbaden, 1998

Fröhling, O.: Thesen zur Prozesskostenrechnung, Zeitschrift für Betriebswirtschaft (ZfB), 1992

Gladen, W.: Performance Measurement – Controlling mit Kennzahlen, 3. Aufl., Wiesbaden, 2005

Glaser, H.: Prozesskostenrechnung – Darstellung und Kritik, in: ZfbF, 44. Jg., 3/1992, S. 275–288

Gleich, R., Kopp, J., Leyk, J.: Ansätze zur Neugestaltung der Unternehmensplanung, Finanz Betrieb (FB), Heft 7–8, 2003, S. 461–465

Grieble, O.: Prozessorientiertes Vorgehensmodell für das Benchmarking von Dienstleistungen, in: Scheer, A.-W. (Hrsg.): Veröffentlichungen des Instituts für Wirtschaftsinformatik, Nr. 172, Saarbrücken, Universität des Saarlandes, 2003

Grieble, O., Scheer, A.-W.: Grundlagen des Benchmarkings öffentlicher Dienstleistungen, in: Scheer, A.-W. (Hrsg.): Veröffentlichungen des Instituts für Wirtschaftsinformatik, Nr. 166, Saarbrücken, Universität des Saarlandes, 2000

Götze, U.: Einsatzmöglichkeiten und Grenzen der Prozesskostenrechnung, in: Freidank, C.C. et al. (Hrsg.): Kostenmanagement – Aktuelle Konzepte und Anwendungen, Berlin et al., 1997, S. 141–174

Haberstock, L.: Kostenrechnung II, (Grenz-) Plankostenrechnung, 8. unv. Aufl., Berlin, 1999

Haberstock, L.: Kostenrechnung I, Einführung, 12. Aufl., Berlin, 2005

Hagen, K.: Gemeinkostenwertanalyse, in: Klein, A., Vikas, K., Zehetner, K. (Hrsg.): Der Controlling-Berater, Loseblatt-Sammlung, Freiburg 2002, S. 4/1– 4/10

Hamel, W.: Zielsysteme, in: Frese, E. (Hrsg.): Handwörterbuch der Organisation, 3. Aufl., Stuttgart, 1992

Heinen, E.: Grundlagen betriebswirtschaftlicher Entscheidungen – Das Zielsystem der Unternehmung, 3. Aufl., Wiesbaden, 1976

Heiß, M.: Strategisches Kostenmanagement in der Praxis, Wiesbaden, 2004

Hessisches Ministerium der Finanzen (Hrsg.): Die neue Verwaltungssteuerung in Hessen – Controllingkonzept, 1. Aufl., Dez. 2000

Hessisches Ministerium der Finanzen (Hrsg.): Konzept ergebnisorientierte Budgetierung für das Land Hessen, 1. Aufl., Dezember 2001

Hill. H.: Leitbilder und strategische Behördenziele, Vortrag bei der Preisverleihung zum niedersächsischen Wettbewerb „Innovative Behörde" am 18. April 2001 in Hannover

Homann, K.: Verwaltungscontrolling, Wiesbaden, 2005

Hope, J., Fraser, R., Beyond Budgeting, in: Management Accounting, 79. Jg. (1999) H. 1, S.1–8

Hope, J., Fraser, R.,: Beyond Budgeting – How Managers Can Break Free from the Annual Performance Trap, Boston, Mass., 2003

Horváth, P.: Controlling, 7. Aufl., München, 1998

Horváth, P., Gleich, R., Voggenreiter, D.: Controlling umsetzen – Fallstudien, Lösungen und Basiswissen, 2. Aufl., Stuttgart, 2000

Horváth, P., Herter, R.N.: Benchmarking – Vergleich mit den Besten der Besten, in: Controlling, Heft 4, 1992, S. 4–11

Horváth, P., Mayer, R.: Prozesskostenrechnung – Der neue Weg zu mehr Kostentransparenz und wirkungsvolleren Unternehmensstrategien, in: Controlling, 1. Jg., 1989

Horváth, P., Mayer, R.: Prozesskostenrechnung – Konzeption und Entwicklungen, in krp, 37. Jg., Sonderheft 2/1993

Horváth, P., Mayer, R.: Konzeption und Entwicklungen der Prozesskostenrechnung. In: Männel, W. (Hrsg.): Prozesskostenrechnung, Wiesbaden, 1995

Horváth & Partner (Hrsg.): Das Controllingkonzept – Der Weg zu einem wirkungsvollen Controlling-konzept –, 3. Aufl., München, 1998

Horváth & Partner (Hrsg.): Balanced Scorecard umsetzen, 2. Aufl., Stuttgart, 2001

Horváth, P. et al: Budgetierung im Planungs- und Kontrollsystem, in: DBW, 43. Jg., 1985, S. 138–155

Huch, B., Behme, W., Ohlendorf, T.: Rechnungswesenorientiertes Controlling, 4. Aufl., Heidelberg, 2004

International Group of Controlling: Controller-Leitbild, in: Controller Magazin 22, 1997

Ivankovic, M., Mackert, H.: Erfolgreicher Einsatz der Wertanalyse bei einem Finanz-dienstleister, in: Controller Magazin. Nr. 4/2001, S. 345–347

Jung, H.: Controlling, München, Wien, 2003

Kaplan, R.S., Cooper, R.: Prozesskostenrechnung als Managementinstrument, Frankfurt a.M., New York, 1999

Kaplan, R.S., Norton, D.P.: „The Balanced Scorecard – Measures That Drive Performance", Harvard Business Review, Jan.–Feb. 1992, S. 77 ff.

Kaplan, R.S., Norton, D.P.: The Balanced Scorecard. Translating Strategy into Action, Boston, 1996

Kaplan, R.S., Norton, D.P.: Balanced Scorecard, Stuttgart, 1997

Kaplan, R.S.; Norton, D.P.: The Strategy- Focused Organization, Boston, 2001

Kaplan, R.S.; Norton, D.P.: Die strategiefokussierte Organisation – Führen mit der Balanced Scorecard, Stuttgart, 2001

Karlöf, B., Östblom, S.: Das Benchmarking-Konzept, München, 1994

Kern, J.: Neue Methoden und Instrumente zur Sicherung von Wettbewerbsvorteilen, Wien, 1998

Kickert, W.: Öffentliches Management in hybriden Organisationen, in: Verwaltung und Management, Heft 4, S. 212–215 und Heft 5, S. 304–311, 1999

Klages, H.: Verwaltungsmodernisierung durch neue Steuerung, in: Archiv für Kommunalwissenschaften, 34. Jg., 1995, Heft 2, S. 203–228

Klenger, F.: Operatives Controlling, 5. Aufl., München, Wien, 2000

Klümper, B., Möllers, H., Zimmermann, E.: Kommunale Kosten- und Wirtschaftlichkeitsrechnung, 10. Aufl., Witten, 1998

Koch, R.: Betriebliches Berichtswesen als Informations- und Steuerungsinstrument, Frankfurt et al., 1994

Kommunale Gemeinschaftsstelle für Verwaltungsvereinfachung (KGSt): Politiker-Handbuch zur Verwaltungsreform, Köln, 1994

Kommunale Gemeinschaftsstelle für Verwaltungsvereinfachung (KGSt): Politiker-Handbuch zur Verwaltungsreform, Köln, 1996

Kommunale Gemeinschaftsstelle für Verwaltungsvereinfachung (KGSt): Das neue Steuerungsmodell: Definition und Beschreibung von Produkten, Bericht 8/94, Köln, 1994

Koppelmann, U.: Beschaffungsmarketing, 3. Auflage, Berlin, 2000

Kremin-Buch, B.: Strategisches Kostenmanagement. 3. Auflage, Wiesbaden, 2004

Krems, B.: Balanced Scorecard, Beitrag im Online-Verwaltungslexikon olev.de, Version 0.993

Kreuz, W.: Kosten-Benchmarking: Konzept und Praxisbeispiel, in: Franz, K.-P., Kajüter, P. (Hrsg.): Kostenmanagement – Wertsteigerung durch systematische Kostensteuerung, 2. Auflage, Stuttgart, 2002, S. 91–96

Kühn, D.: Reform der öffentlichen Verwaltung. Das Neue Steuerungsmodell in der kommunalen Sozialverwaltung, Köln, 1999

Küpper, H.-U.: Controlling, 2. Aufl., Stuttgart, 1997

Küpper, H.-U.: Controlling – Konzeption, Aufgaben, Instrumente, 4. Aufl., Stuttgart, 2005

Küpper, H.-U, Wagenhofer, A. (Hrsg): Handwörterbuch Unternehmensrechnung und Controlling, 4. Aufl., Stuttgart, 2002

Küting, K., Lorson, P.: Grenzplankostenrechnung versus Prozesskostenrechnung – Quo vadis Kostenrechnung?. In: Der Betriebs-Berater, 46. Jg. (1991), S. 1421–1433

Küting, K., Weber, C.-P.: Handbuch der Rechnungslegung – Kommentar zur Bilanzierung und Prüfung, 3. Aufl., Stuttgart, 1990

Leibfried, K., McNair, C.J.: Benchmarking – Von der Konkurrenz lernen, die Konkurrenz übeholen, Freiburg i.Br., 1993

Littkemann, J. (Hrsg.): Unternehmenscontrolling – Konzepte, Instrumente, praktische Anwendungen mit durchgängiger Fallstudie, Herne, Berlin, 2006

Merkle, E.: Betriebswirtschaftliche Formeln und Kennzahlen und deren betriebswirtschaftliche Relevanz, in: Wirtschaftswissenschaftliches Studium, 11 Jg., 1982, S. 325–330

Meyer, C.: Bilanzierung nach Handels- und Steuerrecht unter Einschluss der Konzernrechnungslegung und der internationalen Rechnungslegung, 17. Aufl., Herne, Berlin, 2006

Meyer, J. (Hrsg.): Benchmarking, Stuttgart, 1996

Meyer, J.: Benchmarking – Ein Prozess zur unternehmerischen Spitzenleistung, in Meyer, J. (Hrsg.): Benchmarking, Stuttgart, 1996

Michel, R., Torspecken, H.-D., Jandt, J.: Neuere Formen der Kostenrechnung mit Prozesskostenrechnung – Kostenrechnung II –, 4. Aufl., München, Wien, 1998

Miles, L.D.: Techniques of Value Analysis and Engineering, 2. Aufl., New York, u.a., 1972

Miller, J.G., Vollmann, T.E.: The Hidden Factory, in: Harvard Business Review, Vol. 63, 1985

Miller, J.G., Vollmann, T.E.: Die verborgene Fabrik, in: Harvard Manager, 8. Jg., 1986

Müller, A.: Gemeinkosten-Mangement : Vorteile der Prozesskostenrechnung. 2. Aufl., Wiesbaden, 1998

Munding, M.: Balanced Scorecard als Steuerungsinstrument für die öffentliche Verwaltung?, 2004

Musil, A.: Wettbewerb in der staatlichen Verwaltung, 2005

Niven, P.R.: Balanced Scorecard – Schritt für Schritt. Weinheim, 2003

Nullmeier, F.: Kennzahlen und Indikatoren, in: S. v. Bandemer u.a. (Hrsg.), Handbuch zur Verwaltungsreform, Opladen 1998, S. 339–347

Peemöller, V.H.: Controlling: Grundlagen und Einsatzgebiete, 3. Aufl., Berlin 1997

Preißler et al.: Controlling, 4. Aufl., Landsberg a.L., 1990

Preißner, A.: Balanced Scorecard anwenden – Kennzahlengestützte Unternehmenssteuerung, 2. Aufl., München, Wien, 2007

PWC Deutsche Revision (Hrsg.), verfasst von Bolsenkötter, H.: Integriertes öffentliches Rechnungswesen – Konzeption einer Neugestaltung der Rechnungslegung und des Rechnungswesens öffentlicher Gebietskörperschaften, Frankfurt, 2000

PWC Deutsche Revision (Hrsg.), verfasst von: Bolsenkötter, H., Detemple, P., Marettek, C.: Die Eröffnungsbilanz der Gebietskörperschaft – Erfassung und Bewertung von Vermögen und Schulden im integrierten öffentlichen Rechnungswesen, Frankfurt, 2002

Reckenfelderbäumer, M.: Entwicklungsstand und Perspektiven der Prozesskostenrechnung, Wiesbaden, 1998

Remer, D.: Einführen der Prozesskostenrechnung – Grundlagen, Methodik, Einführung und Anwendung der verursachungsgerechten Gemeinkostenzurechnung, Stuttgart, 1997

Reichmann, T., Lachnit, L.: Planung, Steuerung und Kontrolle mit Hilfe von Kennzahlen, in: ZfbF, 28. Jg., 1976, S. 707–123

Reichmann, Th.: Controlling mit Kennzahlen und Managementberichten, 1995

Rösgen, K.: Investitionscontrolling – Konzeption eines lebenszyklusorientierten Controllings von Sachanlagen, Frankfurt a.M., 2000

Roever, M.: Gemeinkosten-Wertanalyse – Erfolgreiche Antwort auf die Gemeinkosten-Problematik, in: ZfB, 1980, S. 686–690

Sabisch, H.: Benchmarking als notwendiger Bestandteil des Innovationsmanagements in Unternehmen, in: Sabisch, H., Tintelnot, C. (Hrsg.): Benchmarking – Weg zu unternehmerischen Spitzenleistungen, Stuttgart, 1997

Scherer, G.: Strategische Steuerung und Blanced Scorecard, INFO 1694 des Bundesverwaltungsamtes, Juli, 2002

Schierenbeck, H.: Ertragsorientiertes Bankmanagement. Band 1, 8. Auflage, Wiesbaden, 2003

Schierenbeck, H., Lister, M.: Value Controlling – Grundlagen wertorientierter Unternehmensführung –, 2. Aufl., München, Wien, 2002

Schlegel, H.B.: Computergestützte Unternehmensplanung und Kontrolle, München, 1996

Schleer, M., Paul D.: Verwaltungsbetriebswirtschaft und Verwaltungsmodernisierung, 2001

Schmelzer, H.J., Sesselmann, W.: Geschäftsprozessmanagement in der Praxis, 3. Aufl., München, Wien, 2003

Schmidt, J.: Wirtschaftlichkeit in der öffentlichen Verwaltung, 7. Aufl., Berlin, 2006

Schmidt, H.-J.: Betriebswirtschaftslehre für die Verwaltung, 4. Aufl., Heidelberg, 1998

Schreyögg, G.: Zum Verhältnis von Planung und Kontrolle, in: WiSt, Heft 7, 1994, S. 345–351

Schulte, C.: Lexikon des Controlling. München, 1996

Schuppert, G. F.:, Verwaltungswissenschaft, Verwaltung, Verwaltungsrecht, Verwaltungslehre, Baden-Baden, 2000

Schuster, F.: Kommunale Kosten- und Leistungsrechnung – Controllingorientierte Einführung –, München, Wien, 1999

Schweitzer, M., Küpper, H.-U.: Systeme der Kostenrechnung und Erlösrechnung, 7. Aufl., München, 1998

Seeger, T., Walter, M., Liebe, R., Ebert, G.: Kosten-, Leistungsrechnung und Controlling – Ein Erfahrungsbericht für die Praxis über die Einführung der Standard-KLR am Beispiel der Bundesverwaltung, Heidelberg, 1999

Seidenschwarz, B.: Controlling für Universitäten, in: Controlling, 5. Jg., 4/1993, S. 190–198.

Senge, Peter; et al.: The Dance of Change. The Challenges to Sustaining Momentum in Learning Organizations. A Fifth Discipline Resource, New York u.a., 1999

Siebert, G.; Kempf, S.: Benchmarking – Leitfaden für die Praxis, München, 1998

Specht, D., Mieke, C.: Die Wertanalyse, in: Das Wirtschaftsstudium, Jg. 34, Heft2, 2005, S. 182–185

Spendolini, M. J.: The benchmarking book. New York [u. a.] : American Management Ass., 1992

Stahl, H.W.: Modernes Kostenmanagement und Controlling in 70 Fällen, München, 2000

Steinberg, C.: Reengineering kommunaler Unternehmen: Leistungssteigerung und Herstellung der Kostentransparenz in kommunalen Dienstleistungs- und Versorgungsunternehmen durch systematisches Prozessmanagement, Lean Organization, Controlling und Berichtswesen sowie Qualitätsmanagement, Stuttgart, 1996

Steinle, C., Thiem, H., Lange, M.: Die Balanced Scorecard als Instrument zur Umsetzung von Strategien, in: Controller Magazin, 2001

Steinle, C., Bruch, H. (Hrsg.): Controlling – Kompendium für Ausbildung und Praxis, 3. Aufl., Stuttgart, 2003

Steinmann, H., Schreyögg, G.: Management: Grundlagen der Unternehmensführung, 3. Auf., Wiesbaden, 1993

Steinmann, H., Schreyögg, G.: Management, Grundlagen der Unternehmensführung, Konzepte, Funktionen, Fallstudien, 5. Aufl., Wiesbaden, 2000

Tauberger, A., Wilfinger, P.: Lebendige Strategien – Die Umsetzung des Balanced-Scorecard-Konzeptes in der Justiz des Landes NRW, in: Controlling und Management, 3/2003, S. 215–219

Thommen, J.-P., Achleitner, A.-K.: Allgemeine Betriebswirtschaftslehre, 2. Auflage, Wiesbaden, 2001

Thor, C. G.: The Evolution of Performance Measurement in Government. In: Journal of Cost Management. Mai–Juni 2000

Troßmann, E., Baumeister, A., Werkmeister, C.: Management-Fallstudien im Controlling, München, 2003

Voigt, C.-D.: Systematik und Einsatz der Wertanalyse, Berlin, München, 1974

Wäscher, D.: Gemeinkosten-Management im Material- und Logistik-Bereich, in: Zeitschrift für Betriebswirtschaft (ZfB), 1987

Weber, J.; Schäffer, U.: Balanced Scorecard & Controlling. Implementierung – Nutzen für Manager und Controller – Erfahrungen in deutschen Unternehmen. Wiesbaden, 2000.

Weber, J., Schäffer, U.: Einführung in das Controlling, 11. Aufl., Stuttgart, 2006

Weise, F., Wöhler, B.: Eine BSC entwickeln – Eine Anleitung für professionelle Vorbereitung, Durchführung und nachhaltige Implementierung (Teil 3) in: Neues Verwaltungsmanagement, Berlin, 2003

Wild, J.: Grundlagen der Unternehmensplanung, 4. Aufl., Opladen, 1984

Wöhe, G.: Bilanzierung und Bilanzpolitik – Betriebswirtschaftlich – Handelsrechtlich – Steuerrechtlich, 8. Aufl., München, 1992

Ziegenbein, K.: Controlling, 5. Aufl., Ludwighafen, 1995

Ziegenbein, K.: Controlling, 7. Aufl., Ludwigshafen, 2002

Zünd, A.: Begriffsinhalte Controlling – Controller, in Haberland, G./Preißler, P./Meyer, C.W.: (Hrsg.): Handbuch Revision, Controlling, Consulting, Landsberg a.L., 1996

economag.

Wissenschaftsmagazin für
Betriebs- und Volkswirtschaftslehre

www.economag.de

Der Oldenbourg Wissenschaftsverlag veröffentlicht monatlich ein neues
Online-Magazin für Studierende: economag. Das Wissenschaftsmagazin
für Betriebs- und Volkswirtschaftslehre.

Über den Tellerrand schauen

Das Magazin ist kostenfrei und bietet den Studierenden zitierfähige wissenschaftliche Beiträge für ihre Seminar- und Abschlussarbeiten - geschrieben
von Hochschulprofessoren und Experten aus der Praxis. Darüber hinaus gibt
das Magazin den Lesern nicht nur hilfreiche wissenschaftliche Beiträge an
die Hand, es lädt auch dazu ein, zu schmökern und parallel zum Studium
über den eigenen Tellerrand zu schauen.

Tipps rund um das Studium

Deswegen werden im Magazin neben den wissenschaftlichen Beiträgen auch
Themen behandelt, die auf der aktuellen Agenda der Studierenden stehen:
Tipps rund um das Studium und das Bewerben sowie Interviews mit
Berufseinsteigern und Managern.

Kostenfreies Abonnement unter
www.economag.de

Oldenbourg

Was Sie über Wirtschaft wissen sollten

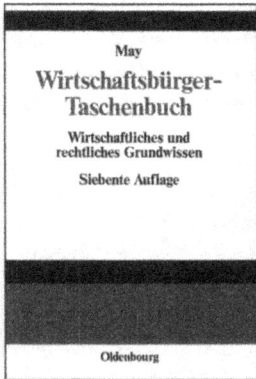

Hermann May
Wirtschaftsbürger-Taschenbuch
Wirtschaftliches und rechtliches Grundwissen
7., überarbeitete und aktualisierte Auflage 2006.
556 Seiten, gebunden
€ 34,80, ISBN 978-3-486-57809-6

Über 2.500 Stichwörter mit einer Vielzahl von Querverweisen und leicht verständlich!
Das Wirtschaftsbürgertaschenbuch folgt der Absicht, dem heute in einer weitgehend rechtlich normierten Wirtschaftsgesellschaft oft überforderten Bürger eine Handreichung zur Bewältigung der wirtschaftlichen Alltagsprobleme zu geben.
Das Buch umfasst folgende Themenbereiche:
• Wirtschaftliche Grundbegriffe und Grundtatbestände.
• Konsum (Die privaten Haushalte als Nachfrager von Konsumgütern).
• Verbraucherpolitik in der BRD.
• Verbraucherrecht.
• Markt und Preis.
• Sparen ist Konsumverzicht.
• Private Versicherungen.
• Eheliches Güterrecht.
• Erbrecht.
• Arbeit (Mensch und Arbeit. Arbeit und Produktion. Arbeitsbewertung. Die Entlohnung der Arbeit. Das Recht der Arbeit. Die soziale Sicherung des Arbeitnehmers. Arbeit und Qualifikation. Beruf, Berufswahl und Berufswahlvorbereitung. Humanisierung der Arbeit).
• Gesellschaft (Die Ordnung der Wirtschaft. Wirtschaftspolitik in der Sozialen Marktwirtschaft der BRD. Finanzen und Steuern. Volkswirtschaftliche Gesamtrechnung).

Prof. Dr. Hermann May ist geschäftsführender Leiter des Zentrums für ökonomische Bildung in Offenburg.

Oldenbourg

Die ideale Anleitung

Alfred Brink

Anfertigung wissenschaftlicher Arbeiten
Ein prozessorientierter Leitfaden zur Erstellung
von Bachelor-, Master- und Diplomarbeiten in
acht Lerneinheiten

3., überarbeitete Auflage 2007
XII, 247 Seiten | Broschur
€ 17,80 | ISBN 978-3-486-58512-4
Mit E-Booklet Wissenschaftliches Arbeiten in
Englisch

Wie erstelle ich eine wissenschaftliche Arbeit?
Dieser Frage geht der Autor in der bereits dritten
Auflage dieses Buches auf den Grund.

Dabei orientiert er sich am Ablauf der Erstellung
einer Bachelor-, Master- und Diplomarbeit. Dadurch
wird das Buch zum idealen Ratgeber für alle, die
gerade eine Arbeit verfassen. Auch bereits für die
effiziente Vorbereitung einer wissenschaftlichen
Arbeit ist das Buch eine zeitsparende Hilfe.

Da immer mehr Studierende ihre Abschlussarbeit
an einer deutschen Hochschule in englischer
Sprache verfassen, steht für den Leser zu diesem
Thema auch ein vom Autor erstelltes E-Booklet im
Internet zum Download bereit.

Lerneinheit 1: Vorarbeiten
Lerneinheit 2: Literaturrecherche
Lerneinheit 3: Literaturbeschaffung
und -beurteilung
Lerneinheit 4: Betreuungs- und Expertengespräche
Lerneinheit 5: Gliedern
Lerneinheit 6: Erstellung des Manuskriptes
Lerneinheit 7: Zitieren
Lerneinheit 8: Kontrolle des Manuskriptes

Dr. Alfred Brink ist Dozent, Studienberater für
Betriebswirtschaftslehre und Leiter der Fachbereichs-
bibliothek Wirtschaftswissenschaften an der West-
fälischen Wilhelms-Universität Münster.

Oldenbourg

www.ingramcontent.com/pod-product-compliance
Lightning Source LLC
Chambersburg PA
CBHW061808210326
41599CB00034B/6923